大日本海上法規

遠藤可一編纂

明治廿八年發行

大日本海上法規

日本立法資料全集 別巻 1195

信山社

遞信屬遠藤可一編纂

大日本海上法規

發行所　國文社

大日本海上法規

緒言

一本書ハ船舶、海員及航路標識ニ係ル明治廿八年八月三十一日現在ノ法律命令及告示ヲ網羅編纂シタルモノナリ然レトモ告示中船舶信號符字ノ點符、海技免狀ノ紛失等ニ關スルモノノ如キハ之ヲ省畧ス

一本書ハ捜索ニ便ナラシムル爲メ船舶、海員、航路標識、航漕、雜類ノ五大編ニ分チ毎編更ニ章ヲ設ク而シテ編纂ノ順序ハ概ネ發布ノ順席ニ依ルト雖トモ亦事ノ相貫聯スルモノハ發布ノ順席ニ拘ハラサルモノ少ナシトセス

一法律命令ノ沿革アルモノハ既往ヲ探ルノ便ヲ謀リ其題號ノ下ニ之ヲ畧記ス

一法律命令中加除改正ニ係ル條項字句ハ直チニ修正ヲ加ヘ其事由ヲ各行下ニ括弧ヲ附シテ之ヲ略記ス

一舊太政官ノ發令ハ布告、布達、達トノミ書シ其他ノモノハ一々銜名ヲ記ス

一法律、命令ニシテ他ノ法律命令ニ關係アリ參照ヲ要スル者ハ鼇頭ニ其法律命令ヲ畧記ス

一本書ハ本ト海上ニ關スル法規ヲ纂輯シテ書冊ト爲シタルモノナキニヨリ公務取扱上不便少ナカザルヲ以テ參考ニ供センガ爲メ公務ノ餘暇精確ヲ主トシ編纂シタルモノナリ

明治廿八年九月十五日

編者謹誌

大日本海上法規

第一編　船舶

第一章　船籍

目次

第八章　船舶登記

第九章　船稅

第二編　海員

第二章　海員試驗及免狀

第四編　航漕

第一章　開港出入

四年七月五日布告ヲ以テ通商司ヲ廢ス
四年九月三日大藏省布達ヲ以テ商船免狀ニ外務省ノ連印ヲ罷ム
七年二月内務省中驛遞寮ヲシテ商船事務ヲ管掌セシメ十四年四月第二十五號達ヲ以テ商船事務ヲ農商務省ニ屬シ十九年二月勅令第二號ヲ以テ船舶ニ關スル事務ヲ遞信省ニ屬ス

大日本海上法規

第一篇　船舶

第一章　船籍

○商船規則 明治三年正月廿七日第二十七號布告

西洋形商船買入ノ義ニ付先般相觸置候趣モ有之軍艦ヲ除外在來日本製造之船ハ勿論西洋形商船ニ至ル迄總而民部省中通商司ノ管轄ニ被　仰付候候得其意右西洋形船所持ノモノ或ハ新規買求候モノハ民部省外務省連印ノ免許狀可申請尤別紙規則書一通開港場運上所ヨリ相渡令所持候條其旨可相心得候一體日本製造ノ船ハ度々難破ノ患モ有之人命荷物等ノ損傷不少詰リ　皇國之御損失ト相成候ニ付追而ハ不殘西洋形ノ大船ニ仕替度御旨趣ニ付當今西洋形之船所持ノモノハ厚御引立被遣候條其旨可相心得候乍去密商拔荷等不心得之儀相働候モノハ嚴重取締不致候而ハ不相濟ニ付別紙ノ通リ御規則御取極相成候儀ニ付津々浦々於テ此旨屹度可相守候事

右之通御沙汰候事

午正月　　太政官

（別　紙）

免狀案 明治十二年五月第十九號布告ヲ以テ改正

（別紙）

規則

一制度變革ニ依リ消滅

一御國旗ノ事

右ハ决シテ取外シ候事不相成附屬之艀舟ニ至迄必可揚置事

一毎朝西洋時規第八字ニ引揚夕方ハ日沒迄ヲ限リ引卸スヘキ事

但右御國旗引揚無之節ハ海賊船ノ取扱請候而モ申譯ナキ事萬國普通之公法タル事

一御國旗ノ寸法別紙之通ニ候事

但大旗ハ祝日ニ引揚平日ハ小旗引揚ケ風雨晦暝之節ハ小旗迄引卸置不苦候事

（六年十二月第四百十六號布告及十年七月第五十二號布告參看）

一御軍艦江出合候節ハ我旗章ヲ三度昇降イタシ禮義ヲナスヘキ事

一五年七月第二百九號布告ニ依リ消滅

（六年十月第三百七十一號布告參看）

一六年一月第八號布告ニ依リ消滅

一七年一月第五號布告ニ依リ消滅

一仝　上

一八年三月第四十號布告ヲ以テ廢止ス

一四年八月第三百九十五號布告ニ依リ自カラ消滅

一六年一月第八號布告ニ依リ消滅

一六年一月第八號布告ニ依リ自ラ消滅

一船中乘組之者病死致候節ハ水葬不相成陸地江相當之葬禮可取行事

一六年一月第八號布告ニ依リ消滅

三年二月第百四十八號布告參看

一八年五月第九十八號布告ニ依リ消滅
一六年一月第八號布告ニ依リ消滅
一七年八月第八十八號布告ニ依リ消滅
一十年三月第二十七號布告ニ依リ消滅
一困難ト見受候船ハ內外國人之差列ナク救助致可遣事
但シ外國人ハ開港場ノ役所江可引渡尤右ニ付入費等有之節ハ開港場運上所ヨリ相當御下ケ金有之ヘキ事
一制度變革ニ依リ消滅
一八年二月第二十號布告ニ依リ消滅
一八年十一月第百八十一號布告ニ依リ廢ス
一四年八月第三百九十五號布告ニ依リ消滅
右之通相定候條嚴重ニ可相守事
明治二己年十二月

民部省

外務省

祝日可用分大旗之圖
凡而曲尺

二十三年十月勅令第二百十九號船籍規則實施後ハ廢止ニ屬ス該規則第十八條參看

二十三年十月勅令第二百十九號船籍規則實施後ハ廢止ニ屬ス該規則第十八條參看

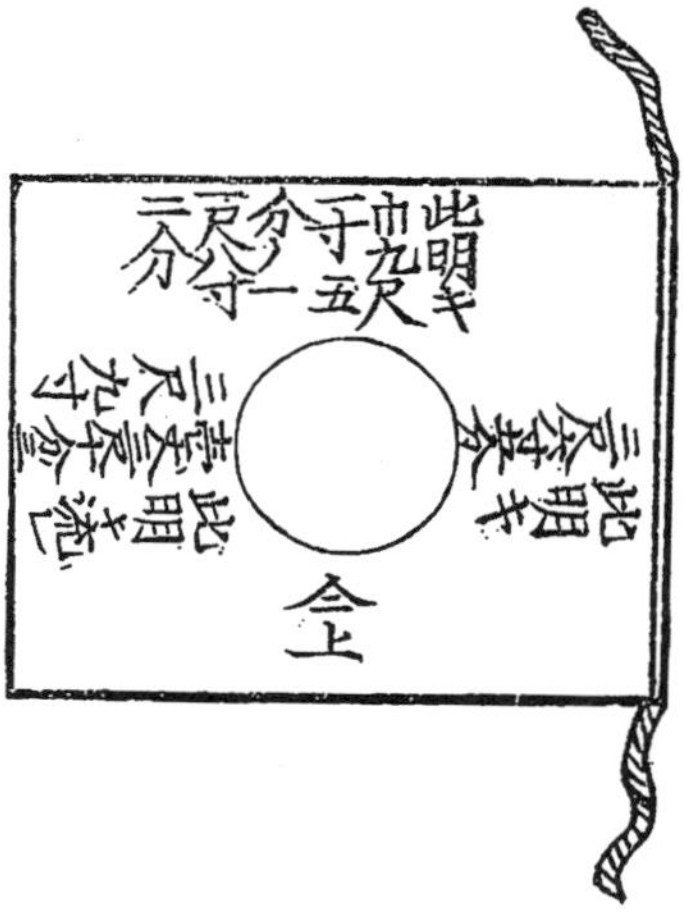

平常可用分
中旗寸法
流　壹丈
竪　七尺
日ノ丸差渡四尺二寸
同先ノ明キ三尺
同乳ノ方明キ二尺八寸

風雨之節可用分
小旗寸法
流　六尺
竪　四尺二寸
日ノ丸差渡二尺五寸二分
同先ノ明キ一尺八寸
同乳ノ方明キ一尺六寸八分

日ノ丸差渡巾九尺一寸五分ノ三
五尺四寸六分

日本商船記號明治八年十一月二十九日第百八十一號布告ヲ以廢止

○西洋形商船定繫港及ヒ船籍ヲ定ムルコト明治十二年二月第五號布告

自今西洋形商船ハ總テ沿海府縣ノ所轄ニ被附候條來ル七月三十一日迄ニ本船ノ定繫港ヲ定メ其地ノ船籍ニ編入致スヘシ

但定繫港ハ船主又ハ本船ノ公務ヲ代理スル者所在ノ地ニ於テ定ムヘシ

右布告候事

○西洋形商船免狀改正之件明治十二年五月第十九號布告

明治七年八月第八十八號布告航海公證規則ヲ廢シ明治三年正月廿七日布告中西洋形商船免狀別紙ノ通改正候條此旨布告候事

十三年第十號布告ヲ以テ商船ノ文字ヲ削リ西洋形船ト改ム
十四年第四十三號布告ヲ以テ內務省ヲ農商務省ト改ム
十八年太政官第七十號達ヲ以テ管船事務ヲ遞信省ニ付ス

（別紙）

西洋形、商、船 登簿船免狀

竪一尺六寸

本船番號	信號符字	船名	定繫港	本船管轄廳名	船ノ種類	甲板ノ層數	檣ノ數	綱具ノ裝置	船体ノ材料

船骨ノ材料	船尾ノ形狀	製造地名	製造年月	造船工長ノ氏名	本船ノ原名	船主若クハ會社ノ名	一ケ年ノ船稅

尺度
量噸甲板上最大ノ長サ……
內法リ最大ノ幅……
艙室ニ於テ量噸甲板ヨリ船底中央ノ內板ニ至ル深サ……

噸數
量噸甲板下部ノ噸數……
量噸甲板上諸部ノ噸數（若シアレハ）即チ……
甲板間ノ場所……
船尾室……
圓室……
其他ノ場所（若シアレハ）……
總計……
除去スヘキ噸數
機關室ノ噸數……
乘組人常用室ノ噸數……
總計……
登簿噸數……
機關ノ數……
公稱馬力……

右ニ記載スル要件ヲ査明シ噸數測度規則ニ遵ヒ其尺度噸數ヲ測定シ此登簿船免狀ヲ下附スル者也

明治　年　月　日

大日本帝國　內、務、省、

橫一尺六分

二十三年十一月遞信省令第二十號船籍規則施行細則實施ノ後ハ廢止ニ屬ス
該規則第十八條參看

○西洋形商船免狀改正ニ付請願方心得　明治十二年五月內務省丙第二十五號

沿海府縣

第十九號ヲ以テ西洋形商船々免狀改正公布相成候ニ付自今其免狀ヲ請願スル者ハ其願書ニ左記ノ件名書相添出願可為致且從前ノ免狀所持ノ者モ仝様ノ手續ヲ以テ免狀書換出願為致候儀ト可相心得此旨相達候事

但左ノ件名中詳カナラサル者ハ其項下ニ不詳ト書記シ可為差出事

一船　名　漢字ヲ以テスル者ハ假名ヲ附スヘシ
一信號符字　外國人ヨリ買受ケタルトキ及新造ノトキハ除ク
一定繋港　何府縣何國何郡何港
一本船管轄廳名　何府縣廳
一船ノ種類　蒸汽又ハ帆船
一甲板ノ層數　何層
一船体ノ材料　鐵又ハ木
一檣ノ數　何本
一船骨ノ材料　鐵又ハ木
一綱具ノ裝置　バルクブリツクスクーナル等
一船尾ノ形狀　方形又ハ圓形
一製造地名　何國何地造船所等

一製造年月　何年何月

一造船工長ノ氏名　何國何地何某

一船ノ原名　最初製造シタルトキノ名但シ外國人ヨリ買受タル者ハ其外國文字ヲモ併セテ記スヘシ

一舊船免狀ノ番號　外國人ヨリ買受タルトキ及ヒ新造ノトキハ除ク

一船主若クハ會社ノ名　船主ハ二人以上ナルモ其總代一人ノ名及ヒ其本貫宿所ヲ記シ又會社ハ其社所在ノ地名ヲ記スヘシ

一壹ケ年ノ船稅　何圓

一量噸甲板上最大ノ長　曲尺何尺　船首ノ內板ヨリ船尾ノ內板迄○量噸甲板トハ三層以上ノ船ニ於テハ最下ノ甲板ヨリ第二層目ニ在ルモノ又二層以下ノ船ニ於テハ上甲板ヲ以テ量噸甲板トス

一內法リ最大ノ幅　曲尺何尺　船幅最モ濶大ナル部ニ於ケル內板ヨリ內板迄

一艙室ニ於テ量噸甲板ヨリ船底中央ノ內板ニ至ル深　曲尺何尺

一量噸甲板下部ノ噸數　何噸

一量噸甲板上諸部ノ噸數(若シアレハ)即チ

甲板間ノ場所　何噸○三層以上ノ船ニ於テハ上甲板ト量噸甲板ノ間ノ場所但二層以下ノ船ニ於テハ甲板間ノ場所ヲ有セス

船尾室　何噸○上甲板ニ於ケル船尾ノ部ニ於テ設クルモノ

圓室　何噸○上甲板中央線(船首ヨリ船尾ニ至ル中央線)若クハ中央線ノ近傍ニ設クルモノニシテ其外圍ヲ回歩シ得ルモノ

其他ノ場所(若シアレハ)　上甲板ニ於ケル船首室、舷室（サイドワウス）、厨室、浴室等ノ如ク上ニ掲ケサルモノ

一總噸數　何噸

內除去スヘキ噸數

機關室ノ噸數　何噸

乘組人常用室ノ噸數 何噸

一登簿噸數 何噸○蒸汽船ニ於テハ機關室ノ噸數及ヒ乘組人常用室ノ噸數ヲ總噸數ヨリ除去シ其殘數ヲ以テ登簿噸數トナシ風帆船ニ於テハ總噸數ヨリ乘組人常用室ノ噸數ヲ除去シ其殘數ヲ以テ登簿噸數トナス

一機關ノ數 一個又ハ二個 一個ノ肘手ニ因リ車軸ノ運轉ヲ起スモノヲ一個ノ機關ト稱シ二個ノ肘手ニ因リ車軸ノ運轉ヲ起スモノヲ二個ノ機關ト稱ス以下之ニ準ス

一公稱馬力 何馬力

○蒸汽船拾噸風帆船二拾噸以下ノ西洋形船ハ免狀ヲ受有スルニ及サルコ 明治二十四年二月第十二號布告

明治十二年五月第十九號布告西洋形商船免狀ハ自今蒸汽船ハ拾噸風帆船ハ二拾噸以下及ヒ湖川港灣ヲ限リ運轉スル者ハ其船免狀ヲ受有スルニ及ハス此旨布告候事

○西洋形船々免狀ハ本船々內ニ保持スヘキコト 明治二十二年十月遞信省訓令第四號

北海道廳 府縣

西洋形船々免狀ハ明治十二年第十九號布告ニヨリ航海公證ヲ廢シ授與スルモノ故外國航ノ船舶ハ勿論內國航通ノモノト雖モ各其船內ニ保存スヘキモノナルニ往々船主ノ許ニ留置船內ニ所持セサルモノ有之不都合ニ付自今右等ノ所爲無之樣管下西洋形船持主ヘ懇篤說諭スヘシ

○船籍規則 明治二十三年十月勅令第二百十九號

沿革畧記 明治三年正月二十七日商船規則ヲ以テ免狀案ヲ定ム○十二年二月第五號布告ヲ以テ西洋形商船ノ定繫港ヲ定メ其地ノ船籍ニ編入セシム○仝年五月第十九號布告ヲ以テ西洋形商船免狀ヲ改正ス○十四年二月第十二號布告ヲ以テ蒸汽船十噸風帆船二十噸以下及湖川港灣ヲ限リ運航スル者ハ其船免狀ヲ受有スルニ及ハサルコトヽナス○二十三年十月勅令第二百十九號ヲ以テ總テ前令ヲ廢シ船籍規則ヲ定ム

朕船籍規則ヲ裁可シ茲ニ之ヲ公布セシム

船籍規則

商法第二編第一章參看

第一條　日本船舶ハ西洋形日本形ヲ問ハス總テ船籍港ヲ定メ其地市町村役場若クハ浦役場ノ船籍ニ編入スヘシ

第二條　船籍ニ編入セントスルトキハ國內ニ於テハ地方官廳國外ニ於テハ領事館ニ願出テ其積量ノ測度ヲ受クヘシ

第三條　入籍シタル船舶ニシテ登簿噸數十五噸以上ノ西洋形船百五十石以上ノ日本形船ナルトキハ遞信省ニ船籍證書ノ交付ヲ願出ツヘシ

第四條　船籍證書ニハ左ニ記載シタル條件ヲ記シ且年月日ヲ記スヘシ但日本形船ニ在テハ第一項ノ信號符字及ヒ第八項乃至第十七項ヲ除キ其石數ヲ記シ西洋形帆船ニ在テハ第十三項乃至第十七項ヲ除ク

第一項　船舶ノ番號信號符字

第二項　船名、原名

第三項　船籍港名、管轄廳名

第四項　甲板ノ層數、檣ノ數、索具ノ裝置、船體ノ材料、船骨ノ材料、船首ノ形狀、船尾ノ形狀

第五項　造船工長ノ氏名、製造年月日、製造地名

第六項　船主ノ氏名住所（會社其他ノ法人若クハ二人以上ノ所有ニ係ルトキハ會社名若クハ管理人ノ氏名）

第七項　船舶ノ長、幅及ヒ深

第八項 量噸甲板下部ノ噸數

第九項 量噸甲板上諸部ノ噸數

内 譯

甲板間ノ噸數

船尾室ノ噸數

圓室ノ噸數

其他諸室ノ噸數

第十項 總噸數

第十一項 登簿噸數

第十二項 乗組人常用室ノ噸數

第十三項 機關室ノ噸數

第十四項 機關ノ種類及ヒ數

第十五項 汽鑵ノ種類及ヒ數

第十六項 推進器ノ種類

第十七項 公稱馬力

第五條 新造若クハ改造シタル船舶又ハ外國人ヨリ取得シタル船舶ノ假證書ハ前條第一項ヲ除キ船舶ノ種類ニ從ヒ其他ノ諸件ヲ記スヘシ

第六條 同一ノ船舶ニシテ再度以上假證書ノ交付ヲ受ケタル場合ト雖モ其効力ハ初度ノ證

書ニ記載シタル年月日ヨリ起算シ商法第八百三十條第二項ノ期限ヲ超過スルコトヲ得ス

第七條　船籍證書ノ交付ヲ願出ツルトキハ手數料トシテ本證書ハ壹圓假證書ハ五拾錢ヲ納ムヘシ

第八條　船籍證書ハ常ニ船內ニ保持シテ船長之ヲ監守シ稅關官吏、司檢官、警察官、領事、其他正當職權アル者ニ於テ檢閱ヲ要スルトキハ何時ニテモ之ヲ開示スヘシ

第九條　船籍證書ヲ受有スル西洋形船ハ左ノ事項ヲ銘記シ且其事項ニ變更ヲ生シタルトキハ其都度之ヲ改記スヘシ

第一項　船首兩舷ノ外部ニ船名、船尾外部ノ見易キ所ニ船名及ヒ船籍港名ヲ方三寸五分以上ノ國字竝羅馬字ヲ以テ記スヘシ

第二項　中央ノ船梁ニ船籍證書ノ番號及ヒ登簿噸數ヲ彫刻シ又ハ該番號噸數ヲ彫刻シタル板ヲ固釘スヘシ

第三項　船首材及ヒ船尾材ノ外部兩側面ヘ水脚ヲ示ス爲メ一尺每ニ方五寸ノ羅馬又ハ亞刺比亞數字ヲ以テ其尺度ヲ記スベシ

第十條　船籍證書ヲ受有スル日本形船ハ船尾ニ船名、船梁ニ船籍證書ノ番號及ヒ石數ヲ記スヘシ

第十一條　船舶所有者船籍港ニ居住セサルトキハ本船ニ關スル事務ヲ代辨セシムル爲メ其船籍港ニ代理人ヲ置キ之ヲ市町村役場若クハ浦役場ニ屆出ツヘシ

第十二條　船籍ニ記載シタル事項ニ變更ヲ生シタルトキハ船籍面ノ訂正ヲ請ヒ且船籍證書

ノ書換ヲ申出ツヘシ

第十三條　船籍港ヲ移轉シタルトキハ原籍ヲ削除シ移轉地ノ船籍ニ編入シ且船籍證書ノ書換ヲ申出ツヘシ

第十四條　船舶ノ所有權ヲ他人ニ移轉シタルトキハ其旨ヲ市町村役場若クハ浦役場ニ申出且船籍證書ヲ返納スヘシ

第十五條　船舶ノ破壞、喪失、失踪、解撤ニ歸シタルトキ若クハ日本船舶タルノ資格ヲ失ヒタルトキハ本船ノ除籍ヲ請ヒ且船籍證書ヲ返納スヘシ

第十六條　本規則第八條乃至第十五條ヲ犯シタル者ハ二圓以上二十圓以下ノ罰金ニ處ス

附則

第十七條　明治十二年五月第十九號布告ニ依リ付與セシ西洋形船登簿船免狀ハ此規則施行ノ日ヨリ船籍證書ト見做シ本證書ト同一ノ効力ヲ有ス

第十八條　明治三年正月布告商船規則同十二年二月第五號布告同年五月第十九號布告同十四年二月第十二號布告其他從前之成規中此規則ニ抵觸スルモノハ此規則施行ノ日ヨリ廢止ス

第十九條　此規則ハ明治二十四年一月一日ヨリ施行ス

○船籍規則施行細則（明治二十三年十一月遞信省令第二十號）

沿革略記（明治十二年五月內務省內第二十五號ヲ以テ西洋形商船免狀改正ニ付請願方心得ヲ沿海府縣ニ達ス○二十三年十一月遞信省令第二十號ヲ以テ前令ヲ廢シ船籍規則施行細則ヲ定ム）

船籍規則施行細則左ノ通リ相定メ明治二十四年一月一日ヨリ實施ス

船籍規則施行細則

第一條　船舶ヲ製造シ若クハ外國人ニ屬スル船舶ノ所有權ヲ取得シタル者ハ其種類ニ從ヒ第一號若クハ第二號書式ノ件名書ヲ作リ本船々籍港所轄ノ市町村役場又ハ浦役場ヲ經テ本船ノ測度ヲ地方官廳ニ願出テ且同時ニ該役場ヘ船籍ノ編入ヲ請ヘシ

第二條　市町村役場又ハ浦役場ニ於テハ前條ノ件名書ヲ調査シ五十石未滿ノ日本形船ハ其事項ヲ直チニ役場ノ船籍臺帳ニ登錄シ其他ノ船舶ハ件名書ヲ地方官廳ニ送達シ其積量ノ測度ヲ申請スヘシ

第三條　地方官廳ニ於テハ船舶積量測度規則ニ從ヒ之ヲ測度シ第三號若クハ第四號書式ノ測度表ニ依リ其積量ヲ算出シ第五號若クハ第六號書式ノ測度證書ヲ作リ件名書ヲ照査シ前條ノ市町村役場又ハ浦役場ヘ送付スヘシ

測度證書及ヒ件名書ヲ受領シタル市町村役場又ハ浦役場ニ於テハ測度證書及ヒ件名書ニ依リ其事項ヲ船籍臺帳ニ登錄スヘシ

第四條　前條ノ船舶ニシテ船籍證書ヲ受有スヘキモノナルトキハ更ニ市町村長又ハ浦役人ノ奧書ヲ受タル願書ニ第一號若クハ第二號書式ノ件名書ヲ添ヘ地方官廳ヲ經由シテ船籍證書ノ交付ヲ遞信省ニ願出ヘシ但左記ノ船舶ハ船籍證書ヲ受有スルノ限ニアラス

一國內水上ヲ運航スル船舶

一端舟其他櫓櫂ノミヲ以テ運轉シ又ハ主トシテ櫓櫂ヲ以テ運轉スル舟

第五條　地方官廳ニ於テハ前條ノ願書及ヒ件名書ニ測度表ヲ添ヘ之ヲ遞信省ニ進達スヘシ

第六條　遞信省ニ於テハ件名書及ヒ測度表ヲ調査シ其船舶ノ種類ニ從ヒ第七號第八號若ク

ハ第九號書式ノ船籍證書ヲ作リ之ヲ地方官廳ニ送付シ地方官廳ハ市町村長又ハ浦役人ヲシテ之ヲ船主ニ交付セシムヘシ但第十一條ニ係ル船舶ニ交付スヘキ船籍證書ハ遞信省ヨリ直ニ領事館ニ送付シ其旨ヲ船籍地方官廳ニ通知スヘシ

第七條　船籍港外ニ於テ船舶ヲ製造シ若クハ外國人ニ屬スル船舶ノ所有權ヲ取得シ船籍證書ヲ受有スヘキ船舶ナルトキハ願書ニ第一號若クハ第二號書式ノ件名書ヲ添ヘ本船所在地ノ地方官廳又ハ領事館ニ本船ノ測度ヲ請ヒ且假證書ノ交付ヲ願出ヘシ但本船々籍港ニ到著シタルトキハ速ニ第一條及ヒ第四條ノ手續ヲ爲スヘシ

第八條　前條ノ願書ヲ受領シタル地方官廳又ハ領事館ニ於テハ第三條ノ手續ニ由リ其積量ヲ算出シ直ニ第十號第十一號若クハ第十二號書式ノ假證書ヲ作リ之ヲ願人ニ交付シ且同時ニ其證書ノ謄本及ヒ件名書測度表ヲ本船々籍港地方官廳ニ送付スヘシ

第九條　假證書ノ謄本及ヒ件名書測度表ノ送付ヲ受ケタル地方官廳ニ於テハ本船々籍港ニ到着ノ上其測度ヲ願出タルトキ送付ノ測度表ヲ調査シ正確ナリト認ムルトキハ更ニ測度ヲ要セス直チニ測度證書ヲ作リ件名書ト共ニ市町村役場又ハ浦役場ニ送付スヘシ

第十條　內國人ニ屬スル船舶ノ所有權ヲ取得シ若クハ船籍ヲ移轉シタルトキハ測度ヲ除クノ外第一條ノ手續ニ依リ其入籍ヲ請ヒ且船籍證書ヲ受有スヘキ船舶ナルトキハ市町村長又ハ浦役人ノ奥印ヲ受ケタル願書ニ第一號若クハ第二號書式ノ件名書ヲ添ヘ地方官廳ヲ經由シ其證書ノ交付若クハ書換ヲ遞信省ヘ願出ヘシ

第十一條　外國ニ於テ船舶ヲ製造シ又ハ他人ニ屬スル船舶ノ所有權ヲ取得シ單ニ外國地方

ヲ航海シ本國ニ廻船セサル者ハ其事由ヲ具シタル願書ニ第一號若クハ第二號書式ノ件名書ヲ添ヘ本船所在地ノ領事館ニ其測度ヲ願出テ同館ヨリ交付ノ測度證書ヲ本船々籍港ニ送付シ第一條ニ依リ其入籍ヲ請フヘシ但船籍證書ヲ受有スヘキ船舶ナルトキハ本證書到達迄ノ間領事館ヨリ假證書ヲ願受ルヲ得ヘシ

領事館ニ於テハ第三條ノ手續ニ依リ其積量ヲ算出シ測度證書ヲ願人ニ交付シ且同時ニ本船件名書測度表ヲ其船籍地方官廳ニ送付スヘシ但假證書ヲ願出タルトキハ第八條ノ手續ニ依リ之ヲ交付スヘシ

第十二條　船籍港外ニ於テ船籍證書ヲ受有シタル船舶ノ所有權ヲ取得シタルトキハ測度ヲ除クノ外第七條ノ手續ニ依ルヘシ

第十三條　船籍ニ記載シタル事項ニ變更ヲ生シタルトキハ市町村役塲又ハ浦役場ニ船籍ノ訂正ヲ請ヒ且船籍證書ヲ受有シタル者ハ市町村長又ハ浦役人ノ奥印ヲ受ケタル願書ニ第一號若クハ第二號書式ノ件名書ヲ添ヘ地方官廳ヲ經由シテ其證書ノ書換ヲ遞信省ヘ願出舊證書ヲ返納スヘシ但積量ノ變更ニ係ルトキハ更ニ測度ヲ受ケタル後本條ノ手續ヲ爲スヘシ

第十四條　船籍證書又ハ假證書ヲ喪失若クハ毀損シタルトキハ船籍港ニ於テハ其事由ヲ具シタル願書ニ市町村長又ハ浦役人ノ奥印ヲ受ケ地方官廳ヲ經由シテ其船籍證書ノ再渡若クハ書換ヲ遞信省ヘ願出ヘシ

船籍港外ニ於テハ其事由ヲ具シ第一號若クハ第二號書式ノ件名書ヲ添ヘ直チニ本船所在

地ノ地方官廳又ハ領事館ヘ假證書ノ交付ヲ願出ヘシ

第十五條 前條ニ依リ假證書ヲ交付シタル地方官廳又ハ領事館ニ於テハ其事由ヲ詳記シ件名書及證書ノ謄本ヲ添ヘ速ニ本船々籍港ノ地方官廳ヘ通報スヘシ

第十六條 船籍規則第十五條ノ場合ニ於テハ其事由ヲ具シ浦役場ニ除籍ヲ請ヒ且船籍證書ヲ受有シタル者ハ地方官廳ヲ經由シ之ヲ遞信省ヘ返納スヘシ但假證書ナルトキハ其發出ノ官廳ヘ返付スヘシ

第十七條 船籍證書又ハ假證書ノ交付ヲ願出ル者ハ初渡、再渡、書換ヲ問ハス出願ノ際船籍規則第七條ニ掲クル手數料ヲ上納スヘシ

附則

第十八條 明治十二年五月二十一日內務省丙第二十五號達ハ此細則施行ノ日ヨリ廢止ス

第十九條 現在ノ船舶ハ此細則施行ノ爲メ更ニ積量ノ測度ヲ要セス從來ノ噸數石數ニ依ル

（第一號） 西洋形船件名書

第一 船名 汽船何丸帆船何丸

第二 船籍港 何國何郡何港又ハ何町村

第三 本船管轄廳名 廳府縣名

第四 甲板ノ層數 何層

第五 船體ノ材料 木製又ハ鐵製

第六 船骨ノ材料 木製又ハ鐵製

第七　檣ノ數　何本

第八　索具ノ裝置　シップ、バーク、バーケンタイン、ブリック、ブリカンタイン、スクーナー、カッター、スループ等

第九　船首ノ形狀　斜形又ハ直立

第十　船尾ノ形狀　圓形又ハ方形

第十一　製造地名　何國何郡何市何町村又ハ何地何造船所（外國ノ地名ハ外國文字ニテ記スヘシ）

第十二　製造年月　何年何月

第十三　造船工長氏名　宿所氏名（外國人ナラハ外國文字ニテ記スヘシ）

第十四　船ノ原名　最初製造シタルトキノ名（外國ヨリ購入ノモノハ外國文字ニテ記スヘシ）

第十五　船主ノ氏名　會社其他ノ法人若クハ二人以上ノ所有ニ係ルトキハ會社名若クハ管理人ノ氏名住所ヲ記スヘシ

第十六　船ノ長　上甲板上ニテ船首ノ外側ヨリ船尾柱ノ外側ニ至ル尺度ヲ曲尺ニテ記スヘシ

第十七　船ノ幅　本船中央ノ正甲板上面ニテ外板ノ外側ヨリ外側ニ至ル尺度ヲ曲尺ニテ記スヘシ

第十八　船ノ深　正甲板ノ下面ヨリ船底中央ノ內板ニ至ル尺度ヲ曲尺ニテ記スヘシ

第十九　量噸甲板下部ノ噸數　何噸

第二十　量噸甲板上諸部ノ噸數　何噸

內譯

甲板間ノ噸數　何噸

船尾室ノ噸數　何噸

圓室ノ噸數　何噸

船首室厨室等都テ蔽圍セシ場所ノ噸數 何噸

第二十一 總噸數 何噸

第二十二 登簿噸數 何噸

第二十三 乘組人常用室ノ噸數 何噸

第二十四 機關室ノ噸數 何噸

第二十五 機關ノ種類及ヒ數 重聯成機關、聯成併働冷汽機關單働冷瀛機關、併働冷汽機關等何箇

第二十六 瀛罐ノ種類及ヒ數 筩形、方形等何個

第二十七 瀛筩ノ數及內徑 高壓何個低壓何個徑何寸(英寸ニテ記スヘシ)

第二十八 機關昇降ノ長 何寸(英寸ニテ記スヘシ)

第二十九 推進器ノ種類 外車、暗車又ハ双暗車

第三 十 公稱馬力 何馬力

第三十一 船價 何圓 取得シタルモノハ其代價贈與ニ係ルモノハ其見積代價

第三十二 本船ヲ取得シタル場所 何國何郡何港又ハ何町村

第三十三 本船前所有主ノ氏名

右項目中船名地名氏名ハ詳細ニ假名ヲ附スヘシ

(第二號) 日本形船件名書

第一 船名 何丸 船名ヲ付セサル小舟ハ漁船、艀船、傳馬船等其所用名ヲ記スヘシ

第二 船籍港 何國何郡何港又ハ何町村

第三　本船管轄廳名　廳府縣名
第四　船ノ原名　最初製造シタルトキノ名
第五　檣ノ數　何本　船ノ長船首材ノ外部ヨリ船尾柁柄ニ至ル尺度ヲ曲尺ニテ記スヘシ船ノ幅中央船梁ニ船ヒ外板ヨリ外板ニ至ル尺度ヲ曲尺ニテ記スヘシ
船ノ深中央船梁上面ヨリ船底ニ至ル尺度ヲ曲尺ニテ記スヘシ
第六　製造地名　何國何郡何市何町村又ハ何地何造船所
第七　製造年月　何年何月
第八　船主ノ氏名
第九　積石數　何石　五十石未満ノモノハ積石數ヲ記スルニ及ハス舳梁ヨリ艫梁ニ至ルノ尺度ヲ記スヘシ
第十　船價　何圓　取得シタルモノハ其代價贈與ニ係ルモノハ其見積代價
第十一　本船ヲ取得シタル場所　何國何郡何港又ハ何町村
第十一　本船前所有主氏名
右項目中船名地名氏名ハ詳細ニ假名ヲ附スヘシ

(第三號)(一)

測度表

船ノ幅	船ノ深

船尾船梁ノ矢三分ノ一	本船測度ノ長	長等分數	同分長點間隔

8	9	10	11	12	13

分長點番號	乘數	横截積面	積
1	1		
2	4		
3	2		
4	4		
5	2		
6			
7			
8			
9			
10			
11			
12			
13			

ニ除ス

幅	得數	幅	得數	幅	得數	幅	得數	幅	得數	幅	得數

合計＝

分長點間隔
三分ノ一 }＝ ——

量噸甲板上
下部立方積 }＝

噸積＝ ——

西洋形船

船名	船ノ長

甲板上測度ノ長	甲板ノ厚	船首傾度ニ對スル距離	船尾傾度ニ對スル距離

分長點番號	1	2	3	4	5	6	7
分長點最大ノ深							
船梁ノ矢三分ノ一							
船底内板ノ厚							
矢三分ノ一並ニ其他減スヘキ數							
分長點ニ於ル測度深							

本船中央ノ深十六尺ニ付

分深點間隔															
分深點間隔	乘數	幅	得數	幅	得數	幅	得數	幅	得數	幅	得數	幅	得數	幅	得數
1	1														
2	4														
3	2														
4	4														
5															
6															
7															
合數															
分深點間隔三分ノ一															
横截面積															

（第三號）（二）

機關室ノ積量

第一號

平均ノ長＝
全深＝

番號	乘數	幅	得數
1	1		
2	4		
3	1		

合計＝
平均ノ長ノ六分一 }＝
平均ノ深＝ ＿＿＿

第二號

平均ノ長＝
全深＝

番號	乘數	幅	得數
1	1		
2	4		
3	1		

合計＝
平均ノ長六分ノ一 }＝
平均ノ深＝ ＿＿＿

第三號

平均ノ長＝
全深＝

番號	乘數	幅	得數
1	1		
2	4		
3	1		

合計＝
平均ノ長六分ノ一 }＝
平均ノ深＝ ＿＿＿

第四號

平均ノ長＝
全深＝

番號	乘數	幅	得數
1	1		
2	4		
3	1		

合計＝
平均ノ長六分ノ一 }＝
平均ノ深＝ ＿＿＿

第一號
第二號
第三號
第四號
　　號
　　號
} 合計＝

除數＝ (100)

機關室ノ割合 100

噸數＝ ＿＿＿

量噸甲板下部ノ噸數…………

量噸甲板上部ノ噸數 {
甲板間ノ場所…………
船首室…………
船尾室…………
圓室…………
其他ノ場所…………
}

總噸數＝

除去スベキ噸數

乘組人常用室噸數 {…………} ＝合計
機關室ノ噸數 {…………}

登簿噸數 ＝

測度員官氏名

量噸 甲板上甲
板間ノ噸數

甲板間ノ長＝
分長點間隔＝

分番長點號	乘數	幅	得數
1	1		
2	4		
3	2		
4	4		
5			
6			
7			
8			
9			
10			
11			
12			
13			

合計＝

分長點間隔 三分ノ一 ＝

橫截面積＝

分長點ニ於ル平均ノ高 ＝

甲板上諸室ノ積量

第一號

內側ノ長＝
長分點間隔＝

番號	乘號	幅	得數
1	1		
2	4		
3	1		

合計＝
長分點間隔 三分ノ一 ＝
平均ノ高＝

第二號

內側ノ長＝
分長點間隔＝

番號	乘數	幅	得數
1	1		
2	4		
3	1		

合計＝
分長點間隔 三分ノ一 ＝
平均ノ高＝

第三號

內側ノ長＝
分長點間隔＝

番號	乘數	幅	得數
1	1		
2	4		
3	1		

合計＝
分長點間隔 三分ノ一 ＝
平均ノ高＝

第四號

內側ノ長＝
分長點間隔＝

番號	乘數	數	得數
1	1		
2	4		
3	1		

合計＝
分長點間隔 三分ノ一 ＝
平均ノ高＝

第五號

內側ノ長＝
分長點間隔＝

番號	乘數	幅	得數
1	1		
2	4		
3	1		

合計＝
分長點間隔 三分ノ一 ＝
平均ノ高＝

甲板上諸室噸數

一號＝
二號＝
三號＝
四號＝
五號＝
號＝
號＝

合計＝

(第四號)

日本形船測度表

船名	船ノ長	船ノ幅	船ノ深	船艙下部ノ長
丸				

分長點番號	1	2	3	4	5	6	7
分長點ニ於ル深							

分長點ニ於ル深ヲ　　　箇ニ等分ス

分長點番號	幅	幅	幅	幅	幅	幅	幅
1							
2							
3							
4							
5							
6							
7							
合數							
平均ノ幅							

番號	分長點ニ於ル平均幅
1	
2	
3	
4	
5	
6	
7	
合數	

船艙下部ノ長＝

同上下部平均ノ深＝

立方積＝

船艙上部

高	1		平均ノ高＝
	2		
	3		
幅	1		平均ノ幅＝
	2		
	3		

平均ノ長＝

立方積＝

船艙上部石數＝

船艙下部石數＝

總石數＝

測度員官氏名

(第五號)

西洋形船測度證書

船名	船籍港	本船管轄廳名	船體材料	甲板ノ層數	檣ノ數	製造地名	製造年月	尺度
								船ノ長 船ノ幅 船ノ深

船尾ノ形狀	索具ノ裝置	造船工長	船主	測度ノ地名	推進器ノ種類	公稱馬力	積量
							量噸甲板下部ノ噸數 量噸甲板上諸部ノ噸數 内譯 甲板間ノ場所 圍室 船首室 船尾室 其他ノ場所 總噸數 除去ノ噸數 機關室 乘組人常用室 登簿噸數

船籍規則第二條ニ據リ本船測度ノ上此證書ヲ付與スル者也

明治　年　月　日

廳府縣領事館測度員官氏名

（第六號）

日本形船測度證書

船名	船籍港	本船管轄廳名	製造地名	尺度
				船ノ長 船ノ幅 船ノ深

製造年月	造船工長	船主	積量
			何石 内 船艙上部ノ石數 船艙下部ノ石數

船籍規則第二條ニ據リ本船測度ノ上此證書ヲ付與スル者也

明治　年　月　日

廳府縣領事館測度員官氏名

（第七號）

汽船
船籍證書

本船番號	信號符字	船名	船籍港	本船管轄廳名	甲板ノ層數	檣ノ數	索具ノ裝置	船體ノ材料	船骨ノ材料

船首ノ形狀	船尾ノ形狀	本船原名	造船工長	製造ノ年月及ヒ地名	機關ノ種類及ヒ數	汽罐ノ種類及ヒ數	推進器ノ種類	公稱馬力	船主

尺度

上甲板上ニ於テ船首ノ外側ヨリ船尾柱ノ外側ニ至ル長
船ノ中央正甲板上面ニ於テ外板ノ外側ヨリ外側ニ至ル幅
船ノ中央ニ於テ正甲板下ヨリ船底內板ニ至ル深

噸數

量噸甲板下部ノ噸數
量噸甲板上諸部ノ噸數
內譯
甲板間ノ場所
船尾室
圓室
其他ノ場所
總噸數
除去ノ噸數
機關室
乘組人常用室
登簿噸數

右ニ記載スル要件ヲ査明シ船籍原簿ヘ登記ノ上此證書ヲ付與スル者也

年　月　日　遞信省

（第八號）

帆船
船籍證書

本船番號	信號符字	船名	船籍港	本船管轄廳名	甲板ノ層數	檣ノ數	索具ノ裝置	船體ノ材料

船骨ノ材料	船首ノ形狀	船尾ノ形狀	本船原名	造船工長	製造年月及ヒ地名	船主

尺度	噸數	
上甲板上ニ於テ船首ノ外側ヨリ船尾中ノ外側ニ至ル長	量噸甲板下部ノ噸數	右ニ記載スル要件ヲ査明シ船籍原簿ヘ登記ノ上此證書ヲ付與スル者也
船ノ中央正甲板上面ニ於テ外板ノ外側ヨリ外側ニ至ル幅	量噸甲板上諸部ノ噸數	年　月　日　遞信省
船ノ中央ニ於テ正甲板下ヨリ船底內板ニ至ル深	內譯	
	甲板間ノ場所	
	船尾室	
	圓室	
	其他ノ場所	
	總噸數	
	除去ノ噸數	
	乘組人常用室	
	登簿噸數	

（第九號）

日本形船
船籍證書

本船番號	船名	船籍港	本船管轄廳名	櫓ノ數	製造年月及ヒ地名	本船原名	造船工長	船主

尺度

船首材ノ外部ヨリ船尾柁柄ニ至ルノ長

中央船梁ニ沿ヒ外板ヨリ外板ニ至ルノ幅

中央船梁上面ヨリ船底ニ至ルノ深

石數

何石

内

船艙上部ノ石數

船艙下部ノ石數

右ニ記載スル要件ヲ查明シ船籍原簿ヘ登記ノ上此證書ヲ付與スル者也

年　月　日　遞信省

（第十號）

汽船
假船籍證書

船名	船籍港	本船管轄廳名	甲板ノ層數	檣ノ數	索具ノ裝置	船體ノ材料	船骨ノ材料	船首ノ形狀
船尾ノ形狀	**本船原名**	**造船工長**	**製造年月及ヒ地名**	**機關ノ種類及ヒ數**	**汽罐ノ種類及ヒ數**	**推進器ノ種類**	**公稱馬力**	**船主**

尺度

上甲板上ニ於テ船首ノ外側ヨリ船尾柱ノ外側ニ至ル長

船ノ中央正甲板面ニ於テ外板ノ外側ヨリ外側ニ至ル幅

船ノ中央ニ於テ正甲板下ヨリ船底內板ニ至ル深

噸數

量噸甲板下部ノ噸數

量噸甲板上諸部ノ噸數

内譯

甲板間ノ塲所

船尾室

圓室

其他ノ塲所

總噸數

除去ノ噸數

機關室

乘組人常用室

登簿噸數

右ニ記載スル要件ヲ査明シ船籍規則第五條ニ依リ此假證書ヲ付與ス

但此證書ハ明治　年　月　日ヲ限リ無効タルヘシ

年　月　日

廳府縣

日本領事館

(第十一號)

帆船
假船籍證書

船名	船籍港	本船管轄廳名	甲板ノ層數	檣ノ數	索具ノ裝置	船體ノ材料	船骨ノ材料

船首ノ形狀	船尾ノ形狀	本船原名	造船工長	製造年月及ヒ地名	船主

尺度
上甲板上ニ於テ船首ノ外側ヨリ船尾柱ノ外側ニ至ル長
船ノ中央正甲板上面ニ於テ外板ノ外側ヨリ外側ニ至ル幅
船ノ中央ニ於テ正甲板下ヨリ船底內板ニ至ル深

噸數
量噸甲板下部ノ噸數
量噸甲板上諸部ノ噸數
內譯
甲板間ノ場所
船尾室
圓室
其他ノ場所
總噸數
除去ノ噸數
乘組人常用室
登簿噸數

右ニ記載スル要件ヲ査明シ船籍規則第五條ニ依リ此假證書ヲ付與ス
但此證書ハ明治　年　月　日ヲ限リ無効タルヘシ
年　月　日
廳府縣
日本領事館

（第十二號）

日本形船
假船籍證書

船名	船籍港	本船管轄廳名	櫓ノ數	製造年月及ヒ地名	本船原名	造船工長	船主

尺度

船首材ノ外部ヨリ船尾柁柄ニ至ルノ長
中央船梁ニ沿ヒ外板ヨリ外板ニ至ルノ幅
中央船梁上面ヨリ船底ニ至ルノ深

石數

何石
内
船艙上部ノ石數
船艙下部ノ石數

右ニ記載スル要件ヲ査明シ船籍規則第五條ニ依リ此假證書ヲ付與ス
但此證書ハ明治　年　月　日ヲ限リ無効タルヘシ

年　月　日　廳府縣
日本領事館

○西洋形船舶名稱變更許可ノ件 明治二十六年三月十六日 遞信省告示第八十五號

西洋形船舶名稱變更ノ許可ヲ受ケントスル者ハ登簿船ニ在テハ遞信省ニ不登簿船ニ在テハ地方官廳ニ願出ツヘシ其許可ヲ與フルハ左記ノ場合ニ限ル

一 前船主ノ氏名社名ヲ船名ト爲シタル船舶ヲ取得シ之ヲ變更セントスルトキ

二 外國船籍ノ船舶ヲ取得シ其船名ヲ變更セントスルトキ

三 船名ニ番號ヲ冠付シ又ハ冠付シタル番號ノミヲ變更刪除セントスルトキ

○船籍證書及假證書手數料取扱方ノ件 明治二十三年十二月 遞信省訓令第八號

北海道廳 府縣

本年十月勅令第二百十九號船籍規則第七條ノ手數料收納ハ北海道廳長官府縣知事ニ委任ス其取扱手續ハ本年當省訓令第三號及左記ノ三項ニ準據スヘシ

一手數料收納取扱ニ係ル會計規則第九十條第九十一條第一項第九十二條及第百條ノ本屬大臣ノ職務ハ北海道廳長官府縣知事ニ於テ執行スヘシ

一船籍證書及假證書ヲ交付セル船舶ハ其船名並船主氏名記入ノ仕譯書ヲ毎月收入報告書ト仝時ニ當省ヘ差出スヘシ但日本形西洋形ヲ分チ西洋形ハ汽船帆船ヲ別ツヘシ

一收入科目ハ免許及手數料ノ款手數料ノ項船籍證書手數料ノ目ヲ以テ整理スヘシ

○船籍規則施行延期ノ件 明治二十三年十二月 勅令第二百九十六號

朕船籍規則ノ施行延期ニ關スル件ヲ裁可シ玆ニ之ヲ公布セシム

本年十月勅令第二百十九號船籍規則ハ明治二十六年一月一日ヨリ施行ス

○船籍規則施行細則施行延期ノ件　明治二十三年十二月遞信省令第二十四號

本年十月勅令第二百十九號船籍規則施行期限發布相成候ニ付テハ本年十一月當省令第二十號船籍規則施行細則ハ明治廿六年一月一日ヨリ施行ス

○船籍規則施行延期ノ件　明治二十五年十二月勅令第百十七號

朕船籍規則ノ施行延期ニ關スル件ヲ裁可シ玆ニ之ヲ公布セシム

明治二十三年十月勅令第二百十九號船籍規則ハ商法中本則ニ關聯スル條項ノ施行延期中之ヲ實施セス

○船籍規則施行細則施行延期ノ件　明治二十五年十二月遞信省令第十七號

明治二十三年十一月當省令第二十號船籍規則施行細則ハ船籍規則實施ノ期日迄之ヲ實施セス

○西洋形船登簿船假免狀ノ件　明治二十六年二月十五日遞信省令第三號

西洋形船登簿船免狀ヲ受有スヘキ船舶ヲ製造シ若クハ之ヲ取得シ該免狀ノ下付ヲ願出ツルモ其下付ヲ待ツノ暇ナク至急航海ヲ要スルトキ又ハ船籍港外ニ在テ同上ノ船舶ヲ製造シ若クハ之ヲ取得シタルトキハ國内ニ於テハ地方官廳外國ニ於テハ日本領事館ニ假免狀ノ下付ヲ願出ルコトヲ得其効用期限ハ免狀下付ノ日ヨリ起算シ地方官廳ヨリ交付シタルモノハ三箇月領事館ヨリ交付シタルモノハ六箇月トス但正當ノ理由アルモノハ此ノ限ニアラス

第二章　測度

○船舶積量測度規則　明治十七年四月二十四日第十號布告

船舶積量測度規則別紙ノ通制定シ明治十七年七月一日ヨリ之ヲ施行ス

船舶積量測度規則

第一條　凡ソ船舶海軍艦船ヲ除クノ積量ハ此規則ニ依リ測度スル者トス

第二條　船舶ノ積量ヲ測度スルハ總テ曲尺ヲ用ヒ尺位ヲ以テ單位トシ其尺度ハ分位ニ止ムヘシ

第三條　西洋形船ノ積量ハ百立方尺ヲ以テ一噸トシ日本形船ノ積量ハ十立方尺ヲ以テ一石トス

第四條　西洋形船ニシテ甲板一層ノ者ハ其甲板ヲ以テ量噸甲板トシ二層ノ者ハ其上層ヲ以テ量噸甲板トシ三層以上ノ者ハ其最下ヨリ第二層ニアル者ヲ以テ量噸甲板トス

第五條　西洋形船ニシテ甲板一層若クハ二層ノ者ハ量噸甲板下ノ噸數ニ量噸甲板上諸室ノ噸數ヲ合セテ之ヲ該船ノ總噸數トシ又甲板三層以上ノ者ハ量噸甲板下ノ噸數ニ量噸甲板上各甲板間ノ噸數及ヒ最上甲板上諸室ノ噸數ヲ合セテ之ヲ該船ノ總噸數トス

甲板ナキ者ハ舷端以下ノ噸數ヲ以テ該船ノ總噸數トシ又舷端以上ニ船室アレハ其噸數ヲ合セテ之ヲ該船ノ總噸數トス

第六條　汽船ノ登簿噸數ハ總噸數ヨリ乘組人常用室及ヒ機關室ノ噸數ヲ除キタル者トス

帆船ノ登簿噸數ハ總噸數ヨリ乘組人常用室ノ噸數ヲ除キタル者トス

第七條 乘組人常用室トシテ除クヘキ噸數ハ總噸數ノ百分ノ六トス

第八條 機關室トシテ除クヘキ噸數ノ割合ハ左ノ如シ

外車汽船機關室ノ噸數該船總噸數ノ百分ノ二十ヨリ三十マテハ總噸數ノ百分ノ三十七

暗車汽船機關室ノ噸數該船總噸數ノ百分ノ十三ヨリ二十マテハ總噸數ノ百分ノ三十二

機關室ノ廣狹ニ依リ前項ノ割合ニ適セサル者ハ該室ノ噸數ニ外車汽船ナレハ其二分ノ一ヲ加ヘ暗車汽船ナレハ其四分ノ三ヲ加ヘタル者トス

第九條 日本形回漕船ハ船梁上下船艙ノ石數ヲ以テ該船ノ積石トシ又其搆造回漕船ニ異ナル者ハ舷端以下ノ石數ヲ以テ該船ノ積石トス

第十條 船舶ノ噸數及ヒ積石測度ノ方法ハ布達ヲ以テ之ヲ定ムヘシ

○船舶積量測度方法 明治十七年四月二十四日第十號布達

今般第拾號ヲ以テ船舶積量測度規則布告候ニ付テハ船舶積量測度方法別紙ノ通相定ム

船舶積量測度方法

第一條 西洋形船ノ噸數ヲ測定スルハ左ノ方法ニ據ルヘシ

第一項 量噸甲板上ニテ船首ノ內側ヨリ船尾ノ外側ニ至ル長ヲ測リ之ヨリ甲板ノ厚ニ準ヒ船首船尾ノ傾度ニ對スル甲板ノ長及ヒ終尾船梁ノ矢（船梁ノ弧形ヲナス高）ノ三分ノ一下ニテ船尾ノ傾度ニ對スル甲板ノ長ヲ減シテ量噸甲板下ノ長トシ之ヲ左ノ等級ニ準ヒ等分スヘシ

第一級 量噸甲板下ノ長五十尺迄ノ船ハ四個

第二級　同五十尺以上百二十尺迄ノ船ハ六個
第三級　同百二十尺以上百八十尺迄ノ船ハ八個
第四級　同百八十尺以上二百二十五尺迄ノ船ハ十個
第五級　同二百二十五尺以上ノ船ハ十二個

量噸甲板下ノ長ヲ等分シタル後其各分長點ニ於テ該甲板ノ下面ヨリ船底内板ノ上面ニ至ル深ヲ測リ之ヨリ船梁ノ矢三分ノ一ヲ減シ之ヲ各分長點ニ於ケル量噸甲板下ノ深トス而シテ中央分長點ニ於ケル深十六尺迄ハ四個十六尺以上ナルトキハ六個ニ各深ヲ等分スヘシ

各深ヲ等分シタル後其各分深點及上下兩端ニ於テ艙内ノ幅ヲ測定スヘシ

各分深點ニ於テ幅ヲ測リタル後之ヲ上端ヨリ數ヘ偶數ニ當ル幅ハ四倍シ奇數ニ當ル幅（上下兩端ヲ除ク）ハ二倍シ此合數ニ上下兩端ノ幅ヲ加ヘ之ニ分深點ノ間隔三分ノ一ヲ乘シ其得數ヲ各分長點ニ於ケル横截面積トス

各分長點ノ横截面積ヲ測リタル後之ヲ船首ヨリ數ヘ偶數ニ當ル面積ハ四倍シ奇數ニ當ル面積（船首船尾ノ兩端ヲ除ク）ハ二倍シ此合數ニ船首船尾ノ面積（若シアレハ）ヲ加ヘ之ニ分長點ノ間隔三分ノ一ヲ乘シテ其得數ヲ百ニテ除シ之ヲ量噸甲板下ノ噸數トス

第二項　最上甲板上諸室ノ噸數ヲ測定スルニハ該室内ノ平均ノ長ト高ヲ測リ其高ノ中央ニ於テ該室ノ前後ト中央ノ幅ヲ測リ而シテ中央ノ幅ノ四倍ニ前後ノ幅ヲ加ヘ之ニ平均ノ長ノ六分ノ一ヲ乘シ又之ニ平均ノ高ヲ乘シテ其得數ヲ百ニテ除スヘシ

第三項　甲板三層以上ノ船ニ於テ量噸甲板上各甲板間ノ噸數ヲ測定スルニハ甲板間ノ平均ノ高ヲ測リ其高ノ中央ニ於テ船首ノ內側ヨリ船尾ノ內側ニ至ル長ヲ測リテ之ヲ量噸甲板下ノ長ト同一ニ等分シ而シテ高ノ中央ニ於テ其各分長點及ヒ前後兩端ノ幅ヲ測リ之ヲ船首ヨリ數ヘ偶數ニ當ル幅ハ四倍シ奇數ニ當ル幅（船首船尾ノ兩端ヲ除ク）ハ二倍シ此合數ニ船首船尾ノ幅（若シアレハ）ヲ加ヘ之ニ分長點ノ間隔三分ノ一ヲ乘シ又之ニ平均ノ高ヲ乘シテ其得數ヲ百ニテ除スヘシ

第二條　機關室ノ噸數ヲ測定スルハ左ノ方法ニ據ルヘシ

第一項　機關室內平均ノ長幅深ヲ測リ之ヲ相乘シテ其得數ヲ百ニテ除シ之ヲ機關室ノ噸數トス

第二項　機關室ノ上端ニ機關運轉又ハ空氣流通等ノ爲メ圍ヒタル場所アルトキハ其長幅深ヲ測リ之ヲ相乘シテ其得數ヲ百ニテ除シ之ヲ機關室ノ噸數ニ加フヘシ

第三項　暗車汽船ニ於テハ軸室平均ノ長幅高ヲ測リ之ヲ相乘シテ其得數ヲ百ニテ除シ之ヲ機關室ノ噸數ニ加フヘシ

第三條　甲板ナキ西洋形船ノ噸數ヲ測定スルハ左ノ方法ニ據ルヘシ

第一項　船首上端ノ內側ヨリ船尾上端ノ內側ニ至ル長ヲ測リ之ヲ第一條第一項ニ掲クル等級ニ準ヒ等分シ其各分長點ニ於テ船舷ノ上端ヲ境線トシ之ヨリ船底ニ至ル深ヲ測リ其他第一條第一項ニ據リテ噸數ヲ求メ之ヲ該船ノ總噸數トス

第二項　船舷上端ノ境線ヲ超エ船室ノ設アルモノハ境線上ニ於ケル該室平均ノ長幅高ヲ

測リテ之ヲ相乘シ其得數ヲ百ニテ除シ之ヲ該線下ノ噸數ニ加フヘシ

第四條　日本形回漕船ノ石數ヲ測定スルハ左ノ方法ニ據ルヘシ

第一項　船舷ノ上端ヲ境線トシ之ヨリ船梁ノ上面ニ至ル平均ノ高ヲ測リ又船首室ノ境界ヨリ船尾室ノ境界ニ至ル長ヲ測リ又船舷ノ內測ヨリ內測ニ至ル平均ノ幅ヲ測リテ此長幅高ヲ相乘シ其得數ヲ十ニテ除シ之ヲ船梁上船艙ノ石數トス

第二項　船首室ノ境界ヨリ船尾ノ內側ニ至ル船底ノ長ヲ測リ之ヲ四個ニ等分シ其各分長點及ヒ前後兩端ニ於テ深ヲ測リ又各深ノ中央及ヒ上下ニ於テ平均ノ幅ヲ測リテ其深幅ヲ平均シ而シテ此平均ノ深幅ト長ヲ相乘シ其得數ヲ十ニテ除シ之ヲ船梁下船艙ノ石數トス

第五條　日本形ニシテ其構造回漕船ニ異ナル船ノ石數ヲ測定スルハ左ノ方法ニ據ルヘシ

船首ノ內側ヨリ船尾ノ內側ニ至ル船底ノ長ヲ測リテ之ヲ四個ニ等分シ其各分長點ニ於テ船舷上端ヲ境線トシ之ヨリ船底ニ至ル深ヲ測リ其深ノ中央及ヒ上下ニテ平均ノ幅ヲ測リテ其深幅ヲ平均シ而シテ此平均ノ深幅ト長ヲ相乘シ其得數ヲ十ニテ除シ之ヲ該船ノ石數トス

○船舶積量測度圖解

沿革　明治十七年四月管船局ニ於テ船舶積量測度圖解ヲ定メ同二十一年三月之ヲ改正ス是レ現行ノ圖解ナリ

第一欵西洋形船量噸甲板下ノ噸數測度

第一項　量噸甲板下ノ長ヲ求ムルニハ該甲板上ニテ第一圖乙圖ノ(イロ)及(ハニ)ノ如ク

中央線ヨリ適宜ノ距離ニ於テ昇降口、檣等ヲ避ケ該線ト並行ニ（ロニ）ノ長ヲ測リ又（イ）及ヒ（ハ）ヨリ船首船尾ノ內側ニ至ル（イホ）（ハヘ）ノ長ヲ測リ之ヲ（ロニ）ノ長ニ加フベシ而シテ此長ヨリ船首船尾ノ傾度ニ對スル甲板上面ノ長即第一圖甲圖ノ（イハ）（ロニ）及終尾船梁ノ矢（船梁ノ弧形ヲナス高）三分ノ一下ニテ船尾ノ傾度ニ對スル甲板下面ノ長（ホニ）ヲ減スベシ

第二項　前ノ如ク量噸甲板下ノ長ヲ求メタル上ハ左ノ如ク之ヲ等分スベシ

等級	量噸甲板下ノ長	等分數
一級	五十尺迄	四個
二級	五十尺以上百二十尺迄	六個
三級	百貳十尺以上百八十尺迄	八個
四級	百八十尺以上貳百貳拾五尺迄	十個
五級	二百二十五尺以上	十二個

第三項　前ノ如ク等分シタル上ハ白堊ノ類ヲ以テ各分長點ヲ量噸甲板上ニ記スルコト第一圖甲圖（本圖ハ六個ニ等分セルモノヲ示ス）ノ（一）（二）（三）（四）（五）（六）（七）ノ如クシ之ヲ同圖ノ（ヘ）（ト）（チ）（リ）（ヌ）ノ如ク副龍骨上（壓艙水箱ヲ具備セル船舶ニ於テハ其上部ニ敷列スル內板ノ中心線ニ當ルモノ）ニ移記シ次ニ量噸甲板下ニテ第二圖ノ如ク船梁ノ一端（ハ）ヨリ他端（ニ）マテ一線ヲ張リ其中央ニ於テ船梁ノ

矢(イ)(ロ)ノ距離ヲ測ルカ又ハ甲板上中央ノ凸所ニ接シ(伊呂)ノ如ク一線ヲ張リ船舷ニ於テ(伊)(ヘ)ノ如ク該線ト甲板トノ距離ヲ測リ之ヲ以テ船梁ノ矢ト定メ而シテ第一圖甲圖ノ(ヘ)(ト)(チ)(リ)(ヌ)ノ各點ニ就テ第二圖ノ如ク尺杖ヲ立テ量噸甲板下面ヨリ船底内板ノ上面ニ至ル(ヲリヌ)ノ深（壓艙水箱ヲ備フルモノハ第六項第七項ニ示ス）ヲ測リ之ヨリ船梁ノ矢(イロ)ノ三分ノ一ヲ減シ之ヲ量噸甲板下ノ深トス若シ量噸甲板ニ嵩所アル片ハ量噸甲板ノ下面ヨリ船梁ノ矢三分ノ一下リタル處ニ一線ヲ張リ之ヨリ以下ノ深ヲ量ルヘシ

第四項　前ノ如ク各分長點ニ就キテ甲板下ノ深ヲ求メタル上ハ中央分長點第一圖甲圖ノ(チ)ニ於ケル深十六尺迄ハ各深ヲ四個ニ等分シ之ヲ尺杖ニ記スルヿ第二圖ノ(一)(二)(三)(四)(五)ノ如クシ此尺杖ノ各分點ニ於テ(ヨタ)(ソツ)(子ナ)(ラム)(ウヰ)ノ幅（船側内板ノ厚ヲ平均ニ見做シ）ヲ測リテ之ヲ上ヨリ一二三四五ト數ヘ而テ偶數ニ當ル幅即チ第二及ヒ第四ノ幅ニハ各四ヲ乘シ奇數ニ當ル幅（第一及第五ヲ除ク）即チ第三ノ幅ニハ二ヲ乘シテ相加ヘ又之ニ第一ト第五ノ幅ヲ加ヘ此合數ニ深ヲ等分シタル一部分ノ長（(一二)或ハ(二三)等ノ距離）ノ三分一ヲ乘シ之ヲ其處ノ横截面積トス

但シ(ヨタ)ノ幅ハ甲板ヲ貫キ測リ難キニヨリ甲板ヨリ四五寸上ニテ(ノオ)ノ幅ヲ測リ之ヲ(ヨタ)ノ幅ニ代用スヘシ然レトモ此幅ハ船舷ノ直立セルモノニ於テハ(ヨタ)ノ幅ト同一ナレトモ船舷ノ傾キタルモノニ於テハ其傾度ニ從ヒ多少ノ増減ヲ要スヘシ

中央分長點ニ於ケル深十六尺ヲ超過セル片各深ヲ六個ニ等分シ其各分深點ニ於テ幅ヲ

測ルヿ前ノ如クシ而偶數ニ當ル幅即チ第二第四及ヒ第六ノ幅ニハ各四ヲ乘シ奇數（第一及ヒ第七ヲ除ク）ニ當ル幅即チ第三及ヒ第五ノ幅ニハ各二ヲ乘シテ相加ヘ又之ニ上下兩端即第一及ヒ第七ノ幅ヲ加ヘ此合數ニ深ヲ等分シタル一部分ノ長ノ三分一ヲ乘シテ之ヲ其所ノ橫截面積トス

第五項　前ノ如ク各所橫截面積ヲ求メタル上ハ之ヲ船首ヨリ一二三四等ト數ヘ偶數ニ當ル面積ヘハ各四ヲ乘シ奇數ニ當ル面積（第一ト終尾ヲ除ク）ヘハ各二ヲ乘シテ相加ヘ（通常ノ船躰ニ於テハ第一及終尾ノ面積ハ一線或ハ一點ニ歸シテ全ク面積ナキモノナリ若シ船躰異樣ニシテ面積アルモノハ之ヲ加フ）此合數ニ量噸甲板ノ長ヲ等分シタル一部分ノ長第一圖甲圖（一二）或ハ（二三）等ノ距離ノ三分ノ一ヲ乘シテ得ル所ノ數ヲ百ニテ除シ之ヲ量噸甲板下ノ噸數トス

第六項　船首ヨリ船尾ニ至ル全長ヲ通シテ壓艙水箱ヲ設ケタル船ノ深サヲ求ムルニハ其水箱上部ニ敷列セル內板則チ第三圖ノ（イ）迄ヲ測ルベシ又第四圖ノ如ク全長ヲ通シテ水箱ヲ設ケザル船（本地ハ船首及ヒ船尾ノミニ水箱ヲ設ケ機關室ヲ除キシモノ）ニ於テハ各水箱ノ長ヲ合算シ其長量噸甲板下面ノ長ノ二分ノ一以上ナルトキハ水箱ナキ部分ノ深ヲ測ルニ第四圖ニ於ル（イロ）ノ如ク水箱上部內板ノ上面ト同高ニ一線ヲ張リ其線迄ヲ測ルベシ

但船艙內積荷少キ場合ニ於テ壓艙水箱ニ代用スヘキ搆造ノモノハ之ヲ除クノ限リニアラス

第七項　前項ノ塲合ニ於テ各水箱ノ合長量噸甲板下面ノ長ノ二分ノ一以下ナルトキハ水箱ヲ備ヘサルモノト見做シ肋骨根板上內板迄ノ深ヲ測ルモノトス故ニ水箱ヲ備フル部

分ニ於テハ第三圖ノ肋骨根板上面(ロハ)ノ上ニ内板ヲ設クルモノト見做シ現狀ニヨリ之ヲ推測シ第四項ニ從ヒ其深ヲ等分シタル分點ノ幅ヲ測ルベシ若シ其最下ノ幅ヲ實測シ得サルトキハ船底彎曲部ノ形狀ニヨリ之ヲ推測スベシ

第二欵　量噸甲板上各甲板間ノ噸數測度

量噸甲板上各甲板間ノ噸數ヲ求ムルニハ甲板間ノ中央ニ於テ船首ノ内側ヨリ船尾ノ内側ニ至ル長ヲ測ルコト第五圖(本圖ハ六個ニ等分セルモノヲ示ス)ノ(ヒモ)ノ如クシ之ヲ量噸甲板下ノ長ト同一ニ等分スルコト(一)(二)(三)(四)(五)(六)(七)ノ如クシ此各分長點ニ於テ下層甲板ノ上面ヨリ上層甲板ノ下面迄ノ高ヲ測リテ之ヲ平均シ又各高ノ中央ニ於テ幅ヲ測リ之ヲ船首ヨリ一二三四五六七ト數ヘ偶數ニ當ル幅即チ第二第四及ヒ第六ノ幅ニハ各四ヲ乘シ奇數ニ當ル幅(第一ト第七ヲ除ク)即第三及ヒ第五ノ幅ニハ各二ヲ乘シテ相加ヘ又之ニ第一ト第七ノ幅ヲ加ヘ此合數ニ長ヲ等分シタル一部分ノ長(第五圖ノ(一二)或ハ(二三)等ノ距離)ノ三分ノ一ヲ乘シテ得ル所ノ數ヘ平均ノ高ヲ乘シ之ヲ百ニテ除スヘシ

第三欵　最上甲板上諸室ノ噸數測度

甲板上諸室ノ噸數ヲ求ムルニハ室内平均ノ長ヲ測リ其中央及ヒ兩端ニ於テ高ヲ測リ又其高ノ中央ニテ幅ヲ測ルコト第六圖ノ(イロ)(ハニ)(ホヘ)ノ如クシ而シテ中央ノ幅(ハニ)ヲ四倍セシモノニ前後ノ幅(イロ)(ホヘ)ヲ加ヘ之ニ平均ノ長ノ六分ノ一ト平均ノ高ヲ乘シ得ル所ノ數ヲ百ニテ除スヘシ若シ諸室ノ形狀方形若クハ長方形ナルトキハ其室内ノ長幅高ヲ測リ之ヲ相乘シ得ル所ノ數ヲ百ニテ除スベシ

但天窓（スカイライト）甲板上部ニ凸出ノ部ハ噸數ニ算入セサルヲ以テ測ルニ及ハス

第四欵　機關室ノ噸數測度

第一項　機關室（石炭庫ヲ除ク）ノ噸數ヲ求ムルニハ該室内前後隔板間ノ長ヲ測リ其長ノ中央ト兩端ノ三ケ所（機關室ノ形狀ニヨリ緊要ト認ムル片ハ三ケ所以上）ニテ該室ノ上部ニ於ケル甲板ノ下面ヨリ幅ヲ底内板（壓艙水箱ヲ設クル船ニテ第一欵第六項ニ當ルモノハ同項ノ方法ニ據ル）ニ至ル深ヲ測リ又各深ノ中央ニ於テ幅ヲ測リ其深幅ヲ平均シ而シテ此平均ノ深幅ト長ヲ相乘シ得ル所ノ數ヲ百ニテ除スヘシ若シ其室ノ上部ニ機關運轉又ハ空氣流通等ノ爲メ圍ヒタル場所アレハ（天窓ノ甲板上部ニ凸出シタルモノハ其部分ヲ除キ）其長幅高ヲ測リテ之ヲ相乘シ得ル所ノ數ヲ百ニテ除シ之ヲ前數ニ加フヘシ

第二項　汽鑵ト機械ト別室ニ備フルモノハ前ノ方法ニ從ヒ各室ノ容積ヲ測リ之ヲ相合シテ百ニテ除シ機關室ノ噸數トス

第三項　暗車汽船ニ於テ軸室ヲ具フルモノハ其平均ノ長幅高ヲ相乘シ之ヲ百ニテ除シタルモノヲ機關室ノ噸數ニ加フヘシ

第四項　暗車汽船ニ於テ軸室ヲ具ヘサルモノハ最大軸架ノ下部ノ幅ヲ自乘シ之ニ機關室隔板ヨリ船尾ノ内側ニ至ル軸ノ長ヲ乘シ之ヲ百ニテ除シタルモノヲ機關室ノ噸數ニ加フヘシ

第五欵　甲板ナキ西洋形船噸數測度

第一項　甲板ナキ船ノ噸數ヲ求ムルニハ船首上端ノ内側第七圖ノ（イ）ヨリ船尾上端ノ内側（ロ）ニ至ル長ヲ測リ之ヲ第一欵第二項ニ掲クル等分數ニ從ヒ分畫スルヿ同圖ノ（本圖ハ四個ニ）

（等分セルモノヲ示ス）（一）（二）（三）（四）（五）ノ如クシ而シテ船舷ノ上端ヲ境線トシ此各分長點ニ於テ深ヲ測ルコト（二リ）（三ヌ）（四ル）ノ如クシ其他ハ第一欵量噸甲板下ノ噸數測度方ニ同シ

第二項　船舷上端ノ境線ヲ超ヘ船室ノ設ケアルモノハ境線上ニ於ケル該室ノ平均ノ長幅高ヲ測リテ之ヲ相乘シ其得數ヲ百ニテ除シ之ヲ該線下ノ噸數ニ加フヘシ

第六欵　日本形回漕船ノ石數測度

第一項　船梁上船艙ノ石數ヲ求ムルニハ船首室ノ境界則第八圖甲圖ノ（イ）ヨリ船尾室ノ境界（ロ）ニ至ル長ヲ測リ此長ノ中央（ハ）及ヒ兩端（イ）（ロ）ニ於テ船舷ノ上端ヨリ船梁ノ上面ニ至ル（ニホ）（ヘト）（チリ）ノ高ヲ測リ其各高ノ中央ニ於テ乙圖ノ（ヌル）ノ如ク幅ヲ測リ其高幅ヲ平均シ而シテ此平均ノ高幅ト長ヲ相乘シ得ル處ノ數ヲ十ニテ除スヘシ

第二項　船梁下船艙ノ石數ヲ求ムルニハ甲圖ノ（オ）ヨリ（ワ）ニ至ル船底ノ長ヲ測リテ之ヲ四個ニ等分スルコト（一）（二）（三）（四）（五）ノ如クシ此分各長點ニ於テ船梁ノ上面ヨリ船底ニ至ル深ヲ測リ其各深ノ中央及ヒ上下ニテ乙圖ノ（タレ）ノ如ク幅（船ノ大小ニ應シ五ケ所以上ニテ幅ヲ測リ之ヲ平均シ）ヲ測リ其深幅ヲ平均シ而シテ此平均ノ深幅ト長ヲ相乘シ得ル處ノ數ヲ十ニテ除スヘシ

第七欵　搆造回漕船ニ異ナル日本形船ノ石數測度回漕船ニ異ナル船ノ石數ヲ求ムルニハ船首ノ內側ヨリ船尾ノ內側ニ至ル船底ノ長ヲ測リ之ヲ四個ニ等分シ其各分長點ニ於テ船舷ノ上端ヨリ一線ヲ張リ之ヨリ船底ニ至ル深ヲ測リ其各深ノ中央及ヒ上下ニ於テ幅（船ノ大小ニ應シ四ケ所若クハ五ケ所ニテ幅ヲ測リ之ヲ平均シ）ヲ測リ其深幅ヲ平均シ而シテ此平均ノ深幅ト長ヲ相乘シ得ル所ノ數ヲ十ニテ除スヘシ

第一圖

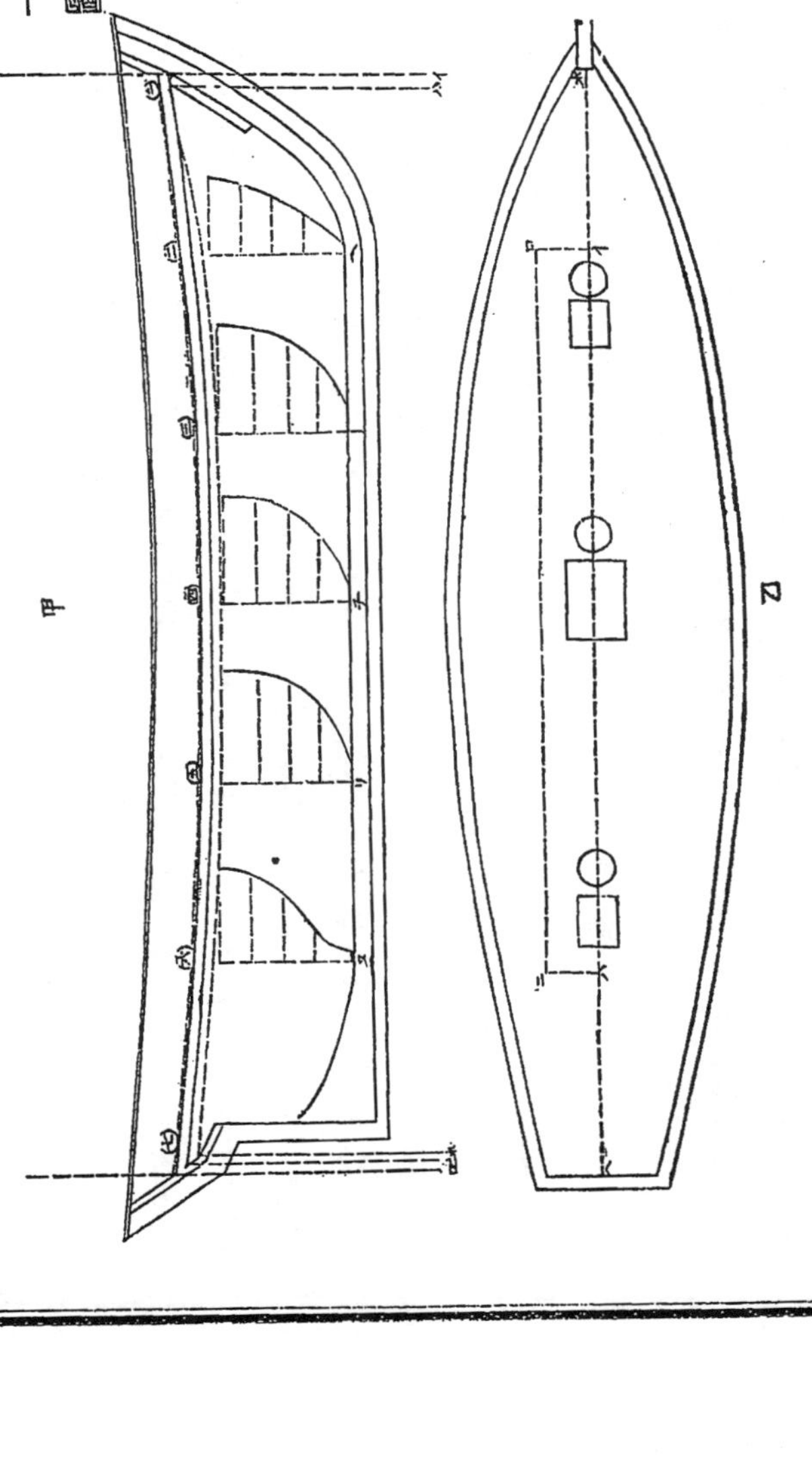

第二圖

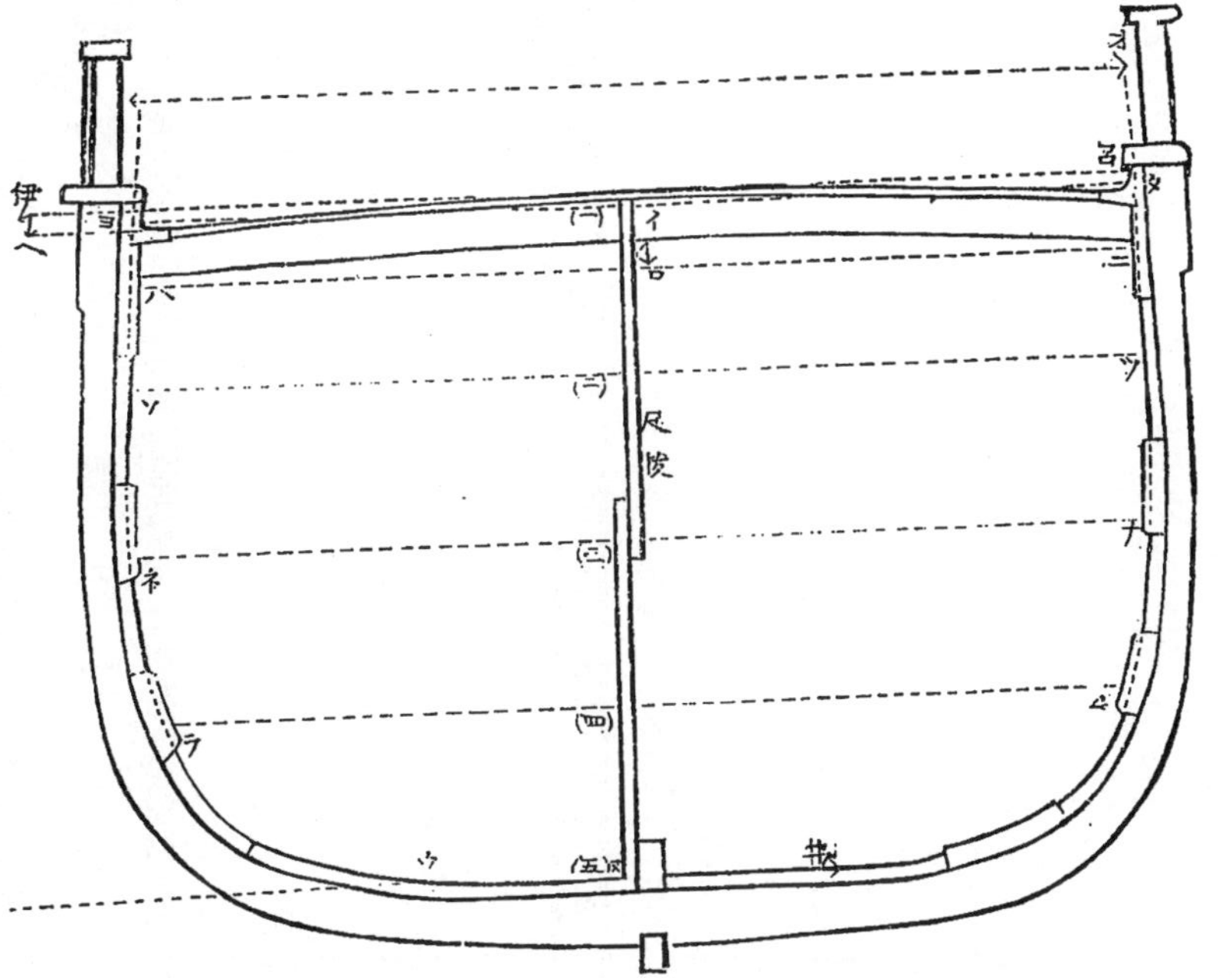

第三圖

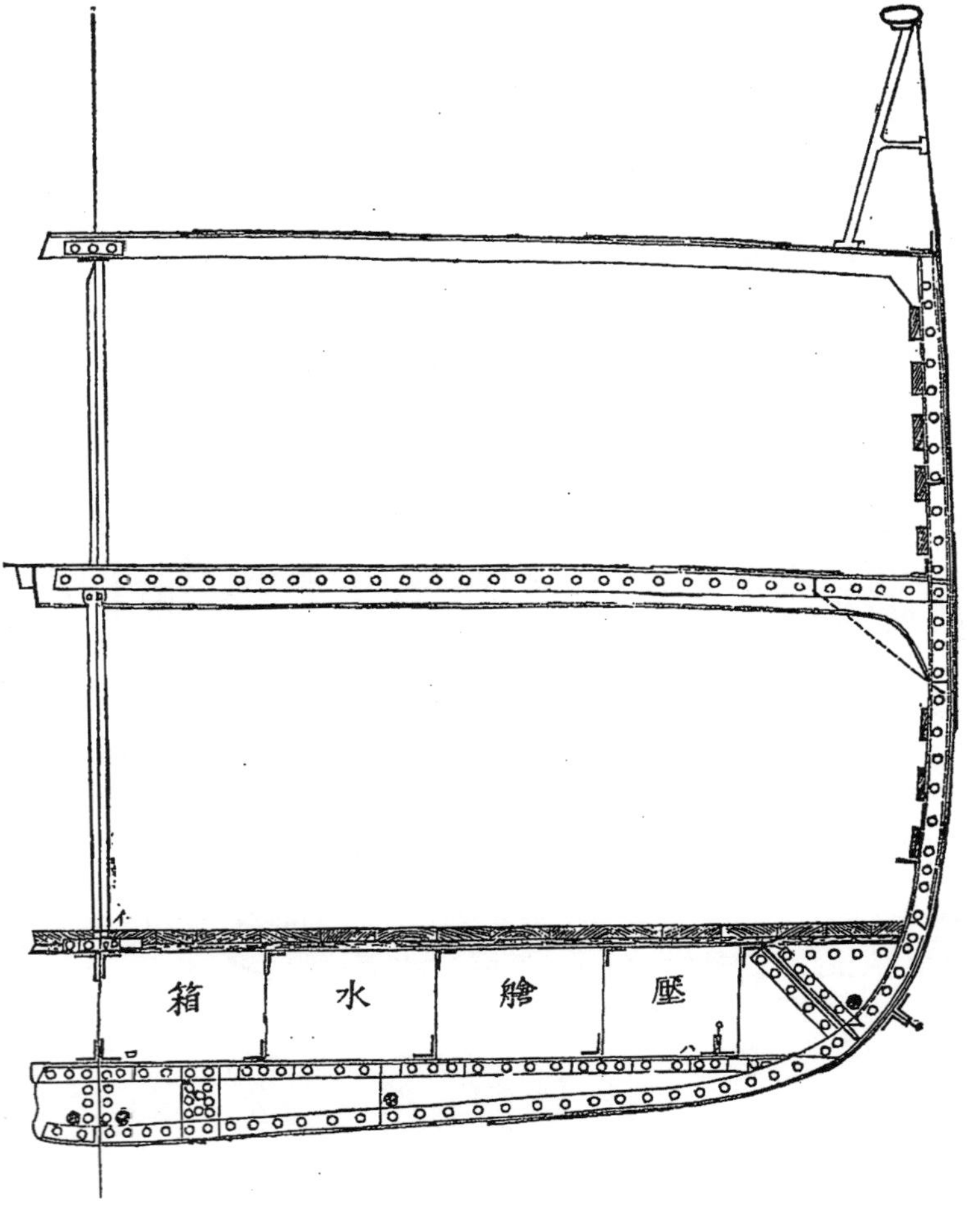

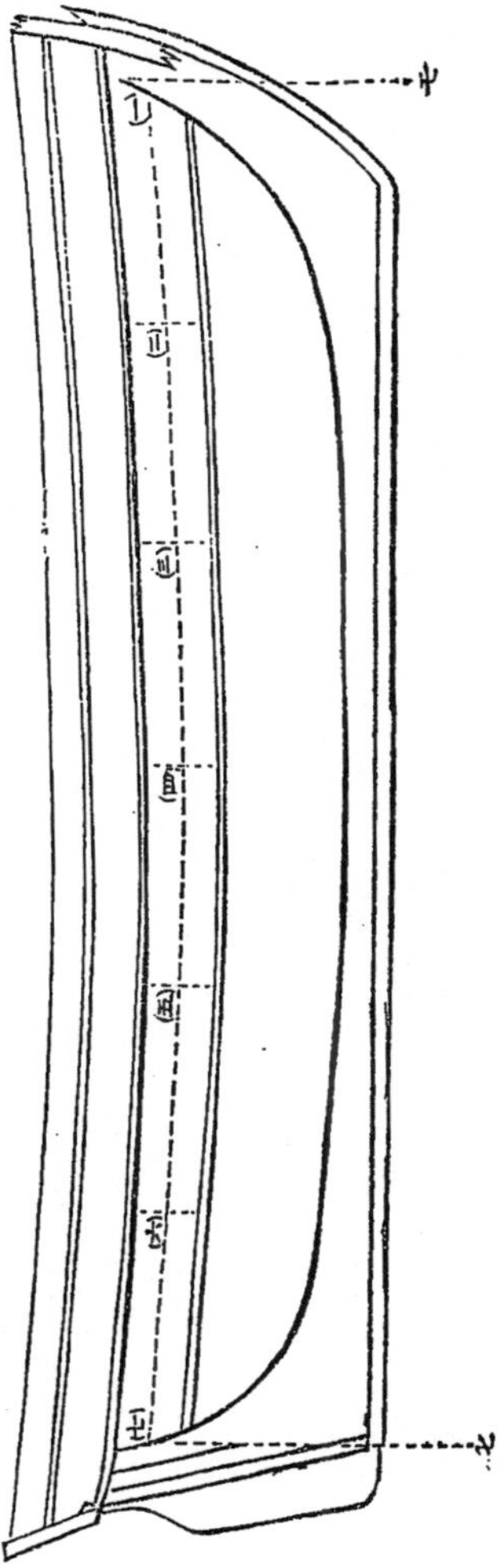

第四圖

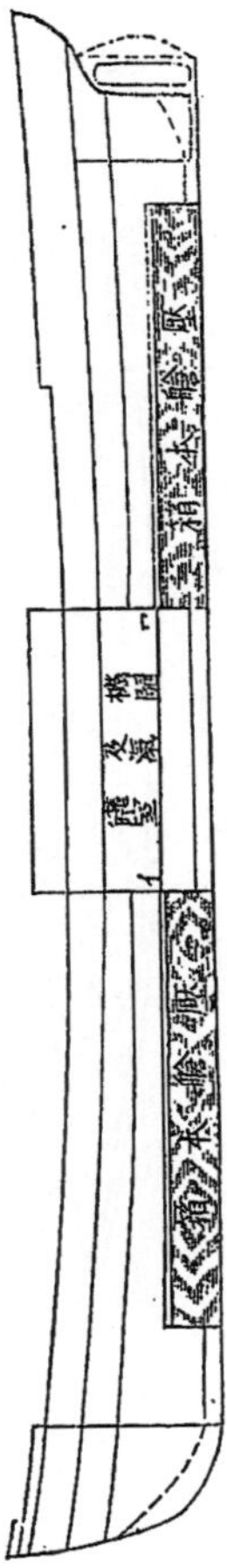

第五圖

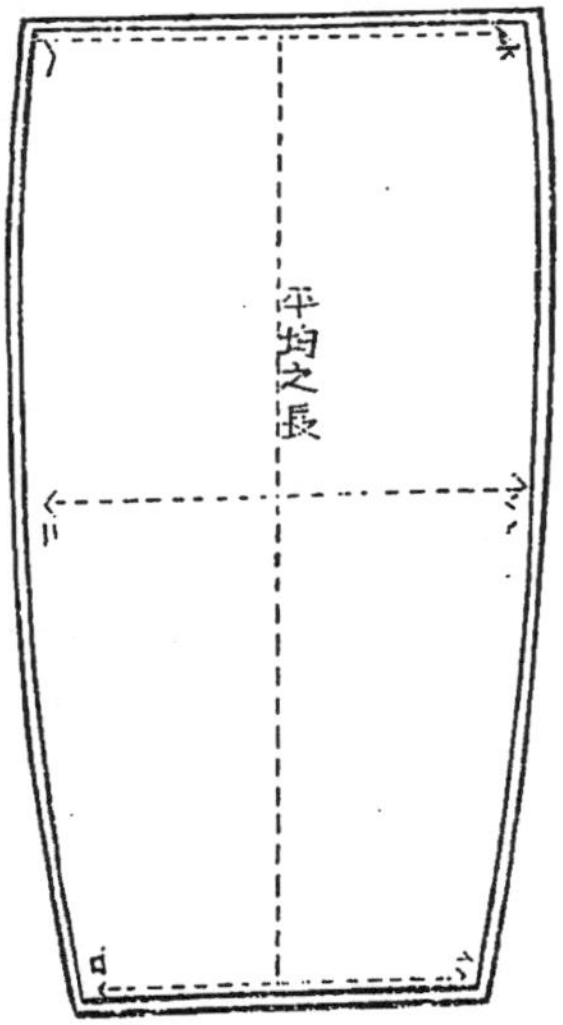

第六圖

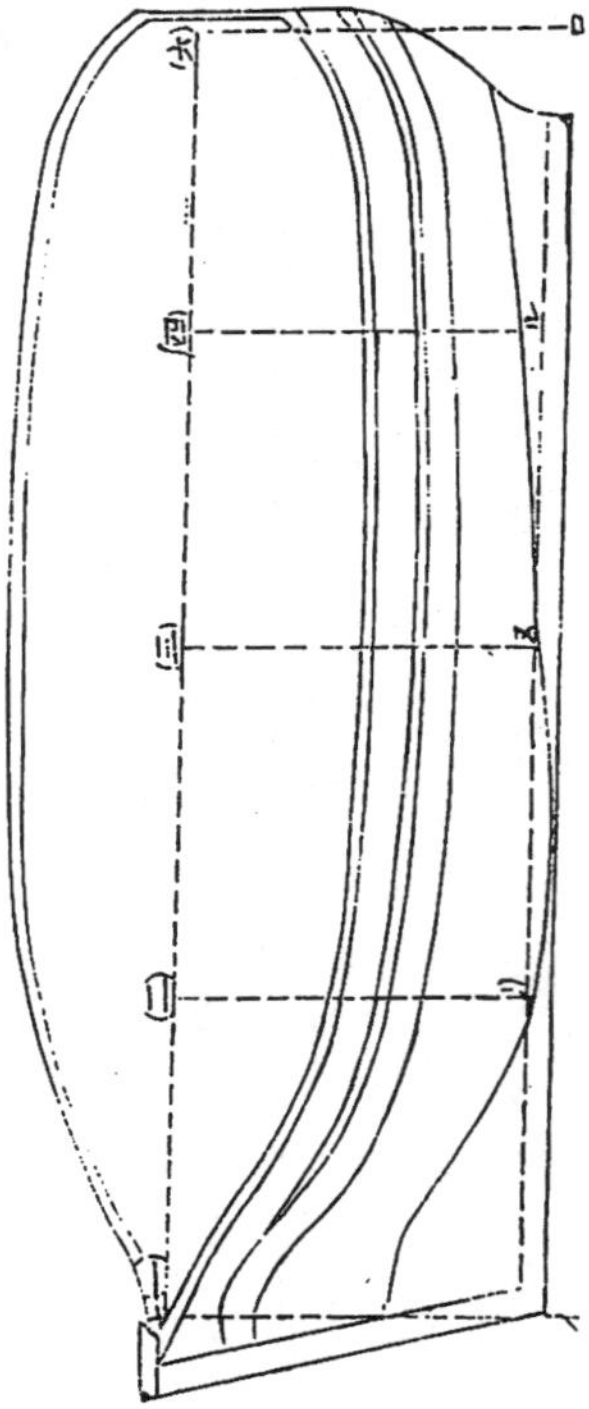

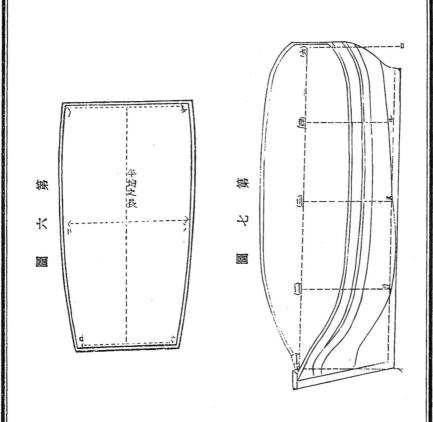

第七圖

第八圖

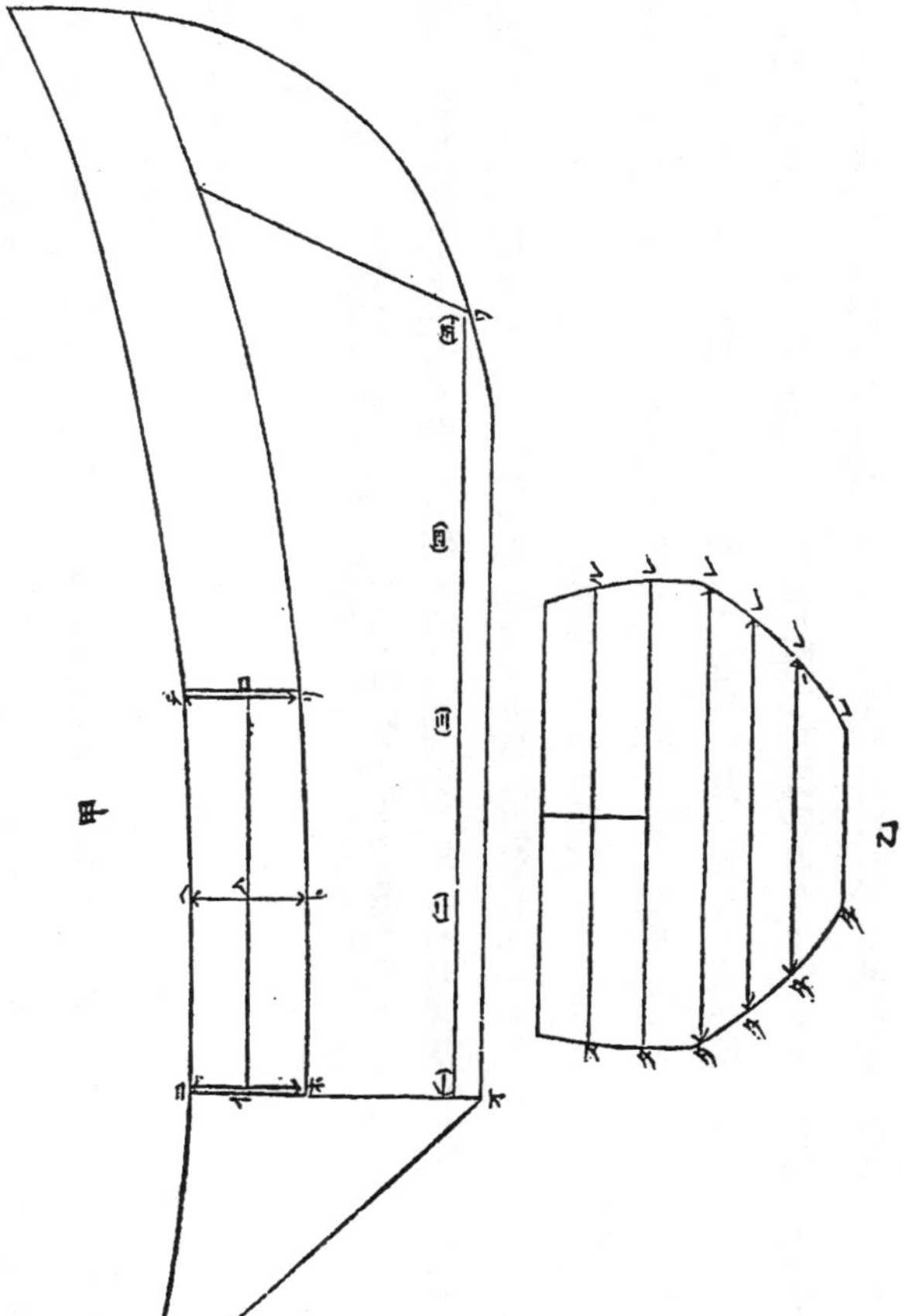

○本邦積量測度規則ニ依リ測度シタルモノハ英國版圖內ニ於テ測度ヲ要セス（明治十八年五月七日外務省第五號告示）

英國政府ニ於テ本年一月二十七日付內閣訓令ヲ以テ明治十七年（西暦千八百八十四年）七月一日以後日本國官廳ヨリ下付セシ噸數證書若クハ其他噸數ヲ記載スル公書ヲ所有スル日本國船舶ハ英國版圖內ノ諸港若クハ各所ニ於テ更ニ其船積ノ測度ヲ要セサル旨ヲ布達アリシ趣本邦駐劄英國特命全權公使ゼ、オノレーブル、エフアール、ブランケツト閣下ヨリ本年四月四日付ヲ以テ我政府ニ通知アリタリ

右告示候事

○除去機關室噸數割合ノ件（明治十七年十二月二十七日農商務卿ヨリ乾船第一〇二號ヲ以テ各府縣ヘ內達）

不適ノ汽機汽罐等ヲ裝置シ若クハ機關室ノ巨大ナルモノハ其實積ニ止ムルカ或ハ現狀ニヨリ總噸數百分ノ四十ヲ目度ト為シ超過セサル樣注意執行スヘシ

○船舶積量互認ノ件ニ關シ丁抹國トノ間ニ設定セラレタル條規（明治二十四年十二月十二日遞信省令第十五號）

船舶積量互認ノ件ニ關シ明治二十四年十二月一日帝國政府ト丁抹國政府トノ間ニ取極メヲ為シタルニ依リ左ノ條規ヲ定メ明治二十五年一月一日ヨリ之ヲ施行ス

第一條　西暦千八百六十七年十月一日以降丁抹國政府ヨリ發シタル登簿國籍證書ヲ受有スル同國ノ船舶ハ外國貿易ノ為メ開キタル帝國諸港ニ於テ其積量ヲ測度スルコトナシ

第二條　第一條ノ登簿國籍證書ニ記載シタル丁抹國帆船ノ實噸數ハ帝國帆船ノ登簿實噸數ト同一ナリト認ムヘシ

第三條　丁抹國瀛船ノ受有スル第一條ノ登簿國籍證書補錄欄內ニ記載ノ英國測度法ニ據リ算出シタル實噸數ハ帝國汽船ノ登簿實噸數ト同一ナリト認ムヘシ

○丁抹國トノ間ニ取極メタル船舶積量互認ニ關スル件　明治二十四年十二月十二日　遞信省告示第二百八十二號

船舶積量互認ノ件ニ關シ明治二十四年十二月一日帝國政府ト丁抹國政府トノ間ニ取極ヲ爲シタルニ依リ明治二十五年一月一日以後帝國船舶ニシテ明治十七年四月二十四日第十號布告船舶積量測度規則實施以降交付シタル登簿船免狀ヲ有スルモノハ丁抹國諸島「ドロイ」諸島「イスランド」及ヒ丁抹領「アンチル」諸島ノ各港ニ於テ其積量ヲ測度セラルヽコトナク帆船ニ在リテハ右登簿船免狀ニ記スル登簿噸數ヲ以テ丁抹國船舶ノ實噸數ト同一ナリト認メラレ瀛船ニ在リテハ右登簿船免狀ニ記載シタル機關室ノ積量ノミヲ丁抹國測度法ニ依リ控除スヘキ爲メ前記諸港ニ於テ其測度ヲ受ヘシト雖トモ之カ爲メ測度料若クハ手數料等ヲ徵收セラルヽコトナカルヘシ

第三章　船燈、信號及救命具

○船燈信號器及救命具取締規則　明治二十八年四月七日　遞信省令第四號

沿革略記　明治五年七月廿四日第二百九號布告ヲ以テ船燈規則ヲ定ム同七年一月十八日第五號布告ヲ以海上衝突豫防規則ヲ定メ前規則ヲ廢止シ同九年二月第十一號布告ヲ以海上衝突豫防副則ヲ定メ尋イテ同九年二月十八日內務省內第五號達ヲ以舷燈製造及販賣規則ヲ定ム同十四年八月廿五日農商務省甲第一號達ヲ以船燈製造及販賣規則ヲ定メ前規則ヲ廢止ス同十九年七月二十三日遞信省令第十九號ヲ以前規則改正同二十八年四月廿七日遞信省令第四號ヲ前規則改正

船燈信號器及救命具取締規則

第一條　本則ニ於テ船燈ト稱スルハ海上衝突豫防法ニ記載スル各種ノ船燈、信號器ト稱スルハ仝法ニ記載スル信號器中機械製霧中號角、空中ニ高響及星火ヲ發スル榴彈、火箭、

紅光熖管又ハ船用熖管及救命熖、救命具ト稱スルハ船用救命浮環及救命浮帶ヲ謂フ
第二條　船燈信號器及救命具ヲ製造シ又ハ仝上外國製品ヲ販賣セントスル者ハ遞信省ノ免許ヲ受クヘシ
第三條　第二條ノ免許ヲ受ケントスル者ハ願書ニ標本及仕樣書ヲ添ヘ管轄地方官廳（東京府下ハ警視廳以下同シ）ヲ經由シテ遞信省ニ差出スヘシ
第四條　第三條ノ標本ハ船燈及機械製霧中號角ハ各種類每ニ一個以上空中ニ高響及星火ヲ發スル榴彈、火箭、紅光熖管並ニ熖管ハ六個以上救命熖、救命浮環及救命浮帶ハ各種類每ニ二個以上ヲ差出スヘシ
第五條　第三條ノ使用書ニハ使用材料ノ品質、尺度、搆造方法ヲ詳細ニ記載スヘシ
第六條　第二條ノ免許ヲ受ケントスル者ハ船燈、信號器及救命具ノ各種類ニ付免許手數料二圓ヲ納ムヘシ
免許手數料ハ免許ヲ與ヘサルトキト雖モ之ヲ還付セス
第七條　遞信省ニ於テ第三條ノ標本ヲ試驗シ合格ト認ムルトキハ其標本及仕樣書ニ檢印ヲ附シテ之ヲ還付シ第一號若クハ第二號書式ノ免許證書並ニ試驗成績書ヲ出願人ニ交付スヘシ不合格ト認ムルトキハ其理由ヲ明示シ標本ヲ出願人ニ還付スヘシ
第八條　船燈、信號器及救命具ノ標本ヲ運搬シ又ハ試驗ニ要スル一切ノ費用ハ免許申請人之ヲ負擔スヘシ
第九條　船燈、信號器及救命具ノ免許製造人又ハ仝上外國製品免許販賣人ハ遞信省ニ於テ

檢印ヲ附シタル船燈、信號器、救命具標本ヲ原器トナシ其仕様書及試驗成績書ト共ニ其製造所又ハ販賣所ニ備置クヘシ

前項ノ原器ヲ亡失若クハ毀損シ又ハ改良品ヲ以テ從來ノ原器ニ代ヘントスルトキハ第三條ニ準シ更ニ其撿定ヲ受クヘシ此場合ニ於テハ第六條ニ記載スル免許手數料ノ半額ヲ納ムヘシ

第十條　船燈、信號器及救命具ノ免許製造人ハ其製造品ニ氏名及製造年月日ヲ仝上外國製品ノ免許販賣人ハ其賣品ニ其氏名ヲ彫刻又ハ貼付スヘシ

第十一條　船燈、信號器及救命具ノ免許製造人又ハ仝上外國製品ノ免許販賣人ハ船舶司檢所々在地（船舶司檢所々在地トハ東京市大坂市長崎市及函舘區ヲ謂フ）ニ在テハ船舶司檢所ニ船舶司檢所アラサル地方ニ在テハ管轄地方官廳若クハ其指定スル官衙ニ其製造品若クハ販賣品ノ檢定ヲ申請スヘシ船舶司檢所又ハ地方官廳ハ第九條ノ原器ニ照シ製造品又ハ販賣品ヲ檢査シ合格ト認ムルトキハ檢印ヲ附スヘシ

第十二條　合格ノ船燈、信號器及救命具ヲ請賣セントスル者ハ管轄地方官廳ヲ經由シテ遞信省ニ屆出ツヘシ

第十三條　船燈信號器及救命具ノ免許製造人仝上外國製品ノ免許販賣人及仝上內外製造品請賣人ハ其製造所又ハ販賣所ニ看板ヲ揭クヘシ

第十四條　船燈信號器及救命具ヲ船舶ト共ニ外國人ヨリ購入シ若クハ自巳ノ船舶ニ備附クルノ目的ヲ以テ船燈、信號器及救命具ノミヲ外國人ヨリ購入シタルトキハ船舶司檢所ニ

差出シ檢印ヲ受クベシ

第十五條　法律命令ニ依リ船燈、信號器及救命具ヲ船舶ニ備附クベキ者ハ第十一條ニ依リ檢印ヲ附シタルモノヲ使用スベシ

第十六條　船舶司檢所ハ其所在地ノ船燈、信號器及救命具ノ製造所、販賣所及碇泊船ニ一箇年少ナクモ一回以上臨時監査官吏ヲ派出シ船燈、信號器及救命具ヲ監査セシムベシ
地方官廳ハ其管轄地（船舶司檢所々在地ヲ除ク）ノ船燈、信號器及救命具ノ製造所、販賣所及碇泊船ニ一箇年少ナクモ一回以上臨時監査官吏ヲ派出シ船燈信號器及救命具ヲ監査セシムベシ

第十七條　船燈、信號器及救命具ノ免許製造人又ハ仝上外國製品ノ免許販賣人ハ製造品又ハ販賣品ノ種類、大小、品質ヲ區別シ左ノ事項ヲ記載シ一箇年分ヲ翌年二月十五日限リ地方官廳ヲ經由シテ遞信省ヘ差出スベシ

一　製造高
二　販賣高
三　卸賣及小賣一個又ハ一組ノ代價
四　前年度繰越高

第十八條　船燈、信號器及救命具ノ免許製造人又ハ仝上外國製品ノ免許販賣人第三條ノ願書ニ記載スル住所、製造所又ハ販賣所ヲ移轉シタルトキハ二十日以内ニ地方官廳ヲ經由シテ遞信省ヘ屆出ツヘシ

第十九條　船燈、信號器及救命具ノ免許製造人又ハ仝上外國製品ノ免許販賣人其氏名貫屬ヲ變更シ若クハ免許證書ヲ亡失又ハ毀損シタルトキハ免許證書ノ書替若クハ再授ヲ遞信省ニ申請スヘシ

免許證書ノ書替又ハ再授ヲ申請スルトキハ手數料トシテ一圓ヲ納ムヘシ

第二十條　船燈、信號器及救命具ノ免許製造人又ハ仝上外國製品ノ免許販賣人廢業若クハ死亡シタルトキハ本人又ハ其遺族ヨリ四十日以内ニ地方官廳ヲ經由シテ免許證書ヲ遞信省ニ返納スヘシ

第二十一條　船燈、信號器及救命具ノ請賣人其氏名住所ヲ變更シ又ハ廢業若クハ死亡シタルトキハ其本人又ハ遺族ヨリ四十日以内ニ地方官廳ヲ經由シテ遞信省ニ屆出ツヘシ

第二十二條　第二條第九條第十一條第十四條第十五條ニ違背シタル者ハ二圓以上二十圓以下ノ罰金ニ處ス

第二十三條　第十條第十二條第十三條第十七條乃至第二十一條ニ違背シタル者ハ一圓以上一圓九十五錢以下ノ科料ニ處ス

附　則

第二十四條　本則ハ明治二十八年十月一日ヨリ施行ス

從來既ニ免許ヲ得タル船燈、信號器製造人ハ本則施行以前ト雖モ準備ノ爲メ第三條及第七條ニ依リ標本ノ檢定ヲ受ケ且第十一條ニ依リ其製品ニ檢印ヲ受クルコトヲ得

第二十五條　從來船舶ニ備附ケ使用スル船燈、信號器及救命具ハ明治二十九年九月三十日

迄ニ監査官吏ニ於テ監査ヲ行ヒ檢印ヲ附スヘシ但シ監査官吏ニ於テ既ニ檢印ヲ附シタル檣燈舷燈及信號器ハ此ノ限ニアラス

第二十六條　明治十九年六月遞信省令第十三號仝年七月仝省令第十九號仝二十六年三月仝省令第四號ハ本則施行ノ日ヨリ廢止ス

第一號書式　割印

花紋輪廓（竪九寸横一尺二寸）

第　　號

（船燈、信號器、救命具）製造免許證書

廳府縣華士族平民

氏　　名

右（何々）ノ標本ヲ試驗シ合格ト認ムルニ依リ明治二十八年四月二十七日遞信省令第四號船燈信號器及救命具取締規則第七條ニ依リ此ノ免許證書ヲ授與ス

明治　年　月　日

遞　信　省印

第二號書式　割印

花紋輪廓（竪九寸横一尺二寸）

第　　號

（外國製船燈信號器、救命具）販賣免許證書

廳府縣華士族平民

氏　　名

右（何々）ノ標本ヲ試驗シ合格ト認ムルニ依リ明治二十八年四月二十七日遞信省令第四號船燈信號器及救命具取締規則第七條ニ依リ此ノ免許證書ヲ授與ス

明治　年　月　日

遞　信　省印

船燈信號器及救命具試驗檢定、及監査手續 明治二十八年四月廿七日 遞信省令第一號

沿革略記 明治十八年四月四日農商務省第十一號達ヲ以船燈監査手續概目ヲ定ム同二十年二月一日遞信省訓令第一號ヲ以改正船燈信號器監査手續ヲ定ム同二十八年四月廿七日遞信省訓令第一號ヲ以改正船燈信號器及救命具試驗檢定及監査手續ヲ定ム

船燈信號器及救命具及試驗檢定及監査手續

第一條 船燈、信號器、及救命具ノ標本ヲ試驗スルトキハ先ツ其仕樣書ト照合シ若シ相違ノ廉アルトキハ製造若クハ販賣免許申請人ヲシテ其標本ヲ改作セシメ若クハ仕樣書ヲ改正セシムヘシ

第二條 船燈ノ材料ハ玻璃ト銅、眞鍮若クハ鐵ヲ用ヒ玻璃ハ寒氣ニ堪ヘ凍冰ノ爲メ龜裂セサル品質ヲ用ヒ其接合ノ部分ハ密著シテ毫モ間隙ナク堅牢ニ構造シタルモノヲ合格トナスヘシ但海上衝突豫防法第七條第九條ニ依リ小形船及漁船ニ於テ用フヘキ船燈ハ本條ニ記載スル金屬ヲ使用セサルモ堅牢ナリト認ムルトキハ合格トナスコトヲ得

第三條 船燈ノ空氣孔ハ上下共ニ不釣合ナク油壺ハ燈油ノ漏洩セサル樣堅牢ニ之ヲ製造シ點火口ノ抑ヘ金及注油口ノ栓ハ螺旋形ノ裝置ナルモノヲ合格トナスヘシ

第四條 船燈ノ光達距離ハ海上衝突豫防法ニ規程スル距離ニ到達シ其射光方位ハ同法ニ規程スル方位ニ適合スルモノヲ合格トナスヘシ

船燈ノ光達距離ハ實視試驗ニ依リ若クハ光達距離測定器ヲ以テ之ヲ算定シ其射光方位ハ玻璃球ノ弧ニ對スル全圈ノ中心ヨリ玻璃球ノ弧ノ中央ニ至ル直線ト玻璃球ノ各端ヨリ點火口ノ兩端（若シ八字形ナルトキハ其後端）ヲ經テ引キタル二直線トノ交切點ヨリ玻璃球

ノ各端ヘ引キタル直線間ノ弧度ヲ射光方位トス

第五條 機械製霧中號角、空中ニ高響及星火ヲ發スル榴彈、火箭、紅光焔管、焔管竝ニ救命焔ハ其用方及保存ノ適否ヲ調査シ且之ヲ吹鳴若クハ發火セシメ其成績各々良好ナリト認ムルトキハ之ヲ合格トナスヘシ

第六條 救命浮環ハ二十四斤以上救命浮帶ハ十一斤二五以上ノ重量ヲ附着シテ之ヲ水中ニ投入シ二十四時間水面ニ浮游シ其構造良好ナリト認ムルトキハ合格トナスヘシ

第七條 船燈、信號器及救命具ヲ試驗シタル主任官吏ハ其成績報告書ヲ作リ遞信大臣ニ差出スヘシ

第八條 船舶司檢所又ハ地方官廳ニ於テ船燈、信號器及救命具ノ免許製造人若クハ免許販賣人ヨリ其製造品若クハ販賣品ノ檢定申請ヲ受ケタルトキハ檢定官吏ヲ命シ其製造所若クハ販賣所ニ就キ檢定セシムヘシ

檢定官吏ハ船燈、信號器及救命具ノ製造品若クハ販賣品ヲ其原器、仕様書及試驗成績書ニ照ラシテ之ヲ查覈シ必要ト認ムルトキハ各種類每ニ一二個ヲ實地ニ試驗シ合格ト認ムルトキハ檢印ヲ附シ不合格ト認ムルトキハ不合格ノ點ヲ懇篤ニ指示シ改良セシムヘシ

第九條 第八條ニ依リ檢印ヲ附スルトキハ船燈、機械製霧中號角及救命焔ニハ極印ヲ押捺シ空中ニ高響及星火ヲ發スル榴彈、火箭、紅光焔管及焔管ニハ紙札ヲ貼付シ救命浮環及救命浮帶ニハ朱肉印又ハ黑肉印ヲ押捺スヘシ

前項ノ極印、紙札及朱肉印又ハ黑肉印ニハ檢定官吏ノ官氏名ヲ記スヘシ

第十條　船舶司檢所又ハ地方官廳ニ於テハ第一號書式ニ依リ檢定報告書ヲ作リ前年十二月末日迄ノ分ヲ翌年二月十五日限リ遞信省ニ差出スヘシ

第十一條　船舶司檢所ニ於テ外國人ヨリ船舶ト共ニ購入シ又ハ外國人ヨリ購入シタル船燈、信號器救命具ノ檢定申請ヲ受ケタルトキハ第二條乃至第六條ニ準シテ之ヲ查覈シ合格ト認ムルトキハ檢印ヲ附シ不合格ト認ムルトキハ其使用ヲ差止ムヘシ但檢印ハ第九條ノ例ニ依ルヘシ

第十二條　監查官吏船燈、信號器及救命具ノ製造所及販賣所並ニ碇泊船舶ニ臨檢シ修繕ヲ要スヘキモノアルトキハ其修繕ヲ命シ汚損若クハ朽腐シテ實用ニ適セサルモノアルトキハ其檢印ヲ取消シ又ハ檢印ナキモノヲ使用スルモノアルトキハ犯則ノ處分ヲ爲スヘシ

第十三條　船燈、信號器及救命具取締規則施行以前ヨリ船舶ニ備付ケ使用スル船燈、信號器、救命具ハ第二條乃至第六條ニ準シテ之ヲ查覈シ合格ト認ムルトキハ檢印ヲ附シ不合格ト認ムルトキハ其使用ヲ差止ムヘシ

第十四條　監查官吏ハ船長若クハ運轉手ニ對シ船燈、信號器、救命具、隔板ノ裝置及其用方ヲ諮詢シ了知セサルモノアルトキハ懇篤ニ之ヲ敎示スヘシ

第十五條　船舶司檢所又ハ地方官廳ニ於テハ第二號若クハ第三號書式ニ據リ監查報告書ヲ作リ前年十二月末日迄ノ分ヲ翌年二月十五日限リ遞信省ニ差出スヘシ

第十六條　明治十四年八月二十五日農商務省商務局ニ於テ定メタル船燈製造方法及仝二十年二月遞信省訓令第一號船燈信號器監查手續ハ本手續實施ノ日ヨリ廢止ス

第一號書式

從明治　年　月
至明治　年　月　船燈信號器救命具檢定報告

船燈製造人販賣人氏名

種別		箇數 合格 銅製	箇數 合格 眞鍮製	箇數 合格 鐵製	箇數 不合格 銅製	箇數 不合格 眞鍮製	箇數 不合格 鐵製
檣燈	四十噸以上ノ汽船用						
	四十噸未滿ノ汽船用						
舷燈	四十噸以上ノ汽船及二十噸以上ノ帆船用						
	四十噸未滿滊船用						
兩色燈							
碇泊燈							
三色燈							
紅燈							
白燈	電信線布設及引揚用						
	刺網漁船用						
	縲網漁船用						
	水先船用						
	船尾揭標用						
	操舵目標用						
燈籠	兩色						
	白色						

信號器

製造人
販賣人　氏　名

種別	箇數 合格	箇數 不合格
機械製霧中號角		
空中ニ高響及星火ヲ發スル榴彈		
火箭		
紅光焰管		
焰管		
救命焰		

救命具

製造人
販賣人　氏　名

種別	箇數 合格	箇數 不合格
救命浮環		
救命浮帶		

右檢定之成績報告候也

明治　年　月　日

北海道廳長官警視總監
府縣知事船舶司檢所長　氏　名　印

遞信大臣宛

第二號書式

從明治　年　月
至明治　年　月　船燈信號器救命具製造所販賣所監査報告

船燈　製造人販賣人　氏名

種別		監査月日	適否	摘要
檣燈	四十噸以上ノ汽船用			
	四十噸未滿ノ汽船用			
舷燈	四十噸以上ノ汽船及二十噸以上ノ帆船用			
	四十噸未滿汽船用			
兩色燈				
碇泊燈				
三色燈				
紅燈				
白燈	電信線布設及引揚用			
	刺網汽船用			
	繰網漁船用			
	水先船用			
	船尾揭標用			
	操舵目標用			
燈籠	兩色			
	白色			

信號器　製造人／販賣人　氏名

種別	監査月日	適否	摘要
機械製霧中號角			
空中ニ高響及星火ヲ發スル榴彈			
火箭			
紅光焰管			
焰管			
救命焰			

救命具　製造人／販賣人　氏名

種別	監査月日	適否	摘要
救命浮環			
救命浮帶			

右監査之成績報告候也

明治　年　月　日

北海道廳長官警視總監／府縣知事船舶司檢所長　氏　名　印

遞信大臣宛

第三號書式

從明治　年　月
至明治　年　月
船内備附船燈信號器救命具監査報告

監査月日	監査地名	船名	噸石數	本船管轄廳名	船主氏名	船燈及隔板適否	信號器適否	救命具適否	摘要

右監査之成績報告候也

明治　年　月　日

北海道廳長官
警視總監
府縣知事
船舶司檢所長　氏　名　印

遞信大臣宛

船舶信號ノ事務ハ十年二月第廿四號布告ヲ以テ内務省ニ屬シ十四年四月第七號布告ヲ以テ農商務省ノ管理ニ屬シ十八年十二月第七十六號達ニ依リ更ニ遞信省ノ管理ニ屬ス

○西洋形船舶信號 明治八年九月廿四日第百四十四號布告

今般御國内西洋形蒸滊帆前船共普通信號慣用可致ニ付テハ船名信號符字附點ノ儀並萬國船舶信號書及信號旗共海軍省ニ於テ可頒布候條右船舶官有私有共別冊萬國船舶信號法告諭第三條ニ照準シ其船證書相副同省ヘ可申出此旨布告候事

萬國船舶信號法告諭

第一條

一海上ニ於テ用フル普通信號ノ方法ヲ設定スルノ緊要タルハ歐米ノ諸海國之ヲ論シ既ニ英國政府ニ於テ「インテルナショナル、コード、シグナル」ヲ選定シ以テ刊行シタリ是ニ於テ佛蘭西米利堅嗹國和蘭瑞典魯西亞希臘以太利澳智利日耳曼西班牙葡萄牙巴西ノ如キ諸海國ノ政府ニ於テモ或ハ之ヲ飜譯刊行シ以テ其軍艦商船及ヒ陸上信號場ニ於テ專ラ之ヲ用ヒシム依テ今我國海軍省ニ於テモ之ヲ飜譯セシメ萬國船舶信號書ト題シ刊行シ以テ軍艦及ヒ西洋形ノ官船商船及ヒ燈臺ノ如キ信號場ニ於テ互ニ通信應答ヲ爲ス一般ノ法トス故ニ此信號書ヲ備フルニ於テハ以後「マルエット」氏著述ノ信號書ヲ備フルヲ要セス

第二條

一此信號法ハ素ヨリ艦船ノ保護及ヒ互ノ通信便利ノ爲メニ設定セル者タルヲ以テ右諸海國一般ニ之ヲ用フルカ故ニ西洋形ノ船舶ヲ有スル諸省使府縣及ヒ船主ハ篤ク其意ヲ躰シ其船舶ニ此信號書及信號旗ヲ備ヘ其船長及ヒ士官ヲシテ此用方ヲ習熟セシメ又以後船長及ヒ士官ヲ選擧スル時ハ此者之ヲ了解シタルヤ否ヲ詳細ニ檢査スヘシ抑此信號書ノ欠クヘ

カラサルコハ既ニ外國ノ或ル信號場ニ於テ海上航行ノ船暗礁ニ觸レントスルヲ看出シタルニ因リ直ニ其場ノ士官萬國船舶信號旗ヲ揭ケ以テ其危險ノ事ヲ通知シタレ圧其船此信號ヲ了解スヘキ書ヲ有セサリシヲ以テ之ニ注意セス遂ニ危難ニ罹リ破船沈沒シタルノ例往々許多アリ豈ニ鑑戒ト爲サヽル可カラスヤ

第三條

船名信號符字願書之法

一今般海軍省ニ於テ船名ヲ指示スル爲メニ必要ナル信號符字ヲ授與セシム故ニ其信號符字ヲ請求スル者ハ官船ニ於テハ其所轄廳ヨリ左ニ揭載セル甲ノ書式ニ其船證書ヲ付シテ海軍省ニ出スヘク商船ニ於テハ其船主ヨリ乙ノ書式ニ其船證書ヲ付シ所轄廳ヲ經テ海軍省ヘ願出ツ可シ然ル時ハ海軍省ニ於テ其信號符字ヲ其船證書ノ表ニ記入シ授與スヘシ

甲ノ請求書式

當省（或ハ使府縣）所轄ノ汽船（或ハ帆船）何丸信號符字點附有之度別紙船證書相副此段及進達候也

明治　年　月　日　　省使府縣廳官印

海軍卿　某　殿

乙ノ願書々式

私所有ノ汽船（或ハ帆船）何丸信號符字點附被下度別紙船證書相副此段奉願候也

使府縣管下何大區何小區

何町何村何番地
華士族平民
何　某　印
使府縣長官印
明治　年　月　日
海軍卿　某　殿
前書之通願出候間此段申副候也

第四條
萬國船舶信號場燈臺之ヲ管掌ス
一前條ノ如ク　我國信號場ニ於テモ唯萬國船舶信號法而已ヲ用フルヿトス然レハ其場ヲ通過スル内外ノ諸船舶此信號法ヲ以テ其船名ヲ指示スル時ハ之ヲ新聞中船舶報告（シッピンクガセット）ト題セル部ニ記載シ刊行シ以テ普ク世上ニ報告スヘシ又船主ヨリ其航行スル船ニ急用ノ消息等ヲ送ラントスル時ハ其船名或ハ信號字ニ附シテ其要件ヲ記シ之ヲ電信或ハ郵便ヲ以テ地方ノ信號場ニ送ルヘシ然ル時ハ其信號場ニ於テ其船ヲ認メ次第此信號法ヲ以テ之ニ通知シ而シテ其船ヨリ其應答ヲ要スル時ハ之ヲ船主ニ報スヘキヿトス

第五條
船名錄
一此船名錄ハ萬國船舶ノ信號書ノ附錄ニシテ艦船ニ授與セル信號符字ト艦名トヲ記載シ以テ陸上信號場及ヒ軍艦官船商船ノ船長ヲシテ其相遇フ所ノ艦船ニ信號ヲ爲シ及自己ノ船

十九年海軍省丙第三號達參看

日本海軍艦名錄

但信號符字ヲ付點セル艦船

此信號符字ヲ上クルトキハ國旗ヲ「ヒック」ニ揭ケ其下ニ信號示旒ヲ揭ク可シ

信號符字	艦名	名	砲數
GQBC	龍驤	Ri-oo-jo.	二
GQBD	東	Azu-ma	三
GQBF	筑波	Tsu-kuba	二
GQBH	日進	Nits-sin	七
GQBJ	春日	Kas-ga	七
GQBK	雲揚	Woon-you	四
GQBT	千代田形	Chiyodagata.	三
GQBV	大坂	O-saka.	
GQBW	快風	Qui-foo.	
GQCB	肇敏	Chow-bin	
GQCD	蒼龍	So-riyo.	
GQCF	攝津	Se-ts.	
GQCH	高雄	Taka-o.	
GQBL	鳳翔	How-shiyou	四
GQBM	第一丁卯	Dai-iti Tei-bow	四
GQBN	富士山	Fuji-yama	
GQBP	乾行	Ken-kou	
GQBR	孟春	Mow-shun	四
GQBS	第二丁卯	Dai-ni Tei-bow	四
GQDC			
GQDF			
GQDH			

GQDJ		
GQDK		
GQDL		
GQDM		
GQCJ	淺間　Asa-ma.	
GQCK	函容　Kan-you	
GQCL		
GQCM		
GQCN		
GQCP		
GQCR		
GQCS		
GQCT		
GQCV		

GQCW		
GQDB		
GQDN		
GQDP		
GQDR		
GQDS		
GQDT		
GQDV		
GQDW		
GQFB		
GQFC		
GQFD		
GQFH		
GQFJ		

日本船船名録

明治八年

此信號ヲ上クル時ハ必ス國旗ノ下ニ信號示旒ヲ揚ク可シ

信號符字	船名	官籍番號	所屬地	船主	噸數	馬力
HBCD						
HBCF						
HBCG						
HBCJ						
HBCK						

HBDK	HBDJ	HBDG	HBDF	HBDC	HBCW	HBCV	HBCT	HBCS	HBCR	HBCQ	HBCP	HBCN	HBCM	HBCL

信號符字	船名	官籍番號	所屬地	船主	噸數	馬力
HBDL						
HBDM						
HBDN						
HBDP						
HBDQ						
HBDR						
HBDS						
HBDT						
HBDV						
HBDW						
HBFC						
HBFD						
HBFG						
HBFJ						

HBFK	HBFL	HBFM	HBFN	HBFP	HBFQ	HBFR	HBFS	HBFT	HBFV	HBFW	HBGC	HBGD	HBGF	HBGJ

信號符字	船名	官籍番號	所屬地	船主	噸數	馬力
HBGK						
HBGL						
HBGM						
HBGN						
HBGP						
HBGQ						
HBGR						
HBGS						
HBGT						
HBGV						
HBGW						
HBJC						
HBJD						

海軍省記三套第百三十四號達十七年農商務省第六號告示參看

名ヲ通知スルノ便ニ供スル者トス

第六條

一海軍省ニテ前月此信號符字ヲ授與セル船舶ノ名號ハ後月ニ至リテ之ヲ集メ新聞紙中船舶報告ノ部ニ記載シ以テ世ニ公布シ諸船長ヲシテ其船名及ヒ信號符字ヲ知ラシムルニ供シ又毎年其前年中ノ分ヲ編集シ名船錄增補ト號シテ發行スヘシ

第七條

信號旗及ヒ信號書

一萬國船舶信號旗及ヒ信號書ハ海軍省ニ於テ完備ノ者ヲ下附セシムルカ故ニ船主或ハ船長必ス之カ購求ヲ願ヒ出ヘシ

	旗ノ寸法	旒ノ寸法
小	ハ竪四尺（フイト）六寸（インチ） 横六尺	竪三尺 横十一尺
中	ハ同五尺 同七尺	同四尺 同十三尺
大	ハ同六尺 同八尺	同五尺 同十五尺

但シ「マリエット」氏ノ萬國海上信號旗一式ヲ有スル船ニ於テハ其旗ノ中ヲ以テ多分此信號ノ用ニ充テ得ヘク唯ＭＱＶＷノ旗ト信號示旒トノ五旗ヲ新調スルニ於テハ其便用ヲ得ヘシ

第八條

海上士官ヲ望ム者ヲ檢査スルノ個條

一檢査ノ要目左ノ如シ

第一　此信號法ノ各綱領ヲ了解シ得ルヤノ事

第二　旗信號、距離信號及ビ端舟信號ヲ容易(タヤスク)且敏捷(テハヤ)ニ爲シ及ビ應答シ得ベキヤノ事

第三　電信局信號器ヲ以テ信號ヲ爲シ得ベキヤノ事

一檢査トハ檢査官ノ有スル信號書及ビ其雛形ノ旗ヲ以テ士官タランコヲ望ム者ヲシテ實地ノ執行ヲ爲サシメ試檢スルコナリ

第九條

信號法

一萬國船舶信號ニ用フル旗ハ十八個ト信號示號即チ回答旒壹個トナリ

燕尾旗　壹個

旒　四個

方旗　拾三個

一此十八旗ハBヨリW迄ノ子韻符ニ代用ス而シテ此旗二個或ハ三個或ハ四個ヲ聯結シ揭グル時ハ諸語句或ハ文章ノ意ヲ表スル者トス

一此旗旒ノ種類ハ左ノ如シ

燕尾旗

B 紅ノ燕尾旒

C 白地ニ紅丸

D 藍地ニ白丸

F 紅地ニ白丸

G 黃ト藍(竪)

方旗

H 白ト紅(竪)

J 藍ト白ト藍(竪)

K 黃ト藍(竪)

L 藍ト黃(四個ノ石疊)

M 藍地ニ白ノ斜十字

N 藍ト白(十六個ノ石疊)

P 藍地ニ白方

B 黃

R 紅地ニ黃正角十字

S 白地ニ藍方

T 紅ト白ト藍(竪)

V白地ニ紅ノ斜十字
W外郭藍中郭白心紅方
信號示旒即チ回答旒　紅ト白ト竪條(タテシマ)
一此信號書ハＢＣヨリ始メテＦＧＭＤニ至ル迄旗ノ聯結ノ順次ヲ逐書シタルナリ故ニ信號ヲ爲サントスル其意思ノ文ヲ索メントニハ此順次ニ就テ見ルヘシ
第一編
㈠信號ニテ爲シ得ヘキ諸般ノ通信及ヒ尋問ノ爲メニ緊要ナル語句及ヒ文章
㈡地理信號及ヒ數表但シ是レハ現今未タ譯成ニ至ラス
第二編
㈠第一編ノ信號ノ類語集ニシテ第一編中ニ在ラサルモノハ伊呂波ノ順次ノ四旗信號ニテ增補セリ而シテ之ヲ前後ノ二部ニ分ツ即チ前部ハ原文ノ飜譯後部ハ我伊呂波ノ順次ヲ逐テ其事ノ種類ヲ區別シテ編集セル者ナリ
㈡信號ヲ爲サントスル時ハ必ス此第二編ノ後部ニ就テ爲スヘシ然レトモ此二部其譯成編集共ニ未タ完備セサレハ假ニ伊呂波順次ノ看出目錄ヲ末附シ以テ第二編ノ代用ニ供ス故ニ此目錄ニ就テ第一編中ヲ索ム可キナリ
第三編
端舟信號、距離信號、電信局信號器信號及ヒ佛國、葡萄牙及ヒ以太利ノ電信局信號器信號塲及ヒ信號塲ノ名錄ヲ記載セリ但佛國、葡萄牙、以太利ノ電信局信號器

信號塲等ノ名錄ハ現今未タ譯成ニ至ラス

第四編

衝突豫防規則、暴風雨豫報信號、溺者救法立弗布立(リヴルプール)ノ水路信號等ヲ記載セリ但シ立弗布立(リヴルプール)ノ水路信號ハ未タ譯成ニ至ラス

第五編

軍艦及ヒ船舶ノ名ヲ報知スル信號符字ヲ有スル者ノ船舶名錄集ナリ

一萬國船舶信號法ノ最モ稱揚スヘキ所ハ其簡易輕便ナルト區別分明ナルトニ在リ

第十條

信號方法(シカタ)

一此萬國船舶信號書ヲ以テ信號ヲ爲サント欲スル時ハ其以前ニ「ガフ」ニ上ケル國旗ノ下ニ必ス信號示旒ヲ揭ケ置クヘシ

一信號示旒或ハＣ旒或ハＤ旒ヲ唯一個用フル時ハ左ノ意ヲ表ス

㊀ 信號示旒ハ回答旒ナリ

㊁ Ｃ旒ハ　然リ

㊂ Ｄ旒ハ　否

一右信號ヲ除クノ外總テノ信號ハ二旗或ハ三旗或ハ四旗ヲ以テ爲スヘク而シテ信號ノ種類ハ最上ノ旗ヲ以テ之ヲ識別セシム

㊀ 二旗信號

○燕尾最上ナルハ注意信號
○旒最上ナルハ方位信號
○方旗最上ナルハ緊急及ヒ危險信號
㈡　三旗信號
○尋問通信經緯度及ヒ月日時等ノ如キ信號
○燕尾最上ナルハ地理信號
○CD或ハF旒ノ最上ナルハ綴字及ヒ語信號
○G旒最上ナルハ軍艦ノ名
○方旗最上ナルハ官船商船ノ名
㈢　四旗信號
○船舶信號ノ事務ヲ內務省ニ屬ス　明治十年二月二十七日第二十四號布告
明治八年九月第百四拾四號ヲ以テ御國內西洋形船舶普通信號等ノ儀及布告置候處今般右事務內務省ヘ令管理候條右關係ノ儀ハ總テ同省ヘ可申出此旨布告候事
○萬國船舶信號書再訂飜譯　明治十七年六月廿二日農商務省第六號告示
明治八年第百四十四號公布ニ屬スル萬國船舶信號書今般當省ニ於テ更ニ訂正增補ノ上發行候條此旨告示候事

十四年第四十三號ヲ以テ內務省ヲ農商務省ト改ム十八年十二月第七十號達ヲ以テ管船事務ヲ遞信省ニ屬セシム

第四章　檢査
○港內艀及ヒ客船取締ノ件　明治八年六月十三日內務省丙第三十六號

十八年十二月第七十號達ヲ以テ管船事務ヲ遞信省ノ管理ニ屬ス

東京府　大坂府　兵庫縣
神奈川縣　長崎縣　新潟縣
府　縣

港內艀及ヒ客船取締ノ儀從來稅關ニテ取扱來候處自今右事務ハ都テ地方廳ニ於テ取扱候儀ト相心得稅關ヘ協議ノ上不取締ノ儀無之樣適宜ノ方法相立施行可致此旨相達候事

○滊船公稱馬力算定方法　明治十七年五月二十二日 農商務省第十三號達

汽船公稱馬力算定方法左ノ通相定候條此旨相達候事

公稱馬力算定方法

第一　冷汽器ヲ備ヘサル機關ノ公稱馬力ハ汽筩吸鍔ノ徑ヲ英寸ニテ測リ之ヲ自乘シ得數ヲ拾個ニテ除シタルモノ

但汽筩二個以上ヲ備フルモノハ本法ニ從テ一個每ニ之ヲ求メ其得數ヲ相合セタルモノ

第二　冷滊器ヲ備フル機關ノ公稱馬力ハ滊筩吸鍔ノ徑ヲ英寸ニテ測リ之ヲ自乘シ得數ヲ三拾個ニテ除シタルモノ

但滊筩二個以上ヲ備フルモノハ本法ニ從テ一個每ニ之ヲ求メ其得數ヲ相合セタルモノ

第三　冷汽器ヲ備ヘサル聯成機關ノ公稱馬力ハ其各汽筩吸鍔ノ徑ヲ英寸ニテ測リ各之ヲ自乘シテ相加ヘ其得數ヲ拾個ニテ除シタルモノ

但汽筩二具以上ヲ備フルモノハ本法ニ從テ一具每ニ之ヲ求メ其得數ヲ相合セタルモノ

第四　冷汽器ヲ備フル聯成機關ノ公稱馬力ハ其各汽筩吸鍔ノ徑ヲ英寸ニテ測リ各之ヲ自乘

シテ相加ヘ其得數ヲ三拾個ニテ除シタルモノ

但汽筩二具以上ヲ備フルモノハ本法ニ從テ一具毎ニ之ヲ求メ其得數ヲ相合セタルモノ

○西洋形船舶檢査規則　明治十七年十二月二十二日第三十號布告

（第二十九號布達參看）

西洋形船舶檢査規則別冊ノ通制定シ明治十八年七月一日ヨリ施行ス

西洋形船舶檢査規則

第一條　西洋形船舶（海軍艦船ヲ除ク）ハ此規則ニ遵ヒ檢査ヲ受クヘシ但登簿船免狀ヲ受有スルニ及ハサル風帆船ハ此限ニアラス

（十八年農商務省第五號告示參看）

第二條　船舶檢査所設置ノ場所ハ農商務卿之ヲ定ム

（十八年第七十號達ニ依リ船舶事務遞信省ニ屬ス以下倣之）

第三條　檢査所々在ノ地方ヲ航行スル船舶ノ檢査ハ其最寄檢査所ニ願出ヘシ

第四條　檢査所未設ノ地方ヲ航行スル船舶ノ檢査ハ其船籍アル地方廳ヲ經テ農商務省ニ願出ヘシ

（十八年農商務省第十四號告示十九年遞信省令第一號參看）

第五條　登簿船免狀ヲ受有スルニ及ハサル汽船ノ檢査ハ其船籍アル地方廳ニ願出ヘシ

第六條　檢査官吏ハ農商務卿之ヲ命ス但第五條ノ汽船ニ係ル檢査官吏ハ府知事縣令之ヲ命ス

第七條　檢査官吏ニ於テ船舶ヲ檢査シ航行ニ適當ト認ムルトキハ農商務省ヨリ左ノ事項ヲ記載シタル檢査證書ヲ交付ス但地方廳ノ檢査ニ係ル者ハ其廳ヨリ之ヲ交付ス

一　番號

一　船名

一　船主氏名
一　定繋場名
一　登簿噸數
一　端船其他必要ノ所屬品
一　航行シ得ヘキ場所ノ定限
一　證書有効期限
汽船ニハ左ノ事項ヲ加フ
一　公稱馬力
一　汽機ノ種類
一　汽罐ノ種類
一　最大汽壓
一　旅客定員
第八條　檢査官吏ニ於テ船舶ヲ檢査シ航行ニ不適當ト認ムルトキハ其修理ヲ命シ或ハ出航ヲ差止ムヘシ
第九條　檢査證書ノ効力ハ其船ノ現狀ニ依リ六ケ月十二ケ月ニ區別ス
第十條　檢査證書ハ船內最モ見易キ場所ヘ掲ケ置クヘシ
第十一條　檢査證書ヲ亡失若クハ毀損シタルトキハ其理由ヲ詳記シ再渡ヲ願出ヘシ
第十二條　船名船主及ヒ定繋場ヲ變更シタルトキハ農商務省又ハ地方廳ヘ屆出ヘシ

第十三條　船体若クハ汽機汽罐其他要部ノ修理若クハ變更ヲナシタルトキハ更ニ檢査ヲ受クヘシ

第十四條　船舶航行ノ用ヲ爲サヽルニ至リタルトキ又ハ除籍トナリタルトキハ直ニ檢査證書ヲ農商務省又ハ地方廳ニ返納スヘシ

第十五條　檢査證書ノ有効期限內ト雖モ檢査官吏ニ於テ必要ト認ムル場合ニ於テハ臨檢スルコトアルヘシ

第十六條　船舶ノ檢査ヲ受ケスシテ航行シ又ハ無効ノ檢査證書ヲ使用シ又ハ檢査證書ニ記載セル最大汽壓ヲ超過シ或ハ場所ノ定限ヲ越ヘテ航行シ又ハ檢査官吏ノ命ニ違背シ修理セスシテ出航シ若クハ差止ノ命ニ違背シテ出航シタル者ハ三拾圓以上三百圓以下ノ罰金ニ處ス

第十七條　檢査證書ニ記載セル端船其他必要ノ所屬品ヲ具ヘス又ハ旅客定員ヲ超過シテ航行シ又ハ第十三條ヲ犯シタル者ハ十圓以上百圓以下ノ罰金ニ處ス

第十八條　檢査官吏ノ臨檢ヲ拒ミ又ハ第十條ヲ犯シタル者ハ二圓以上二十圓以下ノ罰金ニ處ス

第十九條　前三條ノ場合ニ於テ正當ノ事由アルモノハ其罪ヲ論セス

第二十條　第十一條第十二條第十四條ヲ犯シタル者ハ一圓以上一圓九十五錢以下ノ科料ニ處ス

第二十一條　檢査細則及ヒ施行ノ手續ハ農商務卿之ヲ定ム

十九年三月遞信省第十一條告示ヲ以テ船舶檢査所ヲ船舶司檢所ト改メ二十四年七月勅令第百五十號ヲ以テ船舶司檢所官制ヲ定ム

○登簿船免狀ヲ受有セサル汽船東京府下ニ限リ東京船舶檢査所ニ於テ檢査スルコト　明治十八年七月四日農商務省告示第十四號

明治十七年十二月第三十號布告西洋形船舶檢査規則第五條ニ掲クル汽船（登簿免狀ヲ受有セサル）檢査ノ儀ハ東京府下ニ限リ當省ニ於テ直管候條右檢査ハ東京船舶檢査所ヘ願出ヘシ

北海道廳府縣

○登簿船免狀受有セサル汽船ニシテ官有ニ屬スルモノヽ檢査ノコト　明治十九年三月九日遞信省令第一號

明治十七年十二月第三十號布告西洋形船舶檢査規則第五條ニ掲クル汽船ニシテ官有ニ屬スルモノハ其所屬官廳ニ於テ檢査シ其商業上ニ使用スルモノニ限リ當省ニ於テ檢査ス

○西洋形船舶檢査細則　明治二十六年十月廿日遞信省令第十八號

沿革略記　明治十八年四月十三日農商務省第十五號ヲ以テ西洋形船舶檢査細則ヲ定ム〇十九年四月八日遞信省令第四號ヲ以テ更ニ該規則改正〇同年同月同日遞信省令第五號ヲ以テ十八年四月十三日農商務省第十五號達ヲ廢止ス〇仝二十六年十月廿一日遞信省令第十八號ヲ以テ仝十九年四月八日遞信省令第四號改正

西洋形船舶檢査細則

第一條　本則ハ西洋形船舶檢査規則ニ據リ檢査ヲ受クヘキ船舶ニ適用ス

第二條　登簿船免狀ヲ受有スル船舶ハ其船主若クハ船長ヨリ第一號書式ノ願書ヲ直チニ最寄船舶司檢所ニ差出シ檢査ヲ受クヘシ但近海航船以下ノ船舶ニシテ其航路定限內ニ船舶司檢所ノ設置ナキトキハ船籍地方官廳ヲ經由シ其願書ヲ遞信省ニ差出スヘシ

第三條　登簿船免狀ヲ受有スルニ及ハサル汽船ハ其船主若クハ船長ヨリ第一號書式ノ願書ヲ船籍地方官廳ニ差出シ檢査ヲ受クヘシ

第四條　檢査官吏ニ於テ船舶航行ニ適當ト認メタルトキハ其旨ヲ遞信省若クハ地方官廳ニ報告スヘシ

遞信省若クハ地方官廳ニ於テハ前項ノ報告ニ據リ第二號書式ノ檢査證書ヲ調製シ之ヲ檢査出願人ニ附與ス但船舶司檢所ニ於テ檢査シタル船舶ノ檢査證書ハ其船舶司檢所ヲ經テ附與ス

第五條　第四條ノ檢査證書ヲ受領セサル以前ニ於テ船舶ヲ航行ノ用ニ供セントスルトキハ檢査官吏ニ檢査假證書ヲ請求スルコトヲ得

前項ノ場合ニ於テ檢査官吏ハ第三號書式ノ檢査假證書ヲ調製シ檢査出願人ニ附與ス

檢査假證書ノ效用ハ其日付ヨリ起算シ三箇月以內トス但本證書ヲ受領シタルトキハ直チニ返納スヘシ

第六條　檢査證書ハ檢査規則第十條ニ據リ船內ニ於テ衆人ノ最モ見易キ場所ニ掲示シ旅客船ニ於テハ尙其寫ヲ調製シ各客室ニ掲示スヘシ

第七條　航行シ得ヘキ場所ノ定限ニ據リ船舶ヲ分チテ左ノ四種トス

第一　外國航船　內外國ノ諸港ニ航通シ得ヘキモノ

第二　內國航船　內國各地及朝鮮國南界ノ鴨綠江以北露領黑龍江ニ至ル沿岸並ニ薩哈嗹島諸港ニ航通シ得ヘキモノ

第三　近海航船　內國沿岸ノ近港間又ハ內地ト離島トノ間ヲ航通シ特ニ其航路ヲ定限シタルモノ

第四　平水航船　國內水上其他靜穩ノ海上ヲ航通シ特ニ其航路ヲ定限シタルモノ

第八條　第七條ニ揭ケタル近海航船及平水航路ノ航路定限ハ船體、汽機、汽鑵ノ現狀及季節ニ據リ左ノ區域以內ニ於テ檢查官吏之ヲ定ム

近海航船航路區域

第一　安房國野島崎ヨリ伊豆國大島及神子元島ヲ經テ遠江國御前崎ニ至ル線內

第二　三河國伊良湖崎ヨリ志摩國大王崎ニ至ル線內及大王崎ヨリ紀伊國大島汐岬ヲ經テ日ノ岬ニ至ル線內但第三區內ニ連通スルコトヲ得

第三　紀伊國日ノ岬ヨリ阿波國伊島ニ至ル線內伊豫國佐田崎ヨリ豐後國地藏崎ニ至ル線內及筑前國岩屋崎ヨリ長門國觀音崎ニ至ル線內但第二區又ハ第四區ノ一區內ニ連通スルコトヲ得

第四　豐後國地藏崎ヨリ伊豫國佐田崎ニ至ル線內及土佐國伊佐岬ヨリ日向國細島ニ至ル線內但第三區內ニ連通スルコトヲ得

第五　土佐國室戶崎ヨリ伊佐岬ニ至ル線內

第六　日向國都井崎ヨリ大隅國種子島屋久島列島ヲ經テ薩摩國野間岬ニ至ル線內

第七　薩摩國黑瀨戶ヨリ肥前國五島ヲ經テ平戶海峽ニ至ル線內

第八　出雲國日ノ岬ヨリ隱岐列島ヲ經テ伯耆國泊ニ至ル線內

第九　丹後國經ケ崎ヨリ越前國安島崎ニ至ル線內但海上靜穩ノ季節ニ限リ加賀國金石迄延長スルコトヲ得

第十 能登國祿剛崎ヨリ佐渡ヲ經テ羽後國酒田ニ至ル線內但海上靜穩ノ季節ニ限リ羽後國船川迄延長スルコトヲ得

第十一 陸前國花淵崎ヨリ金花山ヲ經テ陸中國久慈ニ至ル線內但海上靜穩ノ季節ニ限リ陸奥國鮫迄延長スルコトヲ得

第十二 陸奥國尻矢崎ヨリ渡島國惠山岬ヲ經テ膽振國室蘭ニ至ル線內及陸奥國權現崎ヨリ小島ヲ經テ渡島國江差ニ至ル線內但海上靜穩ノ季節ニ限リ羽後國土崎若クハ日高國襟裳崎迄延長シ又ハ第十三區ニ連通スルコトヲ得

第十三 後志國辨慶岬ヨリ神威崎ヲ經テ小樽灣ニ至ル線內

第十四 釧路國釧路ヨリ根室國納沙布岬及野付ヲ經テ知床岬ニ至ル線內及其線內ノ沿岸ヨリ千島國國後島色丹島間

第十五 琉球本島ヨリ沖繩諸群島間

平水航船航路區域

第一 湖川港內

第二 相摸國觀音崎ヨリ上總國富津ニ至ル線內

第三 駿河國三保崎ヨリ伊豆國戶田港ニ至ル線內

第四 三河國伊良湖崎ヨリ志摩國菅島ニ至ル線內

第五 紀伊國宮崎ヨリ加太港ニ至ル線內

第六 紀伊國苫ヶ島海峽及播磨國明石海峽以內ノ沿岸

第七　播磨國室津ヨリ小豆島大角崎ヲ經テ讃岐國小田鼻ニ至ル線內及讃岐國三崎ヨリ備後國鞆ニ至ル線內
第八　備後國鞆ヨリ伊豫國今治ニ至ル線內及伊豫國三津濱ヨリ周防國屋代島ヲ經テ上ノ關ニ至ル線內
第九　豐前國今津ヨリ長門國本山鼻ニ至ル線內及筑前國若松ヨリ長門國六連島ヲ經テ村崎鼻ニ至ル線內
第十　筑前國西浦崎ヨリ志賀島大崎ニ至ル線內
第十一　筑前國鹿家崎ヨリ肥前國神集島ヲ經テ呼子港ニ至ル線內
第十二　肥前國津崎ヨリ鷹島ヲ經テ値賀崎ニ至ル線內
第十三　肥前國向後崎ヨリ番所崎ニ至ル線內
第十四　肥前國野母崎ヨリ三重崎ニ至ル線內
第十五　肥前國口ノ津ヨリ肥後國天草島大島崎ニ至ル線內
第十六　肥後國天草島牛深港及黑瀨戸以內
第十七　薩摩國山川港ヨリ大隅國小根占川ニ至ル線內
第十八　出雲國地藏岬ヨリ伯耆國日野川ニ至ル線內
第十九　丹後國鷲崎ヨリ博奕崎ニ至ル線內
第二十　越後國立石崎ヨリナカ崎ニ至ル線內
第二十一　能登國觀音崎ヨリ沖波鼻ニ至ル線內

明治二十八年三月廿二日遞信省令第三號ヲ以テ本條第三項第四項中檢査官吏ノ四字ヲ船舶司檢所又ハ地方官廳ト改ム

第二十二　陸奥國平館ヨリ九艘泊ニ至ル線內

第二十三　陸前國花淵崎ヨリ宮戸島萱ノ崎ニ至ル船內

第二十四　渡島國函館山尾花岬ヨリ葛登支岬ニ至ル線內

第二十五　後志國辨慶岬ヨリ磯谷ニ至ル線內

第二十六　後志國日和山ヨリ神溪岬ニ至ル線內

第二十七　釧路國尻羽崎ヨリ大黑島ヲ經テルムセシマ岬ニ至ル線內

第九條　近海航船又ハ平水航船ヲ第八條ニ揭グル航路區域外ニ航行セシメントスルトキハ船主ヨリ最寄船舶司檢所（地方官廳ノ檢査ヲ受クヘキ船舶ハ其地方官廳）ヲ經由シテ遞信省ニ願出ヘシ

第十條　左ノ場合ニ於テハ檢査證書ヲ受有セスシテ航行シ又ハ檢査證書ニ記載ノ航路定限及期限ヲ超ヘテ航行スルモ妨ケナシ

第一　船舶司檢所々在地外ノ地ニ於テ製造、修繕若クハ購入シタル船舶檢査ヲ受クル爲メ特ニ船舶司檢所々在地其他檢査ヲ受クヘキ場所マテ航行スルトキ

第二　航路定限內ノ地ニ船舶司檢所ノ設ケナキ場合ニ於テ檢査ヲ受クル爲メ特ニ船舶司檢所々在地其他檢査ヲ受クヘキ場所マテ航行スルトキ

第三　船體若クハ汽機、汽罐、其他要部修繕ノ爲メ檢査官吏ノ認可ヲ受ケ工場所在地マテ航行スルトキ

第四　航路定限外ノ地ニ於テ檢査ヲ受ケタル船舶檢査官吏ノ認可ヲ受ケ其航路定限內ノ

地マテ航行スルトキ

第五　航路定限變更ノ爲ニ船舶司檢所若クハ地方官廳ノ認可ヲ受ケ指定ノ地迄航行スルトキ（二十八年三月廿二日遞信省第三號ヲ以本項追加）

第十一條　船内旅客ノ定員ハ檢査官吏ニ於テ本船ノ航路定限客室ノ等級及積量ニ據リ左ノ割合ヲ以テ定ム（二十八年三月廿二日遞信省令第三號ヲ以但書削除）

第一　外國航船

上等室
中等室　一人ニ付（面積十二平方尺　容積七十二立方尺）以上
下等室

但上等室及中等室ハ一人毎ニ一個以上ノ寢臺ヲ設クヘシ

第二　内國航船

上等室　外國航船ノ上等室ニ仝シ
中等室　一人ニ付（面積十二平方尺　容積六十立方尺）以上
下等室　一人ニ付（面積九平方尺　容積五十立方尺）以上

但航路ヲ定限シ其最遠里程ヲ航行シ得ベキ豫定時間二十四時間以内ナルトキハ近海航船ノ定員ニ據ルコトヲ得（二十八年三月遞信省令第三號ヲ以但書追加）

第三　近海航船

上等室　一人ニ付（面積十二平方尺　容積六十立方尺）以上

中等室 一人ニ付（面積八平方尺 容積五十立方尺）以上
下等室 一人ニ付（面積六平方尺 容積四十立方尺）以上
但航路定限ノ最遠里程ヲ航行シ得ヘキ豫定時間六時間以内ナルトキハ平水航船ノ定員ニ據ルコトヲ得（二十八年三月廿二日遞信省令第三號ヲ以但書改正）

第四 平水航船
上等室 一人ニ付 面積九平方尺以上
中等室 一人ニ付 面積六平方尺以上
下等室 一人ニ付 面積四、五平方尺以上
但航路定限ノ最遠里程ヲ航行シ得ヘキ豫定時間一時間以内ナルトキ又ハ其航路定限ノ最遠里程五海里以内ナルトキハ其航路ノ狀況ニ據リ下等室一人ニ付面積三平方尺迄ニ遞減スルコトヲ得（二十八年三月廿二日遞信省令第三號ヲ以但書追加）

第十二條 客室ニ貨物ヲ搭載シタルトキハ其積量ニ對スル旅客員數ヲ減スヘシ

第十三條 運航中乘組船員ノ常用室ト客室トハ之ヲ兼用シ若クハ混用スルヲ許サス

第十四條 特別ノ契約ヲ以テ移住民若クハ人夫等多人數ヲ搭載セントスルトキハ更ニ檢査ヲ受ケ第十一條ニ據リ算出シタル旅客定員以上ノ人員ヲ搭載スルコトヲ得

第十五條 第十四條ノ檢査ハ船舶司檢所々在地ニ於テハ其船舶司檢所其他ノ地方ニ於テハ本船所在地ノ地方官廳ニ於テ執行ス

前項ノ檢査ヲ受ケントスルトキハ船主若クハ船長ヨリ第四號書式ノ願書ニ檢査證書寫ヲ

添ヘ本船所在地ノ船舶司檢所又ハ地方官廳ニ差出スヘシ

第十六條　第十五條ノ塲合ニ於テ檢査官吏ハ旅客ヲ搭載スヘキ塲所及準備ノ適否ヲ檢査シ左ノ割合ヲ以テ員數ヲ定メ第五號書式ノ別種旅客室檢査證書ヲ附與ス

第一　外國航行

一人ニ付（面積九平方尺／容積五十立方尺）以上

第二　内國航行

航海豫定時間二十四時間以上

一人ニ付（面積七平方尺／容積四十立方尺）以上

航海豫定時間二十四時間未滿

一人ニ付（面積五平方尺／容積廿五立方尺）以上

第十七條　別種旅客室ト通常旅客室トヲ混用スルヲ許サス

第十八條　別種旅客室檢査證書ハ第六條ノ檢査證書ト共ニ掲載シ置キ其有効期限經過シタルトキハ直チニ船長ヨリ該證書發出ノ官廳ヘ之ヲ返付スヘシ

第十九條　第一回船舶檢査ヲ受ケントスルトキハ船體ヲ入渠若クハ上架スヘシ但製造後一箇年ヲ經過セサル船舶ハ其現狀ニ依リ檢査官吏ニ於テ必要ナシト認ムルトキハ次回檢査迄入渠若クハ上架ヲ延期スルコトヲ得

第二十條　第二回以後ノ定期檢査ニ於テハ毎回船體ノ入渠若クハ上架ヲナスヲ要セスト雖

モ鐵船鋼船及船底包板ヲ張ラサル木船ニ在テハ少クモ二箇年毎ニ又船底包板ヲ張リタル木船ニ在テハ少クモ五箇年毎ニ一回ハ船體ヲ入渠若クハ上架スヘシ
乘揚衝突等ノ爲メ又ハ船舶ノ現狀ニヨリ檢査官吏ニ於テ船體ノ入渠若クハ上架ヲ必要ト認ムルトキハ前項ノ規定ニ拘ハラズ之ヲ命スルコトアルヘシ

第二十一條　定期ト臨時トヲ問ハス凡テ船舶ノ檢査ヲ受ケントスルトキハ其船主若クハ船長ニ於テ本則ニ定ムル外檢査官吏ノ指定ニ從ヒ船體、滊機、滊鑵ノ檢査ニ必要ナル準備ヲ爲スヘシ

第二十二條　定期臨時ニ拘ハラズ檢査ヲ受クヘキ期限外ニ於テ船舶ヲ入渠若クハ上架セントスルトキハ豫メ第六號書式ノ屆書ヲ最寄船舶司檢所（地方官廳ノ檢査ヲ受ケタル船舶ハ其地方官廳）ニ差出スヘシ

第二十三條　檢査官吏臨檢スルトキハ船主又ハ船長ヨリ登簿船免狀、檢査證書、乘組職員海技免狀、海員雇入證書、備品明細簿及日誌等檢査ニ必要ナル書類ヲ其檢閲ニ供スヘシ

第二十四條　檢査執行ノ際檢査官吏ニ於テ船舶ノ尺度噸數ニ差違アリト認ムルトキハ之ヲ改測シ遞信省及其船籍地方官廳ヘ報告スヘシ

第二十五條　檢査官吏ハ何時タリトモ航行不適當ト認メタル船舶ノ檢査證書ヲ取上クルコトヲ得

第二十六條　檢査規則第十一條及第十二條ノ塲合其他檢査證書ニ記載ノ事項ニ變更ヲ生シタルトキハ船主若クハ船長ヨリ證據書類ヲ添ヘ前回檢査ヲ受ケタル船舶司檢所又ハ最寄

官廳所屬船檢查手數料ハ規則第三十一條ニ依リ徵收スヘキヤ否ヤ東京船舶司檢所ノ伺ニ對シ徵收セサル義ト心得ベキ旨同二十七年七月廿八日遞信大臣ヨリ指令セラレタリ

船舶司檢所ヲ經由シテ遞信省（地方官廳）ノ檢査ヲ受ケタル船舶ハ其地方官廳）ニ願出テ證書ノ再授若クハ書換ヲ受クヘシ

第二十七條　檢査規則第十四條ノ場合ニ於テハ其船主ヨリ前回檢査ヲ受ケタル船舶司檢所ニ屆出ベシ

第二十八條　船體、若クハ汽機、汽鑵其他要部ニ損所ヲ生シ若クハ修繕變更ヲ爲サントスルトキハ船主若クハ船長ヨリ其事由ヲ記載シ仕樣書ヲ添ヘ直チニ最寄船舶司檢所（地方官廳ノ檢査ヲ受ケタル船舶ハ其地方官廳）ニ屆出ベシ

第二十九條　檢査證書有効期限內ニ於テ航路定限ヲ變更セントスルトキハ船主ヨリ最寄船舶司檢所（地方官廳ノ檢査ヲ受ケタル船舶ハ其地方官廳）ニ願出テ更ニ檢査ヲ受クベシ

第三十條　檢査證書有効期限內ト雖モ船主ノ都合ニ依リ定期檢査ヲ繰上ケ出願スルコトヲ得

第三十一條　第四條第十六條第二十六條ノ場合ニ於テ檢査證書ヲ下付スルトキハ其船主若クハ船長ヨリ手數料金壹圓ヲ納ムヘシ

附　則

第三十二條　本則施行以前ニ附與シタル檢査證書ハ本則ノ爲メニ其効力ヲ妨ケラルヽコトナシ

第一號書式

汽（帆）船何丸第何回御檢査願

一船主住所氏名
一登簿噸數
一定繫塲
一航路定限
一船体材料
一公稱馬力
一最大汽壓
一前回檢査ノ塲所
一現有檢査證書有効期限
一前回本船入渠若クハ上架ノ年月
一前回汽罐水壓試驗年月
一本船船長技術免狀種類及氏名
一本船機關長技術免狀種類及氏名

右汽（帆）船當時何地ニ碇泊（入渠若クハ上架）中ニテ受驗ノ準備相整居候ニ付何月何日御臨檢相成度此段相願候也

明治年　月　日

何丸船主若クハ船長
何　某　印
現　住　所

船舶司檢所（地方官廳）宛

第二號書式

船舶檢査證書

番號	船名	船主	航路定限	證書有効期限	旅客定員 上等室	旅客定員 中等室	旅客定員 下等室

檢査地名	定繫場	登簿噸數	汽機種類	汽鑵種類	公稱馬力	最大汽壓	端艇ノ數	屬具	免狀種類及氏名 船長	免狀種類及氏名 機關長

右檢査ノ上本書期限中記載ノ航路航通ニ適當ナルノ報告ヲ得タルニ依リ西洋形船舶檢査規則ニ遵ヒ此ノ證書ヲ附與ス

明治　年　月　日

遞信省印
（地方官廳名）

第三號書式

船舶檢查假證書

船名	船主	登簿噸數	航路定限	證書有効期限	旅客定員		
					上等室	中等室	下等室

檢査地名	定繫場	汽機種類	汽罐種類	公稱馬力	最大汽壓	端艇ノ數	屬具	免狀種類及氏名	
								船長	機關長

右檢査ノ上西洋形船舶檢査細則ニ遵ヒ此檢査假證書ヲ附與ス

但此假證書ハ明治年月日限リ無効タルヘシ

明治　年　月　日

官　氏　名　印

（二名以上ノ檢査ニ係ルトキハ連署スルモノトス）

第四號書式

汽（帆）船何丸別種旅客室御檢査願

一船主住所氏名
一仕出地及仕向地
一航行里程
一本船平均速力
一航行豫定日限
一旅客室ニ當ツヘキ場所

右汽（帆）船今般別種旅客搭載航行仕度受檢ノ準備相整居候ニ付何月何日御臨檢相成度本船檢査證書寫相添ヘ此段相願候也

明治　年　月　日

何丸船主若クハ船長
何　某印
現住所

船舶司檢所（地方官廳）宛

第五號書式

船名	船主	航路定限	證書有効期限	檢査地名

別種旅客定員	
總員	內譯

右檢査ノ上西洋形船舶檢査細則ニ遵ヒ此證書ヲ附與ス

明治　年　月　日

檢査執行ノ官廳名印

第六號書式

汽(帆)船何丸入渠(上架)御届

一船主住所氏名
一登簿噸數
一定繫塲
一航路定限
一船体材料
一公稱馬力
一最大汽壓
一前回檢査ノ塲所
一現有檢査證書有効期限
一前回入渠(上架)年月
一今回入渠(上架)ノ目的
一入渠(上架)豫定月日
一出渠(上架)豫定月日
一前回檢査ノ節檢査官吏ヨリ入渠修繕命令ノ有無及ヒ若シ命令アラハ其事項
右及御届候也

何丸船主若クハ船長
何　某印
現住所

明治　年　月　日

船舶司檢所
(地方官廳)宛

西洋形船舶檢査手續（明治廿六年十二月二十八日遞信省訓令第七號）

第一章　總則

第一條　船舶檢査官吏ハ本手續ノ規定ニ依リ船舶ノ旅客及貨物ヲ搭載シ安全ニ航通シ得ヘキコトヲ目的トシ船體機關ノ現狀ヲ細密ニ檢査スヘシ

第二條　船舶ノ檢査ハ特別檢査定期檢査及臨時檢査ノ三種ニ分チ之ヲ執行スヘシ

第三條　特別檢査ハ船舶ヲ帝國ノ船籍ニ編入シ始メテ航行ノ用ニ供セントスルトキ及爾後船舶ノ狀況ニ依リ三年乃至五年每ニ一回宛執行スヘシ

定期檢査ハ檢査證書有效期限滿了ノトキ又ハ檢査細則第三十條ニ依リ出願アリタルトキ執行スヘシ

臨時檢査ハ檢査證書有效期限內ニ於テ船體機關ノ要部ニ損所若クハ變更ヲ生シタルトキ又ハ檢査證書記載事項ニ變更ヲ生シタルトキ又ハ船舶ノ臨時入渠若クハ上架シタルトキ其他檢査官吏ニ於テ必要ト認ムルトキニ於テ執行スヘシ

第二回以後ノ特別檢査ハ定期檢査ノ時期ニ於テ之ヲ執行スヘシ

臨時檢査ハ檢査官吏ノ見込ニ依リ定期檢査ヲ兼子執行スルコトヲ得

第四條　定期檢査及臨時檢査ハ船舶碇船中ニ執行シ得ヘシト雖モ檢査細則第二十條第一項ニ定ムル入渠若クハ上架ノ期限ニ相當スルトキ又ハ船體汽關ノ要部ニ變更損所ヲ生シ檢査官吏ニ於テ必要ト認ムルトキハ入渠若クハ上架ヲ命シ船底外部及推進器船尾管等ヲ檢査スヘシ

特別檢查ニ於テハ必ス船舶ヲ入渠若クハ上架セシメ定期檢査ニ於テ檢査セサル部分ヲ檢査スルハ勿論船體機關ノ內外共特ニ細密ニ檢査スヘシ
特別檢査ニ於テハ每回定期檢査及臨時檢査ニ於テハ檢査官吏ノ必要ト認ムルトキニ限リ試運轉ヲ執行セシムヘシ
第五條　檢査官吏檢査ヲ結了シタルトキハ特別檢査ニ於テハ第一號書式ノ報告書竝ニ第二號書式ノ件名書定期檢査ニ於テハ第一號書式ノ報告書竝ニ第三號書式ノ件名書臨時檢査ニ於テハ第四號書式ノ報告書竝ニ適宜ノ件名書ヲ調製シ船舶司檢所ノ檢査官吏ハ當該所長ヲ經テ遞信大臣ニ地方官廳ノ檢査官吏ハ直ニ當該長官ニ報告スヘシ
各檢査ニ於テ修繕改造若クハ屬具ノ整備ヲ命シタルトキハ件名書ニ其趣ヲ詳細ニ記入シ且別ニ其命令事項ヲ記シタル書面ヲ作リ檢査官吏署名捺印ノ上之ヲ封緘シ船主船長若クハ其代理人ニ交付シ次回檢査ノトキ臨檢官吏ニ提供スヘキコトヲ命スヘシ
第六條　數名ノ檢査官吏ニ於テ一船ノ檢査ヲ分擔シタルトキハ各自其擔當部ニ付檢査報告書及件名書ヲ調製シ竝ニ檢査假證書ヲ下付スルトキハ該證書ニ連署捺印スヘシ
檢査執行中檢査官吏交代シタルトキハ最後ノ臨檢官吏撿査報告書及件名書ヲ調製シ竝ニ檢査假證書ヲ下付スルトキハ該證書ニ署名捺印スヘシ
第七條　檢査官吏檢査細則第五條ニ依リ檢査假證書ヲ下付シタルトキハ其趣ヲ報告書ニ記載スヘシ
檢査假證書ノ期間ヲ定ムルハ成規ノ三箇月ノ範圍內ニ於テ本證書ト交換シ得ヘキ期間ヲ斟酌シ之ヲ定ムヘシ

第八條　檢査細則第九條ニ依リ同則第八條規定ノ航路區域外ニ航通シ又ハ其區域外ノ地ニ於テ更ニ區域ヲ限リ航通センコトヲ船舶司檢所若クハ地方官廳ニ願出タルトキハ當該檢査官吏ニ於テ船舶ノ現狀及航路ノ難易ヲ査覈シ意見書ヲ調製シ願書ト共ニ遲滯ナク遞信省ニ進達スヘシ

第九條　檢査細則第十條第三項及第四項ニ依リ航路定限外航行ノ認可ヲ願出テ檢査官吏ニ於テ回船ニ差支ナシト認メタルトキハ認可書ヲ下付スヘシ

前項ノ認可書ニハ目的地ニ到達シ得ヘキ豫定日數ヲ明記シ若シ船舶ノ現狀ニ依リ壓艙物トシテ貨物ノ搭載ヲ許可シタルトキハ其旨ヲ併セ記入スベシ

第十條　檢査細則第二十二條第二十六條及第二十八條ノ規定ニ依リ船主若クハ船長ヨリ船舶ヲ入渠若クハ上架センコトヲ屆出又ハ檢査證書ノ再授若クハ書換ヲ願出又ハ船體機關ノ要部ニ變更若クハ損所ヲ生シタルコトヲ屆出テタルトキ檢査官吏ニ於テ必要ト認ムルトキハ本船ニ臨檢シ本手續第五條ノ報告ヲナスヘシ

第十一條　海難ニ罹リタル船舶ヲ臨檢シタルトキハ其損所ノ略圖夜間ノ衝突ニ係ルトキハ船燈舷燈隔板ノ位置方位等ヲ調査シ臨檢調書ヲ作リ第五條ノ手續ニ依リ遞信大臣若クハ地方長官ニ報告スヘシ

第十二條　檢査細則第二十五條ニ依リ檢査官吏ニ於テ船舶ノ檢査證書ヲ取上ケタルトキハ其事由ヲ詳記シ船舶司檢所ノ檢査官吏ハ當該所長ヲ經テ遞信大臣ニ地方官廳ノ檢査官吏ハ當該長官ニ其旨ヲ報告スヘシ

第十三條　檢査細則第二十九條ニ依リ檢査細則第八條ノ航路區域內ニ於テ航路ノ變更ヲ願

出タルトキハ本船前回檢査ノ狀況及變更航路ノ摸樣ニヨリ檢査官吏ニ於テ必要ナシト認ムルトキニ限リ本船ノ臨檢ヲ爲サスシテ其變更ヲ許可スルコトヲ得

第十四條　甲地ニ於テ檢査ヲ受ケ修繕若クハ改良ヲ命セラレ乙地ニ回船シ工事ヲ爲ス場合ニハ甲地ノ檢査官吏ハ乙地ノ檢査官吏ニ其事務ヲ引繼クト同時ニ引上ケ置キタル檢査證書ヲ送付スヘシ

第十五條　檢査細則第二十四條ニ依リ檢査官吏船舶ヲ改測シタルトキハ測度表ヲ調製シ本手續第五條ニ依リ報告書ト共ニ進達スヘシ

第十六條　檢査官吏檢査ノ上修繕改良若クハ屬具ノ整備ヲ命シ即時之ヲ爲ス能ハサルトキハ檢査官吏ハ船舶ノ現狀及航路ノ難易ニ依リ航行ニ差支ナシト認ムル場合ニ限リ三箇月以內ニ於テ猶豫期限ヲ與フルコトヲ得但此場合ニ於テハ第五條ノ報告書ニ其趣ヲ詳記スヘシ」

前項ノ猶豫期間內ニ於テ修繕改良若クハ屬具ノ整備ヲナサヽルトキハ既ニ下付シタル檢査證書ヲ引上クヘシ

第十七條　本手續中ニ記載スル船體部及機關部ノ檢査方法ハ特ニ其條項ニ記載シタルモノヲ除ク外近海航船以下ノ船舶ニ在テハ本船ノ現狀航路ノ難易及旅客定員ノ多寡ニ依リ檢査官吏ノ見込ヲ以テ多少ノ省略ヲ爲スコトヲ得

總テ檢査方法ヲ省略シタル場合ニ於テハ其箇所ヲ檢査報告書ニ記載スヘシ

第十八條　船舶司檢所ニ於テ檢査證書ヲ下付スルトキハ之ヲ下付スルト同時ニ舊檢査證書ハ直ニ之ヲ引上ケ三箇月毎ニ取纏メ檢査細則第二十七條ニ依リ返納シタル檢査證書ト共

ニ遞信省ニ送付スヘシ

第十九條　船舶司檢所及地方官廳ニ於テハ船舶檢査原簿ヲ備置キ檢査ノ報告事項ヲ記入スヘシ

第二十條　本手續ニ於テ旅客汽船ト稱スルハ十二人以上ノ旅客ヲ搭載シ得ル汽船ヲ云フ

本手續中鐵船ニ關スル規定ハ鋼船ニモ亦適用ス

第二章　船體部檢査

第一節　檢査準備

第二十一條　碇泊シタル船舶ノ定期檢査ヲ執行セントスルトキハ左ノ準備ヲナサシムヘシ

但船舶ノ大小及現狀ニ據リ檢査官吏ノ見込ヲ以テ多少ノ增減ヲ爲スコトヲ得

一　船體ノ內外適宜ノ場所ニ足場ヲ設クルコト

二　石炭及壓艙物ハ之ヲ取出シ又船體ニ固着セサル物品ハ成ルヘク取片付水道覆板ハ悉ク取除ケ船體ノ內外部共總テ掃除スルコト

三　壓艙水箱ハ悉ク其水ヲ排出シ內部ヲ掃除シ人孔ヲ開カシメ其檢閱ニ支障ナカラシムルコト

四　船體屬具ノ中取外シ得ヘキモノハ悉ク之ヲ取外シ手用喞筒及豫備操舵機ノ如キモノハ所屬具ヲ取揃ヘ其位置ニ備ヘ置キ錨鎖、大索、帆類、舷燈、信號器其他航海ノ要具ハ總テ甲板上其他適宜ノ場所ニ排列スルコト

五　端艇ハ所屬具ヲ備ヘ水上ニ浮ヘ置クコト

第二十二條　入渠若クハ上架シタル船舶ノ定期檢査ヲ執行セントスルトキハ第二十一條ニ掲ケタル準備ノ外鐵船ニ於テハ船底外部ノ塗料ヲ掻落シ木船及木鐵交造船ニ於テハ船底包板ノ幾分ヲ剝去シ外板ノ現狀塡隙及固著釘ヲ檢査スルニ支障ナカラシムヘシ

第二十三條　特別檢査ニ於テハ第二十一條及第二十二條ニ掲ケタル準備ノ外左ノ準備ヲ爲サシムヘシ但船舶ノ年齡及現狀ニ據リ檢査官吏ノ見込ヲ以テ多少ノ增減ヲ爲スコトヲ得

一　肋骨及外板內面ノ現狀ヲ檢スル爲メ內板ノ全部又ハ幾分ヲ取離スコト

二　梁端及甲板兩側強板（ストリンガルプレート）ヲ檢スル爲メ甲板ノ幾分ヲ取離スコト

三　鐵船ニ於テハ第一項第二項ニ掲クル準備ノ外船底其他ニ塗リタル「セメント」ノ幾分ヲ取離シ且ツ外板、隔壁、二重底頂板其他要部ニ於ケル鐵板ノ厚ヲ檢スル爲メ小孔ヲ穿ツコト

四　木船ニ於テハ第一項第二項ニ掲クル準備ノ外船底包板及毛紙ノ全部ヲ剝去シ船骨ノ要部ヲ檢スル爲メ外板ノ幾分ヲ取離シ且ツ固著釘ノ現狀ヲ檢スル爲メ其若干ヲ拔クコト

第二節　檢査要項

第二十四條　船體部ニ於テ檢査スヘキ要部及要具ハ概子左ノ如シ

船體內部

內龍骨、兩側內龍骨、彎曲材、船首及船尾肘材、肋材、梁、梁受材、梁壓材、梁曲材、梁柱、隔壁及遮水戸、遮水瓣、船底水道、汽機及汽罐ノ臺、石炭庫、檣臺、船底セメント、縱通強材（ストリンガー）、

車軸隧道、船尾管上面甲板、二重底内及其頂板、甲板全部、塡隙全部、艙口、載貨門、舷窻、天窻諸部固著方法及鋲釘

船體外部

龍骨、船首材、船尾材、龍骨兩翼外板其他外板全部、塡隙全部船底外部ニ通スル諸種ノ孔穴及所屬ノ瓣、嘴子並ニ芥除、舵及其蝶鋑、諸部固著方法及鋲釘

屬具

檣及圓材類、艤裝索具、チエーンプレート、諸帆、錨、錨鎖、揚錨機、錨鎖孔、大索、操舵具、汚水喞筒、火災消防喞筒及諸屬具、端艇其他救命器具、舷燈、信號器、測量器

第三節　各部檢査

第二十五條　碇泊シタル船舶ノ定期檢査ニ於テハ肋材ハ水道覆板ノ下、梁間其他固著セサル内板ノ下ニ於テ見得ヘキ部分ヲ檢査スヘシ其現狀良好ト認ムルトキハ其他ノ部分ヲ露出セシメザルモ妨ナシト雖モ若シ良否不分明ナルトキハ檢査官吏ノ見込ニ依リ彎曲部甲板間其他ニ於テ内板ノ幾分ヲ取離サシメ精密ニ肋材ヲ檢査スヘシ又梁端及甲板兩側强板(ストリンガルプレート)ノ現狀不分明ニシテ腐朽ノ徵候アリト認ムルトキハ梁壓材ニ接スル甲板ヲ取離サシメ其現狀ヲ檢査スヘシ

第二十六條　入渠若クハ上架シタル船舶ノ定期檢査ニ於テハ第二十五條ニ掲クル檢査ノ外船底外部ノ包板若クハ塗料ノ幾分ヲ取離サシメ龍骨、船首材、船尾材、外板其塡隙及固著釘、舵及其蝶鋑、其船底外部ノ現狀ヲ審査スヘシ

第二十七條　特別檢査ニ於テハ第二十五條第二十六條ニ揭クル檢査ノ外船骨外板及甲板等ニ就キ每定期檢査ニ於テ檢査セサル部分ヲ特ニ檢査スヘシ但檢査方法ハ船舶ノ材料、年齡及現狀ニ依リ多少ノ增減アルヘシト雖モ槪子左ノ標準ニ據ルヘシ

一　龍骨、外板、舷窓下部、隔壁、二重底頂板、肋板、其他要部ニ於テ腐朽ノ徵候アリト認ムルトキハ小孔ヲ穿タシメ其現狀及厚サヲ精密ニ檢査スヘシ

二　木船ニ於テハ底部外板、彎曲部外板及上部外板ノ諸所ニ於テ其固著釘ノ若干ヲ拔取ラシメ其釘孔ノ周圍ニ於ケル外板、肋材及拔取リタル釘ノ現狀ヲ精密ニ檢査スヘシ

三　木船ニ於テ梁壓材、梁受材、梁曲材及彎曲材等ノ固著釘鐵製ナルトキハ其若干ヲ拔取ラシメ若シ該釘外板ヲ貫カサルトキハ各舷ニ於テ該部ノ外板ヲ取離サシメ肋材及固著釘ノ現狀ヲ審査スヘシ

四　木船ニ於テ內龍骨、船首材、力材及龍骨ノ固著釘鐵製ナルトキハ諸所ニ於テ之ヲ拔取ラシメ其現狀ヲ檢査スヘシ若シ之ヲ拔取リ難キトキ又ハ其現狀不良ナリト認ムルトキハ相當ノ增釘ヲナサシムヘシ

五　機關室及石炭庫內ニ於ケル肋材、內龍骨、縱通强材(ストリンガー)外板等ノ最モ腐蝕シ易キ部分ハ特ニ精密ニ檢査スヘシ

第二十八條　外板及甲板ハ其原厚ノ三分一ヲ損耗シタルトキ又ハ其間隙原厚ノ四分ノ一以上トナリタルトキハ之ヲ更改セシムベシ

第二十九條　鐵船及木鐵交造船ニ在テハ船體中央ノ部分ニ於テハ必ス每梁船首及船尾ノ部

分ニ於テハ其現況ニ依リ相當ト認ムル支柱ヲ設ケシムヘシ
本船ニ在テハ船體中央ノ部分ニ於テハ隔梁ニ船首及船尾ノ部分ニ於テハ其現況ニ依リ相當ト認ムル支柱ヲ設ケシムヘシ
前二項ニ掲クル支柱ノ外、甲板室、操舵機、揚錨機、揚貨機等ノ下部ニハ支柱ヲ增設セシムヘシ

第三十條　艙底、二重底內、壓艙水箱內、其他ノ部分ニ於ケル「セメント」又ハ鐵船及木鐵交造船ノ鐵部ニ於ケル塗料不良ナリト認ムルトキハ之ヲ塗更ヘシムヘシ

第三十一條　總テ汽船ハ機關室前後ニ隔壁ヲ設ケシムヘシ
登簿噸數二百噸以上ノ旅客汽船ニ於テハ前項ノ隔壁ヲ鐵製ニ爲サシムヘシ但明治十九年七月以前ノ製造ニ係ルモノハ次回檢査ノ際迄其改造ヲ猶豫スルコトヲ得
鐵製及木鐵交造ノ汽船ニ於テハ機關室前後ノ外船首及船尾ニ隔壁ヲ設ケシメ且鐵製汽船ニシテ長サ二百八十尺以上ノモノニ在テハ前艙ニ一箇又長サ三百三十尺以上ノモノニ在テハ前艙後艙ニ各一箇ノ隔壁ヲ增設セシムヘシ

第三十二條　機關室ノ前後ニ設ケタル隔壁木製ニシテ汽罐トノ距離一尺未滿ナルトキ及汽罐船體ニ接近スルトキハ毛紙ヲ敷キ鉛板、鐵板若クハ亞鉛板ヲ以テ之ヲ覆ハシムヘシ

第三十三條　船首隔壁ハ最上甲板迄達セシメ其位置ハ正甲板ニ於テ船首材ヲ距ルコト最大船幅ノ二分ノ一以上ナラシムヘシ
機關室前後ノ隔壁及前艙後艙ニ設クル增設隔壁ハ上甲板迄又輕甲板船ニ於テハ輕甲板迄

達セシムヘシ

船尾隔壁ハ上甲板迄輕甲板船ニ於テハ輕甲板迄覆甲板船ニ於テハ正甲板迄達セシムヘシ

船體ノ構造ニ依リ船首及船尾隔壁ヲ前項ノ高サニ達セシムルヲ得サルトキハ檢查官吏ノ見込ニ依リ他ノ適當ナル方法ヲ用ヒシムルモ妨ケナシ

第三十四條　隔壁ハ其一面ニハ竪ニ又他面ニハ横ニ補強材ヲ設ケシムヘシ各面補強材相互ノ距離ハ竪ハ二尺五寸横ハ四尺以內トス

第三十五條　登簿噸數二百噸以上ノ汽船ニ於テハ船尾車軸管ニ達シ得ヘキ車軸隧道ヲ設ケ鐵船及木鐵交造船ナルトキハ之ヲ鐵製ニナサシムヘシ

第三十六條　隔壁ノ遮水瓣及車軸隧道ノ遮水戶ハ載貨水線上ノ甲板ニ於テ障碍ナク開閉シ得ヘキ裝置ニナサシムヘシ

遮水瓣ハ載貨ナキトキ常ニ接近シ得ヘキ場所ニ設ケ艙內及炭庫內ニ於ケルモノニハ其桿ニ覆箱ヲ設ケシムヘシ

第三十七條　隔壁及登簿噸數二百噸以上ノ鐵船及木鐵交造船ノ車軸隧道ハ水壓試驗ヲ施シ完全ニ水密トナサシムヘシ

第三十八條　二重底頂板ニハ相當ノ人孔ヲ設ケ內部ノ檢查及ヒ塗更ラニ便ナラシムヘシ

第三十九條　二重底頂板上ニハ横ニ枕木ヲ取付ケ厚二寸以上ノ內板ヲ敷カシムヘシ

第四十條　特別檢査ニ於テハ二重底頂板ノ內板ヲ取離サシメ內外部ヲ檢査シ且ツ底內ニ水ヲ充タシ重貨水線ノ高ニ等シキ水壓力ヲ以テ其水密ヲ試驗スヘシ

第四十一條　艙內ニ設クル壓艙水箱ニハ相當ノ艙口ヲ設ケ水密ニナシ得ヘキ覆蓋ヲ備ヘシメ特別檢査ニ於テハ箱ノ頂上ヨリ少ナクモ八尺ノ高ニ等シキ水壓力ヲ以テ其水密ヲ試驗スヘシ

第四十二條　正甲板及上甲板ニ設ケタル艙口ハ其緣材ヲ充分高クナサシメ之ニ堅牢ナル覆蓋ヲ備ヘシメ尙ホ之ヲ密閉スル爲メ二枚以上ノ覆布及堅牢ナル櫪及楔（バアー・ウエッヂ）ヲ備ヘシムヘシ

第四十三條　甲板間ニ設クル機關室ノ艙口ニハ最上甲板迄圍壁ヲ設ケシムヘシ

圍壁鐵製ニシテ之ニ出入口ヲ設クルトキハ堅牢ナル鐵戶ヲ備ヘシムヘシ

圍壁木製ナルトキハ甲板上少ナクモ高サ二尺迄ハ成ルヘク之ヲ水密ニナサシメ其上部ニ出入口ヲ設クルヲ得

第四十四條　舷側ヲ切斷シ載貨門ヲ設ケタルトキハ肋材及外板ノ力ヲ補フ爲メ其上下及兩側ニ適當ノ補强構造ヲナサシムヘシ

第四十五條　載貨門ハ堅牢ナル戶ヲ設ケ蝶鉸ヲ以テ船體ニ固著シ且適當ノ締具ヲ備ヘ之ヲ閉鎖シタルトキ水密ナラシムル樣裝置セシムヘシ

第四十六條　總テ船舶ニハ明取リ及空氣流通ノ爲メ適當ノ舷窻、天窻及空氣筒ヲ設ケシムヘシ

內國航船及外國航船ノ舷窻ハ眞鍮製ニシテ堅牢ナル硝子及鐵蓋ヲ備ヘシムヘシ

天窗及空氣筒ハ甲板上適當ノ高サニ造リ風濤ノ爲メ破損セサル樣充分堅固ニ固着シ之ニ覆布ヲ備ヘシムヘシ

第四十七條　總テ船舶ニハ上甲板ニ充分ノ排水孔及排水管ヲ設ケシムヘシ
排水孔ノ蓋板ハ堅牢ナル蝶鉸ヲ以テ適宜舷外ニ取付ケシムヘシ
甲板間ニハ適當ナル排水管ヲ設ケ船底汚水道ニ導カシムヘシ

第四十八條　各船毎艙ニ手用喞筒ヲ備ヘシメ滊船ハ尙ホ蒸氣喞筒ノ吸管ヲ導カシメ毎檢査其効用ヲ實檢スヘシ但手用喞筒ハ上甲板ヨリ使用シ得ヘク裝置セシムヘシ

第四十九條　船首隔壁ノ前部及船尾隔壁ノ後部ヲ壓艙水箱トシテ用フル場合ニハ之ニ蒸氣喞筒ノ吸管ヲ導カシムヘシ若シ壓艙水箱ニ用ヒサルトキハ船首ニハ手用汚水喞筒ヲ船尾ニハ遮水瓣ヲ設ケ汚水ヲ車軸墜道ニ導ク裝置ヲナサシムヘシ
車軸墜道ニハ蒸氣喞筒ヲ以テ排水シ得ヘキ裝置ヲナサシムヘシ

第五十條　船舶ノ各艙ニハ汚水測定管ヲ設ケシムヘシ

第五十一條　舵ハ堅固ナル蝶鉸ヲ以テ船尾材ニ固着シ內國航船以上ノ船舶ニ在テハ蝶鉸三組以上ヲ備ヘシメ其距離五尺五寸以內トス舵ノ長サ一丈一尺以上ナルトキハ五尺五寸以內ヲ加フル毎ニ一箇以上ヲ增サシムヘシ

第五十二條　特別檢査ノ場合又ハ檢査官吏ノ必要ト認ムル場合ニ於テハ舵及操舵機ヲ取外サシメ精密ニ之ヲ檢査スヘシ

第五十三條　總テ船舶ニハ常用操舵機ノ外豫備操舵索一揃ヲ備ヘシメ又內國航船以上ノ船

船ニハ舵鎖（ラダアーペンダント）ヲ備ヘシムヘシ

第五十四條　檣及圓材ハ適當ノ大サニシテ其現狀良好ナルヲ要ス

第五十五條　特別檢査ニ於テハ檣及船嘴材ノ楔ヲ扱取ラシメ且上檣、桁其他圓材及綱具ハ成ルヘク甲板上ニ排列セシメ之ヲ檢査スヘシ

第五十六條　總テ船舶ニハ適當ノ面積ヲ有スル帆一揃ヲ備ヘシメ帆船ニ於テハ尚少ナクモ左ノ豫備帆ヲ備ヘ置カシムヘシ

方帆ヲ備ヘサル船
- フオールステース　一
- メインス　一

方帆ヲ備フル船
- フオース或ハメインス　一
- フオールステース　一
- トップス　一

第五十七條　各船ノ錨、錨鎖及大索等ハ左項ニ據リ別表ニ照ラシ備ヘシムヘシ

一　木船及木鐵交造船ニ於テハ上甲板下ノ總噸數、鐵船ニシテ一層二層若クハ三層甲板ヲ備フルモノニ於テハ上甲板下ノ總噸數、鐵船ニシテ輕甲板又ハ覆甲板ヲ備フルモノニ於テハ其甲板下ノ總噸數ヨリ其五分ノ一ヲ減シタル噸數ヲ以テ表中ノ噸數トス

二　表中ニ掲クル大錨ハ毎錨同量ニアラサルモ其第一大錨ニ比較シ第二大錨ハ七分五厘第三大錨ハ一割五分迄ノ減量ヲナスコトヲ得然レトモ總錨ノ合量ハ表中ノ量ヨリ減スルヲ得ス

三　錨量不明ナルトキハ錨ノ總長（環共）ヲ尺ニテ度リ之ヲ三乘シタルモノニ二磅二四ヲ乘シタルモノヲ以テ其大約ノ重量トス

四　總テ錨ハ平時使用セサルモノト雖モ中甲板又ハ上甲板ニ備ヘ置カシムヘシ

第五十八條　錨鎖ハ檢査毎ニ甲板上ニ排列セシメ精密ニ檢査シ原徑ノ八分ノ一ヲ磨滅シタルトキハ之ヲ更改セシムヘシ

汽船錨

噸數	錨數 大錨	錨數 中錨	錨數 小錨	大錨 錨銲ヲ除ク 量（磅）	大錨 錨銲ヲ除ク 合量（磅）	大錨 無錨銲錨（ストックレス） 量（磅）	大錨 無錨銲錨（ストックレス） 合量（磅）	中錨及小錨（錨銲ヲ除ク） 中錨 量（磅）	中錨及小錨（錨銲ヲ除ク） 小錨 量（磅）	大錨鎖 但スタッド付 長（尋）	大錨鎖 但スタッド付 最小ノ徑（吋）	中鎖ノ錨或ハ鋼索 スタッドリング或ショートリング 長（尋）	中鎖ノ錨或ハ鋼索 スタッドリング或ショートリング 徑（吋）	中鎖ノ錨或ハ鋼索 鋼索 周（吋）	攬索 長（尋）	攬索 麻索 周（吋）	攬索 鋼索 周（吋）	大索 長各九十尋 周（吋）	大索 長各九十尋 周（吋）
七五以上	二	一	一	三九二	七八四	五〇四	九八〇	八四	五六	一二〇	一二/一六	四五	八/一六	—	七五	五 一/二	—	三	—
一一二同	二	一	一	四七六	九五二	五八八	一一七六	一四〇	五六	一二〇	一二/一六	四五	九/一六	二	七五	六	—	四	—
一五〇同	二	一	一	五六〇	一一二〇	七〇〇	一四〇〇	一六八	八四	一三五	一三/一六	四五	九/一六	二	七五	六	—	四	—
一八八同	二	一	一	六四四	一二八八	八一二	一五九六	一六八	八四	一六五	一四/一六	四五	一〇/一六	二 一/四	七五	六 一/二	—	四	—
二二五同	二	一	一	七二八	一四五六	九二四	一八二〇	二二四	一一二	一六五	一五/一六	四五	一〇/一六	二 一/四	七五	七	—	五	—
二六二同	二	一	一	八一二	一六二四	一〇〇八	二〇一六	二五二	一一二	一六五	一	四五	一一/一六	二 三/四	七五	七 一/二	—	五 一/二	—
三〇〇同	三	一	一	九二四	二六三二	一一四八	三三七六	二八〇	一四〇	一六五	一 一/一六	六〇	一一/一六	二 三/四	七五	七 一/二	—	五 一/二	—
三七五同	三	一	一	一一二〇	三一九二	一四〇〇	三九七六	四二〇	一九六	一九五	一 二/一六	六〇	一二/一六	二 三/四	七五	八	—	六	—
四五〇同	三	一	一	一三四四	三八三六	一六八〇	四七八八	四四八	二二四	一九五	一 三/一六	六〇	一三/一六	三	七五	八 一/二	—	六 一/二	一
五二五同	三	一	一	一五一二	四三一二	一八七六	五三七六	五三二	二八〇	二一〇	一 四/一六	六〇	一三/一六	三	七五	八 一/二	—	六 一/二	四

及　錨　鎖　等　ノ

同 六〇〇	三	一	一	一七〇八	四八七二	二一二八	六〇七六	五八八	二八〇	二一〇	一 五/一六	六〇	一 四/一六	三 一/四	九〇	九	｜	七	五
同 六七五	三	一	一	一八七六	五三四八	二三二四	六六六四	六一六	三〇八	二四〇	一 六/一六	六〇	一 四/一六	三 一/四	九〇	九	｜	七	五
同 七五〇	三	一	一	二〇一六	五七四〇	二五二〇	七一六八	七二八	三六四	二四〇	一 七/一六	六〇	一 五/一六	三 一/二	九〇	九 一/二	｜	七 一/二	五 一/二
同 九〇〇	三	一	一	二三五二	六七二〇	二九四〇	八四四〇	八一二	三九二	二四〇	一 八/一六	七五	一 五/一六	三 一/二	九〇	一〇	三 一/四	八	五 一/二
同 一〇五〇	三	一	一	二六三二	七五〇四	三二七六	九三八〇	八九六	四四八	二七〇	一 九/一六	七五	一	三 三/四	九〇	一〇	三 一/四	八	六
同 一二〇〇	三	一	一	二八五六	八一四八	三五五六	一〇一六九	九五二	四七六	二七〇	一 一〇/一六	七五	一	三 三/四	九〇	一〇	三 一/四	八 一/二	六
同 一三五〇	三	一	一	三一〇八	八八四八	八三六四	一一〇六〇	九八〇	三〇四	二七〇	一 一一/一六	七五	一 一/一六	四	九〇	一一	三 一/二	九	七
同 一五〇〇	三	一	一	三三六〇	九五七六	四二〇〇	一一九五六	一〇六四	五三二	二七〇	一 一二/一六	七五	一 一/一六	四	九〇	一一	三 一/二	九	七 一/二
同 一八〇〇	三	一	一	三五八四	一〇二二〇	四四八〇	一二七六八	一一七六	五八八	二七〇	一 一三/一六	七五	一 二/一六	四 一/四	九〇	一二	四	九 一/二	七 一/二
同 二一〇〇	三	一	一	三八〇八	一〇八六四	四七六〇	一三五八〇	一二〇四	六一六	二七〇	一 一四/一六	七五	一 二/一六	四 一/四	一〇〇	一二	四	九 一/二	八
同 二四〇〇	三	一	一	四〇八八	一一六四八	五〇九六	一四五六〇	一二六〇	六一六	三〇〇	一 一五/一六	九〇	一 二/一六	四 一/四	一〇〇	一二	四	一〇	八 一/二
同 二七〇〇	三	一	一	四二五六	一二一二四	五三二〇	一五一四八	一二八八	六四四	三〇〇	二	九〇	一 三/一六	四 一/二	一二〇	一二	四	一〇	八 一/二
同 三〇〇〇	三	一	一	四四八〇	一二七六四	五六〇〇	一五九六〇	一三四四	六七二	三〇〇	二 一/一六	九〇	一 三/一六	四 一/二	一二〇	一三	四 一/二	一〇	九
同 三五〇〇	四	一	一	四六四八	一七八九二	五七九六	二二三四四	一四二八	七二八	三〇〇	二 二/一六	九〇	一 三/一六	四 一/二	一二〇	一三	四 一/二	一一	九
同 四〇〇〇	四	一	一	四八一六	一八二三六	六〇二〇	二三一五六	一五六八	七八四	三〇〇	二 三/一六	九〇	一 四/一六	四 三/四	一二〇	一四	四 三/四	一二	一〇

帆船錨表

四五〇〇同	四	一	一	一五〇四〇	一九四〇四	六三〇〇	二四二四八	一七〇八	八四〇	三〇〇	二四/一六	九〇	一四/一六	四三/四	一二〇	一四	四三/四	一二	一〇
五〇〇〇同	四	一	一	一五二〇八	二〇〇四八	六四九六	二五〇六〇	一八七六	九五二	三〇〇	二五/一六	九〇	一五/一六	五	一二〇	一五	五	一二	一〇
五五〇〇同	四	一	一	一五四八八	二一〇五六	六八六〇	二六三二〇	二一二八	一〇六四	三三〇	二六/一六	一二〇	一五/一六	五	一三〇	一五	五	一三	一一
六〇〇〇同	四	一	一	一五八二八	二二一七六	七二八〇	二七七二〇	二四六四	一一七六	三三〇	二七/一六	一二〇	一五/一六	五	一三〇	一五	五	一三	一一
六五〇〇同	四	一	一	一六一六〇	二三五二〇	七六〇〇	二九四〇〇	二八〇〇	一三四四	三三〇	二八/一六	一二〇	一六/一六	五一/四	一三〇	一六	五一/四	一三	一一
七〇〇〇未滿																			

噸數	錨數 大錨	錨數 中錨	錨數 小錨	錨量（錨鉧ヲ除ク）大錨 量（磅）	錨量 大錨 合量（磅）	錨量 中錨 量（磅）	錨量 小錨 量（磅）	大錨鎖 但スタッド付 長（尋）	大錨鎖 最小ノ径（吋）	中錨ノ鎖或ハ鋼索 長（尋）	中錨ノ鎖 スタッドリンク或ショートリンク 最小ノ径（吋）	中錨ノ鋼索 周（吋）	挽索 長（尋）	挽索 麻索 周（吋）	挽索 綱索 周（吋）	大索長各九十尋 周（吋）	大索長各九十尋 周（吋）
五〇以上	二	一	一	三九二	七八四	八四	五六	一二〇	一一/一六	四五	七/一六	—	七五	五	—	三	—
七五同	二	一	一	四七六	九五二	一四〇	五六	一二〇	一二/一六	四五	八/一六	—	七五	五一/二	—	三	—
一〇〇同	二	一	一	五六〇	一一二〇	一六八	八四	一三五	一三/一六	四五	八/一六	—	七五	五一/二	—	三	—
一二五同	二	一	一	六四四	一二八八	一六八	八四	一六五	一四/一六	四五	八/一六	—	七五	六	—	三一/二	—
一五〇同	二	一	一	七二八	一四五六	二二四	一一二	一六五	一五/一六	四五	九/一六	二	七五	六一/二	—	四	—
一七五同	二	一	一	八一二	一六二四	二五二	一一二	一六五	一	四五	九/一六	二	七五	六一/二	—	四	—

及錨鎖等ノ

二〇〇 同	三	一	一	九二四	二六三二	二八〇	一四〇	一六五	一 一/一六	四五	一〇/一六	二 一/四	七五	七	―	四	―
二五〇 同	三	一	一	一一二〇	三一九二	四二〇	一九六	一九五	一 二/一六	四五	一〇/一六	二 一/四	七五	七 一/二	―	五	―
三〇〇 同	三	一	一	一三四四	三八三六	四四八	二二四	一九五	一 三/一六	六〇	一一/一六	二 三/四	七五	八	―	五 一/二	―
三五〇 同	三	一	一	一五一二	四三一二	五三二	二八〇	二一〇	一 四/一六	六〇	一一/一六	二 三/四	七五	八	―	五 一/二	―
四〇〇 同	三	一	一	一七〇八	四八七二	五八八	二八〇	二一〇	一 五/一六	六〇	一二/一六	二 三/四	七五	八 一/二	―	六	―
四五〇 同	三	一	一	一八七六	五三四八	六一六	三〇八	二四〇	一 六/一六	六〇	一二/一六	二 三/四	七五	九	―	六 一/二	―
五〇〇 同	三	一	一	二〇一六	五七四〇	七二八	三六四	二四〇	一 七/一六	六〇	一三/一六	三	七五	九 一/二	―	七	―
六〇〇 同	三	一	一	二三五二	六七二〇	八一二	三九二	二四〇	一 八/一六	六〇	一三/一六	三	九〇	一〇	三 三/四	七	四
七〇〇 同	三	一	一	二六三二	七五〇四	八九六	四四八	二七〇	一 九/一六	六〇	一四/一六	三 一/四	九〇	一〇	三 三/四	八	五
八〇〇 同	三	一	一	二八五六	八一四八	九五二	四七六	二七〇	一 一〇/一六	七五	一四/一六	三 一/四	九〇	一〇	三 三/四	八	五
九〇〇 同	三	一	一	三一〇八	八八四八	九八〇	五〇四	二七〇	一 一一/一六	七五	一五/一六	三 一/二	九〇	一〇 一/二	三 三/四	九	五 一/二
一〇〇〇 同	三	一	一	三三六〇	九五七六	一〇六四	五三二	二七〇	一 一二/一六	七五	一五/一六	三 一/二	九〇	一〇 一/二	三 三/四	九	五 一/二
一二〇〇 同	三	一	一	三五八四	一〇二二〇	一一七六	五八八	二七〇	一 一三/一六	七五	一	三 三/四	九〇	一一	三 一/二	九 一/二	六
一四〇〇 同	三	一	一	三八〇八	一〇八六四	一二〇四	六一六	二七〇	一 一四/一六	七五	一	三 三/四	九〇	一一	三 一/二	一〇	六
一六〇〇 同	三	一	一	四〇八八	一一六四八	一二六〇	六一六	二七〇	一 一五/一六	七五	一 一/一六	四	九〇	一一	三 一/二	一〇 一/二	六 一/二

表

一八〇〇 同	三	一	一	四二五六	一二一二四	一二八八	六四四	二七〇	二	七五	一 一一/一六	四	九〇	一二	四	一二	七
二〇〇〇 同	三	一	一	四四八〇	一二七六八	一三四四	六七二	二七〇	二 一一/一六	一〇〇	一 二/一六	四 一/四	九〇	一二	四	一二	七
二五〇〇 同	三	一	一	四七〇四	一三四一二	一五一二	七五六	三〇〇	二 三/一六	一二〇	一 二/一六	四 一/四	九〇	一三	四 一/二	一二	八
三〇〇〇 同	三	一	一	五〇四〇	一四三六四	一七〇八	八四〇	三〇〇	二 五/一六	一二〇	一 三/一六	四 一/二	九〇	一三	四 一/二	一二	八
三五〇〇 同	四	一	一	五三七六	二〇七二〇	一九〇四	九五二	三〇〇	二 六/一六	一二〇	一 四/一六	四 三/四	一二〇	一四	四 三/四	一三	九
四〇〇〇 未滿																	

第五十九條　船燈ハ海上衝突豫防法及船燈製造規則ニ據リ其適否ヲ檢査シ舷燈隔板ノ長、位置裝置、及檣燈揭揚ノ方法等ヲモ精密ニ檢査スヘシ
舷燈隔板ハ燈ヨリ少ナクトモ三尺前方ニ突出スヘク其總長サヲ三尺四寸以上ニナサシメ船體又ハ動搖セサル物ニ取附ケシムヘシ

第六十條　內國航船以上ノ船舶ニハ舷燈、檣燈ノ豫備一箇宛ヲ備ヘシムヘシ

第六十一條　近海航船以上ノ船舶ニ於テハ衝突豫防法第四條ニ規定スル紅燈黑球各二箇以上ヲ備ヘシムヘシ但平水航船ト雖モ其航路多數船舶ノ交通スル塲所ニシテ檢査官吏ニ於テ必要ト認ムルトキハ之ヲ備ヘシムヘシ

第六十二條　近海航船以上ノ船舶ニハ國旗二箇以上信號旗一組以上日本信號書及船名錄ヲ備ヘシムヘシ但外國航船ニハ英版信號書ヲモ備ヘシムヘシ

第六十三條　平水航船ニハ前條ノ信號旗及信號書ヲ備ヘシムルニ及ハスト雖モ國旗ハ勿論

V、Cノ二旗及其船ノ信號符字ニ相當スル旗一揃ヲ備ヘシムヘシ

第六十四條　信號火器ハ近海航船ニハ火箭、熖管各六箇以上、內國航船ニハ火箭、熖管、轟彈各六箇以上及救命熖二箇以上、外國航船ニハ火箭、熖管、轟彈各十二箇以上及救命熖二箇以上ヲ備ヘシムヘシ但信號砲、裝藥及導火管ヲ備フルトキハ轟彈ヲ備ヘシムルニ及ハス

第六十五條　信號火器ハ每檢査ニ於テ能ク臨機ノ使用ニ堪ユルヤ否ヲ檢査シ不適當ト認ムルトキハ發火ヲ試ミ取換ヲ命シ若クハ發火ヲ試ミタル上使用ニ堪ユルト認ムルトキハ其不足ヲ補ハシムヘシ

第六十六條　汽船ニハ必ス汽笛ヲ備ヘ其前方ニ音響ノ障害ナキ適當ノ位置ニ裝置セシムヘシ

第六十七條　總テ船舶ニハ海上衝突豫防法ニ從ヒ何人ニテモ容易ニ吹鳴シ得ヘキ霧中號角一箇ヲ備ヘシムヘシ

第六十八條　羅針盤ハ平水航船ニハ一箇、近海航船ニハ二箇、內國航船及外國航船ニハ三箇以上及各豫備ノ「カード」（清酒羅針盤ヲ除キ）ヲ備ヘシメ內國航船及外國航船ニ於テハ其內一箇ヲ原基（スタンダート）羅針盤トシ適當ノ位置ニ据ヘシメ且之ニ天象岬角ヲ測リ得ヘキ器具ヲ備ヘシムヘシ

第六十九條　時計ハ平水航船及近海航船ニ一箇以上、內國航船及外國航船ニハ二箇以上ヲ備ヘシメ外國航船及登簿噸數五百噸以上ノ內國航船ニハ時辰儀及六分儀航海曆ヲ備ヘシ

ムヘシ

第七十條　晴雨計ハ毎船一箇以上ヲ備ヘシムヘシ但港灣内ヲ限リ航通スル船舶ニシテ其必要ヲ認メサルモノニハ之ヲ備ヘシムルヲ要セス

第七十一條　海圖ハ近海航船ニハ其航路區域及區内港灣ノ分圖、内國航船ニハ日本全圖及航通海岸港灣ノ分圖、外國航船ニハ内國航船ニ要スル海圖ノ外航通外國ノ海岸及港灣ノ分圖ヲ備ヘシムヘシ平水航船ニハ必要ナシト認ムルトキハ海圖ヲ備ヘシムルニ及ハス

第七十二條　總テ海圖ハ海軍省ノ版刻ニ係ルモノヲ使用セシムヘシ出版ノ後改正ヲ加ヘラレタルトキハ其海圖ハ使用ヲ許可スヘカラス但小改正ヲ加ヘラレ其改正以前ニ出版シタル海圖ニシテ水路部ノ告示ニ依リ改正ノ廉ヲ記入シタルモノハ此限ニアラス
英國海軍省出版ノ海圖ハ最近ノモノニ限リ海軍省出版ノ海圖ニ代用セシムルコトヲ得ヘシ

第七十三條　内國航船以上ノ船舶ニハ最近ノ刊行ニ係ル航路標識便覽表一冊ヲ備ヘシムヘシ但滿三年以前ノモノト雖モ改正增補ノ廉ヲ記入シタルモノハ使用ヲ許可スルコトヲ得

第七十四條　手用測深鉛及線ハ毎船二組以上ヲ備ヘシムヘシ但河川ヲ限リ航通スル船舶ニシテ其必要ナシト認ムルトキハ此限ニアラス

第七十五條　深海測深鉛及線ハ近海航船以上ノ船舶ニ於テハ一箇以上ヲ備ヘシメ登簿噸數五百噸以上ノ旅客汽船ニ於テハ尙ホ鋼線ノ測深機一箇以上ヲ備ヘシムヘシ

第七十六條　雙眼鏡ハ毎船必ス一箇以上ヲ備ヘシムヘシ

第七十七條　測程具ハ近海航船以上ノ船舶ニ於テハ手用測程具一組以上砂漏計二箇以上ヲ備ヘ且ツ內國航船以上ノ汽船及外國航行ノ帆船ニハ尙ホ機械製測程具一組以上ヲ備ヘシムヘシ

第七十八條　航海日誌ハ毎船之ヲ備ヘシムヘシ但近海航船以下ノ船舶ニ於テハ略日誌ヲ備フルモ合格ト見做スヘシ

第七十九條　旅客船ニハ左表ニ依リ端艇ヲ備ヘシムヘシ其容積ハ外部ニ於テ長幅ヲ測リ又長ノ中央內部ニ於テ深ヲ測リ各之ヲ相乘シタルモノヽ十分ノ六トス但救命艇ニ於テハ空氣函ノ容積ヲ除クニ及ハス

甲板下噸數	艇數	總端艇容積	內救命艇容積	甲板下噸數	艇數	總端艇容積	內救命艇容積	甲板下噸數	艇數	總端艇容積	內救命艇容積
六〇〇〇、以上	十二	四〇〇〇	一五〇〇	三〇〇〇、以上	八	二四〇〇	一〇〇〇	五〇〇、以上	三	六〇〇	二八〇
五七五〇、同	十	三七〇〇	一五〇〇	二七五〇、同	六	二一〇〇	九五〇	四〇〇、同	二	四〇〇	二五〇
五五〇〇、同	十	三六〇〇	一五〇〇	二五〇〇、同	六	二〇五〇	九〇〇	三〇〇、同	二	三五〇	二二〇
五二五〇、同	十	三五〇〇	一五〇〇	二二五〇、同	六	二〇〇〇	八五〇	二六〇、同	二	三〇〇	一八〇
五〇〇〇、同	十	三四〇〇	一五〇〇	二〇〇〇、同	六	一九〇〇	八〇〇	二三〇、同	二	二五〇	
四七五〇、同	十	三三〇〇	一五〇〇	一七五〇、同	六	一八〇〇	七八〇	二〇〇、同	二	二〇〇	
四五〇〇、同	八	二九〇〇	一五〇〇	一五〇〇、同	六	一七〇〇	七五〇	一八〇、同	二	一九〇	
				一二五〇、同	六	一五〇〇	七二〇	一五〇、同	二	一七〇	

四二五〇、同	八	二九〇〇 一五〇〇	一〇〇〇、同	四	一二〇〇 七〇〇	一二〇、同	二	一五〇
四〇〇〇、同	八	二八〇〇 一五〇〇	九〇〇、同	四	一〇〇〇 四五〇	一〇〇、同	一	一〇〇
三七五〇、同	八	二七〇〇 一〇〇〇	八〇〇、同	四	九〇〇 四〇〇	八〇、同	一	九〇
三五〇〇、同	八	二六〇〇 一六〇〇	七〇〇、同	四	八〇〇 三五〇	六〇、同	一	九〇
三二五〇、同	八	二五〇〇 一〇〇〇	六〇〇、同	三	七〇〇 三〇〇	六〇、未満	一	七〇

第八十條　救命艇ハ左項ニヨリ檢査スヘシ

一　船尾方形ナルモノハ救命艇トナスヲ得ス而シテ長サ二十呎以上ナルトキハ槳ヲ二列立ニナサシムヘシ

二　艇積每十立方尺ニ付一立方尺半ニ當ル割合ヲ以テ水密ナル空氣函ヲ備ヘシムヘシ

三　亞鉛製ノ艇及同製ノ空氣函ヲ備ヘタルモノハ救命艇トナスヲ得ス但木製ノ救命艇ニハ銅製又ハ鐵製空氣函ヲ使用セシムヘシ一平方呎ノ重サ銅板ハ十八「オンス」鐵板ハ二十一「オンス」ヨリ少ナキモノヲ使用セシムヘカラス

四　空氣函ハ船首船尾又ハ兩側ニ設置シ其覆板ハ銅若クハ眞鍮製ノ螺釘ニテ取付ケ檢査ニ便ナラシムヘシ

五　救命艇ノ周圍ニハ救命綱ヲ備ヘシムヘシ

第八十一條　端艇ニハ屬具ヲ完備セシメ少ナクトモ豫備ノ槳及槳架二箇、放水口ノ栓、淦拘、鉤竿各一箇ヲ備ヘシムヘシ但救命艇ニハ羅針盤及水箱各一箇以上ヲ備ヘシムヘシ

第八十二條　前表ニ掲クル端艇ニハ總テ揚卸自在ナル端艇鉤具ヲ備ヘシムヘシ

第八十三條　每船救命浮子(二十四時間三十二磅以上ノ浮力アルモノ)二箇以上ヲ備ヘ又旅客百人以上ヲ搭載スル汽船及外國航通旅客船ニハ四箇以上ヲ備ヘシムヘシ

第八十四條　內國航船ニ於テハ十二箇以上上等旅客定員數、外國航船ニ於テハ二十四箇以上上中等旅客定員數ニ等シキ救命浮帶(二十四時間十五磅以上ノ浮力アルモノ)ヲ備ヘシムヘシ

第八十五條　端艇ノ容積五十立方尺未滿ノモノハ表中ノ容積ニ加ヘサルモノトス

第八十六條　前表一千噸以下ノ船ニ於テハ其端艇中一箇ハ日本形傳馬船ヲ代用セシムルコトヲ得

其容積ハ外部ニ於テ長、幅ヲ測リ又內部ニ於テ深ヲ測リ其相乘數ニ十分ノ七ヲ乘シタルモノトス

第八十七條　平水航船及近海航船ニシテ前表八十噸以下ノ船舶ハ端艇ノ代用ニ百五十噸以下ノ船舶ハ其端艇中一箇ノ代用ニ又ハ端艇ヲ備フルモ其艇積不充分ナルモノハ其補足トシテ救命浮子若クハ浮帶ヲ用フルヲ許スコトヲ得其標準ハ端艇ノ容積十五立方尺每ニ浮子若クハ浮帶二箇以上トス

第八十八條　前表二百噸以下ノ船舶ニ於テハ表中ノ容積ヲ有スル端艇一箇ヲ以テ二箇ニ代用セシムルコトヲ得

第八十九條　帆船及旅客ヲ搭載セサル汽船ニ於テハ乘組員一人ニ對シ十立方尺ノ割合ヲ以

テ端艇ヲ備ヘシムヘシ但内一箇ハ中錨ヲ載セ得ヘキモノタルヘシ

第九十條　旅客室ハ正甲板上及其直下ノ甲板上ニ於テ風波ニ觸レス機關室ニ接近シテ甚シキ温度ヲ受ケス且塵埃臭氣ニ觸レス旅客ノ起臥動作ニ安全ナル塲所ヲ以テ之ニ宛テ旅客室ニハ天氣ノ如何ニ拘ハラス充分ノ光明ヲ通シ且空氣ヲ流通スル爲メ天窓及空氣筒ヲ設ケシムヘシ

第九十一條　甲板間ノ距離外國航船ニ於テハ六尺以上内海航船ニ於テハ五尺以上近海航船及平航船ニ於テハ四尺五寸以上ナルニアラサレハ旅客室トナスヘカラス但船尾ノ如キ斜曲ノ塲所ニ腰掛様ノ平棚ヲ設ケ其上面ヨリ甲板裏面迄ノ高サ三尺五寸以上ノ塲所ハ客席トナスコトヲ得

第九十二條　甲板上旅客室ノ高サハ外國航船ニ於テハ六尺以上内國航船ニ於テハ四尺五寸以上近海航船ニ於テハ三尺五寸以上トス

第九十三條　旅客室ノ高サ外國航船ニ於テハ六尺五寸以上其他ノ船舶ニ於テハ六尺以上ナルニアラサレハ客席ヲ二層ニナサシムヘカラス

第九十四條　總テ客席ニハ甲板上ニ相當ノ敷板又ハ棚ヲ設ケ莚疊其他客ノ坐臥ニ堪ユヘキ敷物ヲ敷カシムヘシ

第九十五條　雜居客席ハ其一邊ノミヨリ出入スヘキモノニシテ其奥行十二尺以上ナルトキハ其出入口ヨリ該室ヲ貫キ幅一尺八寸以上ノ通路ヲ設ケシムヘシ若シ其通路ヲ設ケサルモノハ通路トシテ全面積ノ六分一ヲ除去スヘシ

第九十六條　左ニ揭載スル場所ハ客室ニ算入スヘカラス
外車汽船ノ車覆、船首隔壁（隔壁ナキ船ニ於テハ正甲板面ニ於テ船首材ノ內面ヨリ最大船幅二分ノ一ノ長ニ達スル迄ノ場所）ノ前方、汽罐室隔壁一重張ナルトキハ之ヨリ一尺迄ノ場所、便所ノ前四尺迄ノ場所、汽機汽罐室ノ兩側一尺八寸迄ノ場所

第九十七條　左ニ揭載スル場所ハ客席ニ算入スヘカラス
艙口ノ上面、載貨門ノ前後各一尺二寸ノ處ヨリ其幅ニテ艙口ニ達スル迄ノ場所、艙口ノ前後一尺八寸迄ノ場所、階子ノ下及前ニ於テ其幅ノ平方面積、幅二尺八寸未滿ノ場所、出入口ノ內四平方尺ノ場所、中甲板ニ載貨門ヲ設ケサル船ニ於テハ其艙口ノ周圍一尺八寸迄ノ場所但近海航船又ハ平水航船ニシテ途中寄港セス仕出港ヨリ仕向港ヘ直航スルモノ及河川ヲ限リ航通スルモノハ艙口ノ上面及其前後兩側ヲ客席トナスコトヲ得
艙口ヨリ載貨門ニ至ル除去面積ヲ算スルニ當リ艙口ト載貨門ノ位置並列セサルトキハ載貨門ノ中央ヨリ艙口ノ中央ニ至ル距離ト載貨門ノ幅ニ二尺四寸ヲ加ヘタルモノヲ相乘シ其積ヲ除去面積トナスヘシ

第九十八條　甲板間雜居客室ノ容積ハ機關室ノ前後ニ分チ每室其前中後ノ三箇所ニ於テ上中下ノ幅ヲ測リ前後上下ノ幅ト前後ノ中幅及中央上下ノ幅各四倍ト中央ノ中幅十六倍トヲ加ヘ之ヲ三十六ニテ除シ平均ノ幅トシ之ニ長サヲ乘シ總面積トシ之ヨリ其室內ニ於ケル蔽圍ノ場所及第九十六條ニ依リ除去スヘキ場所ノ平均幅ニ長ヲ乘シタルモノヲ減シ其殘リ面積ニ平均ノ高ヲ乘シタルモノトス

機關室ノ兩側其他或ル一部ニ於ケル旅客室ノ容積ハ平均ノ幅ニ長、高ヲ乘シ若シ其室ニ蔽圍ノ場所アルトキハ其長、幅、高ヲ乘シタル積ヲ減シタルモノトス

船尾圓形斜面ナル所ノ容積ヲ算スルニハ其長サ(矢)幅(弦)ノ二分ノ一以下ノ所迄ハ第一項若クハ第二項ニ依テ算出シ其後部ハ高サノ中央ニ於ケル長サヲ測リ其三分ノ二ニ其場所ノ最大幅ト高トヲ乘シ其容積トスヘシ

第九十九條　雜居旅客室ノ面積ハ機關室ノ前後ニ分チ每室甲板又ハ棚ノ上面ニ於テ前中後三箇所ノ幅ヲ測リ前後ノ幅ニ中央ノ幅四倍ヲ加ヘ之ヲ六ニテ除シ平均ノ幅トシ之ニ長サヲ乘シ總面積トシ之ヨリ第九十六條及第九十七條ニ揭ケタル除去スヘキ場合ノ面積ヲ減シタルモノトス

機關室ノ兩側及其他或ル一部ノ客席ハ平均ノ幅ニ長サヲ乘シ前項ニ準シ通路等ノ面積ヲ減シタルモノトス

船尾圓形ナル場所ノ面積ヲ算スルニハ其長サ(矢)幅(弦)ノ二分ノ一以下ノ所迄ハ第一項若クハ第二項ニ依テ算出シ其後部ハ長ノ三分ニニ幅ヲ乘シタルモノトス

第百條　旅客定員ヲ算出スルニハ第九十八條ニ依リ算出シタル旅客室容積及第九十九條ニ依リ算出シタル旅客室實面積ヲ船舶ノ航路定限及客室ノ等級ニ應シ檢査細則第十一條規定ノ旅客一人分最少容積及面積ヲ以テ除シ其容積ト面積トニ依テ算出シタル員數ヲ比較シ其少數ヲ以テ該室ノ旅客定員トナスヘシ

第百一條　旅客ノ大便所ハ旅客及乘組員總人員五十人ニ付キ少クモ一箇ノ割合ヲ以テ之ヲ

設ケシメ上等室用及乘組員用ヲ區別シタルトキハ乘組員及上等客室ヲ除キタル人員ニ對シテ設ケシム可シ

第百二條　旅客船ノ舷墻及柵欄ハ外國航船及內國航船ニ於テハ三尺以上近海航船及平水航船ニ於テハ二尺五寸以上檢査官吏ノ允當ト認ムル高サヲ有シ總テ柵欄ノ下ニ二本以上ノ横材ヲ通サシムヘシ

第百三條　賄所及食器ハ旅客定員及乘組員數航路定限ニ對シ相當ノ準備ヲナサシムヘシ

第百四條　飲水箱ハ旅客定員及乘組員數ヲ合セ一人一日ニ少クモ二升以上ノ割合ヲ以テ平水航船ハ二日、近海航汽船ハ三日帆船ハ十日、內國航汽船ハ十日帆船ハ三十日、外國航汽船ハ三十日帆船ハ三箇月分ヨリ少ナカラサル飲水ヲ貯藏スルニ足ルヘキモノヲ備ヘシムヘシ但蒸溜器アルモノハ其器ノ如何ニ依リ又平水航船ニシテ前記ノ水量ヲ貯藏スル必要ナシト認ムルモノハ右飲水箱ノ容積ヲ遞減スルモ妨ケナシ

第百五條　旅客室ヨリ甲板上ニ昇降スヘキ階子ハ該室旅客定員五十人未滿ナルモノハ幅一尺八寸以上ノモノ少クモ一箇五十人以上百人未滿ハ幅三尺以上ノモノ少クモ一箇若クハ幅一尺八寸以上ノモノ少クモ二箇百人以上ハ右割合ヲ以テ設ケシムヘシ但廻リ階子及勾配高ク段面狹クシテ柵欄ニ依ラサレハ昇降シ難キモノハ其幅三分ノ二ヲ以テ前記ノ割合ニ適合セシムルモノトス

第百六條　乘組水火夫等ノ常用室ハ其船ノ航路定限ニ應スル下等旅客室ニ準シ之ヲ設ケシムヘシ但シ水火夫等ノ常用室ハ之ヲ船首隔壁前ニ設ケシメ又近海航船若クハ平水航船ニ

シテ其航路定限往復豫定時間二十四時間以內ノモノハ乘組員數二分ノ一ニ對スル迄室積ヲ減シ又十二時間以內ノモノハ尙ホ之ヲ遞減スルコトヲ得

第百七條　別種旅客室ハ內國航行ノトキニ限リ艙內ニモ之ヲ設ケシムルモ妨ケナシ然レトモ荒天ノ時其艙內ニ密閉スルノ必要アル船舶ニ於テハ之ヲ許ス可カラス

第百八條　艙內ニ別種旅客室ヲ設クルトキハ甲板下面ヨリ少クモ五尺下ノ所ニ於テ艙梁若クハ爲メニ設ケタル床梁又ハ貨物若クハ壓艙物ノ上ニ板及莚等ヲ敷カシムヘシ但乾燥セサル貨物又ハ衞生ニ有害ナル貨物等ノ上ハ客席トナサシムヘカラス

第百九條　艙內ニ別種旅客室ヲ設クルトキハ汽罐室隔壁ヨリ五尺迄ノ場所ハ客席ノ面積ニ算入ス可カラス然レトモ其所ニ於テ上甲板ニ通スル空氣筒若クハ艙口ノ設ケアルトキハ通常旅客室ニ準シ客席ニ算入スルヲ得

第百十條　艙內ニ於テ別種旅客室ヲ設クルトキ其艙口一箇所ノミニシテ別ニ空氣筒等ノ設ケナク空氣ノ流通不充分ト認ムルトキハ檢査官吏ノ見込ニ依リ衞生上適當ノ場所ヲ限リ旅客席トナスヘシ

第百十一條　艙內別種旅客室ノ測度方法ハ通常旅客室ノ測度方法ニ同シ

第百十二條　通常旅客室ヲ別種旅客室トナシ仕出港ヨリ仕向港ニ直航シ途中ニ於テ寄港セサルトキハ艙口ノ上面及載貨門ノ內側ヲ面積ニ算入スルコトヲ得然レトモ其艙口下ニ於テモ別種旅客室ヲ設ケタルトキハ載貨門內側ノミヲ面積ニ算入スヘシ

外國航船ニシテ船內ノ艙梁上ニ甲板ヲ假設シ荷艙ト其區域ヲ別ニシ且ツ旅客ノ搭載ニ適

合ノ準備ヲ爲シタルトキハ外國航行ノトキト雖トモ之ヲ別種旅客室トナサシムルモ妨ケナシ

第百十三條　別種旅客ニ對スル階子、賄室、倉器、飲水箱、便所等ハ總テ通常旅客ニ關スル規定ニ準スヘシ

第百十四條　高サ三尺以上ノ閉塞舷墻ヲ有シ且ツ完全ノ天幕ヲ備フル船舶ニシテ其航海豫定時間十二時間以內ナルトキハ最上甲板ニ於テモ相當ノ場所ヲ選ミ別種旅客ヲ搭載セシムルモ妨ケナシ

第百十五條　第百十四條ニ據リ最上甲板ニ別種旅客ヲ搭載スルコトヲ許シタルトキハ其場所ノ形狀ニ從ヒ第九十九條ニ依リ其實面積ヲ算出シ之ヲ五ニテ除シ其得數ヲ其定員トナスヘシ

第三章　機關部檢査

第一節　檢査準備

第百十六條　機關ノ定期檢査ヲ執行セントスルトキハ左ノ準備ヲナサシムヘシ

一　汽筩、滑瓣箱、排氣喞筒、循環喞筒、給水喞筒、汚水喞筒、冷汽器等ノ蓋ヲ取外シ內部ヲ掃除スルコト又曲拐軸ニ於テ接續鋲ヲ取外シ軸受黃銅ヲ取除キ置クコト

二　副汽機汚水室等ヲ總テ掃除シ又機關豫備品竝附屬品ハ適宜ノ場所ニ排列シ置クコト

三　汽罐ハ水ヲ排除シ人孔其他ノ諸孔ヲ開放シ火爐戶及火床ヲ取外シ燃燒室及內部胴板支柱烟管等ニ附着シタル鑛皮及烟煤ヲ精細ニ取除クコト

第百十七條　特別檢査ニ於テハ第一條ニ揭ケタル準備ノ外左ノ準備ヲ爲サシムヘシ

一　螺旋軸ヲ拔取リ推進器ヲ取外スコト又蒸汽管等ノ保温劑ヲ取除キ或ハ現塲ニ於テ檢査シ難キモノハ該部分ヲ取外スコト

二　汽罐底部等ニテ檢査シ能ハサル時ハ罐體ヲ引上ケルコト又罐內部ノ「セメント」或ハ外部ノ保温劑ハ悉皆取除クコト

三　汽機汽罐附屬ノ諸瓣等ヲ開放シ又諸蒸汽管及水管ハ精細ニ檢査シ得ヘキ樣裝置セシムルコト

第二節　檢査要項

第百十八條　機關部ニ於テ檢査スヘキ要部及要具ハ概子左ノ如シ

汽機部

汽筩、吸鎷、吸鎷銲、接續銲、滑瓣銲、隔心銲、螺旋軸、船尾管、排氣喞筒、循環喞筒、給水喞筒汚水喞筒、冷汽器、諸管瓣、嘴子、汽笛、サイレン、柁取汽機、推進器

汽罐部

罐板、支柱、烟管、罐胴接合部、加熱器、副汽罐、汽凝汽罐、安全瓣、驗汽器、蒸溜器

屬具

本手續第百三十六條ニ揭クル附屬品類

第三節　各部檢査

第百十九條　汽筩ハ內外共ニ精細ニ檢査シ若シ內部ニ裂罅等ノ箇所アルトキハ孔ヲ鑿ミ其

深淺ヲ測リ又ハ水壓試驗ヲ行ヒ其適否ヲ檢査スヘシ

第百二十條　吸鍔ハ其「ジヤンクリング」ヲ取外シ内部並ニ彈環等ノ良否ヲ檢シ滑瓣ハ其擦合等ヲ精細ニ檢査スヘシ

第百二十一條　吸鍔鋲、接續鋲、滑瓣鋲、隔心等ハ總テ瑕釁ナク善良ノモノナルヤ否ヤヲ檢査シ殊ニ曲拐栓ニ注意シ軸受黄銅ハ取外シ軸ヲ旋轉シテ之ヲ檢査シ且檢査官吏ノ見込ニヨリ螺旋軸及船尾管ノ檢査ヲ要スルトキハ入渠ヲ命シ之ヲ檢査スヘシ

第百二十二條　排汽喞筒、循環喞筒、給水喞筒、汚水喞筒、冷汽器ハ其内部及吸子諸瓣等ヲ精細ニ檢査スヘシ

第百二十三條　汚水喞筒ノ各艙ニ通スル諸管泥箱及芥除ハ常ニ支障ナキヤ否ヲ檢査スヘシ

第百二十四條　入渠シタル船舶ノ機關ヲ檢査スルトキハ水線下ニ備フル瓣及嘴子等ヲ注意檢査スヘシ

第百二十五條　最大汽瓣ハ汽鑵及汽機ノ構造强弱ニ依リ增減スルモノナレハ殊ニ注意シテ各部ヲ檢査シ必要ト認ムル場合ニ於テハ鑵板ノ厚サヲ確知スル爲メ孔ヲ穿チ精細ニ之ヲ檢査シ構造部ノ算法ニ照シ材料及工事ノ巧拙ニ準シ其壓力ヲ定ムヘシ

第百二十六條　新汽機、汽鑵ヲ檢査スル時各部ノ强弱ヲ算定スルハ勿論其材料ヲ確知スル爲メ鑵板及支柱等ニ於テ後條ニ規定スル方法ニ準シ試驗ヲ行フヘシ但確實ト認ムル試驗成績表アルモノハ試驗ヲ執行スルニ及ハス

第百二十七條　汽鑵内部ヲ檢査スル時若シ小鑵ニシテ其内部ニ入リ難キトキハ烟管支柱等

ヲ取除カシメ又ハ人孔狹少ナルカ或ハ其位置不便ナルニ於テハ之レヲ改造セシメ其現狀ヲ檢定シ必要ト認ムルトキハ水壓試驗ヲ行フヘシ鑵胴接合等ニ漏出ノ箇所アリテ底部ノ「セメント」或ハ外部ノ保温劑ノ爲メ損所ヲ確知スル能ハサルトキハ之ヲ取除キ精密ニ檢查スヘシ

加熱器ハ內外共遺漏ナク巨細ニ檢查スヘシ若シ其構造ニヨリ器內ニ入リ難キトキハ內部ヲ檢查シ得ヘキ裝置ヲナサシムヘシ汽鑵又ハ加熱器ノ內部ニ入ルコトヲ得サルトキハ其趣ヲ報告書ニ記載スヘシ

第百二十八條　新汽鑵ハ最大汽壓ヲ算定シ其二倍ノ壓力ヲ以テ水壓試驗ヲ行フヘシ

第百二十九條　舊鑵若クハ修繕ヲ加ヘタル汽鑵ハ其工事ノ良否ヲ檢查スル爲メ本鑵ノ最大汽壓一倍半迄ノ水壓試驗ヲ行フヘシ

第百三十條　汽鑵ノ水壓試驗ヲ執行シ不完全ト認ムル箇所アルトキハ之ヲ修理セシメ更ニ水壓試驗ヲ行フヘシ

第百三十一條　副汽鑵及本船附屬汽艇ノ汽鑵ヲ檢查スルハ其附屬品共ニ主鑵ト同一ノ方法ニ據ルヘシ但其安全瓣ハ封鎖スルコトヲ要セス

第百三十二條　驗汽器ハ每檢查必ス其良否ヲ檢查スヘシ

第百三十三條　蒸汽管ニ於テ衰弱若クハ損所アリト認ムルニ於テハ水壓試驗ヲ行フハ勿論ナリト雖モ特別檢查ニ於テハ必ス管ノ保温劑ヲ取除キ最大汽壓ノ二倍ヨリ少ナカラサル水壓試驗ヲ執行スヘシ

第百三十四條 汽笛「サイレン」及柁取汽機等ハ實用上差支ナキヤ否ヲ檢査スヘシ

第百三十五條 蒸溜器ヲ常用スル汽船ニ於テハ其諸部ヲ取外シテ檢査スルノ期ハ檢査官吏ノ見込ニヨルト雖モ毎一年ニ一回ハ必ス之ヲ執行スヘシ

第百三十六條 外國航及内國航ノ汽船ハ左ノ豫備品並ニ附屬品ヲ備ヘシムヘシ近海航船以下ノ船舶ハ檢査官吏ノ見込ニヨリ之ヲ定ムヘシ

一 接續銲ノ黃銅	一組	（汽機一臺ニ付）
一 排汽喞筒ノ瓣（護謨製ナルトキ / 金屬製ナルトキ）	三枚以上 / 二箇	同
一 循環喞筒ノ瓣（護謨製ナルトキ / 金屬製ナルトキ）	三枚以上 / 二箇	同
一 主軸受ノ螺釘及母螺	二本	同
一 接續銲ノ螺釘及母螺	二本	同
一 吸銬銲ノ螺釘及母螺	二本	同
一 軸銬ノ螺釘及母螺	八本	同
一 吸銬彈環	一組	（各吸銬ニ付）
一 給水喞筒瓣及座（護謨製ナルトキ / 金屬製ナルトキ）	三組 / 一組	（汽機一臺ニ付）
一 汚水喞筒瓣及座（護謨製ナルトキ / 金屬製ナルトキ）	三組 / 一組	同
一 驗鹽器	一器	
一 烟管	三本	（各鑵ニ付）
一 寒暖計	一器	

一螺釘及母螺大小取雜　百　箇
一冷汽管　五十本（汽機一臺ニ付）
一冷汽管ノ塡紲　二百箇　同
一逃出瓣ノ發條　一　箇（各寸法ノモノ）
一驗水器ノ硝子　三　本（各鑵ニ付）
一火床架　總數十分ノ一
一管塞器　三本以本五本迄（各鑵ニ付）
一鐵板　三　枚
一鐵棒　六　本
一螺旋切道具　一　揃
一鐵砧　一　箇
一萬力　一　箇
一「ラチエットプレース」及錐　一　組（錐數本付）
一銅槌　一　挺
一滑車及綱　一　揃
一各種鑢　十二挺
一管擴器　一　挺
一安全瓣發條　一　箇（各鑵ニ付）

一機關手道具　一揃

第百三十七條　特別檢査ニ於テハ前數條ニ掲クル手續ヲ執行スルハ勿論定期檢査ニ於テ檢査セサル汽機、汽鑵ノ各部ヲ細密ニ檢査スヘシ

第百三十八條　特別檢査ニ於テハ汽機臺下機關室ヨリ各部ヘ通スル諸管蒸汽管ナレハ保温劑等ヲ取除キ或ハ現場ニ於テ檢査シ難キモノハ該部分ヲ取外サシメ精細ニ檢査シ若シ衰弱ノ模樣アリト認ムルニ於テハ最大汽壓二倍ヨリ少カラサル水壓試驗ヲ行フヘシ

第百三十九條　特別檢査ニ於テハ鑵底ニシテ檢査シ能ハサルモノハ鑵體ヲ引上ケ又ハ底部ニ塗リタル「セメント」或ハ外部ノ保温劑ハ悉皆取除キ精細ニ檢査スヘシ

第百四十條　特別檢査ニ於テハ汽機汽鑵附屬ノ瓣及嘴子、海水ニ通スル瓣及嘴子等ハ悉皆取外シ又副汽機及之ト連續スル管等ハ精細ニ檢査スヘシ

第百四十一條　新造ノ汽機、汽鑵ヲ檢査シタルトキハ相當ノ最大汽壓ヲ使用シ得ヘキ證明書ヲ授與スヘシ

第百四十二條　汽機、汽鑵ニ於テ其强弱ヲ算定スルニハ本手續ニ定ムル算式ニ依ルヘシ且汽筩ハ最大汽壓ノ二倍冷汽器ハ三十磅聯成汽機ニ於テハ高壓汽筩ハ最大汽壓ノ二倍中壓汽筩ハ最大汽壓ノ一倍半低壓汽筩ハ最大汽壓丈ケノ水壓試驗ヲ行フヘシ

第百四十三條　汽鑵其他ノ水壓試驗ハ船舶司檢所備付ノ驗壓原器又ハ船舶司檢所司檢官ノ認可シタル驗壓原器ヲ使用スヘシ

第百四十四條　汽鑵ニ用ユル材料ハ軟鋼及錬鐵ノ二種ニ限ルヘシ

第百四十五條　新舊船ニ拘ハラス新製機關ヲ備ヘタルトキハ正給水管及瓣ノ外ニ之ト全ク連續セサル給水裝置ヲ備ヘシムヘシ但旅客汽船ニアラサル小汽船ニ在テハ手用喞筒ヲ使用セシムルモ妨ケナシ

第百四十六條　新ニ副汽機ヲ備ヘタル時其廢汽管ハ必ス甲板上又ハ廢汽主管ニ導カシメ之ヲ船側ニ導カシムヘカラス且ツ該管排水ノ裝置ヲ充分ナラシムヘシ

第百四十七條　載貨水線以下ハ勿論其近傍ノ諸通孔ニハ容易ニ開閉シ得ヘキ嘴子或ハ瓣ヲ付シ且之ニ續ク管ハ運航中破損スルモ直ニ修繕ヲ加ヘ得ヘキ位置ニ設ケシムヘシ

第百四十八條　船尾管ハ小汽船ト雖モ木製ノモノヲ使用セシムヘカラス

第百四十九條　每鑵必ス硝子驗水器一箇、驗水嘴子二箇以上ヲ備ヘ又前後ヨリ點火スル汽鑵ニハ之ヲ前後ニ備ヘシムヘシ

驗汽器ハ每鑵正確ノモノ一箇ヲ備ヘシムヘシ

第百五十條　汽鑵ト蒸汽管又ハ汽鑵ト蓄汽筒若クハ加熱器トノ間ニハ必ス塞汽瓣ヲ備ヘシムヘシ

第百五十一條　汽機、汽鑵ノ諸部ニ用ユル鐵材ハ其切斷面積一平方吋每ニ錬鐵ナレハ抗張强力六千磅抗壓强力三千磅、鋼ナレハ兩强力共ニ八千磅ヲ超過スル使用力ヲ受ケシムヘカラス但切斷面ハ最弱ノ箇所ニ於テ之ヲ測ルヘシ

支柱ハ鍛合シタルモノヲ使用セシムヘカラス

第百五十二條　登簿船ニ屬スル汽機ニ於テハ必ス汽力圖ヲ取ルノ裝置ヲ備ヘシムヘシ

第百五十三條　新造汽鑵ニシテ製造中船舶司檢所司檢官臨檢セサルモノ即チ監督ヲ受ケサル汽鑵ハ司檢官ノ見込ニヨリ算式ヨリ得タル最大汽鑵ノ二割以內ヲ減スヘシ

第百五十四條　銅管又ハ錬鐵管ヲ以テ蒸汽管ニ使用スルトキハ汽鑵最大汽壓二倍ノ水壓試驗ヲ行フヘシ又給水管ハ最大汽壓二割增ノ壓力ニ堪ユヘキモノタルヘシ

總テ蒸汽管ニハ充分ナル排水ノ裝置ヲナサシムヘシ

第百五十五條　汽機、汽鑵製造用ニ供スヘキ材料ハ左ノ試驗ヲ行フヘシ

軟鋼

一伸張試驗　製造用ニ供スヘキ各鋼板ヨリ長サ十吋幅二吋ノ一片ヲ截リ之ヲ伸張セシムヘシ其伸張割合ハ二割以上ニシテ板縱纎維ノ抗張强力ヲ截面一吋平方ニ付二十六噸以上三十噸以下タルヘシ然シテ二十七噸乃至二十八噸ヲ以テ最モ適當ナル强力トス又火爐及燃燒室ニ用フルモノハ其抗張强力及伸張割合モ前同斷トス但之ヲ截リ採ルニハ鏨ノ類ヲ以テセス旋盤ヲ以テ鄭重ニ截リ採ルヘシ

一屈曲試驗　火焰ノ感觸ヲ受クル部分ニ用ユル鋼板ハ前記ニ記セル大サノ一片ヲ櫻桃色ニ燒紅セシメテ華氏八十二ノ水中ニ沈メ其一片ト水ト同度ニ至ルマテ冷却セシメ後之ヲ板ノ厚サノ一倍半以內ノ徑マテ二重ニ屈曲シ破壞セサルモノヲ適當ナルモノトス又鑵胴ノ如キ火焰ノ感觸ナキ部分ハ熱セスシテ同樣ノ手續ヲ行フヘシ

一鋲釘試驗　鋲釘ノ抗張强力ハ其ノ截面凡五割以上ノ縮少伸張二割以上ニテ一吋平方ニ二十六噸ヨリ三十噸ヲ限界トス抗剪强力ハ單剪斷ニ於テ二十三噸復剪斷ニ於テハ單剪

斷ノ一、七五倍トス而シテ鋲釘ノ屈曲試驗ハ鋲釘材ヲ櫻桃色ニ燒紅セシメテ華氏八十二度ノ水中ニ沈メ其一片ト水ト同度ニ至ル迄冷却セシメ鋲釘ト屈曲シタル一端トノ距離徑ト同様ニ至ルマテ屈曲セシメ或ハ熱シタル鋲釘ヲ二重ニ屈曲セシメ或ハ熱シタル鋲釘ノ頭ヲ徑ノ二倍半迄ニ平扁ニ打壓セシメ破壞セサルモノヲ適當ナルモノトス

一支柱試驗　鍛合セサル鋼製螺旋支柱ハ長サ十吋ニ於ケル伸張一割以上ニシテ一吋平方面ニ付抗張强力二十六噸ヨリ三十噸マテノモノハ實際ノ面積一吋平方ニ付八千磅ノ使用力アルモノトス

錬鐵

一屈曲試驗　錬鐵板ノ厚サ一吋以下ニシテ一吋平方面ノ抗張强力ハ其截面一割ヨリ二割ノ縮少ニシテ縱纖維ニ於テ二十噸ヨリ二十三噸伸張割合ハ凡ソ八分ヨリ一割六分ノモノヲ紅燒セシメテ縱纖維ニ於テ百二十五度橫纖維ニ於テ百度ニ屈曲シ破壞セサルモノヲ以テ檢査適合ノモノトナスヘシ

一鋲釘試驗　錬鐵鋲釘ノ抗張强力ハ二十三噸乃至二十五噸伸張割合二割以上縮少凡ソ四割以上ニシテ單剪斷ノトキ抗剪强力十六噸乃至十八噸復剪斷ニ於テハ單剪斷ノ一、七五倍トス而シテ熱シタル鋲釘ノ頭ヲ徑ノ二倍半迄平扁ニシ該部ニ同徑ノ打貫孔ヲ穿チ破壞セサルモノヲ適當ナルモノトス

第百五十六條　鋼板ノ壓穿突緣及其他ノ熱シタル部分ハ必ス燒鈍法ヲ執行シタルモノヲ使用セシムヘシ

第百五十七條　鍛合シタル鋼板ハ伸張ヲ受クル箇所ニ使用セシムヘカラス

第百五十八條　斜向支柱ノ積ヲ求ムルニハ左ノ式ニ依ルヘシ

$$\text{斜向支柱ノ積(平方吋ニテ)}=\frac{\text{平板ヲ支フル直向支柱ノ積}\times\text{斜向支柱ノ長}}{\text{斜向支柱ノ一端ヨリ平板ノ面ニ垂直ニ引キタル線ノ長サ}}$$

「ガセットステー」ノ面積ハ右ノ式ニヨリ得ル所ノ積ヨリ大ナラシムヘシ

第百五十九條　燃燒室其他平坦ノ箇所ヲ支フル支梁ノ強サヲ求ムルニハ左ノ式ニ依ルヘシ

$$\text{最大汽壓(毎平方吋磅ニテ)}=\frac{C\times d^2\times T}{(L-P)\times D\times L}$$

式中

L ハ支梁ノ長サ(吋ニテ)

P ハ支釘ノ心距(吋ニテ)

D ハ支梁ノ間ノ距離(吋ニテ)

d ハ中部ニ於テ測リタル支梁ノ深サ(吋ニテ)

T' ハ中部ニ於テ測リタル支梁ノ厚サ(吋ニテ)

C ハ定數ニシテ左ノ如シ

	鍊鐵	鋼
各支梁ヲ支釘一本ニテ取付ルトキハ	六〇〇〇	六六〇〇
各支梁ヲ支釘二本又ハ三本ニテ取付ルトキハ	同 九〇〇〇	同 九九〇〇
各支梁ヲ支梁四本又ハ五本ニテ取付ルトキハ	同 一〇〇〇〇	同 一一〇〇〇

第百六十條　平板上ノ汽壓ヲ求ムルニハ左ノ式ニ依ルヘシ

$$\text{最大汽壓(毎平方吋磅ニテ)}=\frac{C\times T^2}{P^2}$$

式中

T ハ板ノ厚サ（吋ノ十六分ノ一ニテ）

P ハ支柱ノ最大心距（吋ニテ）

C ハ

（一）螺旋支柱ニテ兩端ヲ鋲釘狀ニシタルトキ	板ノ厚サ吋ノ十六分ノ七以下ナルトキ	九〇
	板ノ厚サ吋ノ十六分ノ七以下ナルトキ	一〇〇
（二）螺旋支柱ノ兩端ヲ母螺ニテ締ムルトキ	板ノ厚サ吋ノ十六分ノ七以下ナルトキ	一一〇
	板ノ厚サ吋ノ十六分ノ七以上ナルトキ	一二〇
（三）鑵板ノ內外ヨリ母螺ヲ以テ支柱ノ兩端ヲ締ムルトキハ板ノ厚薄ニ關セス		一四〇
（四）第三項ノ取付ニシテ坐金ヲ鋲釘ニテ取付其坐金ノ徑ハ支柱心距ノ五分ノ二厚サハ鑵板ノ二分ノ一ヨリ少ナカラサル𪜈		一六〇

汽鑵燃燒ヲ受クル鐵板ニテ汽部ナレハ右ノ定數ヨリ二割ヲ減ス然レトモ別ニ鐵板ヲ副ヘ火ノ直觸ヲ妨クモノハ減ズルニ及ハス

T或ハL狀ノ鐵ヲ用ヒテ鐵板ヲ强ムルトキハ檢査官吏ノ見込ヲ以テ適宜本條ノ式ニテ算定シタル汽壓ヨリ增加スルコトヲ得

前項ノ定數Cハ新鑵又ハ舊鑵ノ多年ヲ經過セサルモノニ適用ス若シ支柱ノ端若クハ母螺等ニ少損アルモ用ニ堪フルモノハ檢査官吏ノ見込ヲ以テ適宜減少ヲ爲スコトヲ得

鑵板鋼ニシテ支柱ヲ固着スルニ母螺ヲ用ヒサルモノハ右ノ定數ニ二割半ヲ加ヘ母螺ヲ用ヒサルモノハ一割ヲ加フヘシ

第百六十一條　筩形汽罐胴板ノ强サハ罐長ニ竝行ノ接合（ロンジチユジナル、ショイント）ノ强サヨリ算シ左ノ式ニ依リ求ムヘシ

鍊鐵汽罐胴板ノ强サ

最大汽壓（每平方吋磅ニテ）$= \frac{C \times T \times B}{D}$

式中

C ハ定數ナリ左表ニ揭ク

T ハ罐板ノ厚サ（吋ニテ）

D ハ罐胴ノ平均直徑（吋ニテ）

B ハ左ノ（一）（二）（三）式ノ內其少ナルモノヲ取リテ用フヘシ

接合ニ於テ板ノ强サ割合

（一）　$B_1 = \frac{P - d}{P} \times 100$

接合ニ於テ鉸釘ノ强サ割合

（二）　$B_2 = \frac{n \times a}{P \times T} \times F$

鉸釘ノ數外列ニ於テ半數ナルトキハ鉸釘及板續連ノ强サ割合

（三）　$B_3 = \frac{100(P - 2d)}{P} + \frac{B_2}{n}$

P ハ鉸釘ノ心距（吋ニテ）

d ハ鉸釘ノ徑（吋ニテ）

a ハ鉸釘ノ切斷面積（平方吋ニテ）

nハ最大心距ニ於ケル鋲釘ノ數

Fハ
- 鐵釘ニシテ打貫孔ナルトキ　一〇〇
- 鐵釘ニシテ錐孔ナルトキ　九〇

鍊鐵製汽鑵定數表

接合ノ種類	鑵板厚二分一吋及其以下	鑵板厚二分一吋以上四分三吋以下	鑵板厚四分ノ三吋以上
累頭接合ニシテ打貫孔ナルトキ	一五五	一六五	一七〇
累頭接合ニシテ錐孔ナルトキ	一七〇	一八〇	一九〇
兩覆板衝頭接合ニシテ打貫孔ナルトキ	一七〇	一八〇	一九〇
兩覆板衝頭接合ニシテ錐孔ナルトキ	一八〇	一九〇	二〇〇

鋲釘兩剪刀ヲ受クルトキハ右式ノaニ一、七五ヲ乘スヘシ

鋼製汽鑵胴板ノ强サ

最大汽壓(毎平方吋磅ニテ)$=\frac{C\times(T-2)\times B}{D}$

式中

Dハ鑵胴平均ノ直徑(吋ニテ)

Tハ板ノ厚サ(吋ノ十六分ノ一ニテ)

Cハ
- 縱接合ニ於テ同幅ノ兩覆板ヲ備フルトキ　二〇、
- 縱接合ニ於テ不同幅ノ兩覆板ヲ備フルトキ　一九、二五
- 縱接合ニ於テ累頭接合ナルトキ　一八、五

Bハ左ノ一二三式ノ內其少ナルモノヲ用フヘシ

接合ニ於テ板ノ强サ割合

(一)　$B_1=\frac{P-d}{P}\times 100$

接合ニ於テ鋲釘ノ强サ割合

(二)　$B_2=\frac{n\times a}{P\times t}\times F$

鋲釘ノ數外列ニ於テ半數ナルトキ鋲釘及板連續ノ强サ割合

(三)　$B_3=\frac{100(P-2d)}{P}+\frac{B_2}{n}$

Pハ鋲釘ノ心距(吋ニテ)

tハ板ノ厚サ(吋ニテ)

dハ鋲釘ノ徑(吋ニテ)

nハ最大心距ニ於ケル鋲釘ノ數

aハ鋲釘ノ切斷面積(平方吋ニテ)

Fハ
- 鋼鋲釘ヲ用ヒタルトキ　八五
- 錬鐵鋲釘ヲ用ヒタルトキ　七〇

鋲釘兩剪刀ヲ受クルトキハ右式ノaニ一、七五ヲ乘スヘシ

鋼板ニ於テハ打貫孔ヲ許サス

第百六十二條　直接火焰ニ觸ルヽ加熱器ノ胴板ノ如キニ於テハ右定數Cノ三分ノ二タルヘシ胴板ニ諸孔ヲ穿ツ爲メ定數ノ幾分ヲ減スヘシ

第百六十三條　覆板ハ必ス鑵板ト同質若クハ優等ノ板ヲ用ヒ又其厚サハ單覆板ノ厚サヨリ約八分一厚キモノ兩覆板ナレハ其厚サハ鑵板ノ約八分五以上ナラシムヘシ

覆板ハ必ス鐵板ノ線緯ヲ横ニ切放シタルモノヲ使用セシムヘシ

鋲釘ノ直徑ハ鑵板ノ厚サヨリ少カルヘカラス又鑵板薄キカ累頭接合ナルカ或ハ單覆板ヲ以テ接合セラルヽ塲合ニ於テハ鋲釘ノ徑ヲ一層大ナラシムヘシ

第百六十四條　人孔其他ノ孔ハ鑵板ノ厚サヨリ少ナカラサル縁環ヲ用ヒ又鑵胴ニアル楕圓形ノ孔ハ常ニ短徑ヲ鑵ノ長ニ竝行ナサシムヘシ

汽兜ノ下ニ在ル胴板ハ支柱或ハ其他ノ方法ヲ以テ强固ナラシムヘシ

第百六十五條　圓形錬鐵板火爐ノ强サハ左ノ式ニ依ルヘシ

$$最大汽壓（毎平方吋磅ニテ）= \frac{C \times T^2}{(L+1)D}$$

式中

Tハ板ノ厚サ（吋ニテ）

Dハ爐ノ外徑（吋ニテ）

Lハ爐ノ長（呎ニテ）但鐵環ヲ嵌メタル爐ナレハ其環間ノ距離

Cハ
- 爐長ト竝行ノ接合鍛合シタルカ或ハ覆板ヲ用ヒタルトキ　九〇〇〇〇
- 累頭接合ナルトキハ　七〇〇〇〇
- 累頭接合ナルモ正圓形ナルトキハ　八〇〇〇〇

右ノ式ニヨリ算定シタル汽壓後式ヨリ得タルモノニ超過スルトキハ後式ノ算定ヲ用フル

モノトス

最大汽壓（每平方吋磅ニテ）$= \dfrac{8000 \times T}{D}$

本條ノ算法ハ新製ニシテ材料良質且ツ精工ノモノニ適用ス故ニ舊爐又ハ製作粗惡若クハ材料弱質ノモノハ檢査官吏ノ見込ニヨリ適宜ノ定數ヲ減少スヘシ若シ火爐鋼板ナルトキハ前記兩式ノ定數ニ一割ヲ加フルモノトス

第百六十六條　皺形火爐ノ汽壓ヲ定ムルニハ其火爐眞圓形竝ニ機械製ニシテ兩端ニ於ケル平坦ノ長サ六吋ヨリ多カラス且板ノ厚サ十六分ノ五吋ヨリ少ナカラサルトキハ左ノ算式ニヨリ得タルモノヨリ超過スヘカラス

（一）最大汽壓（每平方吋磅ニテ）$= \dfrac{9000 \times T}{D}$（錬鐵板ノ場合）

（二）〃　〃　$= \dfrac{12500 \times T}{D}$（鋼板ノ場合）

式中

T ハ板ノ厚サ（吋ニテ）

D ハ平均直徑（吋ニテ）

第百六十七條　管板ノ壓縮力ヲ算定スル式左ノ如シ

（一）最大汽壓（每平方吋磅ニテ）$= \dfrac{(D-d)T \times 15000}{W \times D}$（錬鐵板ノ場合）

（二）〃　〃　$= \dfrac{(D-d)T \times 20000}{W \times D}$（鋼板ノ場合）

式中

D ハ最少水平距離（烟管中心ヨリ中心迄吋ニテ）

d ハ烟管ノ內徑

T ハ管板ノ厚サ(吋ニテ)

W ハ燃燒室ノ最大ノ幅(管板ノ前部ヨリ燃燒室ノ後部迄或ハ兩焚口汽鑵ニ於テハ管板ヨリ管板迄ノ距離)

第百六十八條　精製シタル錬鐵管ニシテ重鍜合ナルモノハ左ノ式ニ依リ其壓力ヲ算定スヘシ

$$最大汽壓(每平方吋磅ニテ)=\frac{6000\times T}{D}$$

式中

D ハ內徑(吋ニテ)

T ハ厚サ(吋ニテ)

第百六十九條　精製シタル銅管ニシテ蠟付接合ナルモノハ式ニ依リ其壓力ヲ算定スヘシ

$$最大汽壓(每平方吋磅ニテ)=\frac{6000(T-\frac{1}{16})}{D}$$

式中

D ハ內徑(吋ニテ)

T ハ厚サ(吋ニテ)

若シ無接合ニシテ徑八吋以下ノ銅管ナルハ前式中ノ$\frac{1}{16}$ニ換ユルニ$\frac{1}{32}$ヲ以テスヘシ

第百七十條　總テ滊船ハ每鑵少ナクトモ二箇ノ安全瓣ヲ備ヘシメ左表ニ從テ製造シタルモノハ一箇ヲ封鎖スヘシ若シ一箇ノ瓣ノ面積左表ノ割合ヨリ少ナルトキハ一箇以上ヲ封鎖スヘシ副汽鑵及本船附屬汽艇ノ汽鑵ニシテ火床面積十四平方呎ヲ超過セサルモノハ安全

瓣一箇ヲ備フルヲ以テ足レリトス

蒸汽壓力	爐格一平方呎ニ付安全瓣ノ面積	蒸汽壓力	爐格一平方呎ニ付安全瓣ノ面積	蒸汽壓力	爐格一平方呎ニ付安全瓣ノ面積
吋度	平方吋	封度	平方吋	封度	平方吋
15	1.250	80	.394	145	.234
16	1.209	81	.390	146	.232
17	1.171	82	.386	147	.231
18	1.136	83	.382	148	.230
19	1.102	84	.378	149	.228
20	1.071	85	.375	150	.227
21	1.041	86	.371	151	.225
22	1.013	87	.367	152	.224
23	986	88	.364	153	.223
24	961	89	.360	154	.221
25	.937	90	.357	155	.220
26	.914	91	.353	156	.219
27	.892	92	.350	157	.218
28	.872	93	.347	158	.216
29	.852	94	.344	159	.215
30	.833	95	.340	160	.214
31	.815	96	.337	161	.213
32	.797	97	.334	162	.211
33	.781	98	.331	163	.210
34	.765	99	.328	164	.209
35	.750	100	.326	165	.208
36	.735	101	.323	166	.207
37	.721	102	.320	167	.206
38	.707	103	.317	168	.204
39	.694	104	.315	169	.203
40	.681	105	.312	170	.202
41	.669	106	.309	171	.201
42	.657	107	.307	172	.200
42	.646	108	.304	173	.199
44	.635	109	.302	174	.198
45	.625	110	.300	175	.197
46	.614	111	.297	176	.196
47	.604	112	.295	177	.195
48	.595	113	.292	178	.194
49	.585	114	.290	179	.193
50	.576	115	.288	180	.192
51	.568	116	.286	181	.191
52	.559	117	.284	182	.190
53	.551	118	.281	183	.189
64	.543	119	.279	184	.188
55	.535	120	.277	185	.187
56	.528	121	.275	186	.186
57	.520	122	.273	187	.185
58	.513	123	.271	158	.134
59	.506	124	.269	189	.183
60	.500	125	.267	190	.182
61	.493	126	.265	191	.181
62	.487	127	.264	192	.181
63	.480	128	.262	193	.180
64	.474	129	.260	194	.179
65	.468	130	.258	195	.178
66	.462	131	.256	196	.177
67	.457	132	.255	197	.176
68	.451	133	.253	198	.176
69	.446	134	.251	199	.175
70	.441	135	.250	200	.174
71	.436	136	.248		
72	.431	137	.246		
73	.426	138	.245		
74	.421	139	.243		
75	.416	140	.241		
76	.412	141	.240		
77	.407	142	.238		
78	.403	143	.237		
79	.398	144	.235		

第百七十一條 發條安全瓣最大汽壓ノ限度ハ汽力ヲ以テ之ヲ定ムヘシ而シテ給水瓣塞汽瓣

ヲ閉チ少ナクトモ二十分間充分ニ燻火シ安全瓣ヨリ蒸汽排出スルニ至リ尚汽壓ノ昇騰既定ノ最大汽壓ノ十分ノ一ヲ超過スルトキハ發條ヲ改造セシムヘシ

第百七十二條　安全瓣鋼製發條ノ大サハ左ノ式ニヨリ求ムルモノトス

$$d=\sqrt[3]{\frac{S\times D}{C}}$$

式中

Sハ瓣上ノ總汽壓（磅ニテ）

Dハ發條螺線ノ直徑　但線ノ中心ヨリ中心迄（吋ニテ）

dハ角線ナレハ方、圓線ナレハ徑（吋ニテ）

Cハ圓線ナレハ八〇〇〇 角線ナレハ一一〇〇〇

第百七十三條　安全瓣ハ封鎖シタルモノト或ハ封鎖セサルモノトヲ問ハス瓣ヲ一時ニ開放シ得ル揚瓣器ヲ備ヘ汽機室又ハ汽鑵前ヨリ扱ヒ得可キ装置ヲナサシムヘシ安全瓣ハ瓣徑ヨリ少カラサル直徑ノ廢汽管ヲ備ヘシメ昇降距離ハ少ナクトモ瓣徑ノ四分ノ一以上タラシムヘシ

瓣箱ノ最寄ノ部分ニ排水管ヲ備ヘシムヘシ

第百七十四條　汽機ノ曲拐軸螺旋軸又中間軸ノ徑ハ左ノ算式ニ依ルヘシ

（一）聯成汽機　九十度ノ角度ニテ二曲拐ヲ有スルトキ

曲拐軸ノ徑（吋ニテ）$=(.04A+.006D+.02S)\times\sqrt[3]{P}$

（二）三聯成汽機　百二十度ノ角度ニテ三曲拐ヲ有スルトキ

曲拐軸ノ徑(吋ニテ)＝$(.038A+.009B+.002D+.016S)\times\sqrt[3]{P}$

(三)三聯成汽機　九十度ノ角度ニテ三曲拐ヲ有スルトキ

曲拐軸ノ徑(吋ニテ)＝$(.034A+.011B+.004C+.0014D+.016S)\times\sqrt[3]{P}$

(四)四聯成汽機　三曲拐ヲ有スルトキ

曲拐軸ノ徑(吋ニテ)＝$(.028A+.014B+.006C+.0017D+.015S)\times\sqrt[3]{P}$

(五)四聯成汽機　四曲拐ヲ有スルトキ

曲拐軸ノ徑(吋ニテ)＝$(.033A+.01B+.004C+.0013D+.0155S)\times\sqrt[3]{P}$

式中

Aハ高壓汽筩ノ徑(吋ニテ)

Bハ第一中壓汽筩ノ徑(吋ニテ)

Cハ第二中壓汽筩ノ徑(吋ニテ)

Dハ低壓汽筩ノ徑(吋ニテ)

Sハ行程ノ長サ(吋ニテ)

Pハ汽罐ノ壓力(大氣壓以上)平方吋磅ニテ

螺旋軸ト同徑タルヘシ

中間軸ハ少クトモ曲拐軸徑ノ二十分ノ十九タルヘシ

右算式ハ聯成汽機ニ於テハ高壓竝ニ低壓汽筩ノ面積比較四、五ト一ヲ過サルモノ三聯成汽機ニ於テハ兩汽筩ノ面積比較九ト一ヲ過サルモノ四聯成汽機ニ於テハ十二ト一ヲ過キサルモノ又汽機ノ種類ヲ問ハス行程ハ低壓汽筩ノ徑ノ二分ノ一ヨリ少ナカラス其徑ヨリ大ナラサルモノニ適用ス若シ以上ノ比例外ナルトキハ應分ノ處分ヲ施サシムヘシ

第一號書式　檢査假證書交附ノ場合ニ於テ追書ヲ記載ス

船舶檢査報告

船　　丸例規ニヨリ第　　回檢査執行候處別紙件名書之通有之候條檢査證書御下附相成度此段及報告候也

年　月　日　　　　官　氏　名

遞信大臣
地方長官　宛　　　　官　氏　名

追而本船願出ニヨリ明治　年　月　日ヨリ明治　年　月　日迄之檢査假證書交附致置候

第二號書式

（木船）

船　　丸船體部件名書

檢査官

登簿船免状番號		信號符字		船主	
檢査地		總噸數			
入渠或ハ碇泊		登簿噸數			
航路定限		尺	長		
			幅		

證書有效期限	定繫場	製造年月	製造場所	製造人	客定員 中等	客定員 下等	旅客室積量 上等	旅客室積量 中等	旅客室積量 下等	石炭庫容積	壓艙物噸數及配置	船體等級 舊等	船體等級 現等	本船原名
從明治年月日 至明治年月日 箇月														

深度	船體材料	甲板層數及種類	綱具裝置	旅客定員 上等	種類番號及氏名 一等運轉手	種類番號及氏名 二等運轉手	飲水函 材料	飲水函 水量	船底包板張替年月	入渠年月	修繕年月	喫水 載貨	喫水 空艙	平均速力
												船首 船尾	船首 船尾	

免狀													
船長													
乘組人員													

船體內部	名稱	內龍骨	兩側內龍骨	彎曲材	肋骨 下部	肋骨 上部	甲板 上	甲板 正	梁 上甲板	梁 正甲板	梁 艙內	梁受 上甲板	梁受 正甲板
	材料												
	厚												
	幅												
	固著方												
	現狀												

名稱	材料	厚	幅	固著方	現狀
艙內材					
梁受材　上甲板					
梁受材　正甲板					
梁受材　艙內					
梁曲材　上甲板					
梁曲材　正甲板					
梁曲材　艙內					
梁柱					
內張板					
艙口　上甲板					
艙口　正甲板					
天窗					
船首肘材					
船尾肘材					
隔壁					
石炭庫					
庫軸隧道					
船體外部					
龍骨					
船首材					
船尾材					
同舵用					
舵眞材					
舵蝶鉸					
龍骨兩翼外板					
舷側厚板					
外板					
船底包板					
載貨門					

舷窗	舷墻	檣帆類 名稱 / 材料 / 現狀	檣 下檣	檣 上檣	斜檣	帆 横帆用	架 縦帆用	帆 常用	錨鎖徑及長 右舷	錨鎖徑及長 左舷	錨鎖徑及長 中錨	大錨索	大索 第一

帆豫備	綱具	錨及錨鎖類	重量 右舷大錨	重量 左舷大錨	重量 豫備大錨	重量 中錨	重量 小錨	槳	同豫備	槳架	同豫備	檣

周及長 第二	周及長 第三	端艇	名稱	長	幅	深	容積	艙口 覆布	艙口 樴等	操舵機	豫備操舵索	消防喞筒	消防布管	同手桶
			右舷救命艇											
			左舷救命艇											
			右舷カッター											
			左舷カッター											
			ギッグ											
			ジョリー											

帆	羅針盤	水函	附屬具 名稱 / 數 / 現狀	錨卷轆轤	汚水喞筒	芥除	羅針盤 船橋	羅針盤 船尾	羅針盤 豫備	燈 檣燈	燈 同豫備	燈 舷燈	燈 同豫備

（鐵船）

船　　丸船體部件名書　檢査官

檢査地		總噸數	
入渠或ハ碇泊		登簿噸數	
登簿船免狀番號		航路定限	
信號符字			
船主		尺度	長
			幅
			深
證書有效期限	從明治　年　月　日 至明治　年　月　日 箇月		
定繫場		船體材料	
製造年月		甲板層數及種類	
製造場所		綱具裝置	
製造人		旅上等	

時辰儀		器 碇泊燈	
六分儀		器 同豫備	
晴雨計		救命浮子	
寒暖計		斧	
羅針盤 原基		時鐘	
羅針盤 船首		雙眼鏡	
時計		赤燈	
海圖		黑球	
客用救命帶		霧中信號器	
測程具		火箭	
砂漏計		焔管	
手用測深鉛		轟彈	
深海測深鉛		信號砲	
信號旗及書		同火藥	
記事			

客定員		旅客室積量			壓艙物噸數	及配置	船體等級		本船原名	免状
中等	下等	上等	中等	下等			舊等	現等		船長

種類番號及氏名		飲水函		石炭庫容積	入渠年月	修繕年月	喫水		平均速力	乘組人員
一等運轉手	二等運轉手	材料	水量				載貨	空艙		
							船首 船尾	船首 船尾		

船體內部	名稱	內龍骨	兩側內龍骨
	材料		
	厚		
	幅		
	固著方		
	現狀		

彎曲內龍骨	艙內縱通强材	肋骨			大肋骨	肋骨及大肋骨ノ距離	二重底				頂板	船底セメント		
		肋材	副肋材	肋板			肋材及肘材	中央桁板	兩側桁板	緣板		艙內	機關室	首尾兩端

	梁				帶板				甲板			甲板兩側		
上甲板	正甲板	下甲板	艙内	船首室船尾室及船橋室甲板	上甲板	正甲板	下甲板	船首室船尾室及船橋室甲板	上	正	下	上甲板	正甲板	下甲板

强板		隔壁及遮水辦						艙口			天窗	内張板		梁柱
艙内	船首室船尾室及船橋室甲板	第一	第二	第三	第四	第五	第六	上甲板	正甲板	下甲板		甲板間	艙内	

名稱	船首肘材	船尾肘材	石炭庫	車軸隧道

船體外部

名稱	龍骨	船首材	船尾材	同舵用	舵眞材	舵蝶鉸	龍骨兩外翼板	舷側厚板	外板
材料									
厚幅									
固著方									
現狀									

名稱	彎曲龍骨	載貨門	舷窗	舷檣

檣帆類

名稱	檣 下檣	檣 上檣	斜檣	帆架 橫帆用	帆架 縱帆用	帆 常用	帆 豫備	綱具	錨及錨鎖類
材料									
現狀									

重量 左舷大錨	重量 豫備大錨	重量 中錨	重量 小錨	錨鎖徑及長 右舷	錨鎖徑及長 左舷	錨鎖徑及長 中錨	周及長 大錨索	周及長 綱線索	大索周及 第一	大索周及 第二

重大錨右舷	長第三
第四	羅針盤
端艇	水函

端艇

名稱	長	幅	深	容積	槳	同豫備	槳架	同豫備	檣	帆	同手桶
右舷救命艇											
左舷救命艇											
右舷カッター											
左舷カッター											
ギッグ											
ジョリー											

附屬具

名稱	數	現狀
錨卷轆轤		
汚水喞筒		
芥除		
艙口覆布		
艙口櫪等		
操舵機		
豫備操舵索		
消防喞筒		
同布管		
燈檣燈		

羅針盤

原基		
船首		
船橋		
船尾		
豫備		
時辰機		
六分儀		
晴雨計		
寒暖計		
時鐘		
雙眼鏡		
時計		
深海測深鉛		
信號旗及書		
赤燈		

品

同豫備		
舷燈		
同豫備		
碇泊燈		
同豫備		
海圖		
斧		
救命浮子		
客用救命帶		
測程具		
砂漏計		
手用測深鉛		
火箭		
焰管		
轟彈		

黒球	信號砲	霧中信號器	同火藥	記事			

汽船　丸機關部件名書　檢査官

入渠	碇泊	證書有效期限	汽機種類	製造年月	製造場所	製造人	機關長 免状種類及番號	貳等機關手
		自明治　年　月　日 至明治　年　月　日　箇月						

筩徑及數 第二中壓	低壓	行長	現狀	馬力 實	公稱	平均回轉數	滑瓣 種類	現狀

汽 高壓	第一中壓	汽點 第二中壓	低壓	排汽喞筒 種類	徑	行長	數	現狀	循環喞筒 種類	徑	行長	數	現狀	冷汽 種類

絶 高壓	第一中壓	器 現狀	汚水喞筒 數	徑	行長	引水箇所	給水喞筒 數	徑	行長	副喞筒 徑	行長	引水箇所	曲 材料	角度

拐			螺旋軸			螺旋					記事			汽罐之部
曲拐軸徑	栓徑	現狀	材料	徑	現狀	材料	徑	螺巨	葉數	現狀				

外車種類徑	手用喞筒	驗汽器數	驗空器數	蒸汽管		給水管		汚水管		芥除
				材料	現狀	材料	現狀	材料	現狀	

汽罐種類	製造年月	製造場所	製造人	罐胴						安全瓣封鎖汽壓	水壓力	燃		
				材料	長、徑、厚	縱接合種類	同鋲釘、徑、心距、材料	周圍接合種類	同鋲釘、徑、心距、材料			材料	兩邊板厚	同支柱、徑、心距

壓試驗	汽罐鏡板			罐爐					管板			熱器		安
年月日	材料、厚	支柱徑、心距	同材料	數	材料	種類	長、徑、厚	縱接合種類	材料、厚	支柱、徑、心距	管支柱徑、厚、心距	徑、厚	接合種類	種類

項目	細目	記入	項目	記入
燒室	頂板厚、形		全辦 各罐、辦數	
燒室	同支柱、徑、心距		全辦 各辦面積	
燒室	背板厚		各罐火床面積	
燒室	同支柱、徑、心距		各罐硝子驗水計數	
燒室	同材料		驗水嘴子數	
烟管徑、數			驗汽器數	
滊兜	種類		塞汽辦數	
滊兜	徑、厚		附屬品	
滊兜	接合種類		石炭消費高	
加	種類		石炭庫貯蓄高	
記事				
副汽罐				
種類			火床面積	

項目	細目	記入	項目	記入
製造年月			安全辦 種類、數	
製造場所			安全辦 各辦面積	
罐板材料			最大汽壓	
罐胴	長、徑、厚		附屬品	
罐爐	長、徑、厚			
記事				
豫備及附屬品				
接續鋲黄銅			軸鍔螺釘、母螺	
排氣喞筒辦	護謨製		吸鍔彈環	
排氣喞筒辦	金屬製		驗鹽器	
循環喞筒辦	護謨製		烟管	
循環喞筒辦	金屬製		塞暖計	
給水喞筒	護謨製		螺釘母螺大小取雜	

金屬製辦及座	冷汽管	鐵棒
汚水喞筒及瓣座　護謨製	冷汽管填箍	螺旋切道具
汚水喞筒及瓣座　金屬製	逃出瓣發條	鐵砧
主軸受螺釘、母螺	驗水器硝子	萬力
接續鋲螺釘、母螺	火床架	「ラッチエットブレース」錐
吸鍔鋲螺釘、母螺	管塞器	
鐵板	銅槌	

滑車、綱	各種鑢
管擴器	安全瓣發條
機關手道具	

第三號書式

船　丸第　回検査船體部件名書
検査官

番號		検査地	
船名		定繫場	
船主		登簿噸數	
		證書有效期限	從明治年月日 至明治年月日 箇月
航路定限		旅客定　上等室	
		旅客定　中等室	

端艇ノ數		員　下等室	
屬具		船長	
記事			

汽船　丸第　回検査機關部件名書
検査官

汽機種類		汽罐種類	

馬力		最大汽壓	記事
實	公稱	機關長	

第四號書式

船舶臨時檢査報告

船　　丸第　　回檢査期限中之處今般　　　ニ付臨檢候處別紙件名書之通有
之候條（檢査證書御下附相成度）此段及報告候也

年　月　日　　　　官　氏　名

遞信大臣
地方長官　宛　　　官　氏　名

○西洋形船舶檢査報告及檢査手數料ノ件（明治廿七年五月二日遞信省訓令第四號）

北海道廳府縣

明治二十六年十月遞信省令第十八號西洋形船舶檢査細則第三條及第十五條ニ據リ執行シタル船舶檢査ノ報告書ハ毎三箇月分取纒メ其謄本ヲ翌月十日迄ニ當省ヘ送付シ同第三十一條ノ手數料ハ明治二十五年三月遞信省令第五號及明治二十六年十一月遞信省令第二十一號ニ據リ登記印紙ヲ以テ納付セシメ毎會計年度ニ於ケル收入額ヲ調査シ翌年度四月二十日迄ニ左ノ樣式ニ據リ當省ヘ報告スヘシ

樣式

明治何年度船舶檢査證書手數料收入報告

一船舶檢査證書手數料金何程

內譯

種別	證書交付數	貼用登記印紙額面金額
新授		
再授		
書換		
計		

一別種旅客室檢査證書手數料金何程

內譯

種別	證書交付數	貼用登記印紙額面金額
新授		
再授		
計		

合計金何程

右報告ス

明治　年　月　日　　官　氏　名

遞信大臣宛

備考　樣式中新授トハ檢査ヲ執行シテ交付シタルモノ再授トハ亡失若クハ毀損ノ爲メ再渡ノ願出ニ依リ交付シタルモノ書換トハ船名船主及主繫場其他證書面記載ノ事項ニ變更ヲ生シ書換ノ願出ニ依リ交付シタルモノヲ云フ

第五章　港則及檢疫

○大坂開港規則明治二年巳巳四月八日西曆千八百六十九年五月十五日

第一則

用辨便利ノ爲居留地近邊ニ在ル運上所ノ外ニ安治川波除山近邊ニ出張運上所可取建事

第二則

商船入出港手數ハ本運上所ニ限リ候事

第三則

臨時風波ニヨリ陸ト碇泊船トノ往來難出來自然日曜日休業日ヲ除キ四十八時間ニ入港手數相整ヒ難キ儀モ可有之乍併無據事件ニ妨碍セラレ候儀分明ナラサレハ屹度取極時限中ニ手數可致候

外國商船入港致候ハヽ入碇次第運上所役人速ニ商船一艘每ニ差遣ハシ其船長ヘ開港規則書寫ヲ可相渡事

風波ニヨリ取極刻限中入港手數不相整節ハ其船長ヨリ港內入船ノ月日時刻書記シ又運上所役人船ニ上ル時刻モ書記シ右ノ書附役人ヘ可相渡事

第四則
大坂港ノ經界ハ追テ可取極其節ハ日本役人ト各國コンシユルト立會ノ上標木可取建事
但標木取建方ハ日本政府ニ於テ可取計事
第五則
當港經界中ニ於テ船脚取捨ル事ニ付テハ規則相守候様各國コンシユルニ於テ嚴重可取扱事
第六則
諸荷物陸揚船積ノ儀ハ其爲メ取建タル二箇所ニ限ルヘシ若相背ニ於テハ其荷物條約面ニ基キ可取揚事
第七則
右陸揚場ノ外居留地內ニ上リ場二箇所可取建事
但此二箇所ヨリ商物陸揚船積スヘカラス
第八則
或ハ蒸汽船或ハ帆前船試ノ爲メ運轉又ハ遊行其外運轉ノ爲港外ヘ出候節ハ其船長ヨリ其國コンシユルヘ可相屆左候得ハコンシユルヨリ運上所ヘ可致通信事
但本船番士ハ卸スヘカラス
第九則
日本祝日祭禮日休業日ハ荷物ノ陸揚船積ヲ不許候事
但前以免狀申受有之歟又ハ改相濟有之候分運上所ヘ相屆候上可差免候飛脚船ノ如キハ祝

日祭禮日等ノ間ハ休業日ト雖モ陸揚船積共願書ニコンシユル館ノ印鑑又ハコシシユルノ裏書等有之候ハヽ可免之

第十則

西暦五月ヨリ十月迄ノ間ハ朝九字ヨリ夕五字迄十一月ヨリ四月迄ハ朝十字ヨリ夕四字迄ノ内入出港手數其外要用可取扱事

但右刻限ノ外タリ共非常ノ用向ハ各國コンシユルノ願書有之節ハ可取扱事

第十一則

收税スヘキ荷物日本開港地ヘ若商人積送候節左ニ書載タル期限ノ内積送先ノ運上所ヨリ陸揚荷物書附不差出節ハ其當然ノ税ヲ可相納段證書可差出又海外ヘ輸出禁制品物日本開港地ヘ積送候節期限ノ内陸揚ノ書附不差出節ハ其品ノ價金可相納段證書可差出事

但長崎並ニ横濱港ハ四箇月箱舘新潟ハ六箇月若期限中證書持參不致節ハ其港ヘ掛合著船致シ候節ハ證書ノ金高取立可申著船不致候ヘハ六箇月ノ間相待彌破船ニ相極リ確證有之時ハ其證書相廢シ候事

第十二則

改濟ノ荷物陸揚場ニ四十八字ヲ過シ差置或ハ第十則ニ定メシ刻限中ニ改ノ願書不差出候ヘハ右荷物ハ借庫ヘ相納其庫敷ハ荷主又ハ引受人ヨリ可差出尤右改方相等閑置候儀ハ不可有之事

第十三則

合藥其他烈性爆發ノ品ハ其爲設シ庫内ニ相預可申右庫敷料ハ追テ取極ムヘシ

第十四則
輸出入荷物免狀ハ專ラ本運上所ニ於テ可相受併シ輸入ノ免狀ハ其荷主ノ願ニヨリ安治川出張運上所ニ於テモ可相受事

第十五則
積荷有之或ハ船客乘組ノ船々神戸ヘ往復ノ時々安治川運上所出張役所ニ船ヲ寄セ可相屆右樣荷船入津ノ節ハ出張役所ニ於テ十五分時間ヲ限リ士官乘込陸揚塲迄同船スヘシ荷船出候節ハ其出船ノ陸揚塲ヨリ士官乘込出張役所迄同船シ右士官ヨリ不正ノ船ニテ無之段相屆荷物改濟ノ上ハ早速出船可致若改不相濟荷物ハ遲刻無之樣可相改若荷船出張役所ニ不立寄乘拔候節ハ取押拔荷同樣取扱事

第十六則
川蒸汽船通行ノ節ハ安治川運上所出張所ニ於テ乘組用意無之時ハ直ニ通船可致事
川蒸汽船ハ定式ノ波戸塲ヲ除キ其外ノ塲所ヘハ其時々別段ノ願無之テハ碇泊不相成事
安治川沖洲ヨリ出張運上所前一丈四尺ヨリ一丈ノ深ニ浚方出來候迄木津川安治川共通船不苦併シ右浚方出來候儀日本司人ヨリ各國コンシユルヘ通達有之其旨人民ヘ相觸候上ハ通船安治川ニ限ルヘシ
木津川一番ノ番所ヨリ本運上所前迄荷船ヘ役人上乘スヘシ
外川々ヨリ輸入セシ荷物ハ番所ニテ差留其船ハ安治川ヘ廻ス事ヲ命スヘシ
烈風ノ節荷物尻無川一番ノ番所邊迄風波ヲ避ル爲ニ相廻ス事ヲ免許スヘシ尤モ風波靜リ候

上ハ安治川或ハ木津川ヘ相廻スヘシ

第十七則

右ノ規則ハ西暦千八百六十九年第五月十九日左ノ人數會盟シテ條約スル所也併シ若可改箇條アラハ千八百七十年第一月一日ニ至リ一般或ハ二三箇條ノ規則タリ共會議ノ上可相改者也

日本大坂府判事兼外國官判事　五代才助　花押

英國コンシユル　アベル、ヱー、ゼ、ゴウル　手記

米國コンシユル代　ドブルユー、ロビネツト　手記

蘭國副コンシユル　ビー、ヒストリユス　手記

孛國コンシユル代　イウルス　手記

○箱館港規則慶應三年丁卯九月十八日西暦千八百六十七年十月十五日

第一

是迄取行ハレタル箱館港ノ諸規則ハ此規則書ヲ公告スル其日ヨリ廢止スヘシ

第二

箱館港碇泊場ノ經界ハ臺場ヨリ七重濱迄ノ直線トスヘシ

第三

入港ノ各商船ハ其旗章ヲ表シ船主ハ著船ノ後日曜日ヲ除キ四十八時ノ間ニ船中書類積荷目錄竝ニ乘合人ノ名前書ヲコンシユルヘ預ケコンシユルノ請取書ヲ運上所ヘ差出ス迄ハ右旗章ヲ揚置ヘシ

第四

港內ノ船ヨリ石又ハ荷足ノ物ヲ投出スヘカラス且碇泊場經界內ニ於テ日出ヨリ日沒迄ノ外荷物又ハ荷足ノ物ヲ積卸スヘカラス

第五

別段運上所ノ免許ナクシテ陸揚或ハ船移シタル荷物ハ條約中ノ規則ニ隨ヒ沒收シ且其船主ハ科料ヲ出スヘシ

第六

火藥其外發火スヘキ物ヲ多分積入タル商船ハ右品ヲ船卸スル迄ハ運上所役人差圖ノ場所ニ限リ碇泊スヘシ

第七

乘組ノ者共上陸致其行狀ノ事ニ付テハコンシユルノ決斷ニヨリ其船主承ルヘシ且又日出ヨリ日沒迄ノ外ハ水夫一人タリ共上陸ヲ許サス

第八

水夫共日沒ノ後陸上ニ在リ又ハ酩酊シ或ハ不法ノ體アル時ハ取押ヘ置其爲過料ヲ差出サシムヘシ當人若シ差出ス事能ハサル時ハコンシユルヨリ其船主ヲシテ辨ヘシムヘシ其外船主ノ方ニテ不行屆ノ事アラハ其爲ノ罰金ヲモ差出サシムヘシ

第九

商船ノ水夫免許ヲ受スシテ船ヲ立去タラハ其旨ヲ早速コンシユルノ役所ニ告知スヘシ

第十

商船ノ水夫又ハ其外ノ者共ハコンシユルヨリ別段ノ免許ヲ受ル歟又ハコンシユルヨリ望メル約束ヲ一一遵守スルニ非レハ一人タリ共殘シ置ヘカラス

第十一

商船ノ船主條約ヲ取結ヒタル外國臣民ニ無之外國人ヲ別段ノ免許ナク上陸致サセ間敷右臣民ヲ當港ニ連來ル船主ハ規則ヲ犯シタル過代ヲ拂ヒ其上右臣民ノ歸路ヲ取計フヘシ

第十二

商船出港ノ用意ヲナス時ハ船主ハ出帆ノ時限ヨリ廿四時前ニ出帆合圖ノ旗章ヲ揚ケ船中ノ書類ヲ請返ス以前出帆免狀ヲ輸出品目錄並ニ右船ニテ當港ヲ退去セントスル者（乘組人數ノ內ニ非ス）ノ名前書ト共ニ一同コンシユル役所ニ差出スヘシ

第十三

港內並ニ箱館市街ニ於テハ小銃ノ發放ヲ禁ス

第十四

箱館市街ニ於テハ馬上暴驅スルヲ許サス且水夫共ハ右市街中一切乘馬ヲ禁ス

第十五

右規則中ノ箇條ヲ違背スル者ハ各國コンシユルノ權ヲ以テ洋銀五百枚以下ノ罰金ヲ出サシムル歟又ハ三箇月以下ノ禁錮ニ處スヘシ

第十六

船主ハ前ニ記ス當港規則ノ外ニ日本ト外國トノ條約書ニ附屬シタル貿易規則ヲ嚴重ニ守ル

樣格別心ヲ用フヘシ諸過料ハ條約面ニ掲載シアル通リ日本政府ニ差出スヘシ
右ノ條々當港在留ノ各國領事ト議定スル者也

杉浦兵庫頭　手記
各國領事　手記

○横須賀海軍港規則　明治十九年九月七日 海軍省令第百五號

横須賀海軍港規則

第一條　横須賀海軍港ニ入港シ或ハ入港セントスル艦船及該港沿岸居住ノ人民ハ此規則ヲ遵守スヘシ

第二條　横須賀海軍港ハ左ノ圖面ノ如ク之ヲ三區ニ分チ其一線以内ヲ第一區トシ二線以内ヲ第二區トシ三線以内ヲ第三區トス

第三條　艦船港内第二區ニ進入スル片ハ航海部長ノ指示ニ從ヒ其碇泊場處ヲ定ムヘツ而シテ航海部長ノ許可ナク其場處ヲ變スヘカラス又碇泊セシ艦船ト雖モ港内ノ妨碍アリト認ムルトキハ退轉セシムルヿアルヘシ

第四條　艦船ハ左ニ記列スルモノヲ除クノ外航海部長ノ許可ナクシテ港内第一區ニ進入スヘカラス又許可ヲ得テ同區内ニ進入セシ艦船ノ進退ハ總テ航海部長ノ指示ニ從フヘシ但左ニ記列スルモノト雖𪜈碇泊又ハ着船ノ場處ハ總テ航海部長ノ指示ニ從フヘキモノトス

一　艦船附屬小汽船及ヒ端船

二 十五噸以下ノ海軍所屬船
三 鎭守府司令長官ノ許可ヲ得テ一定ノ場處ヨリ軍港內ヘ往復スル船
四 海軍ノ用品ヲ回漕スル雇船又ハ注文品ヲ積載スル商船及艀船

第五條 港內第一區第二區ニ碇泊スル艦船ハ航海部長ノ許可ナクシテ諸浮標ニ繫留スヘカラス

第六條 風波等ニテ端舟ノ往復シ能ハサルトキ避難ノ爲メ港內第二區ニ進入ノ艦船ハ航海部長ノ指示ヲ待タズ錨地ヲ取ルヿヲ得然レ𪜈第一區ニ進入スルヲ許サズ

第七條 火藥ダイナマイト等ノ如キ爆發物ヲ積載スル艦船ハ港內第一區ニ進入スルヲ許サス又火藥庫ヲ距ル百三十間(二百二十碼)以內ニ碇泊スルヲ許サス
但航海部長ニ於テ無害ト認定スルモノハ此限ニアラズ

第八條 小汽船ハ火藥庫ヲ距ル百三十間(二百六十碼)以內ニ接近スヘカラス又艀舟漁船ハ同距離以內ニ於テ火ヲ焚クヘカラス

第九條 傳染病者アル艦船ハ港內第二區ニ進入スルコトヲ禁ス
但海港檢疫ノ爲メニ碇泊スル艦船ハ此限ニアラス

第十條 港內第三區中ハ艦船何レノ地位ニ碇泊スルモ隨意タルヘシト雖𪜈鎭守府司令長官ニ於テ港內ノ妨碍アリト認ムルカ或ハ臨機必要ト認ムルトキハ其繫留場處ヲ指示シ又ハ退轉ヲ命スルヿアルヘシ

第十一條 艦船ハ港內第二區第三區ニ於テハ禮砲又特ニ認可シタルモノヽ外ハ砲銃ノ發射

ヲ禁シ第一區ニ於テハ總テ砲銃ヲ發スルヿヲ禁ス

第十二條　港內第一區第二區ニ於テ灰燼或ハ塵芥ヲ遺棄スヘカラス艦船ニ於テ其遺棄ニ供スル艀舟ハ造船處ニ請求スヘシ其他第三區內ト雖モ有害ト認ムル場處ハ遺棄ヲ禁シ臨時遺棄スヘキ場處ヲ指示スルコトアルヘシ

第十三條　港內第一區ニ於テ航海部長ノ許可ナクシテ漁業ヲ爲スヘカラス

第十四條　港內沿岸ノ形狀ヲ變更シ又ハ棧橋波止場ヲ設クル片ハ鎭守府司令長官地方官協議ノ後許可スヘシ（二十一年三月廿九日海軍省令第五號ヲ以改正）

第十五條　軍港內ト他港ト定期航海ノ營業ヲ爲スヿヲ願フモノアル片ハ地方官ハ其發着場又ハ碇泊場ノ位置ニ付鎭守府司令長官ト協議ノ後許可スヘシ其許可ヲ經ル者ト雖圧鎭守府司令長官ニ於テ軍備上有害又ハ危險ト認ムル片ハ臨時港內ニ進入スルヲ停止スルヿアルヘシ（二十一年三月廿九日海軍省令第五號ヲ以改正）

第十六條　海軍部外ノ者ニシテ此規則ニ從ハサル者ハ二圓以上二十五圓以下ノ罰金ニ處ス

（圖ハ畧ス）

○軍港要港ニ關スル件（明治二十三年一月十五日法律第二號）

軍港要港境域內ニ所在ノ人民及出入スル船舶ハ海軍大臣定ムル處ノ軍港要港規則ニ從フヘシ但海軍大臣ニ於テ軍港要港規則ヲ定ムル片ハ內務大臣農商務大臣ト協議スヘシ

○佐世保軍港境域ノ件（明治二十三年五月二十一日勅令第八十四號）

佐世保軍港ノ境域ハ左圖ニ記スル黑線以內ト定メ其海軍專有區ヲ朱線以內ト定ム

（圖ハ略ス）

○吳軍港境域ノ件 明治二十三年六月十三日勅令第九十七號

吳軍港ノ境域ハ左圖ニ記スル黑線以內ト定メ其海軍專有區ヲ朱線以內ト定ム

（圖ハ略ス）

○佐世保軍港規則 明治二十三年七月十二日海軍省令第十號

第一條　軍港內ニ入ル船舶及ヒ海岸海上ニ在ル者ハ何人ト雖トモ知港事ノ指示ニ違フヿヲ得ス

第二條　軍港ニ入港スル軍艦及西洋形商船ハ軍港外三里以外ノ所ヨリ投錨マテ出港スルトキハ航進ヲ始メタルトキヨリ港外ニ出ルマテ艦船名符字信號旗ヲ揭揚スヘシ

第三條　佐世保鎭守府所轄艦船ノ外如何ナル艦船ト雖トモ司令長官ノ許可ヲ得ルニアラサレハ海軍專有區內ニ進入スルヿヲ得ス

第四條　海軍專有區內ニ入ル船舶ハ知港事ノ指示ニ從ヒ錨地ヲ定ムヘシ但十五噸未滿ノ船ハ此限ニアラス

第五條　海軍專有區外ニ於テハ航路ノ妨ト爲ラサルニ於テハ艦船自由ニ錨地ヲ定ムルヿヲ得但知港事ノ許可ナク浮標ニ繫留スルヿヲ得ス又知港事ニ於テ港內ニ妨害アリト思考スルトキハ錨地ノ轉換ヲ命シ或ハ退去ヲ命スルヿアルヘシ

第六條　汽船汽艇ハ火藥庫ヲ距ル百三十間以內ニ接近スヘカラス艀舟漁舟其他何人ト雖ト

モ同距離内ニ於テ火ヲ焚クヘカラス

第七條　軍艦ノ外火藥劇發物ヲ積載セル船舶ハ司令長官ノ許可ヲ得ルニアラサレハ丸瀬以内（丸瀬ノ中心ヲ貫通シテ東西ニ延長セル想像線以内ヲ云フ以下同ジ）ニ入ルヿヲ得ス

第八條　丸瀬以内ノ海面ニ在テハ司令長官ノ許可ヲ得ルニアラザレバ何人ト雖𪜈漁業ヲ爲スヿヲ得ス

第九條　丸瀬以内ニ在ル艦船ハ海中ニ物品灰燼砂石塵芥ヲ遺棄スヘカラス但軍艦ニ遺棄物アル𪜈ハ其用ニ供スル船艇借用ヲ知港事ニ請求スベシ

第十條　丸瀬以内ノ海岸海面ニハ何人ト雖𪜈定所ノ外ニ於テ物品灰燼砂石塵芥ヲ遺棄スヘカラズ

物品灰燼砂石塵芥遺棄場處ヲ定ムルニハ司令長官ノ許可ヲ受クヘシ

第十一條　傳染病者アル艦船ハ丸瀬以内ニ進入スルヿヲ得ス

第十二條　軍港内海上ニ於テハ禮砲又ハ司令長官ノ許可ヲ得タルモノヽ外銃砲ヲ發スルヿヲ得ス

第十三條　軍港内ニ浮漂又ハ立標ヲ設置スルニハ司令長官ノ許可ヲ受クヘシ

第十四條　軍港内ニ於テ左ノ工事ヲ起サントスル者ハ起工ノ前ニ於テ司令長官ノ許可ヲ受クヘシ但地方官ノ許可ヲ請クヘキモノハ先ツ其許可ヲ受クヘシ

一　棧橋ヲ架設シ波止場ヲ築造スルヿ

二　海面ヲ埋立テ海岸ヲ堀鑿シ又ハ海岸ニ石垣ヲ造ルヿ

三道路ヲ開通シ橋梁ヲ架設スルコト
四山岡ヲ堀鑿スルコト
五森林ヲ伐採スルコト
第十五條　司令長官ハ前條ニ揭クル工事軍港ノ防禦若シクハ海軍ノ事業ニ妨害アリト認定スルトキハ許可ヲ與フヘカラス
第十六條　司令長官ハ許可ヲ與ヘサル工事ヲ爲スモノアルトキハ建築官員ヲシテ之ヲ中止セシムヘシ
第十七條　軍港內衞生事務ノ施行ニ於テハ地方官ハ地方衞生吏ヲシテ鎭守府衞生會議ニ協議セシムヘシ

○吳軍港規則　明治二十三年八月五日海軍省令第十一號

第一條　軍港內ニ入ル船舶及海岸海上ニ在ル者ハ何人ト雖モ知港事ノ指示ニ違フコトヲ得ス
第二條　軍港ニ入港スル軍艦及西洋形商船ハ鳥小島ヨリ小麗女島ニ至ル線外三里ノ所ヨリ投錨マデ又出帆スルトキハ航進ヲ始メタルトキヨリ該線外ニ出ツルマテ艦船名符字信號旗ヲ揭揚スヘシ（二十六年一月海軍省令第二號ヲ以改正）
第三條　吳鎭守府所轄艦船ノ外如何ナル艦船ト雖トモ司令長官ノ許可ヲ得ルニアラサレハ海軍專有區內ニ進入スルコトヲ得ス
第四條　海軍專有區內ニ進入スル艦船ハ知港事ノ指示ニ從ヒ錨地ヲ定ムヘシ但十五噸未滿

ノ船ハ此限ニアラス

第五條　海軍專有區內ニ於テハ航路ノ妨ト爲ラサルニ於テハ艦船自由ニ錨地ヲ定ムルヿヲ得但知港事ノ許可ナク浮標ニ繫留スルヿヲ得ス又知港事ニ於テ港內ニ妨害アリト思考スルトキハ錨地ノ轉換ヲ命シ或ハ退去ヲ命スルヿアルヘシ

第六條　汽船汽艇ハ火藥庫ヲ距ル百三十間以內ニ接近スヘカラス又艀舟漁舟其他何人ト雖モ同距離內ニ於テ火ヲ焚クヘカラス

第七條　軍艦ノ外火藥劇發物ヲ積載スル船舶ハ司令長官ノ許可ヲ得ルニアラサレハ小麗女島烏小島以內（小麗女島ヨリ烏小島ニ達スル想像線及兩島ヨリ兩島ニ最近ノ海岸ニ達スル想像線以內ヲ云フ以下同シ）ニ入ルコトヲ得ス

但烏小島ヨリ城山（觀測所ヲ設置セル山）ニ至ル線內ニハ何タル艦船ヲ問ハス火藥劇發物ヲ積載シ進入スルコトヲ許サス（二十六年一月二十六日海軍省令第二號ヲ以テ但書追加）

第八條　海軍專有區及小麗女島烏小島以內ノ海面ニ在テハ司令長官ノ許可ヲ得ルニアラサレハ何人ト雖モ漁業ヲ爲スヿヲ得ス

第九條　海軍專有區及小麗女島烏小島以內ニ在ル艦船ハ海中ニ物品灰燼砂石塵芥等ヲ遺棄スヘカラス但遺棄物アルトキハ其用ニ供スル船艇借用ヲ知港事ニ請求スヘシ

第十條　海軍專有區及小麗女島烏小島以內ノ海岸海面及同區內ニ注流スル河川ニハ何人ト雖モ定所ノ外ニ於テ物品灰燼砂石塵芥ヲ遺棄スヘカラス

物品灰燼砂石塵芥遺棄場處ヲ定ムルニハ司令長官ノ許可ヲ受クヘシ

第十一條　傳染病者アル艦船ハ海軍專有區及小麗女島烏小島以內ニ進入スルヿヲ得ス

第十二條 海軍專有區及小麗女島烏小島ニ於テハ禮砲又ハ司令長官ノ許可ヲ得タルモノヽ外砲銃ヲ發スルヿヲ得ス

第十三條 海軍兵學校前面左圖點線以內ニ在リテハ何人ト雖司令長官ノ許可ヲ得ルニアラサレハ漁業ヲ爲シ若クハ船舶ヲ碇繫スルヿヲ得ス又兵學校用地內ニ在リテ赤旗ヲ揭ケタル時ハ船舶該點線以內ヲ經過スヘカラス（二十四年十一月十日海軍省令第三號ヲ以改正）

第十四條 軍港內ニ於テ浮標又立標ヲ設置セントスルモノハ司令長官ノ許可ヲ受クヘシ

第十五條 軍港內ニ於テ左ノ工事ヲ起サントスルモノハ起工ノ前ニ於テ鎭守府司令長官ノ許可ヲ受クヘシ但地方長官ノ許可ヲ請クヘキモノハ先ツ其許可ヲ受クヘシ

一棧橋ヲ架設シ波止塲ヲ築造スルヿ

二海面ヲ埋立テ海岸ヲ堀鑿シ又ハ海岸ニ石垣ヲ造ルヿ

三道路ヲ開通シ橋梁ヲ架設スルヿ

四山岡ヲ堀鑿スルヿ

五森林ヲ伐採スルヿ

第十六條 司令長官ハ前條ニ揭クル工事軍港ノ防禦若クハ海軍ノ事業ニ妨害アリト認定スル片ハ許可ヲ與フヘカラス

第十七條 司令長官ハ許可ヲ與ヘサル工事ヲナス者アル片ハ建築部官員ヲシテ之ヲ中止セシムヘシ

第十八條 軍港內衞生事務ノ施行ニ於テハ地方官ハ地方衞生吏ヲシテ鎭守府衞生會議ニ協

議セシムヘシ　（圖ハ略ス）

○軍港要港規則違犯者處分ノ件　明治二十三年九月十二日法律第八十三號

明治二十三年法律第二號ニ依リ海軍大臣定ムル所ノ軍港要港規則ニ違ヒタル者ハ十一日以上一年以下ノ重禁錮又ハ二圓以上五十圓以下ノ罰金ニ處ス

○檢疫停船規則　明治十二年七月第二十九號布告

明治十二年七月第二十八號布告海港虎列刺病傳染豫防規則別冊ノ通更正シ檢疫停船規則ト改稱候條此旨布告候事

（別冊）

檢疫停船規則

第一條　日本政府ハ虎列刺病ノ蔓延ヲ防カンカタメニ玆ニ左ニ掲クル規則ヲ開港場ニ施行スルヿヲ布告ス而シテ更ニ其施行ノ停止ヲ令スル迄ハ之ヲ實施スルモノトス

第二條　中央衛生會ニテ決スル處ノ開港場ニ官吏及ヒ至當ノ敎育ヲ受ケ能ク職任ニ堪ユヘキ日本又ハ外國醫士化學士及ヒ相當ノ助役ヲ以テ地方檢疫局ヲ設置ス可シ而シテ其局員ノ數ハ其港入船ノ多寡ニ應シテ增減アルヘシト雖檢疫一切ノ事務ヲ速ニ整理スルニ差支ナキヲ以テ足レリトス可シ

都テ此地方檢疫局ハ中央衛生會ノ管轄ニ屬スヘシ

第三條　政府ハ檢疫停船規則ヲ施行スル各開港場ニ於テ停船場ヲ定メ且虎列刺患者ヲ容ルヘキ病院竝ニ該病ノ疑アル患者ヲ容ルヘキ病院ヲ建設シ且遺骸ヲ處置スヘキ地消毒法ヲ

施行スヘキ場所並ニ停留セラレタル人ノタメ都テ必要ノ具ヲ備ヘタル屋舍ヲ設置スヘシ

第四條　檢疫信號旗ヲ揚ケタル番船ヲ各港口ノ近傍ニ置キ各船入港ノ前檢査ノ爲メ之ヲ停止シ地方檢疫局ノ人員少クモ二名ヲ派出シテ之ヲ檢査スヘシ但右局員ノ內一名ハ必ス醫士タルヘシ而シテ船長醫士或ハ船內ノ人ハ誰ニテモ檢疫官吏ノ尋問ニ對シ都テ之ニ應答シ又所定ノ式紙ニ事項ヲ記入シ其氏名ヲ記シタル明告書ニ調印シテ差出スヘシ

船長ハ檢疫官吏ノ求メニ應シ船內ノ各部ヲ開キ檢査ヲ受クヘシ但シ艙ハ航海中船客又ハ乘組人ニテ占居シタルトキ又ハ他ノ事故ニ依テ病毒ニ感染シタル恐アルトキハ其檢査ヲ受クヘシ

檢疫官吏ハ該船ノ航海日誌ヲ査閱シ乘組人及ヒ船客ノ人名錄ヲ船內現在ノ人員ト引合ハスコトヲ得ヘシ

第五條　虎列剌病流行セサル港又ハ其疑ナキ港ヨリ來航スル船ノ船長ハ明告書及其他ノ手續ヲ以テ該船有病ノ港又ハ其疑アル港ニ立寄ラス又有病ノ船舶若クハ其疑アルモノト直ニ交通セス且航海中眞性虎列剌病又ハ疑似症ヲモ船內ニ發セシモノ無キ旨ヲ證明シテ檢疫官吏ヲ滿足セシムルトキハ該船ハ直ニ入港スルコトヲ得ヘシ

軍艦ハ其艦長及醫官ニテ調印セル書面ヲ以テ前條ノ趣ヲ明告スル迄ニテ足レリトスヘシ而シテ該艦ハ檢査ヲ經ス入港スルヲ得ヘシト雖若シ右ノ書面ヲ差出サヽルトキハ檢疫停船規則ニ從フヘシ

第六條　船內ニ眞性虎列剌病若クハ疑似症ニ罹リタルニ無シト雖有病ノ港又ハ其疑アル港

ヨリ來ルカ又ハ其航海中直ニ有病ノ船若クハ其疑アルモノト交通シタル船舶及ヒ船內ノ人員ハ其港ヨリ出帆ノ日又ハ有病若クハ其疑アル船ト交通ノ日ヨリ起算シテ七日ノ期滿ツル迄ハ停留セシムヘシ但地方檢疫局ニ於テ右ノ時間ヲ短縮スルトモ差支ナキヲ認ムルトキハ此限ニアラス

右七日ノ期該船來着ノ上又ハ其前既ニ過キ去ルトキハ消毒法ヲ行ヒシ上速ニ船客ノ上陸ヲ許スヘシ

一般ノ積荷ハ消毒法ヲ施スニ及ハス自餘ノ物品ハ檢疫官吏ノ見込ヲ以テ消毒法ヲ行ヒ或ハ行ハサルヘシト雖爛布古衣夜具ハ勿論其他檢疫官吏ニ於テ殊ニ危險ナリト見込ムモノハ消毒法ヲ行フヘシ

消毒法ヲ行ヒタル物品ハ速ニ陸揚スルヿヲ得ヘシト雖消毒法ヲ行ハサル物品ハ停船ノ定期滿ル迄陸揚スヘカラス若シ停船中眞性虎列刺及疑似症ヲ發スルトキハ其船及ヒ人員物品ハ都テ第八條第九條ニ從ヒ處置スヘシ

第七條　有病ノ港又ハ其疑アル港ヨリ來ル軍艦ハ其艦長及ヒ醫官ヨリ書面ヲ以テ該艦來港前七日以內艦內ノ者有病ノ港或ハ其疑アル港ニ上陸セシヿ無ク又ハ病毒感染ノ恐ナク且航海中艦內ニ眞性虎列刺病又ハ疑似症ヲ發セシヿ無キ旨ヲ明告スルトキハ直ニ入港スルヲ得ヘシ右ノ書面ヲ差出ザヽルトキハ該艦ハ檢疫停船規則ニ從ハシムヘシ

第八條　船舶來港ノ上其船內ニ眞性虎列刺病若クハ疑似症ヲ發スル者アルトキハ檢疫官吏ニテ指示シタル停船場ニ移シテ要用ノ消毒法ヲ行ヒシ日ヨリ起算シテ七日ノ間停船セシム

ヘシ
船舶來港前病毒消滅シ而シテ檢疫官吏ノ滿足スヘキ方法ヲ以テ消毒法ヲ施行セル上ハ地方檢疫局ニ於テ可トスル程停船ノ時間ヲ短縮シ得ヘシ
消毒法施行后停船中眞性虎列刺病若クハ疑似症ヲ發スル者アルトキハ地方檢疫局ノ必要ト考斷スル程消毒法ヲ反覆施行シ其施行ノ時ヨリ起算シテ尙三日間停船セシムヘシ但最初定メタル時限猶三日以上アルトキハ最初定メタル時限ニ達スル迄停船セシムヘシ
患者及ヒ死者ノ遺骸ハ第九條ニ從ヒ處置スヘシ
第九條　前條ニ記スルカ如キ船舶ノ來着スルニ方リ其乘組ノ患者未タ癒ヘサレハ其容体ニ依リ之ヲ避病院ニ移シ若シ已ニ死シテ遺骸ノ處置未タ濟マサルトキハ其爲メニ設ケタル場所ニ於テ火葬スルカ又ハ其關係アル者ノ望ミニ任セテ十分消毒法ヲ行ヒシ後埋葬スヘシ
患者及ヒ遺骸ヲ船中ヨリ他ニ移シタル後夜具衣類其他ノ物品及ヒ船內何レノ部分ニテモ病毒感染ノ恐レアル者ハ地方檢疫局ニ於テ指示セル如ク十分ニ消毒法ヲ施スヘシ而シテ消毒法ヲ施ス爲メ要用ノ人ト船中ヲ取締ルヘキ人トノ外都テ船內ノ人員ハ其人ノ爲メ特ニ設クル所ノ家屋ニ移シ消毒法ヲ行フヘシ船內ニ殘リタル人員ハ船內ニテ消毒法ヲ受クルカ又ハ交代シテ陸上ニアル適當ノ家屋ニ於テ之ヲ受クヘシ
第十條　有病ノ港或ハ其疑アル港ヨリ出帆シ途中ノ港ヲ經ルト雖其港ニ於テ檢疫處置ヲ受ケサル船舶ハ直ニ有病ノ港又ハ其疑アル港ヨリ來ルモノト認メ處置スヘシ
第十一條　定期郵便ヲ運搬スル諸船ハ着港ノ上速ニ其郵便物ヲ運送スルコヲ得ヘシ而シテ

政府ハ右ノ郵便物ヲ運送配達ノ為メ至當ノ方法ヲ設クヘシ

第十二條　病院ニ入ル患者ハ治療及ヒ必要品ヲ受クルヲ得ヘシ

病院或ハ停泊ノ船内ニ在ル患者ヲ尋訪セント欲スル人ハ地方檢疫局ニ於テ定メタル方法ニ從フヘシ

避病院ニ關係ナキモ醫業ニ達シタル醫士ハ患者又ハ其代理人ノ請ニ由テ診察協議スルヿヲ得ヘシ

患者ハ醫師ヨリ退院ヲ許ス迄ハ病院ヲ退去スルヿヲ得ス

第十三條　船中ニ於テ眞性虎列刺病若クハ疑似症ヲ發スルヿナキ時ハ停留セラレタル人ヲ船中ニ停メ置クヿヲ得ヘシ又ハ地方檢疫局ニ於テ衛生上ノ見込ニ從ヒ特ニ陸地ニ設ケアル避病ノ場所ニ移サルヽヿアルヘシ

第十四條　檢疫停船規則施行ノ港ニ來着スル船舶ニ於テ檢疫官吏之ヲ虎列刺ノ源因ナラント思考スル疑似ノ病徴ヲ發スル者アル𬼀ハ其患者ハ病院ノ別室ニ移シ船ハ醫士ニ於テ其病症ヲ審斷スルニ充分ノ時間ヲ終ル迄停留セシムヘシ但其時間ハ四十八時ニ過クヘカラス而シテ地方檢疫局ハ醫師ノ報告ニ依リテ該規則ノ内其場合ニ適スル條欵ヲ實施スヘシ

第十五條　有病ノ港又ハ其疑アル港ヲ發シ船用品或ハ貨物積込ノ為途中檢疫所ノ設ケアル無病ノ一港ニ立寄タル船舶ハ豫メ檢疫官吏ノ檢查ヲ經且ツ必要ト認メタル消毒法ヲ行ヒ船用品或ハ貨物ヲ積入ルヽ毎ニ地方檢疫局ヨリ指示スル方法ニ從フ可シ

又該船内ニ眞性虎列刺病若クハ疑似症ヲ發シタル𬼀ハ該船又ハ其乘込人及ヒ物品ヲ處置

スルハ第八條第九條ニ準スヘシ但該船内ヨリ上陸スル者アル片ハ他船ニテ到着シタル人ニ行フヘキ同一ノ處置ヲ爲スヘシ

第十六條　船舶ノ檢査ハ其來着後成ルヘク速ニ施行スヘシ若シ來着後十二時間ヲ過キテ檢査ヲ爲サヽル時ハ入港スルヲ得ヘシ但其遲延天氣惡キカ爲メカ又ハ避ケ難キ事情アルカ爲メカ又ハ船長若クハ該船ニ關係アル人ノ所業或ハ詐僞ニ出ツルカノ片ハ此限ニアラス其場合ニ於テハ其遲延シタルノ事故終リタル片檢査ヲ爲スヘシ

第十七條　地方檢疫局ヨリ指圖シタル消毒法ハ檢疫官吏之ヲ施行シ其船ノ士官及ヒ船員之ヲ補助スヘシ但消毒法ハ之ヲ命シタル時ヨリ成ルヘク二十四時間ニ完了シ而シテ其入費ハ船主又ハ其責アル者ヨリ辨償スヘシ

第十八條　檢疫停船規則ヲ施行スル港内ニ碇泊中船内ニ眞性虎列刺病又ハ疑似症ヲ發シタル船舶ハ直ニ第八條第九條ノ規則ニ從フヘシ然リト雖若シ其船既ニ本港ニ於テ停留ヲ經タル時ハ檢疫官ハ地方檢疫局ニテ必要ト考斷スル丈ケノミノ消毒及檢査ノ方法ヲ反復施行スヘシ

第十九條　虎列刺病既ニ流行スル港内ニ來着スル船舶檢査消毒法患者及ヒ死者ノ處置ヲ爲スハ前記ノ規則ニ從ハシムヘシ右ヲ施行スル爲メノ豫備ハ政府ニ於テ爲スヘシト雖船及ヒ人員停留ノ規則ハ休止スヘシ

第二十條　第六條第八條及ヒ第九條ニ記スル船舶ノ景狀地方檢疫局ニ於テ特ニ公衆ノ健康ニ危險ナリト思慮シ非常ノ處置ヲ必要トスル片ハ此規則外ニ豫防ノ嚴制ヲ施スヿヲ得可

刑法第二編第五章第三節及第四編第四百二十六條第四項參看
十四年第七十二號布告罰例處斷方參看

シ其塲合ニ方リテ地方檢疫局ハ直チニ中央衛生會ニ臨時ノ報告書ヲ差出スヘシ而シテ右報告書ノ寫ハ請求ニ依リテ地方檢疫局ヨリ之レヲ該船ノ船長船主又ハ其用達ニ付與スヘシ

第二十一條　檢査中又ハ停留中ノ船舶又ハ停留人ノ寓所ニハ凡ソ何人ヲ問ハス地方檢疫局ノ許可ナクシテ往クコヲ許サス

第二十二條　前條ノ規則ヲ施行スルニ就テ其人ニ係ル所ノ食料醫藥其他欠クヘカラサル費用ハ其本人又ハ代理人ヨリ辨償スヘシ

第二十三條　此規則ニ背ムキ或ハ從フコトヲ拒ム者ハ犯ス毎トニ貳百圓以内ノ罰金ヲ科スヘシ若シ其船長船主若クハ其船ノ用達又ハ其各人若クハ一人ノ命令又ハ利益ノ爲メ此ノ規則ニ背キ或ヒハ從フコトヲ拒ムトキハ毎犯罰金五百圓ニ至ルマテ增加スルコトアルヘシ

但罰金ハ科セサルヘシ

此規則ニ就テ拂フヘキ費用ヲ辨償セサルモノアル片ハ民事ノ訴訟ヲ以テ之ヲ要求スヘシ

此規則ヲ犯シ停留塲ヲ脱去スル者ハ（船又ハ人）罰金ヲ科シ且ツ即時停留塲ニ返ラシムヘシ

○虎列刺病流行地方ヨリ來ル船舶檢査規則　明治十五年六月第三十一號布告

虎列刺流行地方ヨリ來ル船舶檢査規則左ノ通制定ス

虎列刺病流行地方ヨリ來ル船舶檢査規則

第一條　凡虎列刺病流行地方ヨリ來ル船舶ハ檢疫官ノ檢査ヲ受ケ其記名セル許可ノ證書ヲ得タル後ニ非レハ他港ニ進航シ陸地又ハ他船ト交通シ及ヒ乘組人船客ノ上陸並ニ積荷ノ陸揚ヲ爲スヘカラス

第二條　其船中該病患者又ハ該病死者ナキトキハ檢疫官直チニ其船舶ノ他港ニ進航シ陸地又ハ他船ト交通シ及ヒ乘組人船客ノ上陸並積荷ノ陸揚ヲ爲スノ許可ヲ與フヘシ

但檢疫官ニ於テ必要ト認ムルトキハ其船舶ヲ四十八時間以內其指定セル場所ニ碇泊セシメ十分ノ消毒法ヲ施スコトヲ得（十八年第二十九號布告ヲ以テ但書追加）

第三條　若シ其船中ニ該病患者又ハ該病死者アルトキハ檢疫官其船舶ヲ陸地及ヒ他船ニ傳染ノ虞ナシト認ムル距離ニ於テ其指定スル場所ニ碇泊セシムヘシ

該病患者ハ之ヲ避病院若クハ其住居若クハ其他檢疫官ノ適當ト認ムル場所ニ送致ス可シ

其死者ハ（若シ縁故人ノ望アルトキハ其望ニ隨ヒ）地方官所定ノ場所ニ火葬シ若クハ十分ノ消毒法ヲ施シタル後之ヲ埋葬スヘシ

前項ノ手續ヲ終リ檢疫官ハ其乘組人船客ニハ十分ナル消毒法ヲ施シタル後上陸ノ許可ヲ與ヘ其船舶及傳染ノ虞アリト認ムル積荷ニハ十分ナル消毒法ヲ施シタル後其船舶ノ他港ニ進航シ陸地又ハ他船ト交通シ及ヒ積荷ヲ陸揚スルノ許可ヲ與フヘシ

第四條　此規則ニ違背シタル者若クハ此規則ノ執行ヲ妨害シタル者ハ刑法ニ依テ之ヲ處分ス可シ

第五條　此規則施行始終ノ期日幷ニ場所ハ其都度「內務卿」ヨリ之ヲ指定ス可シ

○海外諸港ヨリ來ル船舶檢疫ノ件 明治二十四年六月二十二日 勅令第六十五號

朕海外諸港ヨリ來ル船舶ニ對シ檢疫ノ件ヲ裁可シ玆ニ之ヲ公布セシム

第一條 虎列刺病流行地方ニアラサルモ該病傳播ノ虞アリト認メ內務大臣ニ於テ特ニ指定シタル外國諸港ヨリ來ル船舶ニ對シテハ檢疫官ヲシテ該病患者又ハ該病死者ノ有無ヲ尋問セシム

第二條 若シ其船中ニ該病患者又ハ該病死者アルトキハ檢疫官其船舶ヲ陸地及ヒ他船ニ傳染ノ虞ナシト認ムル距離ニ於テ其指定スル場所ニ碇船セシム可シ

該病患者ハ之ヲ避病院若クハ其住居若クハ其他檢疫官ノ適當ト認ムル場所ニ送致ス可シ

其死者ハ若シ緣故人ノ望アルトキハ其望ニ隨ヒ地方官所定ノ場所ニ火葬シ若クハ十分ノ消毒法ヲ施シタル後之ヲ埋葬ス可シ

前項ノ手續ヲ終リ檢疫官ハ其乘組人船客ニハ十分ナル消毒法ヲ施シタル後上陸ノ許可ヲ與ヘ其船舶及傳染ノ虞アリト認ムル積荷ニハ十分ナル消毒法ヲ施シタル後其船舶ノ他港ニ進航シ陸地又ハ他船ト交通シ及ヒ積荷ヲ陸揚スルノ許可ヲ與フ可シ

第三條 第一條ノ尋問ヲ拒ミ又ハ第二條ニ違背シ其他本令ノ執行ヲ妨害シタル者ハ刑法ニ據テ處分セラル可シ

第四條 本令執行始終ノ期日竝ニ場所ハ其都度內務大臣之ヲ指定ス可シ

第六章 衝突豫防

○海上衝突豫防法 明治二十五年六月二十二日 法律第五號

沿革略記　明治五年七月第二百九號布告ヲ以テ船燈規則ヲ制定ス〇七年一月第五號布告ヲ以テ前令ヲ改正シ海上衝突豫防規則トナス〇九年二月第十一號布告ヲ以テ猶ホ副則ヲ定ム〇十三年七月第三十五號布告ヲ以テ海上衝突豫防規則ヲ改正ス〇十四年五月第三十號布告ヲ以テ前ノ副則ヲ廢止ス〇二十五年六月法律第五號ヲ以テ海上衝突豫防法ヲ定ム是レ現行法ナリ

朕帝國議會ノ協賛ヲ經タル海上衝突豫防法ヲ裁可シ茲ニ之ヲ公布セシム

海上衝突豫防法

總則

本法ハ海洋ト海洋接續ノ場所トヲ問ハス凡ソ航洋船ノ運航シ得ヘキ水上ニ於ケル船舶ニ適用ス

本法中汽船ト雖帆ヲ以テ運轉シ汽力ヲ用ヰサルトキハ帆船ト看做シ汽力ヲ用ウルトキハ帆ヲ用ウルト用ヰザルトノ別ナク汽船ト看做スヘシ

本法中汽船トハ凡ソ機關ノ作用ニ因テ運轉スル船舶ヲ謂フ

本法中船舶航行中トハ碇泊若ハ繫留又ハ坐礁膠沙ニ非サル場合ヲ謂フ

船燈

本法中船ニ關シテ見得トハ晴天ノ暗夜ニ於テ認メ得ルヲ謂フ

第一條　船燈ニ關スル規定ハ天氣ノ如何ニ關セス日沒ヨリ日出マテ必ス遵守スヘシ此ノ時間中ハ本法ニ定メタル船燈ノ外之ニ紛レ易キ燈ヲ掲クヘカラス

第二條　汽船ハ航行中必ス左ノ燈ヲ掲クヘシ

一　前檣若ハ其ノ前面ニ於テ又ハ前檣ヲ具ヘサルトキハ本船ノ前方ニ於テ船體上二十尺ヨリ低カラサル所ニ若船幅二十尺ヲ起ユルトキハ其ノ船幅ヨリ低カラサル所ニ

亮明ノ白燈一個ヲ揭クヘシ然レトモ船體上四十尺以上ノ所ニ揭クルヲ要セス此ノ燈ハ常ニ不同ナキ光ヲ發シテ鍼盤ノ二十點間ヲ照スヘク製造シ其ノ射光ヲ左右舷外ヘ十點間ツヽ即チ船ノ正首ヨリ各舷正横後ノ二點マテ及フヘキ樣裝置シ且少クモ五海里ノ距離ヨリ見得ヘキモノヲ用ウヘシ

二　右舷ニ綠燈ヲ揭クヘシ此ノ燈ハ常ニ不同ナキ光ヲ發シテ鍼盤ノ十點間ヲ照スヘク製造シ其射光ヲ船ノ正首ヨリ右舷正横後ノ二點マテ及フヘキ樣裝置シ且少クモ二海里ノ距離ヨリ見得ヘキモノヲ用ウヘシ

三　左舷ニ紅燈ヲ揭クヘシ此燈ハ常ニ不同ナキ光ヲ發シテ鍼盤ノ十點間ヲ照スヘク製造シ其ノ射光ヲ船ノ正首ヨリ左舷正横後ノ二點マテ及フヘキ樣裝置シ且少クモ二海里ノ距離ヨリ見得ヘキモノヲ用ウヘシ

四　本條第二項第三項ノ舷燈ニハ其ノ燈ヨリ前ニ少クモ三尺突出シタル隔板ヲ其燈ノ內側ニ裝置シ右舷ノ綠光ハ左舷ニアル船ヨリ左舷ノ紅光ハ右舷ニアル船ヨリ見得サル樣ニ爲スヘシ

五　汽船航行中ハ本條第一項ニ規定シタル白燈ノ外ニ同種ノ白燈一箇ヲ增揭スルヲ得但シ此ノ場合ニ於テハ其ノ兩燈ヲ龍骨綿上前後ニ隔テ其ノ前燈ヲ後燈ヨリ少クモ十五尺下方ニ揭ケ其ノ前後ノ距離ハ上下ノ距離ヨリモ多キヲ要ス

第三條　汽船他船ヲ引キテ航行スルトキハ兩舷燈ヲ揭クルノ外ニ白燈二箇ヲ上下ニ少クモ六尺ヲ隔テ連揭スヘシ此ノ白燈ハ第二條第一項ノ白燈ト同一ノ構造ニシテ且同一ノ塲所

ニ揭クルヲ要ス然レトモ二艘以上ヲ引キテ航行スルトキハ其ノ引キタル船ノ船尾ト最後ニ引カルヽ船ノ船尾トノ距離六百尺以上ノ塲合ニ於テハ右二箇ノ白燈ヨリ上方若ハ下方六尺ノ所ニ尙同種ノ白燈一箇ヲ增揭スヘシ

本條ノ引船ハ引カルヽ船舶ノ操舵目標トシテ烟突若ハ後檣ノ後面ヘ小形ノ白燈一箇ヲ揭クルヲ得但シ此ノ白燈ハ本船正横ヨリ前面ニ見得サル樣ニ爲スヲ要ス

第四條　事變ノ爲運轉自由ヲ得サル船舶ハ夜間ニアリテハ第二條第一項ニ規定シタル白燈ト同一ノ高サニ於テ最モ見得易キ所ニ(汽船ナレハ其ノ白燈ノ代リニ)二箇ノ紅燈ヲ上下ニ少クモ六尺ヲ隔テ連揭スヘシ此ノ紅燈ハ周回少クモ二海里ノ距離ヨリ見得ヘキモノタルヲ要ス又晝間ニアリテハ最モ見得易キ所ニ直徑二尺ノ黑球若ハ黑色ノ形象二箇ヲ上下ニ少クモ六尺ヲ隔テ連揭スヘシ

海底電信線ノ布設又ハ引揚ニ從事スル船舶ハ夜間ニアリテハ第二條第一項ニ規定シタル白燈ノ位置ニ於テ(汽船ナレハ其ノ白燈ノ代リニ)三箇ノ燈ヲ上下ニ少〃モ六尺ツヽヲ隔テ連揭スヘシ但シ此ノ燈三箇ノ內上下ノ二箇ハ紅色中央ノ一箇ハ白色ニシテ周回少クモ二海里ノ距離ヨリ見得ヘキモノタルヲ要ス又晝間ニアリテハ最モ見得易キ所ニ直徑二尺以上ノ形象三箇ヲ上下ニ少クモ六尺ツヽヲ隔テ連揭シ其ノ上下ノ二箇ハ紅色球形ヲ用ヰ中央ノ一箇ハ白色堅菱形ヲ用ウヘシ

本條ノ船舶全ク運行セサルトキハ舷燈ヲ揭クヘカラス然レトモ運行スルトキハ必ス之ヲ揭クヘシ

シ

本條規定ノ燈及形象ハ運轉自由ヲ得スシテ他船ノ航路ヲ避クル能ハサルノ信號ト認ムヘ

本條ノ信號ハ難船信號ト混同スヘカラス難船信號ハ第三十一條ニ於テ之ヲ規定ス

第五條　航行中ノ帆船及他船ニ引カレテ運行スル船舶ハ第二條第二項第三項ノ舷燈ノミヲ揭クヘシ決シテ同條第一項ノ白燈ヲ揭クヘカラス

第六條　小形船航行中天氣ノ模樣ニ因リ綠紅ノ二舷燈ヲ揭置キ難キトキハ何時ニテモ使用シ得ヘキ樣點火シテ之ヲ手近カニ備ヘ置キ他船ノ我船ニ近寄リ來ルカ又ハ我船ノ他船ニ近寄リ行クトキハ衝突ヲ防クニ充分ナル時間ヲ見定メテ其ノ舷燈ヲ他船ヨリ最モ見得易キ樣各舷ニ表示スヘシ但シ此ノ時綠光ハ左舷ヨリ紅光ハ右舷ヨリ見得ス且成ルヘク各舷正橫後ノ二點ヨリ後方ヘ見得サル樣ニ爲スヲ要ス

此ノ綠紅ノ各燈ヲ間違ヒナク容易ニ取扱フ爲綠燈ハ綠色、紅燈ハ紅色ニテ外面ヲ塗リ且適當ノ隔板ヲ備置クヘシ

第七條　總積量四十噸未滿ノ汽船及櫓櫂若ハ帆ヲ以テ運轉スル二十噸未滿ノ船航行中ハ必スシモ第二條第一項第二項第三項ニ規定シタル燈ヲ揭クルヲ要セス然レトモ若之ヲ揭ケサルトキハ必ス左ノ規定ニ依ルヘシ

一　四十噸未滿ノ汽船

甲　船ノ前部又ハ烟突若ハ其ノ前面ニ於テ舷緣上九尺ヨリ低カラス且最モ見得易キ所ニ第二條第一項ニ規定シタル構造裝置ニシテ少クモ二海里ノ距離ヨリ見得ヘ

キ白燈一箇ヲ揭クヘシ

乙　第二條第二項第三項ニ規定シタル構造裝置ニシテ少クモ一海里ノ距離ヨリ見得ヘキ綠紅ノ二舷燈ヲ揭クルカ又ハ船首ヨリ各舷正横後ノ二點マテ右舷ハ綠色左舷ハ紅色ノ射光ヲ及スヘク製造シタル兩色燈一箇ヲ揭クヘシ但シ此ノ燈ハ白燈ヨリ少クモ三尺下方ニ揭クルヲ要ス

二　汽艇ハ第一項甲ノ白燈ヲ舷緣上九尺ノ所ヨリ下方ニ揭クルヲ得然レトモ其ノ白燈ハ乙ノ兩色燈ヨリ高キヲ要ス

三　艪櫂若ハ帆ヲ以テ運轉スル二十噸未滿ノ船ハ一面ハ綠色一面ハ紅色ノ玻璃ヲ用キタル燈籠一箇ヲ手近カニ備置キ他船ノ我船ニ近寄リ來ルカ又ハ我船ノ他船ニ近寄リ行クトキハ衝突ヲ防クニ充分ナル時間ヲ見定メテ之ヲ表示スヘシ但シ此ノ時綠光ハ左舷ヨリ紅光ハ右舷ヨリ見得サル樣ニ爲スヲ要ス

本條ノ諸船ハ第四條第一項及第十一條末項ノ燈ヲ揭ルニ及ハス

第八條　水先船其ノ水先區ニ於テ營業ヲ爲ストキハ他船ニ要スル燈ヲ揭クヘカラス單ニ周回ヨリ見得ヘキ白燈一箇ヲ檣頭ニ揭ケ且十五分時ヲ越エサル間隙ヲ以テ閃火一箇又ハ數箇ヲ發スヘシ

水先船ニハ右ノ外綠紅ノ二舷燈ヲ用意シ置キ他船ノ我船ニ近寄リ來ルカ又ハ我船ノ他船ニ近寄リ行クトキハ我船ノ進行スル方向ヲ示ス爲メ一時之ヲ表示スヘシ但シ此ノ時綠光ハ左舷ヨリ紅光ハ右舷ヨリ見得サル樣ニ爲スヲ要ス

水先人ヲ要スル船舶ヘ直付ケスヘキ水先船ハ白燈ヲ檣頭ニ揭クル代リニ隨時之ヲ表示シ又舷燈ヲ兩舷ニ揭クル代リニ一面ハ綠色一面ハ紅色ノ玻璃ヲ用キタル燈籠一箇ヲ手近カニ備置キ前項ニ從テ之ヲ使用スルヲ得

水先船其ノ水先區ニ於テ營業ヲ爲サヽルトキハ其ノ積量ニ應シテ他船ト同一ノ燈ヲ揭クヘシ

第九條　凡ソ漁船其ノ業ニ從事スルトキハ本條各項ノ規定ニ依ルヘシ但シ航行中ノモノ又ハ本條ニ各規定ナキモノハ其積量ニ應シテ他船ト同一ノ燈ヲ揭クヘシ

一　刺網ヲ用キテ漁業ニ從事スル船ハ最モ見得易キ所ニ於テ二箇ノ白燈ヲ龍骨線上前後ニ五尺乃至十尺ヲ隔テ其ノ前燈ヲ後燈ヨリモ六尺乃至十尺下方ニ揭クヘシ此ノ燈ハ周回少クモ三海里ノ隔離ヨリ見得ヘキモノタルヲ要ス

二　繰網ヲ用キテ漁業ニ從事スル船ハ左ノ規定ニ依ルヘシ

甲　汽船ハ第二條第一項ニ規定シタル白燈ノ位置ニ三色ノ燈籠一個ヲ揭ケ尙其ノ下方六尺乃至十二尺ノ所ニ白燈一個ヲ增揭スヘシ此三色燈ハ船ノ正首ヨリ左右各二點マテハ白色其レヨリ正橫後ノ二點マテハ右舷ハ綠色、左舷ハ紅色ノ射光ヲ及ホシ又增揭ノ白燈ハ常ニ不同ナク亮明ノ光ヲ發シテ周回ヲ照スヘキモノタルヲ要ス

乙　總積量七噸以上ノ帆船ハ常ニ不同ナク亮明ノ光ヲ發シテ周回ヲ照スヘキ白燈一箇ヲ揭クル外尙少クモ三十秒時間發火スヘキ紅光熖管ヲ備置キ他船ノ我船ニ近

寄リ來ルカ又ハ我船ノ他船ニ近寄リ行クトキハ衝突ヲ防クニ充分ナル時間ヲ見定メテ之ヲ發スヘシ

本項乙ニ記載スル諸船地中海ニアリテ紅光焔管ノ代リニ他ノ閃火ヲ用ウルヲ得

本項乙ニ記載スル諸燈ハ少クモ二海里ノ距離ヨリ見得ヘキモノタルヲ要ス

丙　總積量七噸未滿ノ帆船ハ必スシモ本條第二項乙ニ記載スル白燈ヲ掲クルヲ要セス然レトモ之ヲ掲ケサル場合ニ於テハ白色亮明ノ光ヲ發スル燈籠一箇ヲ手近ニニ備置キ他船ノ我船ニ近寄リ來ルカ又ハ我船ノ他船ニ近寄リ行クトキハ衝突ヲ防クニ充分ナル時間ヲ見定メテ其ノ燈ヲ最モ見得易キ所ニ表示シ且本條第二項乙ニ規定シタル紅光焔管ヲ發シ或ハ其ノ焔管ノ代リニ他ノ閃火ヲ發スヘシ

三　縄釣漁業ニ從事スル船碇泊若ハ停留セサルトキハ刺網ヲ用ヰタル漁船ト同一ノ燈ヲ掲クヘシ

四　漁船ハ本條ニ規定シタル燈火ヲ表示スルノ外何時ニテモ閃火ヲ發スルヲ得但シ繰網其ノ他桁網ノ類ヲ以テ漁業ニ從事スル船ノ閃火ハ船尾ニ於テ之ヲ發スヘシ然レトモ漁具ヲ船尾ニ繋キタル場合ニ於テハ船首ニ於テ發スルヲ得

五　漁船碇泊スルトキハ周回少クモ一海里ノ距離ヨリ見得ヘキ白燈一箇ヲ表示スヘシ

六　漁船其ノ漁具ノ岩礁其ノ他障礙物ニ纏著シタル爲其ノ所ニ停留スルトキハ碇泊船ト同一ノ燈ヲ表示シ且碇泊船ノ霧中信號ヲ爲スヘシ

七　霧中降雪其ノ他暴雨中刺網、繰網、桁網ノ類其ノ他縄釣ノ業ニ從事スル漁船ニシテ總積量二十噸以上ナルトキハ汽船ナレハ汽笛又ハ汽角帆船ナレハ霧中號角ヲ用ヰ一分ヨリ多カラサル時間毎ニ一聲ヲ發シ之ニ續キテ號鐘ヲ鳴ラスヘシ

八　刺網繰網又ハ繩釣漁業ニ從事スル帆船運航中晝間ニアリテハ最モ見得易キ所ニ籃又ハ其ノ他ノ信號ヲ揭ケ近寄ル他船ニ其ノ漁船ナルコトヲ表示スヘシ

本條諸項ノ漁船ハ第四條第一項及第十一條末項ノ燈ヲ揭クルニ及ハス

第十條　他船ニ追越サレムトスル船舶ハ他船ニ向テ船尾ヨリ白燈ヲ表示シ又ハ閃火ヲ發スヘシ

本條ニ從テ表示スヘキ白燈ハ豫メ船尾ニ揭置クヲ得然レトモ此ノ燈ハ少クモ一海里ノ距離ヨリ見得ヘキモノニシテ常ニ不同ナキ亮明ノ光ヲ發シ鍼盤ノ十二點間ヲ照スヘク製造シ船ノ正後ヨリ左右ヘ六點間宛射光ノ及フヘキ樣隔板ヲ裝置シ成ルヘク舷燈ト同一ノ高サニ揭クヘシ

第十一條　長サ百五十尺未滿ノ船舶碇泊中ハ前方ノ最モ見得易クシテ船體上ヨリ二十尺ヲ越エサル所ニ白燈一箇ヲ揭クヘシ此燈ハ常ニ不同ナキ亮明ノ光ヲ發シ周回少クモ一海里ノ距離ヨリ見得ヘキモノタルヲ要ス

長サ百五十尺以上ノ船舶碇泊中ハ前方ノ最モ見得易クシヲ船體上二十尺以上四十尺以下ノ所ニ前項ノ白燈一箇ヲ揭ケ且船尾若ハ其ノ最寄ニ於テ前方ノ燈ヨリ少クモ十五尺下方ニ同種ノ白燈一箇ヲ揭クヘシ

本條船舶ノ長サハ本船船籍證書面ノ長サニ依ルヘシ

船路若ハ其ノ最寄ニ於テ乘揚ケタル船舶ハ本條白燈ノ外尙第四條第一項ニ定規シタル紅燈二箇ヲ揭クヘシ

第十二條　各船他船ノ注意ヲ喚起スル爲必要ナリトスルトキハ本法ニ規定シタル船燈ノ外尙閃火ヲ發シ或ハ難船信號ト混同セザル爆裂信號ヲ發スルヲ得

第十三條　本法船燈ノ規定ハ二艘以上ノ軍艦又ハ軍艦ニ護送セラルヽ船舶ニ增揭スル列位燈及信號燈ニ關シ各國政府ニ於テ特ニ制定シタル規則ノ施行ヲ妨ケス又船舶所有主ニ於テ其ノ國政府ノ許可ヲ受ケ登簿公告ノ手續ヲ經テ私用スル識別信號ノ使用ヲ妨ケス

第十四條　汽船晝間ニ帆ノミヲ以テ運轉スルモ其ノ烟突ヲ引下ケサルトキハ前方ノ最モ見得易キ所ニ直徑二尺ノ黑球若ハ黑色形象一箇ヲ揭クヘシ

霧中信號

第十五條　航行中ノ船舶ニ關シ本條ニ規定シタル信號ヲ爲スニハ左ノ信號器ヲ用ウヘシ

汽船ハ汽笛若ハ汽角

帆船及他船ニ引カレテ運行スル船舶ハ霧中號角

本條中長聲トハ四秒乃至六秒時間ノ發聲ヲ謂フ

汽船ハ汽力其ノ他之ニ代用スヘキモノニ因リ發聲スル適當ノ汽笛若ハ汽角ヲ音響ノ妨害物ナキ所ニ裝置シ且號鐘及機關ノ作用ニ因リ發聲スル適當ノ霧中號角ヲ備フヘシ又總積量二十噸以上ノ帆船ハ汽船同樣ノ號鐘及霧中號角ヲ備フヘシ

霧中降雪其ノ他暴雨中ハ晝夜ノ別ナク左ノ各項ニ規定シタル信號ヲ爲スヘシ

一　汽船航行中ハ二分時ヨリ多カラサル間隙ヲ以テ長聲ヲ一發スヘシ

二　汽船航行中運轉ヲ止メテ速力ヲ有タサルトキハ二分時ヨリ多カラサル間隙ヲ以テ長聲ヲ二發スヘシ但シ其ノ二發ノ間隙ハ大約一秒時タルヲ要ス

三　帆船航行中ハ一分時ヨリ多カラサル間隙ヲ以テ右舷開ナレハ一聲ヲ發シ左舷開ナレハ二聲ヲ連發シ船ノ正横後ニ風ヲ受ケタルトキハ三聲ヲ連發スヘシ

四　船舶碇泊中ハ一分時ヨリ多カラサル間隙ヲ以テ大約五秒時間劇シク號鐘ヲ鳴ラスヘシ

五　船舶普通ノ碇泊場外又ハ航行中ノ船舶ニ障礙ヲ及ホス虞アル場所ニ碇泊シタルトキハ汽船ナレハ汽笛若ハ汽角ヲ用ヰ二分時ヨリ多カラサル間隙ヲ以テ長聲ヲ二發シ直ニ號鐘ヲ鳴ラスヘシ又帆船ナレハ霧中號角ヲ用ヰ一分時ヨリ多カサラル間隙ヲ以テ二聲ヲ發シ直ニ號鐘ヲ鳴ラスヘシ

六　他船ヲ引キテ運航スル船舶ハ本條第一項及第三項ニ規定シタル信號ノ代リニ二分時ヨリ多カラサル間隙ヲ以テ三聲ヲ連發シ即チ長聲ヲ一發シタル後直ニ短聲ヲ二發スヘシ又他船ニ引カレテ運航スル船舶モ此ノ信號ヲ爲スハ妨ナシト雖他ノ信號ヲ爲スヘカラス

七　航路ニ餘地アリテ他船ノ航過スルニ障礙ナキコトヲ他船ニ通知セントスル汽船ハ短長短ノ三聲ヲ連發スルヲ得但シ其ノ三聲ノ間隙ハ大約一秒時タルヲ要ス

八　海底電信線ノ布設若ハ引揚ニ從事スル船舶近寄リ來ル他船ノ霧中信號ヲ聞キタル

トキハ三長聲ヲ連發シテ之ニ應スヘシ

九　船舶航行中運轉自由ヲ得スシテ近寄リ來ル他船ノ航路ヲ避ケ能ハサルカ又ハ本法ニ遵テ運轉シ能ハサルトキニ際シ近寄リ來ル他船ノ霧中信號ヲ聞キタルトキハ四短聲ヲ連發シテ之ニ應スヘシ

總積量二十噸未滿ノ帆船ハ必スシモ前數項ニ規定シタル信號ヲ爲スヲ要セス然レトモ其ノ信號ヲ爲サヽルトキハ一分時ヨリ多カラサル間隙ヲ以テ適宜他ノ音響信號ヲ爲スヘシ

霧中速力

第十六條　霧中降雪其ノ他暴雨中ハ各船現時ノ狀況ニ注意シ適度ノ速力ヲ以テ進行スヘシ

汽船其ノ正横ヨリ前面ニ方リテ他船ノ霧中信號ヲ聞キ其ノ所在ヲ定メ得サルトキハ成ルヘク機關ノ運轉ヲ止メ全ク衝突ノ虞ナキニ至ルマテ其ノ運航ニ注意スヘシ

航　力

衝突ノ危險ハ其ノ現況ニヨリ我船ニ近寄リ來ル他船ノ方位ヲ看守シテ之ヲ豫知スルヲ得若其ノ方位毫モ變更スルヲ認メサルトキハ危險アルモノト知ルヘシ

第十七條　二艘ノ帆船互ニ近寄リテ衝突ノ虞アルトキハ其ノ一船ヨリ左ノ如ク他船ノ航路ヲ避クヘシ

一　一杯ニ開カサル船ハ一杯ニ開キタル船ノ航路ヲ避クヘシ

二　左舷ニ一杯ニ開キタル船ハ右舷ニ一杯ニ開キタル船ノ航路ヲ避クヘシ

三　一杯ニ開カサル二艘ノ船、風ヲ受クル舷同シカラサルトキハ左舷ニ風ヲ受ケタル船ヨリ他船ノ航路ヲ避クヘシ

四　一杯ニ開カサル二艘ノ船、風ヲ受クル舷同ナシキトキハ風上ノ船ヨリ風下ノ船ノ航路ヲ避クヘシ

五　船尾ヨリ風ヲ受ケタル船ハ他船ノ航路ヲ避クヘシ

第十八條　二艘ノ汽船正シク眞向又ハ幾ント眞向ニ行逢フテ衝突ノ虞アルトキハ兩船トモ鍼路ヲ右舷ニ轉シ互ニ他船ノ左舷ノ方ヲ行過スヘシ

本條ハ兩船正シク眞向又ハ幾ント眞向ニ行逢フテ衝突ノ虞アルトキニ限リ適用スヘシ兩船各々其ノ鍼路ヲ保チテ互ニ替リ行クトキニハ適用スヘカラス

本條ヲ應用スヘキ場合ハ兩船共ニ正シク眞向又ハ幾ント眞向ニ行逢ヒタルトキ即チ晝間ニアリテハ我船ノ檣ト他船ノ檣ト一直線又ハ幾ント一直線ニ見ユルトキ夜間ニアリテハ互ニ他船ノ兩舷燈ヲ見ルトキニ限ルヘシ

本條ハ晝間他船ノ我鍼路ヲ横切リテ我船ノ前面ニ見ユルトキ又ハ夜間我船ノ紅燈他船ノ紅燈ニ對シ或ハ我船ノ綠燈他船ノ綠燈ニ對スルトキ又ハ我船ノ前面ニ綠燈ヲ見スシテ紅燈ヲ見或ハ紅燈ヲ見スシテ綠燈ヲ見ルトキ又ハ綠紅ノ兩燈ヲ我船ノ前面ヨリ他ノ位置ニ見ルトキハ適用スヘカラス

第十九條　二艘ノ汽船互ニ航路ヲ横切リ衝突ノ虞アルトキハ他船ヲ右舷ニ見ル船ヨリ他船ノ航路ヲ避クヘシ

第二十條　帆船ト汽船ト互ニ近寄リ衝突ノ虞アルトキハ汽船ヨリ帆船ノ航路ヲ避クヘシ

第二十一條　本法航方ニ依リ二船ノ內一船ヨリ他船ノ航路ヲ避クルトキハ他船ニ於テ其ノ鍼路及速力ヲ保ツヘシ

第二十二條　本法航方ニ依リ他船ノ航路ヲ避クヘキ船ハ成ルヘク他船ノ前面ヲ橫切ルヘカラス

第二十三條　本法航方ニ依リ他船ノ舷路ヲ避クヘキ汽船ハ他船ニ近寄リタルトキ時宜ニ應シテ速力ヲ緩メ若ハ運轉ヲ止メ又ハ後退スヘシ

第二十四條　總テ他船ヲ追越ス船ハ本法航方中前數條ノ規定ニ拘ハラス他船ノ航路ヲ避クヘシ

總テ他船ノ兩舷正橫後ノ二點以外即チ夜間ニアリテ舷燈ヲ見難キ位置ヨリ其ノ船ヲ追越サントスル船舶ハ之ヲ追越船ト爲シ其ノ後兩船ノ位置ニ變更ヲ來スモ其ノ追越船ヲ以テ本法ノ航路橫切船ト爲サス故ニ其ノ船ハ他船ヲ全ク追越シ了ルマテ他船ノ航路ヲ避クヘキモノトス

晝間他船ヲ追越サムトスル船舶ニシテ前項ニ記載シタル方位ノ內外ヲ辨知シ難キモノハ本船ヲ追越船ト看做シテ他船ノ航路ヲ避クヘシ

第二十五條　汽船狹隘ノ水道ニ於テ無難ニ航通シ得ルトキハ其ノ中流ノ右側即チ本船ノ右舷ニ當ル方ヲ航行スヘシ

第二十六條　航行中ノ帆船ハ網或ハ繩ヲ用キテ漁業ニ從事スル帆船ノ航路ヲ避クヘシ但シ

漁船ト雖猥ニ他船ノ通航スヘキ線路ヲ妨クヘカラス

第二十七條　本法ヲ履行スルニ當リ運航及衝突ニ關シ百般ノ危險ニ注意スルハ勿論若危險切迫シテ本法ヲ履行シ能ハサル特殊ノ塲合ニ於テハ其ノ危險ヲ避クル爲臨機ノ處置ヲ爲スコトニ注意スヘシ

航路信號

第二十八條　本條中短聲トハ大約一秒時間ノ發聲ヲ謂フ

航行中ノ汽船他船ニ近寄リ鍼路ヲ變セムトスルトキハ汽笛若ハ汽角ヲ以テ左ノ信號ヲ爲シ他船ニ我船ノ鍼路ヲ通知スヘシ

短聲一發　我船鍼路ヲ右舷ニ取ル

短聲二發　我船鍼路ヲ左舷ニ取ル

短聲三發　我船全速力ニテ後退ス

懈怠ノ責

第二十九條　本法ハ點燈、信號又ハ見張ノ怠リ其ノ他海員ノ常務又ハ臨機ノ處置ニ必要ナル注意ノ怠リヨリ生シタル結果ニ付船、船主、船長海員ヲシテ其ノ責ヲ免レシメサルモノトス

特例

第三十條　本法ハ地方長官ニ於テ規定シタル港、川其ノ他內海ノ運航ニ關スル特別規則ノ施行ヲ妨ケス

難船信號

第三十一條 危難ニ罹リテ他船又ハ陸地ヨリ救助ヲ要スル船舶ハ左ノ信號ヲ同時又ハ別々ニ使用スヘシ

晝間信號

一 大約一分時ノ間隙ヲ以テ一砲發ヲ爲ス
二 萬國船舶信號書ニ掲載スルＮＣノ難船信號ヲ表示ス
三 方形旗ノ上又ハ下ニ球若ハ之ニ類似ノモノヲ掲クル遠隔信號ヲ表示ス
四 夜間信號ノ部ニ規定シタル榴彈或ハ火箭ヲ打揚ク
五 霧中信號器ヲ以テ間斷ナク音響ヲ發ス

夜間信號

一 大約一分時ノ間隙ヲ以テ一砲發ヲ爲ス
二 船上ノ發焔（タール桶、油樽等ヲ燃燒スルノ類）
三 空中ニ高響及星火ヲ發スル榴彈或ハ火箭ヲ一次一發ツヽ度々打揚ク
四 霧中信號器ヲ以テ間斷ナク音響ヲ發ス

附 則

第三十二條 本法中船舶積量噸數ニ關シ日本形船ハ十石ヲ以テ一噸ニ通算ス

第三十三條 本法ハ明治二十六年一月一日ヨリ施行ス

第三十四條 明治十三年七月第三十五號布告海上衝突豫防規則同十四年五月第三十三號布告同

規則追加同十八年八月第二十七號布告同規則改正追加ハ本法施行ノ日ヨリ廢止ス

○海上衝突豫防法第九條ニ掲載スル網及繩釣漁業ノ說明（明治二十五年八月十八日遞信省告示第百八十五號）

明治二十五年六月法律第五號海上衝突豫防法第九條ニ掲載スル刺網、繰網及繩釣漁業トハ左ニ記載スルモノヲ謂フ

刺網トハ鰛刺網、鮪流網、鰹流網其他流シテ用ウル刺網

繰網トハ打セ網、帆曳網其他漁船ノ進行ニ從ヒ海底ヲ曳ク繰網

繩釣漁業トハ曳繩又ハ延繩ヲ使用スル漁業但シ延繩ハ延入レ若クハ繰上クルトキニ限ル

第七章　難破及賞與

○不開港場規則難船救助心得方（明治三年二月二十九日第百四十八號布告）

一外國貿易ノ儀ハ神奈川港ヲ初大坂兵庫長崎新潟函館六ケ所御取開相成候上ハ諸商賈共右場所ニ於テ取引可致處不開港場於テ密商致シ候哉ノ趣相聞以之外事ニ候右ニ付而ハ先達テ御布令ノ趣モ有之御條約面ニモ明細ニ掲載致シ有之義ニ付向々ニ於テ厚ク可相心得筋ニハ候得共津々浦々邊鄙ノ場所ニ至リ候而ハ取計方不相辨モノモ可有之或ハ難船救助ノ筋ト入混シ難船人ヘ對シ不親切ノ取扱致シ候而ハ御交際上ニ差響候義ニ付夫是以今般猶更廉々別紙ノ通被心得方仰出候依而ハ府藩縣於テ取締不行屆其土民トモ外國人ヲ引入レ內密ニ賣買致シ候節ハ假令其事不仕遂候共當人幷其支配タル者マテ急度御咎可被　仰付候尤吟味ノ上其土地管領ノモノ同意致シ居候歟又ハ心得ナカラ見遁シ候義相知レ候節ハ猶更嚴重御處分可有之候ニ付向々於テ取締ノ義猶一層行屆候樣可致候事

一十年三月第二十七號布告ニヨリ自ラ消滅

條目

(別紙)

不開港場取締心得方規則

一何レ之濱邊又ハ港浦於テ西洋形之船入津候ハヽ時刻ヲ移サス直樣湊役人（役人不居合候所ハ村長之内ヨリ可罷出事）其船ヘ乘組入津ノ趣意可相尋事

但言語不通ニ而十分難相分義モ可有之候得共初テ來ル外國船ハ故ナク入津致シ候義甚タ少ク候間其大意丈ケ和語手眞似ニテ相分可申候事

一尋問之上薪水食料ニ盡キ其品々ヲ求候タメ入津之儀ニ候ハヽ其土地ヨリ横濱兵庫長崎新潟函館迄之里數ヲ勘辨致シ格別遠路ニモ無之候ハヽ右品々タリトモ前文開港場ノ内ヘ參リ可受取旨申サトシ渡方ヲ斷リ可申或ハ右開港場ヘ七八十里又ハ百里モ遠キ場所ニ候ハヽ無余義事ニ付其土地支配ニテ承屆候上右里數ヲ計リ船中人數相當ノ分丈渡遣シ代金可受取事

但金高品數ハ勿論船之碇泊日數刻限等委細相認屆出可申事

一其船ノ國名船名船主之名書付ニテ承リ糺スヘキ事

但船名ハ多ク船之艫ニ横文字ノ楷書ニテ認メ有之モノニ付右字樣寫取置ヘキ事

一船ニ引上ケ有之國旗幷船主ノ旗等總而目印ニ可相成モノハ其雛形寫取可差出事

一欠乏之品相渡候上出帆遲々致シ候樣子ニ候ハヽ早々出帆候樣催促可致事

一御免許之上海岸測量之爲メ船ヲ寄セ候節ハ相當ニ世話致シ岩石隱洲有之場所等差示可遣
尤御免許ノ船ハ其印狀必ス所持致シ居候事
一軍艦ニ候哉商船ニ候哉蒸汽船風帆船共總而船形大小トモ取糺相居可申事
一軍艦ニ候ハヽ大砲之備有之商船トハ船形相違ニ付假令見ナレサルモノニ而モ相知レ可申
軍艦ハ別而何事モ禮儀ヲ正シ不敬ノ取扱致サヽル樣可心掛候事
一薪水食料等船中必用之品之外余分ハ勿論其外土地產物類相求度旨申立候トモ一切賣渡候
事不相成萬一利慾ニ迷賣渡候者有之後日相顯ルヽニオイテハ吟味之上屹度御咎可有之事
一船中ニ積載有之品々彼方ヨリ賣渡度段申立候共買求候儀是又一切不相成萬一竊ニ取引イ
タシ候節ハ前樣御咎可有之事
一濱邊ニ近キ村里之モノ共其濱邊之モノ共內々外國人ト荷物之取引致シ候樣子ニ候ハヽ其
支配カ又ハ開港場ヘ可申立時宜ニヨリ御賞可有之事
一難船ニ無之食料欠乏等ニ托シ密商仕向候節ハ定而其土地ニモ右ヲ呼迎候者可有之速ニ探
索ノ上彌密商致シ候ニ相違無之候ハヽ雙方トモサシ押外國人ハ引留置御國人ハ入牢手鎖等
其土地相當ノ仕置ニイタシ早々申立指圖可受尤横文字ノ書付類後日ノ證據ニ可相成品ハ
始末致シ可置事
但シ各國御條約書ニ何レモ外國人共日本開港場等ヘ參リ密商シ或ハ密商ヲ企ント致シ
候者ハ其犯セル度每ニ其品取上ケ爲過料メキシコドルラルニ而千枚ニ當候程御取立相
成候間御國人ニ於而モ右同樣之企イタシ候者於有之ハ兼而御布告之通其品取上過料ト

シテ金千兩御取上之事

一御國人買求候西洋形商船ニ外國人乘組居萬一商買取引等イタシ度段申立候歟或ハ其乘組御國人手引ニ而商買イタシ候樣ニ相見候ハヽ篤ト樣子ヲ探索致シ嚴敷拒絶可致萬一仕遂候跡ニ候ハヽ其事實穿鑿之上早々其筋ヘ可申立事

但本文西洋形商船ニ不限御國通例ノ地乘船ニ而西洋人乘組居候節モ同樣ノ事

一外國船ヲ御國人トモ借リ受開港場ヨリ開港場ヘ荷物運輸ノ儀ハ願之上御聞居可相成筋ニ候得共不開港場ヘハ決而御聞居無之樣ニ付萬一不良ノ徒村民ヲ欺キ御免許受候ニ付賣買致シ度抔申唱候トモ一切差許申間敷事

但地方饑饉等ニ而不得止事外國船相雇不開港場ヘ相回リ候事御免許無之筋ニモ無之其節ハ府藩縣之知事ヨリ其沙汰可有之且乘組人之内開港場之役人爲取締立會居候筈ニ付事實突留候上其取扱ニ及可キ事

一湊ヘ碇泊イタサス沖繫リ又ハ其近海ニ於テ雙方之船出會致密商候樣子ニ候ハヽ是又早々穿鑿可致事

一不開港場ヘ外國船碇泊致シ薪水食料而已賣渡候義ニ而聊カ心障リ之事無之トモ其都度相屆可申事

難船救助ノ事

一難船ニ而困苦ノ躰ニ相違無之節ハ其困苦之輕重ニ隨ヒ相當ニ扶助致シ可遣事

但船ニ乘組居リカタキ程ニ候ハヽ其海岸最寄寺院ナリ民家ナリ可然場所ヘ止宿爲致食

料衣服等迄仕賄可遣事
一船之修覆ニ取掛リ候ハヽ鍛冶大工職其他人夫ハ勿論器材迄用意イタシ可遣事
一乘組人之内溺死之尸有之歟或ハ滯留中病死之者埋葬之儀申立候ハヽ墓所之内都合ヨキ場所ヘ埋葬可爲致事
一洋中於テ大船破摧シ乘組外國人之内猶ホ船具等ニ取附生殘リ居候体見當候ハヽ早々我船ヘ助ケ載開港場ヘ送屆候歟又ハ其土地支配之者ヘ引渡其支配之者受取海陸便宜ヲ見計開港場ヘ可差送事
一難船漂着候ハヽ早々外務省歟又ハ開港場之内可成里數近キ所ヘ晝夜ニ不限注進ニ及ヒ其掛官員之出張ヲ申立指圖可受事
一難破イタシ船難用立陸路ヨリ開港場ヘ罷越度段外國人ヨリ願出候ハヽ承屆附添之者可成余計ニサシ出シ最寄之開港場ヘ可送屆事
一困難之船隱レ洲等ニ乘懸ケ難引出其儘船主引拂候節ハ右船滓又ハ鐵具錠鎖等迄沈沒之マヽ追々流失候トモ又ハ村方ニ而取捨候トモ向後異存ナキ旨外國人ヨリ横文之書面取置ヘキ事
一難破之船滓其儘差置キ外國人ハ一旦引拂追々右船引出方トシテ再可差越候ニ付其間船其外ノモノトモ預リ置キクレ候樣外國人ヨリ相頼候トモ容易ニ引受申間敷彼方ヨリ遮而申立候ハヽ其筋ヘ伺之上可引受勿論入費可相掛儀ニ付右賃銀受取候儀ハ不及申跡々ニテ異論不差起樣何事ニモ書面可取置事

一沿海地方ニ於テ外國船困難ノ節救助方ニ付出費ノ儀ハ總テ其船主ニ屬シ相當ニ候得共船主ニ屬スベカラザル部分於有之內譯ノ精細區分致シ總テ其地管轄ノ府縣廳ヨリ官費ヲ以仕拂候事ト相心得船主ヘ談判致シ船主ヨリ相當償却高ノ外尙ホ不足ノ殘額ハ內譯精細書相添ヘ管轄府縣ヨリ大藏省ヘ申出處分ヲ可請候或ハ船主ノ自費ト地方廳ノ官費ト區別判然致サヽル部分ハ暫ク官費ヲ以テ操替置キ船主留滯中ナラバ其趣船主ヘ心得置セ若シ船主其他乘組者既ニ困難場引拂後ナルトキハ先以テ最寄開港場ノ府縣長官ヘ照會シ同所長官ヨリ其旨船主又ハ船主管轄ノ領事ヘ申入置セ而後右區分ノ見込外務省ヘ申出何分ノ指揮ヲ受クベク若シ船主ヨリ受取ルベキ分本人持合セ無之候ハヽ證書取置是又前文同樣開港場ノ府縣長官ヘ可相廻事明治八年五月四日第七十號布告ヲ以本項改正

一難破ノ船具又ハ汐濡之荷物或ハ船滓等賣拂度旨外國人ヨリ申立候ハヽ右ハ相當之價ヲ以テ買求候儀不苦尤其段可相屆事

一難船ニ而永々滯留可相成樣子ニ候ハヽ府藩縣トモ其筋ヨリ警衞ノモノ可差出事

一乘組人無之西洋之難破船海岸ヘ漂着候ハヽ其樣子イサイニ可相屆事

一總而外國人ニ取引致シ候勘定書或ハ證書之類ニ至ル迄和文ニ而ハ難用立候ニ付彼國ノ文字ニ而爲相認書キ判又ハ調印爲致置ヘシ和文ニ而ハ後日ノ證ト難相成候此方ヨリ可差出證文等有之候ハヽ和文ニ相認右ヘ調印イタシ可差出彼方ヨリ望候トモ意味不相知西洋文ヘ調印ハ勿論名面認載候儀不相成被欺候儀有之候トモ後ニ其詮無之事ト可相心得候事

一右條目ニ有之伺出候儀又ハ屆書トモ其場所ヨリ最近キ開港場歟又ハ東京外務省ヘ差出候

事ト可相心得勿論事柄長引キ手輕ニ不相濟儀ハ開港場ヘ相屆候上猶又外務省ヘ可申立事

右ノ通

明治己年正月

○御國船海外ヘ漂流シ送還ノ節入費立方 明治四年二月二十九日第九十七號布告

一御國船難風ニ逢海外ヘ漂流致シ外國人ノ救助ヲ受ケ被送還候節ハ到着ノ上開港場ニ於テ一通相糺シ其者管轄ノ府藩縣ヘ引渡候間其節迄ノ諸入費總テ引渡受候府藩縣ヨリ開港場管廳ヘ可差出候事

○外國船漂着ノ節取扱方 明治四年四月廿二日第百九十七號布告

外國船漂着ノ節取扱方左ノ通尙又被　仰出候條此旨相達候事

一條約濟各國ノ船艦困難ニ及ヒ漂着候節其舟小舟ニ候共修復ヲ加ヘ歸航致度望ニ候ハヽ其旨承屆規則第二ケ條第九ケ條ニ照準シ處置致スヘキ事

一破船難用立節乘組人員少ニテ手輕ニ可相濟分ハ規則六ケ條ニ照準シ海陸便宜見計最寄開港場ヘ可送屆事

六年第三百五十六號ヲ以テ條約取結

一清國ノ儀ハ無程條約御取結相成彼國ヨリ官吏差越候上ハ條約濟各國同樣ノ振合ニ可相成候ヘ共先ツ夫迄ノ處同國ノ舟船等困難漂着ヲ見受候ハヽ相當扶助イタシ模樣取糺シ其舟修復ヲ加ヘ候ヘハ歸國モ出來可申程ニテ乘組人モ其旨相願候ハヽ望ミ通承屆親切ニ世話致シ遣可申事

但諸雜費ノ儀當人辨スル不能ハ其土地ノ入費又ハ其管轄所ノ公費ニ相立可申事

六年第三百五十六號十一年六月二十四日司法省番外達參看

九年第百十七號達ニ依リ區戸長以下十七字消滅

一二十年六月勅令第二十一號ヲ以テ改正

一淸國ノ船破碎漂着難用立候ハヽ同國ヨリ長崎縣ニ總代ト唱候者同國人取締ノ爲メ渡來致シ居候間海陸便宜見計藩縣送リヲ以同所縣廳ヘ送リ屆縣廳ヨリ右總代ヘ引渡可申事

一二十年六月勅令第二十一號ヲ以テ改正

右ノ件々有之候節ハ總テ最寄開港場ヘ相屆其段外務省ヘ可屆出事

○內國船難破及ヒ漂流物取扱規則 明治八年四月二十四日第六十六號布告

內國船難破及ヒ漂流物取扱規則別冊ノ通相定候條本年六月一日ヨリ施行可致事

但本年同日ヨリ浦高札ハ廢シ候事

內國船難破及ヒ漂流物取扱規則

第一條　諸通船海上又ハ川筋ニ於テ難破沈沒其他ノ災厄ニ逢ヒ候節救助心得方及ヒ之ニ屬スル諸費用ノ立方ハ總テ左ノ個條ニ從テ取扱フヘシ

第二條　各地浦方ニ於テ難破救助ノ爲メ其管廳ヨリ區戸長其他用掛等ノ內ヲ以テ適宜ニ浦役人ヲ申付置クヘシ

第三條　諸通船難風ノ爲ニ困難シ又ハ其他災厄ニ罹リ候節ハ最寄ノ者見付次第直チニ浦役人ニ報知シ且浦役人ヨリ指圖無之トモ速ニ助船ヲ出シ救助方精々盡力致スヘシ

但救助ノ者困難船ニ漕寄セ候節船長其他重立タル者ヨリ賴談無之內ハ猥リニ船中ノ物品ヲ積ミ移スヘカラス

第四條　浦役人ハ難船ヲ見付或ハ其報知ヲ得ル時ハ速ニ其乘組人及ヒ船体積荷ヲ救助保安

スルノ手立ヲ盡スヘシ若シ多人數ヲ要スル程ノ大難船ト見受候節ハ板木半鐘等打鳴ラシ人數ヲ呼聚メ且近隣ノ船持ニ申付助船ヲ出サシムヘシ

第五條　少人數ニテ救助シ得ヘキ時ハ勿論前條ノ如ク多人數ヲ要スル程ノ大難船ノ節モ浦役人ニ於テ諸事取締ヲ付ケ成丈ケ失費掛カラサル樣篤ク注意致救助方行屆キ候ハヽ早速人數ヲ退散セシムヘシ

第六條　保安シタル船具積荷其他ノ物品ハ最安全ニシテ且便利ノ塲所ニ之ヲ置クヘシ尤小屋掛ヲ要シ番人ヲ差置クヘキ程ノ塲合ニ於テハ夫々其手數ヲナシ諸事懇切ノ取扱ヲ致スヘシ

第七條　難破ニ逢ヒタル船長又ハ乘組ノ者ハ上陸次第直ニ電信郵便其他ノ急報ヲ以テ之ヲ船主又ハ荷主ニ報知スヘシ

第八條　難船物ヲ保安スル者ヘハ左ノ割合ヲ以テ保安料ヲ遣スヘシ

第一　海面ニ漂流スル物品ハ其二十分一

第二　海中ニ沈沒スル物品ハ其十分一

第三　川面ニ漂流スル物品ハ其三十分一

第四　川底ニ沈沒スル物品ハ其十五分一

但其所持主ノ都合ニ依リ代價又ハ現物ニテモ妨ケナシ

第九條　浦役人ハ救助ノ爲メ集リタル人數及ヒ救助ノ爲ニ出シタル小舟現ニ難船品ヲ保安シ及ヒ之ニ就テ盡力シタル證跡顯然タラサルニ於テハ保安料及ヒ其他ノ賃錢等ヲ割渡ス

可カラス

第十條　保安シタル物品又ハ船滓等ノ餘殘物又ハ汐入水濡レ等ノ爲ニ腐敗スヘキ恐レアル者ハ二名以上ノ浦役人及ヒ船長其他重立乘組ノ者二名以上合議ノ上其所ニ於テ之ヲ入札拂ヒニ爲スヲ得ヘシ

但シ本條ノ塲合ニ於テハ浦役人ニテ成ルヘク丈ケ最寄ヘ廣告シ公ケノ塲所ニ於テ入札人其他衆人ノ眼前ニテ之ヲ爲シ且其物品ノ目錄及ヒ買人ノ證書幷ニ其附直段ノ第三番迄ヲ取置クヘシ

第十一條　保安物ヲ賣拂ヒタル片ハ其代價金高ノ內ヲ以テ左ニ揭載シタル諸費用ヲ其船主荷主ヨリ出サシムヘシ

第一　保安料

第二　救助ノ節働人足賃及ヒ小舟賃

第三　保安物ノ爲メニ取設ケタル小屋掛入費及ヒ番人ノ賃錢

第四　乘組ノ者怪我人有之節其療養入費

第五　同前ノ者溺死スル片其搜索入費

第六　同前ノ者溺死ノ節埋葬入費

若シ物品賣拂金高諸費ノ高ヨリ少ナキ片ハ其金高限リ出サシメ不足ノ分及ヒ賣拂フヘキモノモ之ナキ片ハ第十五條ニ標準シテ處置スヘシ

第十二條　左ニ揭載シタル諸入費ハ之ヲ三分シ其二分ハ船主荷主ヨリ出サシメ其一分ハ之

十九號布告ニ依リ民費ノ二字ヲ改メテ地方税ト為ス二十一年四月法律第一號市制町村制實施後左ノ區別ニ依リ支辨スヘキコトヲ内務大藏兩大臣ヨリ各府縣ヘ訓令ス
第一ハ自然消滅
第二第三ハ市町村ノ負擔トス
第四第五ハ地方税ノ負擔トス

ヲ其管内民費トナスヘシ

第一　難船取扱中浦役人ノ日給

第二　浦方ニ於テ難破ノ爲ニ費シタル薪炭蠟燭及ヒ筆紙墨代

第三　浦方ヨリ官廳其外等ヘ發シタル電信郵便及ヒ飛脚賃

第四　扶助人溺死シタル時其捜索入費

第五　同前ノ者死傷スル時治療埋葬入費

第十三條　難破ノ節浦方ヨリ乘組人ニ給セシ衣服食物其他ノ必要品代料又ハ歸鄕費等ヲ貸遣シタル時ハ證書取置キ第十九條ノ通リ精算書中ニ記載シ追テ本人ヨリ償却セシムヘシ

第十四條　大難船ノ節諸費用割賦ノ義ハ（船體皆破沈沒乘組人ノ死去及ヒ積荷ノ大損害ヲ生シ荷主船主立會決算ヲ要スル等ノモノ）現場ノ救助方ヲ除クノ外各般ノ處置ハ其管廳ニ申立テ其筋出張官員ノ差圖ヲ受クヘシ尤モ小難船ノ處置ハ二名以上ノ浦役人及ヒ船長其他重立乘組ノ者二名以上合議ノ上之ヲ決スルヲ得ヘシ

第十五條　船體積荷ヲ併セテ悉皆沈沒ニ至ルノ大難船ハ浦方ニ於テ其救助ノ爲ニ許多ノ雜費相掛リ候トモ船主荷主ヨリ之ヲ取立ルヲ得ス故ニ其差出スヘキ費用ノ分ハ官費ヲ以テ支給スヘキニ付キ費用明細帳ヲ作リ浦役人船長連署押印シテ管廳ヘ差出スヘシ

第十六條　危難ヲ冒シテ乘組人ノ必死ヲ救フ者又ハ救助ノ爲ニ盡力シテ死傷ニ至ル者アルトキハ必ス管廳ヘ屆出ヘシ其事實ノ輕重ニ依リ相當ノ賞與或ハ手當金ヲ給スヘシ

第十七條　總テ浦役人及ヒ船長合議ノ上處置シタル時ハ其事柄ヲ詳細ニ記シタル證書二通

ヲ作リ之レニ連署押印シ其一通ヲ船長ヘ渡シ他ノ一通ヲ捕役人ニテ保チ置クヘシ

第十八條　二名以上ノ浦役人合議ノ時ハ其内一名ハ必ス他村ヨリ出スヘシ

第十九條　難船救助ニ屬スル諸費用ハ二名ノ浦役人及船長其他重立乘組者二名以上立會ノ上第十一條第十二條第十三條第十五條ニ照シテ夫々其費用ノ種類ヲ區別シ成ル可ク速カニ精算書ヲ作リ之ニ難破明細書ヲ添テ管廳ニ差出シ其撿査ヲ受クヘシ

但シ精算取調ノ節ハ成丈船主又ハ荷主ノ立會ヲ要スヘシ

第二十條　前條ノ精算書ハ管廳ニ於テ速カニ調査ヲ逐ケ不審ノ廉無之ドハ早速下ケ渡スヘシ然ル上浦役人ハ第十五條ニ記スル場合ヲ除クノ外船主荷主或ハ船長ヨリ夫々出金致サスヘシ若シ其即時辨金難相成分ハ相當ノ日數ヲ猶豫ス可シ

但シ民費ノ分ハ其管廳ヨリ取立浦役人ヘ下渡可シ

第二十一條　洋中ニ於テ難破或ハ打荷等有之趣ヲ以テ浦證文ヲ願出ルドハ二名以上ノ浦役人立會ノ上船長及乘組ノ者二名以上ヲ別々ニ取調ヘ其實跡アルカ又ハ航海日記アル者ハ之ニ照シ各符合スル時ハ浦證文ヲ作リ連署調印シテ之ヲ船長ニ附與シ寫ヲ以テ管廳ニ屆出ヘシ

但シ浦證文中左ノ箇條ヲ載スヘシ

第一　難破ニ逢タル場所其時日及ヒ風波ノ模樣

第二　破損ノ個所

第三　打荷ノ種類個數並他ノ積荷ノ種類

第四　船號及免狀ノ番號並船主船長ノ本貫苗字名乘組人數
第五　荷打シタル荷物主ノ苗字名本貫
第六　仕出シ地及ヒ仕向地ノ港名
第七　乘組ノ內死傷有之トキハ其本貫苗字名年齡

第二十二條　軍艦其他ノ官有船困難候節ハ早速助船ヲ出シ精々盡力シテ救助スヘシ且其難破ノ大小ニ拘ハラス其旨ヲ直ニ管廳ヘ報知スヘシ

第二十三條　前條ノ救助ニ屬スル諸費用ハ船將又ハ其筋ノ士官ヨリ直ニ受取ヘシト雖モ總テ管廳ノ指揮ヲ受クヘシ

但第十一條ニ記載スル保安物ニ就テハ別段相當ノ手當ヲ與フヘシ

第二十四條　貢米及其他ノ官物ヲ積入候船難破ニ及ヒ候節現場救助ヲ除クノ外總テノ處置ハ管廳ヘ申立ノ上其指揮ヲ受クヘシ

但郵便物ヲ積込候船ハ其最寄郵便役所又ハ取扱所ヘ郵便行囊ヲ至急引渡スヘシ

第二十五條　難船取扱ノ間浦役人ノ日給ハ一日五十錢ヨリ多カラス十錢ヨリ少カラサルモノトス難破ノ節働人足賃及ヒ小舟賃ハ土地ノ異同ト勞疲ノ難易ニ依リテ同シカラスト雖モ各管廳ニ於テ適宜見積リ豫シメ其額ヲ定メ置クヘシ

第二十六條　船長及ヒ擔任ノ者怠慢ニ依リ難破沈沒其他ノ損害ヲ生スル時ハ右損失ヲ其者ヨリ償却セシムヘシ若シ其災厄人知ノ前知ス可カラス人力ノ豫防ス可カラサルニ出ルコヲ瞭然明證スル時ハ此限ニアラス

第二十七條　浦役人船長其他救助ノ者ト申合其保安シタル難船物ヲ沈沒ト僞リ窃カニ賣買スル者ハ律ニ照シテ處分スヘシ

第二十八條　凡テ難船ノ節救助ニ托シテ積荷船具其他ノ物品ヲ窃盜或ハ掠奪スル者又ハ其窃盜掠奪ニ與スル者或ハ其本犯ヲ陰匿スル者又ハ窃盜物ト知テ之ヲ賣買スル者ハ律ニ照シテ處分スヘシ

第二十九條　凡原因ノ知レサル難船漂着物及ヒ乘組人ナキ漂着船ヲ見附ル者ハ之ヲ浦役人ニ報知スヘシ浦役人ハ其調書ヲ作リ之ヲ其管廳ヘ屆出ヘシ

第三十條　乘組人ナキ船ハ其漂着ノ月日船ノ大小破損ノ模樣等ヲ精細ニ書記シ漂着物ハ其品名箇數等精細ニ書記ルシ其漂着近傍人民輻湊ノ地ノ揭示場及ヒ船改所ヘ六十日間張出スヘシ尤モ漂着物ノ代價二十圓以上ト思量シ或ハ二十圓以下タリモ必要ノ品柄ト思量スル時ハ其管廳ヨリ三府五港ノ管廳及ヒ稅關ヘ報告シテ張出シヲナシ或ハ新聞紙ニ載セテ公告スヘシ

明治十三年第三十六號布告參看

第三十一條　漂着物ノ持主知レタル時ハ左ノ區別ニ循ヒ處置スヘシ

同　上

第一　一ケ年以內ハ其見積代價ノ三分一ヲ取揚主ニ與ヘ其現品ハ持主ニ返還スル事

但持主ノ情願ニヨリ現品賣拂ヒ其代金ニテ受取ルヿヲ得ヘシ

第二　一ケ年ヲ過クレハ之ヲ公賣シ其代價ヲ平分シ一半ハ其取揚主ニ與ヘ一半ハ官ニ收ムル事

但三ケ年以內ニ其持主知レタル時ハ官ニ收メシ部分ハ下戾ス可シ

明治九年第五十五號布告ヲ以テ得遺失物律ヲ改正刪除シ同第五十六號ノ布告ヲ以テ遺失物取扱規則ヲ定ム

第三十二條　乘組人無之漂着船ノ持主知レタル時ハ左ノ區別ニ循ヒ處置スヘシ

第一　一ヶ年以内ハ其見積代價ノ十分一ヲ見附主ニ與ヘ其船ハ持主ニ返還スル事

但書ハ前條第一項ニ同シ

第二　一ヶ年ヲ過クレハ之ヲ公賣シ其代價ノ三分一ヲ見附主ニ與ヘ其余ノ二分ハ官ニ收ムル事

但書ハ前條第二項ニ同シ

第三十三條　前二條ニ記スル塲合ニ於テハ律例得遺失物ノ條ト抵觸スルヿナカルヘシ

第三十四條　凡漂着物ヲ保存シ及ヒ之ヲ公告スル等ノ事ニ付費用アルモノハ第十一條ニ照シ浦役人ノ奥印シタル證書ヲ以テ代價ノ全部中ヨリ之ヲ償却スヘシ

第三十五條　洋中ニ於テ難破イタシ桅檣其他ノ船具ニ取附キ海岸ニ漂着致シ候者有之節ハ浦役人ヨリ一通取調相當ノ保護ヲ加ヘ置キ直ニ管廳ニ届出其指揮ヲ受クヘシ尤モ本人歸郷ノ旅費其他ノ手當等貸遣シ候節ハ第十三條ノ通リ追テ本人ヨリ償却セシムヘシ

第三十六條　凡漂着物ヲ見附ケタル者之ヲ浦役人ニ報知スルヿナク其物品ヲ私ニ使用シ又ハ之ヲ賣買スル者ハ第二十八條ニ照シテ處分スヘシ

第三十七條　暴風雨等ニテ流失ノ材木ヲ取揚クル片ハ此規則第二十九條以下ニ照準シ其代價十分ノ一ニ過キサル取揚料ヲ遣スヘシ　十年三月十日第二十九號布告ヲ以テ改正

第三十八條　前條ノ塲合ニ於テ取揚タル材木巨大ニシテ預置ニ不便ナルモノハ官之ヲ公賣シ其代價ヲ以テ現物ト看做シ材主ノ有無ニ從ヒ處分スヘシ　十一年十月十五日第三十二號布告ヲ以テ追加

明治十三年第十號布告ヲ以テ商船ノ文字ヲ削リ西洋形船ト改ム以下倣之

○船難報告授受手續　明治十年八月七日第五十五號布告

外國人ニ關係アル貨物ヲ積載シタル西洋形商船ニシテ船難報告又ハ船難證書ノ手數ヲ要スル時ハ其船長ヨリ我國內ニ於テハ最寄稅關又外國ニ於テハ該地在留我領事舘ヘ申出ヘシ即チ授受手續別紙ノ通被定候條此旨布告候事

船難報告　英語シツプス　プロテスト　　船難證書　英語エキステンテツト　シツプスプロテスト

船難報告ハ暴風雨其他ノ海難ニ由リ損害ヲ生セリト思考スルトキ豫メ其現實ヲ報告スル迄ノモノトス故ニ危難請合社ニ向テ請合金ヲ要求スル充分ノ憑據ト爲スニ足ラス唯後日船難證書ヲ記スルニ必要ノ引證ニ供スルモノトス

船難證書ハ現ニ損害ノ多少ヲ明確シ得タルトキ其損害ノ原因及ヒ之ヲ生シタル月日塲所等ヲ詳細記載スヘキモノニシテ其記入ノ件々眞誠確實ナリト思惟スルトキハ危難請合社ニ向テ請合金ヲ要求スルニ充分ノ憑據ト爲スヘキモノトス

授受手續

第一條　各商船ノ船長ヨリ遭難ノ實況ヲ申出ルトキハ其地ノ稅關長或ハ領事其船長ノ申立ニ從ヒ第壹號書式ノ書面ヲ造リ船長ニ其名ヲ手書セシメ然ル後自ラ官名姓名ヲ手書シテ之ヲ公證シ壹通ハ其廳ニ收メ置キ他ノ壹通ハ船長ニ下ケ渡ス可シ

第二條　船難報告ハ着船ノ後二十四時ノ內ニ手數ヲナシ若シ此時限ニ後ルヽトキハ其公證ヲ與ヘサルヘシ然レ𪜈船長ヨリ其遲延ノ次第ヲ辨明シテ十分滿足スヘキ理由アルトキハ其次第ヲ報告書ニ記載シテ其公證ヲ與フヘシ

第三條　船難證書ハ大略第二號書式ニ從テ記スヘク而シテ船長運轉手及ヒ他ノ一名ノ海員ヲシテ稅關長又ハ領事ノ目前ニ於テ同號甲ノ明告狀ヲ記サシメ且稅關長又ハ領事ハ同號乙ノ奥書ヲ以テ之ヲ公證スヘシ

第四條　船難證書ハ一航海中ニ遭遇シタル變難及ヒ生シタル損害ノ實況ヲ報告スルモノニ付航海日誌其他公證ニ供スヘキ書類ニ因リ或ハ信任スヘキ海員ノ申立ニ從テ眞確ノ事實ヲ採蒐記載セシムヘシ

第五條　船難證書ハ必ス貳通ニ記シ其一通ハ其廳ニ收メ置キ他ノ一通ハ船長ニ下ケ渡スヘシ

第六條　税關又ハ領事館ニ於テ收メ置キタル船難證書ヲ一覽セントスルカ又ハ其寫ヲ願受ントスル者アルトキハ其廳ノ公務時間中ハ何時ニテモ之ヲ聽スル可シ但シ寫ヲ附與スルトキハ本書ト相違セサル樣緊密ニ讀ミ合セ且第二號丙ノ書式ニ從テ奥書ヲナスヘシ

第七條　船長以下ノ者船難證書ヲ了解シ能ハサル者或ハ全ク讀ミ得サル者アレハ其明告狀ニ連署ヲナサシムルノ以前ニ於テ丁寧ニ之ヲ讀ミ聞セ充分其意味ヲ了解セシムヘシ

第八條　船難報告及ヒ船難證書トモ國字ヲ原文英字ヲ譯文トナシ必ラス原譯兩文ヲ以テ記スヘシ然レトモ場合ニヨリ原文ノミヲ記シ又ハ譯文ノミヲ記スルコトアルヘシ

第九條　船難報告船難證書及ヒ船難證書ノ寫ヲ附與スルトキハ左ノ手數料ヲ收入スヘシ

船難報告　壹通　金壹圓

船難證書　壹通　金五圓

但シ寫一通ヲ添フ

正本ニ添フタル者ヲ除クノ外ハ

船難證書　壹通　金壹圓

第十條　第貳號書式用紙ハ適宜タルヘシト雖モ第壹號書式用紙ハ税關又ハ領事館ノ費用ヲ以テ製造シ收入シタル手數料ハ毎半年分取束子大藏省ヘ上納スヘシ

第一號書式

船難報告

明治何年（千八百七十何年）何月何日何々船商荷ヲ積載シ何國何々港ヨリ開帆シテ明治何年（千八百七十何年何月何日何國）何々港ニ到着シタル何々港何々丸（番號何番）船ノ船長何ノ誰明治何年何月何日何々港税關長又ハ領事何之誰ノ目前ニ自身出頭シ何々ノ事故ニヨリ目下ノ損害ヲ懸念シ其次第ヲ報告スルニ付則爰ニ之ヲ登記候也

船長　何之誰

右拙者ノ目前ニ於テ證名候段相違無之候也

明治何年何月何日

何々港税關長又ハ領事何之誰

第二號書式

船難證書

明治何年（千八百七十何年）何月何日何地何々號船ノ船長何之誰運轉手何之誰海員何之誰何國何々港税關長又ハ領事何之誰ノ目前ニ自身出頭シ誠心眞意ヲ以左ノ事實ヲ公報ス

（以下航中ノ現況遭難ノ場所月日損害ノ多少等其他詳細ノ報告ヲ記入スヘシ）

是ニ於テ右出頭人ナル何之誰何月何日右税關長又ハ領事ノ公廳ニ出頭シテ其船難報告ノ登

記ヲ申受ケタリ
右ニ記スル暴風雨變難等及ヒ之ニ就テ生シタル損失毀害ハ全ク前記ノ實況ニ根據スル段右出頭人之ヲ證シ且税關長又ハ領事ニ於テモ亦之ヲ證セリ
甲
右何々號船ノ船長何之誰運轉手何之誰海員何之誰等前文記載ノ件々ハ眞正確實ノ事實ニ相違無之此明告狀ヲ以テ相證候也

船　長　何之誰
運轉手　何之誰
海　員　何之誰

乙
右拙者ノ目前ニ於テ證名候段相違無之候也
年　月　日
何々港税關長又ハ領事何之誰

丙
船難證書寫ノ奥書
前記證書ノ寫ハ當廳ニ收メ置キタル本書ニ就テ相認メ候ニ付本書ト照査シテ分毫ノ差異無之依テ拙者ノ記名官印ヲ以相證候也
年　月　日
何々港税關長又ハ領事何之誰印

○海難取調手續　明治二十六年三月三日遞信省令五號

第一條　本令ハ船長運轉手機關手ノ免狀ヲ受有スル者ノ乘組タル船舶ノ海難ニ罹リタル場

合ニ適用ス

第二條　船長運轉手機關手ノ免狀ヲ受有スル者其職務ニ從事シ海難ニ罹リタルトキハ書面又ハ口頭ヲ以テ遭難地又ハ遭難後始メテ著港シタル地ノ船舶司撿所又ハ警察署（船舶司撿所設置ナキ地方ニ限ル以下皆倣之）ヘ直ニ其事由ヲ屆出ツヘシ

第三條　何人タリト雖トモ船長運轉手機關手ノ免狀ヲ受有スル者其職務ニ從事シ海難ニ罹リタルコトヲ知リタルトキハ書面又ハ口頭ヲ以テ其地ノ船舶司撿所又ハ警察署ニ屆出ツヘシ

第四條　船舶司撿所又ハ警察署第二條及ヒ第三條ノ屆出ニ依リ又ハ自ラ其事實ヲ知リタルトキハ船長運轉手機關手ハ勿論場合ニ依リテハ關係人ヲモ召喚シ左ノ事項ヲ取調ヘ取調書ヲ作ルヘシ警察署ノ取調ニ係ルトキハ其取調書ヲ最近ノ船舶司撿所ニ遲滯ナク送致スヘシ取調書ニハ取調ヲ爲シタル者ノ官氏名及ヒ年月日ヲ記入スルヲ要ス

一　取調ヲ受ケタル者ノ住所氏名職業年齡

二　遭難船ノ名稱、種類、積量、馬力（汽船ナルトキ）船主ノ住所氏名及積荷ノ有無

三　發航地、到達地及ヒ遭難地ノ名稱年月日時

四　發航以後遭難迄ノ天候航路及ヒ遭難ノ顛末

五　船舶破損ノ箇所及ヒ其再用適否

六　乘組員及ヒ船客ノ員數、死傷ノ有無

七　船長運轉手機關手ノ住所氏名免狀ノ種類番號

八　人命及ヒ船舶救護ノ方法
九　發航以後船長運轉手機關手舵取及ヒ看守ノ當直時間幷其氏名
十　本船平均速力及ヒ遭難當時ノ速力
十一　使用海圖ノ種類及ヒ番號
十二　航路ヲ指定シタル羅針盤ノ所在及ヒ其航路ニ於ケル羅針盤ノ自差（自差トハ通常羅針ノ指示スル位地カ船内ノ鐵氣ニ感シ左若クハ右ヘ其位置ヲ移轉シ爲メニ生シタル差違ヲ謂フ）
十三　航海日誌ノ存否
十四　取調ヲ受ケタル者其地ニ滯在シ又ハ何日以後ハ何地ニ至ルヘキコト
右ノ外必要ト思料スル諸件アルトキハ適宜之ヲ取調ルコトヲ要ス
第五條　前條ノ場合ニ於テ船舶司撿所又ハ警察署ハ船名、遭難地名時日及ヒ遭難模樣ノ大略ヲ記シ遲滯ナク遞信省ニ報告スヘシ
第六條　船長運轉手機關手ノ免狀ヲ受有スル者ニシテ第二條ノ規定ニ違背シ海難ノ届出ヲ爲サヽル者ハ二圓以上二十五圓以下ノ罰金ニ處ス

○外國航海中海難届出手續（明治二十八年一月十四日遞信省令第一號）

第一條　船長運轉手機關手ノ免狀ヲ受有スル者其職務ニ從事シ外國ニ於テ海難ニ罹リタルトキハ遭難地又ハ遭難後始メテ着港シタル地ノ帝國領事ニ其事由ヲ届出ツヘシ
第二條　何人タリトモ船長運轉手機關手ノ免狀ヲ受有スル者其職務ニ從事シ外國ニ於テ海難ニ罹リタルコトヲ知リタルトキハ書面又ハ口頭ヲ以テ其地ノ帝國領事ニ届出ツヘシ

管船事務ハ十四年四月第七號布告ニ依リ農商務省管理ニ屬シ更ニ十八年十二月第七十號達ニ依リ遞信省ノ管理ニ屬ス

廿六年二月十四日遞信省告示第五十

第三條　第一條ノ規程ニ違背シ海難ノ屆出ヲ爲サヽル者ニハ明治二十六年遞信省令第五號第六條ノ罰則ヲ適用ス

○日英兩國難破船救助費償還ノ件　明治十二年三月二十六日 内務省乙第十五號

府　縣

明治十年七月乙第六拾八號ヲ以テ英國難破船救助費支出方之儀相達置候處今般日英兩國船船難破救助費償還方之儀ニ付別紙之通約定書交換相成候條此旨相達候事

日本政府ニ於テ英國破船人救助ノ爲メ衣類食料旅費或ハ溺死人骸ノ救援或ハ病者負傷者ノ治療其外死去人ノ埋葬ニ係ル諸入費ハ英國政府ヨリ日本政府ヘ償還スヘシ英國政府日本破船人ヲ救助スル片ハ日本政府ニテ右同樣ノ手續タルヘシ

日本政府又ハ英國政府ハ何レモ破船又ハ船内物貨ノ回復或ハ其保護ニ係ル費用ハ之ヲ償還スルノ責ニ任セサルヘシ總テ斯ノ如キ費用ハ難ヲ免レタル貨物ヲ以テ右貨物ヲ受取ル節右關係ノ者ヨリ其費用ヲ償却スヘシ

日本政府又ハ英國政府ハ難船ノ場所ニ出張スル政府ノ官吏警察吏又ハ地方官ノ費用即チ難船人護送ノ官吏ノ旅費及ヒ公信往復費ヲ拂ハサルベシ是等ノ費用ハ右官吏警察吏及ヒ地方官所屬ノ政府ニ歸スヘキ者トス

○日米兩國難破船費償還方條約　明治十四年九月二十八日 内務省乙第四十五號達

府　縣

難破船費用償還方ノ儀別紙ノ通リ米利堅合衆國政府ト結約批准相成候條此旨相達候事

三號ヲ以自今日米兩國難破船費償還條約ニ關スル事務ハ遞信省ニ於テ處理スベキ旨告示セラル

日本帝國ト米利堅合衆國ト俱ニ約ヲ結ヒ以テ此國ノ船彼邦ノ海岸ニ於テ難破ノ際ニ當リテ支出スヘキ一定ノ費用償還ノ法ヲ設ケンヿヲ欲シ仍テ之カ爲メニ特約ヲ結フヿニ決意シ其全權委員トシテ日本國

皇帝陛下ハ外務卿正四位勳一等井上馨ヲ之ニ任シ米利堅合衆國　大統領ハ闕下ニ駐剳セル合衆國特命全權公使「ジョン、エー、ビンハム」ヲ之ニ任シ互ニ其委任狀ヲ相示シ其式ノ善良適切ナルヲ認メテ訂約スルヿ左列ノ如シ

凡ソ風破ノ難ニ罹レル日本ノ窮民ヲ救ヒ之ニ衣食シ之レニ旅費ヲ給シ若クハ溺者ノ遺骸ヲ收得シ病者傷者ノ醫料ヲ償フノ力ナキトキハ之ニ醫藥ノ資ヲ給シ若シクハ死者埋葬等ノ爲メ合衆國政府ニ於テ支出シタル諸費ハ宜シク日本政府ヨリ之ヲ償還スヘシ又合衆國市民ノ難破ニ遭遇シ日本政府ヨリ扶助ヲ受クル者アル時ニハ合衆國政府宜シク上ト同樣ノ手續ニ從フヘシ然レモ日本政府ニ於テモ將タ合衆國政府ニ於テモ難破船乃至其船中ノ貨財ヲ收回保存スルニ方リテ支出シタル費用ニ至テハ之ヲ償還スルノ責任ナカルヘシ凡テ這樣ノ費用ハ其拾得シタル貨財ニ課シコレニ關係アル輩ヲシテ該貨財引取ノ上償還セシムル者トス

日本政府ニ於テモ將タ合衆國政府ニ於テモ其難破ノ地ニ出張セシムル政府ノ官吏警察吏或ハ地方吏ノ手當又ハ難民ヲ護送スル吏員ノ旅費若クハ公信往復ノ費用ハ之ヲ取立サルヘシ此類ノ費用ハ右官吏警察吏地方吏所屬ノ國ノ政府ニ於テ負擔スルモノトス

此約書ハ正當ノ法式ニ從ヒ各自政府ニ於テ之ヲ批准シ其批准ハ可成速ニ之ヲ華盛頓府ニ於テ交換シ右交換後三十日ヲ越ヘ之ヲ各自ノ國中ニ實施スルモノトス

九年十一月第百十號十年十月第七十九號十一年八月第三十六號達參看

此約書ハ日本文及ヒ英文各二本ヲ作リ右ノ證據トシテ茲ニ兩國ノ全權委員各其名ヲ記シ印ヲ鈐ス

於東京

明治十三年五月十七日　井上馨印

西暦千八百八十年五月十七日　ジョン、エー、ビンハム印

○帝國ト朝鮮國トノ間ニ於ケル漂民經費償還法改正（明治二十年六月三日勅令第二十一號）

朕帝國ト朝鮮國トノ間ニ於ケル漂民經費償還法ノ改正ヲ裁可シ茲ニ之ヲ公布セシム

一帝國ト朝鮮國トノ間ニ於テ此國政府ニテ彼國漂民ヲ救護解送シ衣食ヲ給與シ傷病ヲ醫治シ屍身ヲ埋葬スルカ爲メニ出ス所ノ諸費用ハ彼國政府ヨリ實費ヲ計算シテ償還ス可シ

一船隻ヲ救護シ貨物ヲ打撈スルノ費用ハ原主ヨリ償還シ相互ニ其政府ニ向テ請求スルヲ得ス

○帝國ト朝鮮國トノ間ニ於ケル漂民經費償還法ノ內原主ニ屬スル償還手續（明治二十年八月五日外務省令第二號）

本年六月勅令第二十一號帝國ト朝鮮國トノ間ニ於ケル漂民經費償還法ノ內原主ニ屬スル償還手續ヲ定ムルコト左ノ如シ

船隻ヲ救護シ貨物ヲ打撈スルノ費用ハ該船貨ヲ以テ原主ニ還附スル時原主ヨリ數ニ照シテ

十四年四月第廿六號達ヲ以テ農商務省ノ管理ニ屬シ十八年十二月第七十號達ヲ以遞信省ノ管理ニ屬ス

償還ス可シ若シ其時原主通貨ヲ所持セサレハ該船貨ヲ賣却シ其代價ヲ以テ之ヲ償還スルカ又ハ直ニ該船貨ヲ交付シテ償還ニ充ツ可シ但船貨交附ノ場合ニ於テ不足アルモ船貨悉皆ヲ交附スルニ止メ其餘ヲ追徵スルヲ得ス

○内外國難破船員數屆方　明治七年十月三十一日第百四十號達

内外國船難破ノ員數屆出方左ノ通可相心得此旨相達候事

一御國近海ニテ難破船有之節ハ内外國船艦ヲ論セス西洋形ハ端船ヲ除キ大小共日本形ハ漁舟艀船ヲ除キ積石五拾石以上ハ左ノ雛形ニ照準シ上半年分ハ其年八月十五日下半年分ハ翌年二月十五日限内務省ヘ屆出ツヘシ　九年八月七日第七十八號達ヲ以屆出期限改正

但外國船ハ勿論内國船タリ圧難破ノ次第積荷ノ摸樣ニヨリテハ其時々同省ヘ屆出ヘシ

一内國船行方知レサル分並ニ海外ニ於テ難船ノ分等ハ其船主ノ管轄廳ヨリ前條ニ準シ屆出ヘシ

但行方知レサル船舶ノ搜索ヲ要スル片ハ其管轄廳ヨリ最寄府縣ヘ通牒搜索方依賴可致事　十四年五月廿四日第四十七號達ヲ以但書改正

一前條同省ヘ申出有之分ト雖圧壹ケ年ノ數ヲ取纏メ屆出ル節ハ其數中ニ記載スヘシ

雛形

本貫何々又ハ　外國船ナレハ何國何々

持主　何某

船長　何某

外何人乘

帆船又ハ蒸汽船內車又ハ外車

軍艦商船歟　何　號　木製　鐵製

長　幅　檣數

噸數　馬力

行方知レス　何年月日出帆

遭難ノ時　何年月日

遭難ノ地　航海中歟碇泊中歟

難破ノ因由　難風ノ爲歟暗礁ニ觸ル歟

難破ノ景狀　皆破皆沒歟修繕ニ堪ユヘキ歟
或ハ船体機械ノ破損歟

乘組人及船客ノ死傷　重傷何人輕傷何人
死亡何人

積荷ノ損否　濡波何石歟何個歟
沈沒何石歟何個歟

木貫何々

持主　何某

船頭　何某

外何人乘

何反帆

商船　何丸

石數　以下前同斷

○失踪船取扱規則 明治二十六年三月十六日遞信省令第六號

第一條　船舶發航ノ後到達港ニ到達セス其所在分明ナラサルトキハ船主ハ左記ノ事項ヲ記シ市町村長ノ加印ヲ受ケ地方官廳ヲ經由シテ遞信省ニ屆出ツヘシ

一　船舶ノ名稱、種類、積量、馬力（汽船ナルトキハ）及ヒ船主ノ氏名

二　載貨ノ種類、量目及ヒ其見積代價

三　船舶乘組員及ヒ旅客ノ族籍、身分、氏名、年齡

四　發港地ノ名及ヒ其日時

第二條　前條ノ屆出ハ之ヲ官報ニ揭載ス

官報揭載ノ日付ヨリ起算シ內國航海船ニ在テハ六箇月外國航海船ニ在テハ一箇年ヲ經過スルモ船舶ノ所在尙ホ分明ナラサルトキハ踪跡ヲ失ヒタルモノト看做シ市町村長ニ於テ其船籍ヲ削除スルト同時ニ其旨ヲ記シ地方官廳ヲ經由シテ遞信省ニ報告スヘシ

第三條　船籍ヲ削除セラレタル後其船舶ノ所在ヲ發見シタルトキハ船主ハ其旨ヲ記シ市町村長ニ屆出ツヘシ市町村長ハ其船籍ヲ復活スルト同時ニ其旨ヲ記シ地方官廳ヲ經由シテ遞信省ニ報告スヘシ

○船舶衝突乘揚等ニ依リ沈沒又ハ破壞ノ原因、日時場所等電報屆出ノ件 明治二十六年三月二十九日遞信省訓令第一號

北海道廳、沿海府縣（但東京府ハ警視廳）

船舶衝突乘揚等ノ原因ニ依リ沈沒若クハ破壞シ又ハ乘客若クハ乘組員死傷シタル場合ニ在テハ本年三月當省令第五號ニ依リ海難取調ノ完結スルト否トニ拘ハラス沈沒若クハ破壞ノ原因、日時、場所、船名、死傷人ノ員數等電報ニテ直チニ届出ツヘシ

○日米兩國難破船費償還條約ニ關スル事務取扱ノ件（明治二十六年二月十四日 遞信省告示第五十三號）

明治十四年九月內務省乙第四十五號達日米兩國難破船費償還條約ニ關スル事務ハ自今當省ニ於テ處理ス

○褒章條例（明治十四年十二月七日 第六十三號布告）

褒章條例別紙ノ通リ相定來明治十五年一月一日ヨリ之ヲ施行ス

褒章條例

第一條 凡ソ自己ノ危難ヲ顧ミス人命ヲ救助シタル者又ハ孝子順孫節婦義僕ノ類ニシテ德行卓絕ナル者又ハ實業ニ精勵シ衆民ノ模範タルヘキ者又ハ學術技藝上ノ發明改良著述教育衛生慈善防疫ノ事業學校病院ノ建設、道路河渠堤防橋梁ノ修築、田野ノ墾闢、森林ノ栽培、水產ノ繁殖農商工業ノ發達ニ關シ公衆ノ利益ヲ興シ成績著明ナル者又ハ公同ノ事務ニ勤勉シ勞効顯著ナル者ヲ表彰スル爲メ左ノ三種ノ褒章ヲ定ム

紅綬褒章

右自己ノ危難ヲ顧ミス人命ヲ救助シタル者ニ賜フモノトス

綠綬褒章

右孝子順孫節婦儀僕ノ類ニシテ德行卓絶ナル者又ハ實業ニ精勵シ衆民ノ模範タルベキ者ニ賜フモノトス

藍綬褒章

右學術技藝上ノ發明改良著述教育衛生慈善防疫ノ事業學校病院ノ建設道路河渠堤防橋梁ノ修築、田野ノ墾闢、森林ノ栽培、水産ノ繁殖農商工業ノ發達ニ關シ公衆ノ利益ヲ興シ成績著明ナル者又ハ公同ノ事務ニ勤勉シ勞効顯著ナル者ニ賜フモノトス（明治二十三年四月三十日勅令第七十二號ヲ以本條改正仝二十三年七月十六日勅令第百二十六號ヲ以本條中若干追加アリ二十七年一月四日勅令第一號ヲ以更ニ本條改正）

第二條　奇特ノ實行アリト雖褒章ヲ賜フヘキ場合ニ至ラサルモノハ褒狀ヲ與フコトアルヘシ

第三條　己ニ褒章ヲ賜リタル者再度以上同樣ノ實行アリテ褒章ヲ賜フヘキトキハ其都度飾版一個ヲ賜與シ其章ノ綬ニ附加セシメ以テ標識トス

第四條　褒章ハ本人ニ限リ終身之ヲ佩用シ及ヒ徽號ト爲スヲ得然レ圧重罪ノ刑ニ所セラレタル片ハ之ヲ沒收シ其未タ授與セサル前同上ノ刑ニ所セラレタル者ニハ之ヲ授與セス

褒章之圖

章	銀櫻花紋圓形徑九分
鈕弁飾版	銀
綬	幅一寸種類ニヨリ紅綠藍三色ノ別アリ

佩用式

一褒章ハ左肋ノ邊ヘ佩フヘシ

但勳章及ヒ從軍記章ヲ有スル者ハ其章ノ左ヘ列シ帶フヘシ

○褒章條例取扱手續（明治十四年十二月七日第百三號ヲ以制定 同二十七年一月六日閣令第一號ヲ以改正）

第一條　褒章條例ニ依リ褒章ヲ賜フヘキ者アルトキハ警視總監北海道廳長官又ハ府縣知事ヨリ主務大臣ニ具申シ主務大臣ハ其當否ヲ審査シ賞勳局總裁ヘ申牒スヘシ

但官吏職務上ノ勞効ニ對シテハ褒章ヲ賜フノ限ニアラス

第二條　賞勳局總裁ハ申牒書ヲ覆覈シ褒章ヲ賜フヘキ者ト認ムルトキハ奏請裁可ヲ得在東京ノ者ニハ之ヲ直授シ其他ノ者ニハ主務大臣ヲ經由シテ之ヲ傳達スヘシ

第三條　外國人ニ褒章ヲ賜フベキトキハ主務大臣外務大臣ト連署シテ之ヲ申牒スヘシ授與

ノトキハ外務大臣ヲ經由シテ之ヲ傳達ス其公私傭ニ係ル者ハ第二條ニ依ル

第四條　褒狀ハ高等官及高等官待遇ノ者並ニ從六位以上及勳六等以上ノ者並ニ華族ノ戸主其祖父母父母妻嫡長子孫及嫡長子孫ノ妻ニハ賞勳局總裁之ヲ授與スヘシ其具申牒施行ノ順序ハ第一條及第二條ニ同シ

其他ノ者ハ警視總監北海道廳長官又ハ府縣知事之ヲ授與スヘシ

第五條　褒狀ヲ外國人ニ授與スベキトキハ金銀木杯金圓賜與手續第六條ニ依ル

第六條　褒章ヲ有スル者重罪ノ刑ヲ受ケタルトキハ裁判確定ノ後司法大臣又ハ陸海軍大臣宣告書寫ヲ添之ヲ賞勳局總裁ニ還付スヘシ

第七條　褒章褒狀ヲ賜フヘキ者具申後授與以前ニ於テ輕罪以上ノ罪ヲ犯シ又ハ死亡シタルトキハ警視總監北海道廳長官又ハ府縣知事ヨリ速ニ其事由ヲ主務大臣ニ申報シ主務大臣ハ之ヲ賞勳局總裁ニ通知スヘシ

○一般人民ニシテ巡査同樣ノ働ヲ爲シ死傷セシ者

吊祭扶助療治料支給方　明治十五年十二月十五日 第六十七號達

警視廳
府縣　東京府沖縄函館札幌根室四縣ヲ除ク

一般人民ニシテ巡査同樣ノ働ヲナシ死傷セシ者吊祭扶助療治料支給方左ノ通相定候條此旨相達候事

吊祭扶助療治料

一　吊祭料

重傷死ニ至ル者ヘ金三拾圓ヲ給ス親族故舊ナキ者ハ戸長役塲ニ附シ便宜處分セシム

一 遺族扶助料

父母妻子若クハ死者ニ依リ從來生計ヲナセシ者ヘ金五拾圓ヨリ少カラス百圓ヨリ多カラサル額ヲ給ス

一 傷痍扶助料

一等傷 終身不具トナリ自用ヲ辨スル能ハサル者 ヘ金六拾圓ヨリ少カラス百圓ヨリ多カラサル額ヲ給ス

二等傷 終身不具トナルモ自用ヲ辨シ得ル者 ヘ金拾圓ヨリ少カラス五拾圓ヨリ多カラサル額ヲ給ス

一 療治料

傷痍ノ輕重ニ依リ其適度ヲ量リ之ヲ給ス

○褒章條例ニ依リ金銀木杯若クハ金圓ヲ賜ヒ又ハ褒章ト金銀木杯金圓ト併賜ノ件 明治十六年一月四日第一號布告

明治十四年十二月第六十三號布告褒章條例ニ依リ褒章ヲ賜フヘキ者又ハ公益ノ爲メニ金穀財產等ヲ寄附シタル者ハ金銀木杯若クハ金圓ヲ賜ヒ又ハ褒章ト金銀木杯金圓ヲ併セ賜フコトアルヘシ

○金銀木杯金圓賜與手續 明治十六年三月二十六日第十七號達

官省院廳府縣

本年第壹號布告ノ旨ニ依リ金銀木杯又ハ金圓賜與手續別紙ノ通相定候條此旨相達候事

金銀木杯金圓賜與手續

十六年第十七號達參看

十七年第二十二號達ヲ以テ拾圓未滿ノ次ヘ但壹圓未滿ハ褒詞ヲ以テ褒狀ニ換フルコトアルヘシノ二十三字ヲ追加ス

第一條　褒章ヲ賜フヘキ者ニ金銀木杯又ハ褒章ト之ヲ併セ賜フトキハ其等差左ノ如シ

定　例

第一等　木杯三組 品格ヲ三等ニ分ツ 又ハ金拾圓ヨリ多カラス六圓ヨリ少カラス

第二等　木杯二組 品格ヲ三等ニ分ツ 又ハ金五圓ヨリ多カラス貳圓五拾錢ヨリ少カラス

第三等　木杯壹個 品格ヲ三等ニ分ツ 又ハ金貳圓ヨリ多カラス壹圓ヨリ少カラス

特　例

但賜杯賜金ニ及ハサルモノハ褒狀ヲ與フルコトアルヘシ

第一等　金杯壹個又ハ三組又ハ金圓

第二等　銀杯壹個又ハ三組又ハ金圓

第二條　公益ノ爲メニ金穀財產ヲ寄附シタル者ニ金銀木杯ヲ賜ヒ又ハ褒章ト之ヲ併セ賜フトキハ其等差左ノ如シ

寄附金額又ハ價格	
拾圓未滿	褒狀
拾圓以上百圓未滿	木杯一個
但五拾圓未滿ハ拾圓毎ニ五拾圓以上ハ貳拾五圓毎ニ品格ニ等差アリ	
百圓以上五百圓未滿	木杯三組
但三百圓未滿ハ五拾圓毎ニ三百圓以上ハ百圓毎ニ品格ニ等差アリ	
五百圓以上貳千圓未滿	銀杯一個

二十四年二月勅令第一號ヲ以テ第三條第四條ニ追加アリタルニヨリ修正ス

但千圓未滿ハ貳百五拾圓毎ニ千圓以上ハ五百圓毎ニ品格ニ等差アリ

貳千圓以上五千圓未滿　銀杯三組

但千圓毎ニ品格ニ等差アリ

五千圓以上壹万圓未滿　金杯一個

但貳千五百圓毎ニ品格ニ等差アリ

壹万圓以上　金杯三組

第三條　金銀杯又ハ特例金圓又ハ褒章ト金銀木杯又ハ金圓ヲ併セ賜フ事項ハ賞勳局總裁之ヲ管理スルモノトス

褒狀又ハ木杯又ハ定例金圓ノミヲ賜フハ警視總監府知事縣令管理施行スルモノトス

但勅奏任官奏任官以上ノ待遇ヲ受クル者並從六位以上及ヒ勳六等以上ノ者及ヒ華族ノ戶主其祖父母父母妻嫡長子孫及其妻ニ賜フヘキハ第四條ニ準據スヘシ

第四條　金銀杯又ハ特例金圓又ハ褒章ト金銀木杯又ハ金圓ヲ併セ賜フヘキ者アルトキハ警視總監府知事縣令ヨリ內務卿又ハ農商務卿ニ具申シ內務卿又ハ農商務卿ハ之ヲ審査シ賞勳局總裁ニ申牒スヘシ

賞勳局總裁ハ其申牒ニ據テ勅奏任官奏任官以上待遇ヲ受クル者並從六位以上及ヒ勳六等以上ノ者及華族ノ戶主其祖父母父母妻嫡長子孫及其妻ニハ之ヲ直授シ其他ノ者ハ內務卿又ハ農商務卿ヲ經由シ警視總監府知事縣令ヲシテ之ヲ傳達セシム

第五條　金銀木杯又ハ金圓又ハ褒狀ヲ受クヘキ者ニシテ其未タ授與セサル前重罪ノ刑ニ處

セラレタルトキハ之ヲ授與セス

第六條　外國人ニ金銀木杯金圓又ハ褒狀褒詞ヲ賜フヘキ者アルトキハ總テ內國人ノ例ニ準スト雖トモ公使舘員及帝室ノ貴賓ニ係ルトキハ外務大臣ヨリ賞勳局總裁ニ申牒シ授與ノトキハ亦同大臣ヲ經由シテ之ヲ傳達セシムヘシ　（二十四年二月廿日閣令第一號ヲ以追加）

○褒章條例ニヨリ賞與届出書式ノ件　（明治十七年一月十二日內務農商務兩省連帶乙第一號達）

府縣

明治十四年第六拾三號布告ヲ以テ褒章條例被定候ニ付テハ十三年內務省乙第四拾三號達賞與届式ヲ廢シ十六年分ヨリ左ノ書式ニ照準シ毎年一月ヨリ十二月迄ノ分取調翌年二月限可届出此旨相達候事

但難破船ニ原因シタル人命救助及ヒ墾田等ニ關スルモノハ農商務省ヘ其他ハ渾テ內務省ヘ届出候儀ト心得ヘシ

書式　（明治十八年十二月內務農商務兩省連帶甲第三十八號ヲ以改正）

明治何年　自一月至十二月　賞與施行表

事故＼賞品	褒章	飾版	金杯 三組	金杯 一箇	銀杯 三組	銀杯 一個	木杯 三組 甲	木杯 三組 乙	木杯 一個 甲	木杯 一個 乙	金圓 甲	金圓 乙	褒狀 甲	褒狀 乙	褒詞
人命救助															

徳行ノ者	公益ヲ起ス者	金穀寄附	合計		總計	
			箇數	寄附金額	人員	寄附金額

右之通候也

年　月　日

警視總監
府知事姓名印
縣令

凡例

一金銀木杯ノ合計ハ三ツ組タリトモ一箇トシテ計算スヘシ
一甲ハ賞勲局總裁ノ管理乙ハ警視總監府知事縣令ノ管理施行スル者ノ部分トス
一地所米穀物品勞力等ヲ以テ寄附シタル者ハ當時ノ相場ニ依リ之レカ價格ヲ算出シ記入ス

ヘシ

一金銀杯其他ヲ併セ賜フモノハ其數字ノ肩ニ併ノ字ヲ記入スヘシ

一總計人員ハ褒章其他ノ箇數ヲ以テ算出スヘシ

但併賜ノ箇數ハ之ヲ除キ計算スヘシ

一褒章ヲ沒收スルモノハ其年月日事由等ヲ表尾ニ附記スヘシ

一難破船救護ニ原因スル人命救助者ハ被救助者ノ人員ヲ表尾ニ附記スヘシ

第八章　船舶登記

○登記法　明治十九年八月十一日法律第一號

朕登記法ヲ裁可シ玆ニ之ヲ公布セシム

登記法

第一章　總則

第一條　地所建物船舶ノ賣買讓與質入書入ヲ爲ス者ハ本法ニ從ヒ地所建物ハ其所在地船舶ハ其定繫塲ノ登記所ニ登記ヲ請フ可シ

已ニ登記ヲ受ケタル地所建物船舶ニ變更ヲ生シ又ハ亡失破壞シタルトキハ其物件ノ所有者ヨリ登記ノ變更又ハ取消ヲ請フ可シ（二十年七月十五日法律第一號ヲ以テ本條改正）

農商務省特許局ニ於テ登錄シタル特許意匠及商標ノ登記ハ本人ノ居住地ヲ管轄スル登記所ニ於テ之ヲ爲ス可シ（二十三年九月一日法律第七十八號ヲ以テ本項追加）

第二條　地所建物船舶ノ賣買讓與質入書入ノ登記ハ始審裁判所長之ヲ監督ス可シ

第三條　登記事務ハ治安裁判所ニ於テ之ヲ取扱フモノトス治安裁判所遠隔ノ地方ニ於テハ郡區役所其他司法大臣指定スル所ニ於テ之ヲ取扱ハシム

第四條　登記所ノ位置及其管轄ノ區域ハ司法大臣之ヲ定ム

第五條　登記官吏ハ登記事務取扱ニ付テハ始審裁判所長ノ監督ヲ受クルモノトス

第六條　登記簿ニ登記ヲ爲サヽル地所建物船舶ノ賣買讓與質入書入ハ第三者ニ對シ法律上其効ナキモノトス

第七條　地所建物船舶ノ賣買讓與質入書入ニ付登記ス可キ概目左ノ如シ

第一　地所ハ郡區町村名、字、番地、地目、反別若クハ坪數、地劵面ノ價格

第二　建物ハ郡區町村名、字、番地、地目、構造ノ種類、建坪、造作ノ有無

第三　西洋形船舶ハ汽船、風帆船ノ區別、船名、番號、登簿噸數、公稱馬力、汽機及機罐ノ種類、端船其他必要ノ所屬品

第四　日本形船舶ハ船名、番號、積石數、端船其他必要ノ所屬品

第五　登記ノ事由

第六　金額

第七　質入書入ハ其期限及利息

第八　所有者及登記ヲ受クル者ノ氏名住所

第九　一筆ノ地所又ハ一棟ノ建物ヲ區別シ賣買讓與質入書入ヲ爲ストキハ其事實

第十　二番以後ノ書入ヲ爲シ又ハ書入ニ爲シタルモノヲ質入ト爲シ質入ニ爲シタルモノ

ヲ書入ト爲ストキハ其事實

第八條　登記ハ契約者双方又ハ其代理人登記所ニ出頭シテ之ヲ請求ス可シ

登記ヲ請フ者アルトキハ登記官吏ハ之ヲ受付帳ニ記載シ契約者ヨリ差出シタル書類ノ受取證ヲ下付ス可シ

登記ヲ爲スニハ登記ノ番號ヲ記シ登記官吏之ニ署名捺印ス可シ（二十三年九月一日法律第七十八號ヲ以本條改正）

第九條　地所建物船舶ニ關スル差押假差押差留假差留假處分及地所建物ノ收益差押ニ付テハ裁判所ノ命令書又ハ官廳ノ照會書ニ依リ登記簿ニ其記入ヲ爲スヘシ

前項ノ記入ハ裁判所又ハ官廳ヨリ直ニ之ヲ求ムヘシ

（二十三年九月法律第七十八號ヲ以テ第九條中或ル文字ヲ追加セラル）

第十條　登記ハ第一條第二項第十五條第二項第十六條第十七條及第十八條ヲ除クノ外契約者双方ノ請求若クハ裁判所ノ命令アルトキニ非ラザレバ之ヲ爲シ又ハ變更シ又ハ取消スコトヲ得ス（二十年七月十五日法律第一號ヲ以本條改正）

第十一條　登記ノ謄本又ハ抜書又ハ一覽ヲ要スル者ハ其登記所ニ出頭シテ之ヲ請求スルコトヲ得

第十二條　登記官吏ノ職務執行上ニ關シテ不服アル者ハ管轄始審裁判所ニ抗告スルコトヲ得

（二十三年九月法律第七十八號ヲ以テ出頭シテノ四字ヲ削除ス）

第十三條　登記ニ關スル取扱ノ手續及登記簿ノ書式ハ司法大臣之ヲ定ム

第二章　賣買讓與

第十四條　地所建物船舶ノ賣買讓與ニ付登記ヲ請フトキハ契約者双方出頭シテ其證書ヲ示

シ其署名捺印シタル謄本壹通ヲ差出スベシ但第九條第十六條第十七條第十八條及第十九條ノ登記ニ付テハ證書ヲ示スノ限ニアラズ

本條ノ謄本ハ登記簿ノ一部トシテ之ヲ添ヘ置クベシ

證書ニ塗抹改竄アリテ利害關係人ノ承諾シタル證ナク登記官吏ノ求ニ應シ請求者ヨリ之ヲ疏明スルコト能ハザルトキハ登記官吏ハ登記ヲ拒絶スルコトヲ得（二十三年九月一日法律第七十八號ヲ以本條改正）

（二十三年九月法律第七十八號ヲ以テ若干ノ文字ヲ加フ）

第十五條　家督相續ニ因リ地所建物船舶ノ登記ヲ請フトキハ雙方出頭シ其證書ヲ示ス可シ

死亡者失踪者若クハ離縁戸主ノ遺留シタル地所建物船舶ヲ相續スル者登記ヲ請フトキハ親屬二名以上又親屬ナキトキハ近隣ノ戸主二名以上連署ノ書面ヲ差出シ且證明書類アルモノハ之ヲ示ス可シ

第十六條　行政官廳ノ公賣處分ニ因リ地所建物船舶ノ所有權ヲ得タル者登記ヲ請フトキハ落札達書及其代金完納ノ證書ヲ示ス可シ

本條ノ登記ハ其所分ヲ爲シタル官廳ヨリ直ニ之ヲ求ムベシ本項ノ規定ハ第十七條及第十九條ノ場合ニモ之ヲ準用ス（二十三年九月一日法律第七十八號ヲ以本項追加）

第十七條　官有ノ地所建物船舶ノ拂下又ハ無代價下渡ヲ受ケ登記ヲ請フトキハ其指令ノ本書若クハ達書ヲ示スベシ

第十八條　民有ノ地所建物船舶ヲ官有ト爲シタルトキハ其官廳ハ第七條ノ槪目ヲ示シテ登記ヲ求ム可シ

第十九條　裁判執行上ノ糶賣若クハ入札ニ因リ地所建物船舶ノ所有權ヲ得タル者アルトキ

ハ裁判所ノ命令ニ依リ其登記ヲ爲ス可シ
第二十條　地所船舶ノ賣買讓與ニ因リ地劵鑑札ノ附下若クハ書換ヲ請フ者ハ登記所ヨリ登記濟ノ證ヲ受ク可シ（二十年七月十五日法律第一號ヲ以本條改正）

第三章　質入書入

第二十一條　地所建物船舶ノ質入書入ニ付テモ亦第十四條ヲ準用ス（二十三年九月一日法律第七十八號ヲ以本項改正）
貸借ノ爲メニ非スシテ義務ヲ果ス可キ保證ノ爲メ地所建物船舶ヲ質入書入ト爲シ其登記ヲ請フ者モ亦前項ノ規定ニ依ル可シ
第二十二條　書入ノ地所建物船舶ヲ重子テ書入トナストキハ第二債主ニ於テ之ヲ了知セル旨ヲ申出其記入ヲ請フ可シ書入ト爲リタル地所ヲ質入ト爲シ又ハ質入ト爲リタル地所ヲ書入ト爲ストキ亦同シ
第二十三條　質入書入契約ノ全部若クハ一部ノ解除又ハ變更ニ付テモ亦第十四條ヲ準用ス（二十三年九月一日法律第七十八號ヲ以本條改正）
第二十四條　同一ノ地所建物船舶ニ付キ數個ノ登記ヲ爲ストキハ其登記ヲ請フ日時ノ前後ニ因リ登記ノ順序ヲ定ムルモノトス

第四章　登記料及手數料

第二十五條　地所建物船舶賣買ノ登記ニ付テハ其買受人左ノ賣買代價ノ區別ニ從ヒ毎一件ニ其登記料ヲ納ムヘシ

賣買代價	登記料

五圓未滿	五錢
五圓以上拾圓未滿	拾錢
拾圓以上貳拾五圓未滿	貳拾五錢
貳拾五圓以上五拾圓未滿	五拾錢
五拾圓以上百圓未滿	壹圓
百圓以上貳百圓未滿	貳圓
貳百圓以上三百圓未滿	三圓
三百圓以上四百圓未滿	四圓
四百圓以上五百圓未滿	五圓
五百圓以上七百五拾圓未滿	六圓
七百五十圓以上千圓未滿	七圓
千圓以上千五百圓未滿	八圓
千五百圓以上貳千圓未滿	九圓
貳千圓以上五千圓未滿	拾圓
五千圓以上壹萬圓マテ	拾貳圓

以上五千圓マテ毎ニ貳圓ヲ増加ス

第二十六條　地所建物船舶讓與ノ登記ニ付テハ其讓渡人讓受人ニ於テ時價相當ノ價格ヲ定メ前條ニ揭クル金額ノ區別ニ從ヒ毎一件ニ其讓受人ヨリ登記料ヲ納ムヘシ

第二十七條　地所建物船舶質入書入ノ登記ニ付テハ其質入書入ハ第二十五條ニ掲クル金額ノ區別ニ從ヒ毎一件ニ其登記料ノ半額ヲ納ム可シ但一件ニ付金五錢ヨリ下スコトヲ得ス

第二十八條　第二十一條第二項ノ登記ニ付テハ價格ヲ定メ前條ノ例ニ依リ其登記料ヲ納ム可シ

第九條第一項ノ記入ニ付テハ其價格ノ定マリタル物件ハ其價格又其價格ノ定マラサル物件ハ時價相當ノ價格ヲ定メ前條ノ例ニ依リ其登記料ヲ納ムヘシ

第九條第十六條第十七條及第十九條ノ場合ニ於テ處分ヲ爲シタル官廳ヨリ登記ヲ求ムルニハ登記料ハ登記印紙ヲ請求書ニ貼用シテ其官廳ニ納メシメ官廳ヨリ之ヲ登記所ニ送附スヘシ（二十三年九月一日法律第七十八號ヲ以本項追加）

第二十九條　第十五條ノ登記ニ關シ地所ニ付テハ一筆毎ニ金三錢ヲ納メシメ建物船舶ニ付テハ時價相當ノ價格ヲ定メ第二十五條ニ掲クル金額ノ區別ニ從ヒ毎一件ニ其登記料ノ五分一ヲ納メシム但一件ニ付金三錢ヨリ下スコトヲ得

第十五條第一項ノ場合ニ於テ家督相續ノ日ヨリ六十日ヲ經過シタルモノニ付テハ讓與ノ登記料ヲ納メシム（二十三年九月一日法律第七十八號ヲ以本條改正）

第三十條　左ニ掲クル者ハ手數料トシテ金五錢ヲ納ムヘシ

第一　登記事件ノ取消又ハ其變更ノ登記ヲ請フ者ハ毎一件

第二　登記ノ謄本若クハ抜書ヲ請フ者ハ毎一枚

第三　登記ノ一覽ヲ請フ者

第三十一條　左ニ掲クルモノハ登記料及手數料ヲ要セス

第一　官廳ノ請求ニ係ル登記

第二　公立ノ學校病院、公園及養育院ニ係ル登記

第三　社寺、堂宇及墳墓地ニ係ル登記

第四　人民共有ノ用惡水路、溜池敷、堤敷、井溝敷及公衆ノ用ニ供スル道路ニ係ル登記

第三十二條　登記所ニ於テ第二十五條第二十六條第二十八條第二項及第二十九條ニ從ヒ屆出タル價格ヲ不相當ト認ムルトキハ其事件ニ關係ナキ者三名ヲ選ヒ之ヲ評價人ト爲シテ其價格ヲ評定セシム可シ

第三十三條　評價人ノ評定シタル價格屆出ノ價格ヨリ增加スルトキハ其評價ニ關スル費用ハ其登記料ヲ納ムル者之ヲ負擔ス可シ若シ其價格屆出ノ價格ト同價又ハ低下ナルトキハ該費用ハ其登記所ニ於テ之ヲ支辨ス可シ

第三十四條　評價人ニ選ハレタル者ハ正當ノ事由ナクシテ之ヲ辭スルコトヲ得ス

第三十五條　評價人ノ日當ハ登記所ノ見込ヲ以テ一日金貳拾錢ヨリ五拾錢マテヲ給ス可シ

第五章　罰則

第三十六條　詐僞ノ所爲ヲ以テ登記料ヲ減脫シ及之ニ通謀シタル者ハ貳圓以上百圓以下ノ罰金ニ處ス

第三十七條　本法ニ依リ罰金ニ處スル者ハ刑法ノ不論罪及減輕再犯加重數罪倶發ノ例ヲ用

ヒス

附　則

第三十八條　明治十年第二十八號布告船舶賣買書入質入手續同十三年第五十二號布告土地賣買讓渡規則同十四年第三十號布告地劵證印稅則其他從前ノ法律規則中本法ニ抵觸スルモノハ本法施行ノ日ヨリ廢止ス

第三十九條　地所賣買讓與荒地起返開墾鍬下年期明等總テ地劵下付書換ニ係ル手續及其手數料ハ大藏大臣之ヲ定ム

第四十條　登記簿ニ未タ登記セサル地所建物船舶ニ付從來保有セル所有權ヲ明確ナラシメント欲スル者ハ管轄登記所ニ其所有權ノ登記ヲ請フコトヲ得

右ノ登記ヲ請フ者ハ物件ヲ明示シタル請求書ニ其所有權ノ證明書類ヲ添之ヲ登記所ニ差出スベシ但其所有權ヲ取得シタルコトヲ證スル證書ヲ其證明書トシテ差出ストキハ第十四條ヲ準用ス

本條ノ登記ニ關シ地所ニ付テハ一筆毎ニ金壹錢ヲ納メシメ建物船舶ニ付テハ一件毎ニ金壹錢ヲ納メシム　（二十三年九月一日法律第七十八號ヲ以テ本條改正）

第四十一條　登記所ハ初テ登記ヲ爲シタル地所ニ付テハ之ヲ其地ノ土地臺帳所管廳ニ通知シ其所管廳ヨリハ右ノ地所ニ付分合筆又ハ地番號及地目ノ變換アル毎ニ之ヲ登記所ニ通知スヘシ

土地臺帳所管廳ハ明治二十二年勅令第三十九號ニ依リ登記所ヨリ所有ノ移轉又ハ質入ニ

付通知ヲ受ケタル地所ニ關シ前項ノ變換アルトキモ亦通知ヲ爲ス可シ
登記所ハ前二項ノ通知ニ依リテ登記簿ニ其變換ノ旨ヲ追記スヘシ（二十三年九月一日法律第七十八號ヲ以テ本條改正）

○商業及船舶ノ登記ニ關スル件（明治二十三年七月十六日勅令第百三十三號）

朕商業及ヒ船舶ノ登記ニ關スル件ヲ裁可シ玆ニ之ヲ公布セシム

商業及船舶ノ登記ニ關スル手數料

第一條　商業ノ登記公告ノ手數料左ノ如シ
第一　商號、後見人、未成年者、婚姻契約及ヒ代務ノ登記公告ハ本店ト支店トニ拘ハラス各金三拾錢
其變更又ハ追加ノ登記公告ニ付テモ亦同シ
第二　會社ノ登記公告ハ本店ト支店トニ拘ハラス合名會社ニ付テハ金六圓合資會社株式會社ニ付テハ各金拾圓
其變更又ハ追加ノ登記公告ハ毎一件ニ付金三拾錢
第三　登記簿ノ閲覽ニ付テハ金拾錢
第四　登記簿ノ謄本ハ用紙一枚ニ付金拾錢但空欄アルモノ又ハ壹枚ニ滿タサルモノト雖モ猶ホ之ヲ壹枚ニ計算ス（廿六年七月五日勅令第六十四號ヲ以但書改正）

第二條　商法第八百二十五條ノ登記ニ付テハ金三圓ヲ納ムヘシ
商法第八百二十九條ニ定メタル變更ノ附記ニ付テハ金拾五錢ヲ納ムヘシ
第三條　手數料ハ登記印紙ヲ以テ納ムヘシ（二十三年九月勅令第二百七號ヲ以テ追加）

○登記事務費國庫支辨ノ件 明治二十年六月十三日 勅令第二十四號

朕登記事務費國庫支出ノ件ヲ裁可シ茲ニ之ヲ公布セシム

登記法第三條ニ依リ郡區役所其他司法大臣ノ指定スル所ニ於テ取扱フ登記事務ノ費用ハ本年一月ヨリ國庫ノ支出トス

○商業及ヒ船舶ノ登記公告ニ關スル取扱規則 明治二十三年十月二十九日 司法省令第八號

商法ノ規定ニ依リ商業及ヒ船舶ノ登記公告ニ關スル取扱規則左ノ通リ之ヲ定ム

（書式雛形ハ別ニ頒ツ）

第一條 商法第十八條ノ商業登記ニ付テハ各登記所ニ左ノ簿冊ヲ備フ可シ

第一 商號登記簿

第二 後見人登記簿

第三 未成年者登記簿

第四 婚姻契約登記簿

第五 代務登記簿

第六 合名會社登記簿

第七 合資會社登記簿

第八 株式會社登記簿

第二條 商法第八百二十五條第八百五十二條及ヒ第八百五十七條第二項ノ登記ハ商法及ヒ登記法ノ規定ニ依リ船舶登記簿ニ之ヲ爲ス船舶登記簿ノ雛形ハ登記法ニ關スル省令ニ於

テ之ヲ定ム

第三條　商業登記簿ハ附錄第二號乃至第九號ノ雛形ニ依リ地方裁判所ニ於テ之ヲ調製スヘシ

明治二十三年司法省令第七號登記法取扱規則第三條第四條ハ本令ニ之ヲ適用ス

第四條　登記所ニ於テハ會社印鑑帳及ヒ登記見出帳ヲ調製シ印鑑帳ニハ商法第七十一條ニ依リ差出シタル印鑑ヲ貼付シ登記官吏之ニ契印シ見出帳ニハ商號ニ依リ登記ヲ區別シ以テ索引ノ便ニ供ス可シ

第五條　登記ノ届出ハ陳述書ヲ以テ之ヲ爲シ其陳述書ニハ登記ノ事項ヲ證スル爲メ必要ナル書類ヲ添ヘ左ノ諸件ヲ記載シ當事者之ニ署名捺印ス可シ

第一　登記ヲ受ク可キ事項

第二　當事者ノ住所職業氏名

第三　年月日

第四　登記所ノ名

登記法第八條第二項及ヒ明治二十三年司法省令第七號登記法取扱規則第七條第二項ハ本令ニモ之ヲ準用ス

第六條　登記ノ届出ハ登記官吏ニ於テ陳述書ヲ受理シタル時ヲ以テ之ヲ終リタルモノトス

登記法第八條第一項ノ受取證ヲ下付シタルトキハ陳述書ヲ受理シタルモノトス

第七條　登記官吏ニ於テ登記ノ届出ヲ不適當ト認ムルトキハ當事者ヲシテ改正セシム可シ

之ヲ改正シ得ヘカラサル場合又ハ改正セサル場合ニ於テ登記ヲ拒ムトキハ理由ヲ付シタル命令書ヲ發ス可シ

第八條　登記ヲ受クル爲メ差出シタル書類ニシテ登記所ニ留置ク可キモノ殊ニ登記陳述書及ヒ商法第百六十八條ニ掲ケタルモノハ之ニ登記簿ノ冊號及ヒ其丁數ヲ記シ登記簿ノ區別ニ從ヒ各箇ニ綴込ミ之ヲ保存ス可シ

第九條　登記ハ雛形ニ示ス所ノ例ニ依リ相當欄内ニ之ヲ爲シ年月日ヲ記シ登記官吏之ニ署名捺印ス可シ

凡テ豫備欄内ニハ商法第七十九條第百三十八條及ヒ第百六十九條ニ列擧シタル以外ノ事項ヲ登記スルモノトス

會社ノ支店登記ノ豫備欄内ニハ合名會社ニ在テハ本店ノ業體、商號、營業所ヲ登記シ合資會社及ヒ株式會社ニ在テハ右ノ外會社資本ノ總額ヲ登記ス可シ

第十條　公告ハ登記ヲ爲シタル登記所ノ名ヲ以テ之ヲ爲ス可シ

公告ヲ爲ス可キ新聞紙ハ登記所所在地ニ於テ發行スルモノ若シ其地ニ於テ發行スルモノナキトキハ登記所ヲ管轄スル區裁判所所在地ニ於テ發行スルモノタル可シ

若シ其地ニ於テ發行スル新聞紙ナキトキハ所轄地方裁判所管内ニ於テ發行スル新聞紙ヲ以テ公告ヲ爲シ又ハ區裁判所掲示場ニ掲示シテ公告ニ代ユヘシ

第一　區裁判所ノ掲示場

第二　其地ニ於ケル人民群集ノ場所

登記所ハ新聞紙發行人ト一暦年ノ間商業登記ノ公告ヲ委託スル約定ヲ爲シ豫メ其旨ヲ公告シ置ク可シ

第十一條　明治二十三年司法省令第七號登記法取扱規則第三十一條第三十二條ハ本令ニ之ヲ適用ス

登記ノ變更ニ依リ削除ス可キ原登記ハ其側ニ朱線ヲ畫ス可シ

第十二條　商法第八百二十七條ノ船舶登記證書及ヒ同第八百五十四條ノ登記證書ハ附錄第十號及ヒ第十一號ノ雛形ニ依リ之ヲ調製ス可シ

第十三條　登記簿ハ何人ト雖モ之ヲ閲覽スルコトヲ得ルモノトス其閲覽ハ吏員ノ面前ニ於テ之ヲ爲サシム可シ

登記簿ノ謄本ヲ請フ者アルトキハ謄本ノ末尾ニ原登記ト相違スルコトナキ旨ヲ認證シ年月日ヲ記シ登記官吏之ニ署名捺印シテ交付スヘシ

遠隔ノ地ヨリ謄本ヲ請フ者アルトキハ謄本手數料ノ外郵送料ヲ前納スルニ於テハ亦之ヲ送付ス可シ

第十四條　商業登記ニ關スル登記所ハ東京市ニ在テハ京橋區區裁判所トス

第十五條　明治二十三年勅令第百三十三號ニ定メタル商業及船舶ノ登記公告手數料ハ登記印紙ヲ陳述書若シ陳述書アラサルトキハ明治二十三年司法省令第七號登記法取扱規則第六條ニ依リ名刺ニ貼付スヘシ

○東京灣ヲ定繫場トスル船舶ノ登記取扱場所　明治二十年四月七日司法省告示第九號

東京府所轄ノ東京灣ヲ以テ定繫場トスル船舶ノ登記ハ東京始審裁判所管内武藏國荏原郡北品川登記所ニ於テ之ヲ取扱フ

第九章　船税

○船税規則 明治十六年四月第十三號布告

沿革略記 明治元年八月達ヲ以テ軍艦ノ外一切ノ商船遊船共燒印ヲ捺シ税銀ヲ徵シ無用ノ船舶往來ヲ禁シ○二年十二月民部外務兩省達ヲ以テ始メテ西洋形商船及ヒ日本形商船ノ税額ヲ定ム○四年八月布告ヲ以テ船税規則ヲ制定ス○六年一月第三十一號布告ヲ以テ遊船ノ税則ヲ制定ス○七年二月第二十一號布告ヲ以テ艀漁船並海川小廻船等ノ税則ヲ制定ス○八年二月第二十七號布告ヲ以テ遊船税ハ都テ七年第二十一號布告艀漁船並海川小廻船税則ニ據ラシム○十六年四月第十三號布告ヲ以テ前令船税ニ關スル規則ヲ廢止シ更ニ船税規則ヲ制定ス是レ現行法ナリ

船税規則別冊ノ通制定シ明治十六年七月一日ヨリ施行ス

但船税ニ關スル從前ノ布告布達ハ廢止ス

船税規則

十六年六月大藏省第三十六號達參看

第一章　鑑札　税率　免税

第一條　凡ソ船舶ハ此規則ニ依リ課税スルモノトス

第二條　船舶所有主ハ其船舶定繫場ヲ定メ定繫場所在ノ地方廳ニ願出撿査ヲ受ケ鑑札ヲ乞フヘシ

第三條　新規造船シタル者其造船場所在ノ府縣管内ニ定繫場ヲ定メサル時ハ該廳ニ願出撿査ヲ受ケ假鑑札ヲ乞ヒ定繫場ニ回漕ノ上其地方廳ニ願出本鑑札ト引換ヲ乞フヘシ

第四條　船體ヲ變更シ積量若クハ間數ニ增減ヲ生スル時ハ其定繫場所在ノ地方廳ニ願出撿査ヲ受ケ鑑札ノ引換ヲ乞フヘシ

第五條　船舶ヲ賣買讓與シタル者ハ双方連署ノ上買受讓受主ノ定ムル定繫場所在ノ地方廳ニ願出鑑札ノ引換ヲ乞フヘシ

第六條　船舶ノ稅率ハ左ノ如シ

西洋形蒸汽船　百噸ニ付一年金拾五圓
同　風帆船　同　同　金拾圓
日本形船積石五拾石以上　百石ニ付同　金貳圓
同積石五十石未滿
艀漁船小廻船(積石ニ拘ラス)　長(自舳梁至艫梁)三間迄ハ一年金三拾錢
　但三間以上一間ヲ加フル每ニ金十五錢ヲ增加ス
遊船　長(自舳梁至艫梁)三間迄ハ一年金五拾錢
　但三間以上一間ヲ加フル每ニ金二十五錢ヲ增加ス

第七條　本鑑札又ハ假鑑札ハ航行若クハ回漕之時之ヲ本船ニ所持スヘシ
　但日本形積石五拾石未滿ノ船幷艀漁船小廻船遊船ノ本鑑札ハ其船ニ釘付スヘシ

第八條　解船破船又ハ水火盜難等ニ依リ船舶ヲ失ヒタル者ハ其旨定繫場所在ノ地方廳ニ屆出鑑札ヲ還納スヘシ

第九條　鑑札ヲ亡失毀損シタル時或ハ改名代替ノ時或ハ船號ヲ改メ若クハ定繫場ヲ變換シタル時ハ其旨定繫場所在ノ地方廳ニ願出鑑札ノ再渡若クハ引換ヲ乞フヘシ

第十條　左ニ揭クル船舶ハ其稅ヲ免除ス其所有主ハ地方廳ニ屆出免稅ノ烙印ヲ乞フヘシ

倉庫船
水田ノ耕作ニ用フル船
水災ノ爲メ陸地ニ備ヘ置ク船
橋梁ニ換ヘ渡場ノミニ用フル船
船橋ノ組成ニ用フル船
航海中本船ニ掲ケ置ク傳馬船「バッテーラ」船ノ類

第二章　納　税

第十一條　税金ハ一年ヲ二期ニ分チ一月一日七月一日現在ノ船舶ヨリ徴收スル者トス其前半年分ハ一月三十一日限リ後半年分ハ七月三十一日限リ定繋場所在ノ地方廳ニ上納スヘシ
第十二條　新規造船シタル者ハ鑑札ヲ受クル片該期ニ係ル税金ヲ上納スヘシ
第十三條　船体ヲ變更シ積量若クハ間數ニ増減ヲ生シタル時ハ次期ヨリ其積量又ハ間數ニ隨ヒ税金ヲ納ムヘシ
第十四條　他管下ニ定繋場ヲ定ムル者ハ該地ニ代人ヲ定メ連署ノ上其定繋場所在ノ地方廳ニ届出納税ヲ辦セシムヘシ
第十五條　本籍管內ニ定繋場ヲ定メタル者不在ノ時ハ代人ヲ定メ其地方廳ニ届出納税ヲ辦セシムヘシ
第十六條　假鑑札ヲ受ケタル船舶定繋場ニ回漕中納税期限ニ係ル片ハ豫メ定繋場所在ノ地

ニ代人ヲ定メ其地方廳ニ屆出納稅ヲ辨セシムヘシ
第十七條　此規則ヲ犯シ脫稅ニ係ル者ハ處罰ノ後其稅金ヲ追徵ス

第三章　罰則

第十八條　此規則ヲ犯シ脫稅ニ係ル者ハ其脫稅高五倍ノ科料若クハ罰金ニ處ス
第十九條　免稅船ヲ有稅船ノ用ニ充テタル者ハ二圓以上五拾圓以下ノ罰金ニ處ス
第二十條　第三條第五條第七條第九條第十四條第十五條第十六條ヲ犯シタル者及ヒ第十條ノ免稅船ニ烙印ヲ受ケサル者ハ壹圓以上壹圓九拾五錢以下ノ科料ニ處ス
第二十一條　此規則ニ依リ罰金若クハ科料ニ處スル者ハ刑法ノ不論罪及ヒ減輕再犯加重數罪俱發ノ例ヲ用ヒス但刑法第七十五條第七十六條ノ塲合ハ此限ニアラス

○船稅取扱心得書　明治十六年六月六日大藏省第三十六號達

府縣

本年四月第拾三號ヲ以テ船稅規則制定布告相成候ニ付右取扱心得書別紙ノ通相定ム
但明治四年十二月廿六日達噸石數改方法則ノ外船稅規則ニ關スル從前ノ達ハ廢止ス

十七年大藏省第三十八號達ヲ以テ噸石數改方法則廢止

十八年大藏省第七十八號達參看

船稅取扱心得書

第一條　西洋形蒸汽帆船船並ニ日本形積石五拾石以上ノ船鑑札ハ第一號雛形ノ通日本形積石五拾石未滿ノ船並ニ浮漁船小廻船遊船ノ鑑札ハ第二號雛形ノ通府縣廳ニ於テ調製下付スヘシ
但假鑑札ハ雛形鑑札ノ上ヘ假ノ字ヲ記入スヘシ

十七年大藏省第二十號達ヲ以テ該船舶ノ舳外部側面ヲ(艫外部後面)ニ改ム

第二條　噸數ハ壹噸石數ハ壹石間數ハ壹間ニ止メ其以下端數ハ切捨ツヘシ

第三條　規則第七條但書鑑札釘付ノ箇所及ヒ同第十條免税印烙記ノ箇所ハ艫外部後面ニ之ヲ爲スヘシ

但烙印ハ從前雛形ノ如ク府縣廳ニ於テ調製スヘシ

第四條　規則第三條ニ據リ撿査ヲ爲シ假鑑札ヲ付與シタルトキハ其旨定繫場所在ノ管廳ニ通知スヘシ其通知ヲ受ケタル管廳ハ直ニ其地ノ船籍ニ編入シテ該期ノ税金ヲ收入シ追テ本鑑札引換相渡タル上最前通知ノ管廳ニ報道スヘシ

第五條　船舶賣買讓與其他ニテ定繫場ヲ變換シ其新舊定繫場甲乙兩管廳ニ交渉スルトキ乙管廳ニ於テ其地ノ船籍ニ編入鑑札引換相渡シタル上ハ直ニ甲管廳ニ報道スヘシ

第六條　前二條ノ手續ニ依リ鑑札引換ノ節ハ更ニ該船ノ撿査ヲ要セス舊鑑札若クハ假鑑札ニ記載ノ噸石數又ハ間數等ニ據ルヘシ

但其返納セシ舊鑑札ハ不取締無之樣消却シ最初下付シタル管廳ヘ返戻ニ及ハス

第七條　廿二年大藏省訓令第五十六號ヲ以本條删除

第八條　西洋形風帆船ハ港灣湖川等ヲ運用スル小船ト雖𪜈總テ其噸數ニ依リ浮漁船小廻船ハ積石數五拾石以上ト雖𪜈總テ其間數ニ依リ課税スルモノトス

十八年大藏省第七號達ヲ以テ租税局ヲ主税局ト改メ同第六十五號達ヲ以テ差立期限改正ニ

第九條　港灣其他ノ海岸又ハ湖川等ニ碇船又ハ繫キ置ク船舶ハ主任官隨時之ヲ査査スヘシ

第十條　船税表及ヒ免税船員數表ハ第三號第四號雛形ニ倣ヒ毎年四月三十日限リ該地差立主計局ヘ送付スヘシ

付本文修正ス同第七十四號達ヲ以テ三號四號雛形改正セラレタレモ分明ナラサルニ依リ姑ク之ヲ畧ス

押切判ハ十八年十二月大藏省第七十八號達ヲ以テ廢止以下同シ

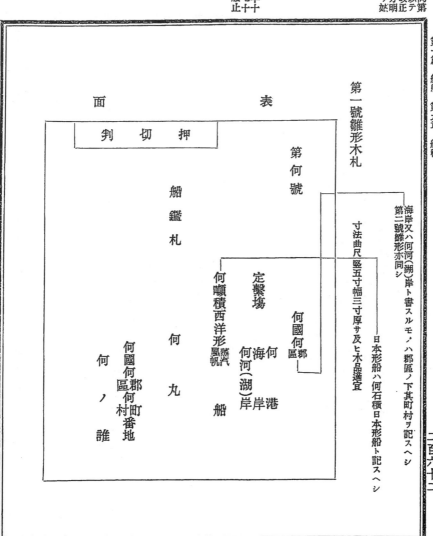

第一號雛形木札

海岸又ハ何河(湖)岸ト書スルモノハ郡區ノ下其町村ヲ記スヘシ
第二號雛形亦同シ

寸法曲尺竪五寸幅三寸厚サ及ヒ木品適宜

日本形船ハ何石積日本形船ト記スヘシ

表面

押切判

第何號

何國何郡區

定繫場　何港
海岸
何河(湖)岸

何噸積西洋形蒸汽風帆船

船鑑札

何丸

何國何郡區何町村番地

何ノ誰

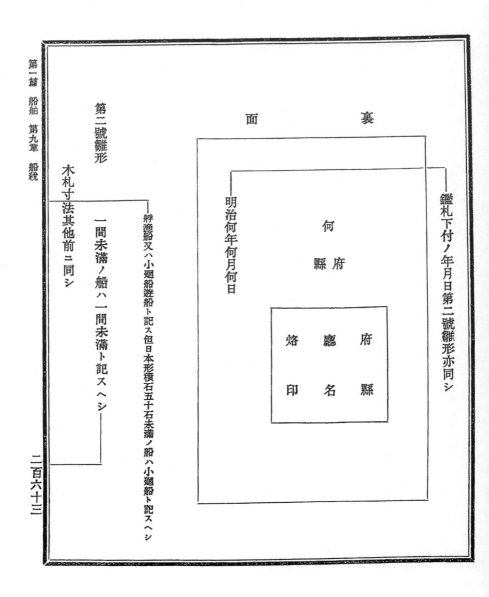

鑑札下付ノ年月日第二號雛形亦同シ

裏面

明治何年何月何日

何府縣

府縣
廳名
烙印

艀漁船又ハ小廻船遊船ト記ス但日本形積石五十石未滿ノ船ハ小廻船ト記スヘシ

一間未滿ノ船ハ一間未滿ト記スヘシ

第二號雛形

木札寸法其他前ニ同シ

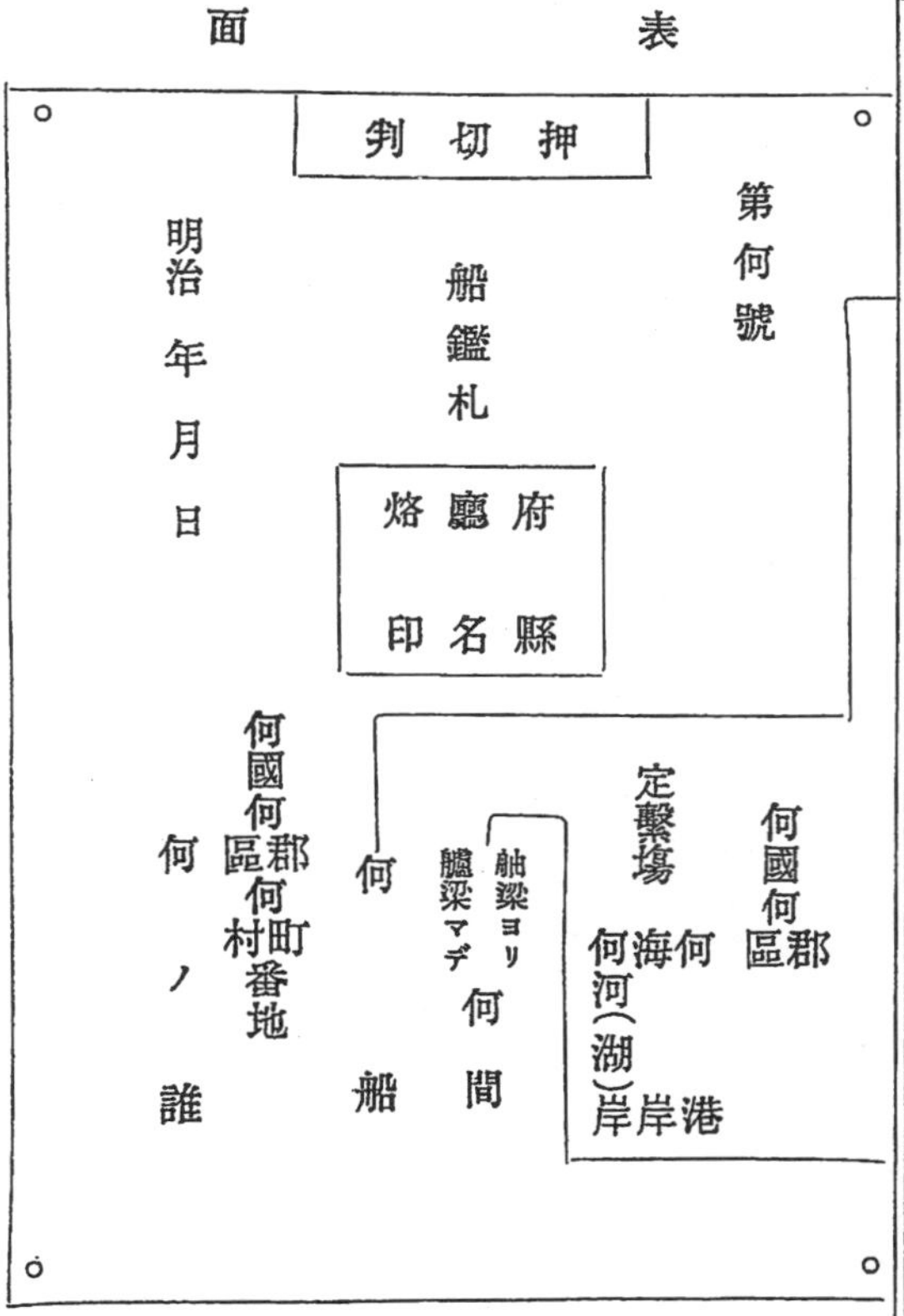

（裏面畧之）

○船舶積量測度規則施行及船税徴收ノ船數及積石數定方ノ件（明治十七年六月六日大藏省第三十八號達）

府縣（沖縄縣ヲ除ク）

本年四月第拾號布告ヲ以テ船舶積量測度規則制定相成候ニ就テハ明治四年十二月當省達船船噸數改方法則及石數改方法則右施行ノ日ヨリ廢止候條船税徴收ノ噸數及ヒ積石數定方左

二十三年十一月大藏省令第三十五號參看

ノ通相心得ヘシ
西洋形船舶ハ船免狀ノ登簿噸數ニ照シ船鑑札面ヲ改正シ其噸數ニ據リ徵稅スヘシ
船免狀ヲ下付セサル西洋形船舶及ヒ日本形積石數五十石以上ノ船舶ハ測度更正濟ノ時ヨリ船鑑札面ヲ改正シ其噸數及ヒ積石數ニ據リ徵稅スヘシ
前二項ニ由リ在來徵稅ノ噸數及ヒ積石數ニ增減ヲ生シタル片ハ其次期ヨリ更正ニ係ル稅金ヲ徵收スヘシ

○船稅徵收手續 明治二十三年十一月二十五日 大藏省令第三十五條

船稅徵收手續左ノ通相定メ二十四年一月一日ヨリ施行ス
但明治十七年六月當省第二十八號達ハ同日ヨリ廢止ス
一船籍證書ヲ受有スル船舶ハ其證書記載ノ登簿噸數又ハ積石數ヲ鑑札ニ記載シ其噸石數ニ據リ徵稅スヘシ其船籍證書ヲ受有セサルモノハ測度證書ニ據ルヘシ
一測度ニ據リ在來徵稅ノ噸石數ニ增減ヲ生シタルトキハ其次期ヨリ更正ニ係ル稅金ヲ徵收スヘシ

○船稅徵收手續施行期限 明治二十四年一月十六日 大藏省令第一號

明治二十三年十二月勅令第二百九十六號ヲ以テ同年十月勅令第二百十九號船籍規則施行期限發布相成候ニ付二十三年十一月當省令第三十五號船稅徵收手續ハ二十六年一月一日ヨリ施行ス

○船稅徵收手續施行延期之件 明治二十六年一月十六日 大藏省令第一號

明治二十三年十一月當省令第三十五號船稅徵收手續ハ船籍規則實施ノ期日迄之ヲ實施セス

十四年第四十三號布告ヲ以テ規則中內務省ヲ農商務省ト改正シ十九年勅令第二號ニ依リ遞信省ノ管理ニ屬ス以下倣之

第二篇　海員

第一章　海員試驗及免狀

○西洋形船水先免狀規則 明治十一年十二月九日第三十七號布告

沿革略記 明治九年十二月第百五十四號布告ヲ以テ西洋形船水先免狀規則ヲ制定ス○十一年十二月第三十七號布告ヲ以テ前令ヲ改正ス是レ現行法ナリ

明治九年十二月第百五十四號布告西洋形船水先免狀規則別冊ノ通改正候條此旨布告候事

西洋形船水先免狀規則

第一條　明治十二年一月一日ヨリ以後下ニ記載スル海港即チ水先區ニ於テ西洋形船舶ノ水先人トナリ營業スル者及ヒ西洋形船舶ノ水先船トシテ使用スル諸船ヘハ此規則ニ從テ發行スル免狀ヲ交付スヘシ

第二條　水先ノ事業ニ關係シタル諸般ノ事務ハ內務省ノ統轄ニ屬シ同省ニ於テハ充分其筋ニ明カナル者ヲ撰ミ此規則ニ準據シテ各試驗出願人ヲ試驗スヘシ

第三條　免狀ハ左ニ記載ノ海港即チ水先區ニ於ケル水先人ニ交付シ且現況ニ從テ其他ノ地方ニ於ケル水先人ニ交付スヘシ

第一　東京灣

即チ伊豆國石廊岬ヨリ同國神子本島及ヒ大島波浮港ヲ通過シテ安房國野島岬ニ至ル一線ヲ以テ疆界線トス

第二　和泉灘

即チ紀伊國宮岬ヨリ淡路國潮崎ノ仁頃ニ至ル一線ヲ以テ其南界ヲ畫シ北ハ淡路國極

北ノ部ニ於ケル東經百三十五度ノ所ニ於テ畫シタル一線ヲ以テ疆界線トス

第三 和泉灘ヨリ瀬戸內ヲ通過シテ長崎迄

第四 長崎港

即チ肥前國福田村ヨリ同國伊王島ノ極北ヲ通過シ同國沖島及ヒ香燒島ヲ經テ同國深堀ニ至ル一線ヲ以テ疆界線トス

第五 津輕海峽

即チ陸奧國尻矢崎ヨリ渡島國惠山崎ニ至ル一線ヲ以テ其東界ヲ畫シ陸奧國大間村ヨリ同國龍飛崎ニ至ル一線ヲ以テ其南界ヲ畫シ同國龍飛崎ヨリ渡島國白神崎ニ至ル一線ヲ以テ其西界トス

第四條 各海港卽チ水先區內ニ供備スヘキ免許水先人ノ員數ハ其海港即チ水先區ノ現況ニ從フヘシ

第五條 水先人ノ免狀ヲ出願スル者ハ自已ノ技業及性質殊ニ平素ノ行狀ニ係リ確實ナル履歷證書ヲ豫テ其本貫又ハ寄留地ノ地方官廳ヲ經テ內務省ヘ差出置キ或ハ試驗開場ノ時ニ於テハ直ニ司驗官ヘ差出スヘシ

第六條 水先人タル者ハ年齡二十二歲ニ滿チ少クモ一ケ年間ハ一百噸以上ノ西洋形船ニ於テ船長若クハ一等運轉手ノ職ヲ執リシ者若クハ六ケ年間航海ニ從事シ其中一ケ年間ハ自今營業免許ヲ受ケントスル水先區內ニ於テ既ニ水先見習人トナリ航海ニ從事セル者ニ限ルヘシ但シ其水先區內ニアル諸港灣海峽及ヒ碇泊場ハ勿論危險ノ場所及ヒ之ヲ避クル爲

メノ重立タル記標或ハ方位又ハ潮ノ滿干潮流燈光浮標礁標ノ位置ニ悉皆通曉シ且大船ヲ指揮シテ之ヲ運轉スルニ充分適當セリト司驗官ヲ滿足セシムルコヲ要スヘシ

第七條　受驗人試驗ヲ受ケテ正ク須要ノ條件ニ叶ヒタルト司驗官之ヲ認ムルトキハ其旨ヲ內務省ニ報告シテ直ニ免狀ヲ交付スヘシ但此免狀ハ翌年一月一日以後ハ全ク其効力ヲ有セサルモノトス

第八條　免狀ノ書替ヲ請願セントスル者ハ毎年十一月一日以前其願書ヲ內務省ヘ差出スヘシ但之ヲ許可シ或ハ許可セサルトハ總テ內務省ノ意見ニ因ルヘシ

第九條　免狀ヲ遺失スル者又ハ摩損スルモノハ其事由ヲ記シタル願書ヲ內務省ヘ差出シ書替新免狀ヲ申受クヘシ

第十條　水先人ハ初メテ其免狀ヲ願受ル時金拾圓又其書替毎ニ金壹圓ノ手數料ヲ上納スヘシ

第十一條　水先人ノ試驗ヲナス時ハ定日ヨリ少クモ十四日前其旨ヲ和洋兩種ノ新聞紙ヲ以テ公告スヘシ此公告ニハ其免許ヲ與フヘキ人數ノ限リ及ヒ試驗ノ場所月日ヲモ記載スヘシ

第十二條　試驗出願人ノ履歷證書ヲ以テ充分滿足ノモノト爲ル時ハ其出願ノ順序ヲ以テ其姓名ヲ登簿シ登簿ノ順次ニ從テ之カ試驗ヲナスヘシ

第十三條　此規則ニ於テ水先免狀ヲ受ケタル外國人ハ其執業上ニ限リ日本帝國內何レノ海岸ト雖モ上陸シ且其出發地ヘ陸路歸ルヲ得ルノ特許ヲ與フヘシ

第十四條　第三條ニ規定セル水先區內ニ於テ無免許ノ水先人船舶ヲ嚮導スル𬼂免許水先人ヨリ其船舶ノ嚮導ヲナサント申入レ又ハ其爲メ信號ヲナス𬼂ハ何時ニテモ免許水先人ヘ其職ヲ讓ルヘシ其職ヲ讓ルヲ拒ミ尙ホ其船舶ヲ嚮導シ或ハ免許水先人ト詐稱シ正當ナラサル免狀ヲ用ユル者ハ五十圓以內ノ罰金ヲ科スヘシ

第十五條　水先料ハ別表ニ記ス金高ニ超過スヘカラス但シ表中記載セサル者ハ其距離ノ遠近ニ隨テ船長ト水先人ノ間ニ相當ノ約束ヲ以テ定ムヘシ

第十六條　二人以上ノ免許水先人同時ニ於テ船舶ノ嚮導ヲ申入レ又ハ其信號ヲ爲ス𬼂ハ最初現ニ乘船シタル者其嚮導ヲ爲シ其水先料ヲ收領シ得ヘシ

第十七條　免許水先人水路嚮導專用ノ水先船ハ第十九條第一節第二節ニ示セル式ノ如ク之ヲ製シ其免狀ヲ內務省ニ願出ツヘシ內務省ハ撿査ノ上其免狀ヲ與フヘシ但此免狀ハ水先人免狀同樣其効一ケ年ニ限ルモノトシ年々其書替ヲ願出ツヘシ

第十八條　各免許水先船ハ免許ヲ得タル區域內ニ於テ其水路嚮導用ノ爲ニハ港灣稅噸稅燈臺稅等ノ諸稅ヲ免スヘシ

第十九條　各水先船ハ左ノ徵候ヲ以テ區別スヘシ

第一　水先船ノ外部ハ總テ黑色タルヘシ

第二　船尾及ヒ其大帆ノ上部ニ於テ國字及ヒ羅馬字ニテ免許水先船ノ文字幷ニ其番號ヲ明瞭ニ書スヘシ

第三　免許水先船ニ免許水先人ノ乘込アル𬼂ハ桅上或ハ船首或ハ旗竿若クハ他ノ認メ

易キ場所ニ於テ日出ヨリ日沒マテ水先旗ヲ飜揚スヘシ但水先旗ハ明治十年一月甲第一號海軍省布達ニ照準スヘシ

第四　水先船其營業場ニ於テ水路嚮導ニ從事スル時ハ他船ニ用ユル燈火ヲ掲ケス只檣燈ニ於テ周回諸方ヨリ見ユヘキ白燈一個ヲ掲ケ且十五分時ヲ超エザル間歇ヲ以テ閃光一個又ハ數個ヲ發スヘシ

水先船其營業場ニ於テ水路嚮導ニ從事セサルトキハ他船ト同様ノ燈火ヲ掲クベシ（三十年九月二十七日第三十九號布告ヲ以本項改正）

第二十條　日中ニ於テ左ニ記載スル信號ヲ表示スルトキハ水先ヲ要求スルノ信號ト認ムヘシ

第一　前檣ニ於テ其船ノ船首旗（英語ジャック）又ハ國旗ヲ掲揚スルコト

第二　萬國普通ノ水先信號ＰＴノ符字ヲ掲示スルコト

夜間ニ於テ左ノ信號ヲ同時若クハ別時ニ表示スルトキハ水先ヲ要求スルノ信號ト認ムヘシ

第一　十五分時毎ニ青燈ヲ掲出スルコト

第二　須臾ノ間歇ヲ以テ凡ソ一分時ノ間透明ナル白燈ヲ上甲板ノ舷部ニ於テ射發スルコト

第二十一條　各免許水先人ヘハ其免狀ハ勿論此規則ノ寫ヲ一通ツヽ交附スヘシ故ニ其筋ノ官吏又ハ雇主ヨリ其書類ノ閲覽ヲ要スル時ハ直ニ之ヲ示スヘシ若シ之ヲ拒ム時ハ內務省ニ於テ其執業ヲ停止シ或ハ其免狀ヲ取上クヘシ

第二十二條　此免狀ハ他人ニ貸與シ或ハ讓與スヘカラス若シ貸與シ或ハ讓與スル時ハ內務

省ニ於テ其免狀ヲ取上クベシ

第二十三條　內務省ニ於テ免許水先人其本分ノ職務ニ堪ヘサルカ若クハ亂醉又ハ不行跡アルカ或ハ故ナクシテ其職務ヲ執ルコヲ嫌ヒ若クハ之ヲ怠リタルコアリト思惟スル時ハ同省ヨリ吏員ニ命シ之ヲ審問セシメ其情狀ニ隨ヒ其執業ヲ停止シ或ハ其免狀ヲ取上クヘシ

水先料一覽表

第壹　東京灣之部

發地	着地	風帆船及汽船水先料	標註
海上ヨリ	橫濱港迄	金三圓	水脚「一フート」ニ付
橫濱港ヨリ	海上迄	金三圓	右同斷ニ付
海上ヨリ	品川碇泊所迄	金四圓	右同斷ニ付
品川碇泊所ヨリ	海上迄	金四圓	右同斷ニ付
橫濱港ヨリ	品川碇泊所迄	金貳拾五圓	一航海ニ付
品川碇泊所ヨリ	橫濱港迄	金貳拾五圓	右同斷ニ付
橫濱港ヨリ	橫須賀港迄	金貳拾五圓	右同斷ニ付

横須賀港ヨリ	横濱港迄	金貳拾五圓	右同斷ニ付
横須賀港ヨリ	品川碇泊所迄	金四拾圓	右同斷ニ付
品川碇泊所ヨリ	横須賀港迄	金四拾圓	右同斷ニ付

第貳　紀伊海峽及和泉灘之部

發地	着地	風帆船及汽船水先料	標註
海上ヨリ	兵庫神戸或ハ大坂碇泊所迄	金三圓	水脚一「フート」ニ付
兵庫神戸或ハ大坂碇泊所ヨリ	海上迄	金三圓	右同斷ニ付
兵庫或ハ神戸港ヨリ	大坂碇泊所迄	金壹圓五拾錢	右同斷ニ付
大坂碇泊所ヨリ	兵庫或ハ神戸港迄	金壹圓五拾錢	右同斷ニ付
大坂碇泊所ヨリ	神戸ヲ經テ海上迄	金四圓	右同斷ニ付

第三　長崎港之部

發地	着地	風帆船及汽船水先料	標註
海上ヨリ	長崎港迄	金貳圓	水脚一「フート」ニ付

長崎港ヨリ	海上迄	金壹圓五拾錢	右同斷ニ付

第四　津輕海峽之部

發地	着地	風帆船水先料	汽船水先料	標註
海上ヨリ	函舘或ハ青森繫船場迄	金貳圓五拾錢	金貳圓	水脚二「フート」ニ付
函舘或ハ青森繫船場ヨリ	海上迄	金貳圓五拾錢	金貳圓	右同斷ニ付

第五　沿海之部

發着地	噸數	風帆船水先料	標註
東京灣ヨリ兵庫神戸或ハ大坂迄又兵庫神戸或ハ大坂ヨリ東京灣迄兵庫神戸或ハ大坂ヨリ下ノ關或ハ長崎迄又下ノ關或ハ長崎ヨリ兵庫神戸或ハ大坂迄	三百噸以下三百噸迄	金八拾圓	一航海ニ付
	三百噸以上五百五拾噸迄	金百圓	
	五百五拾噸以上七百五拾噸迄	金百貳拾圓	
	七百五拾噸以上千噸迄	金百三拾五圓	
	千噸以上	金百五拾圓	

航路	噸數	水先料	
東京灣ヨリ直航下ノ關或ハ長崎迄又下ノ關或ハ長崎ヨリ直航東京灣迄	三百噸以下三百噸迄	金百貳拾圓	一航海ニ付
	三百噸以上五百五拾噸迄	金百五拾圓	
	五百五拾噸以上七百五拾噸迄	金百八拾圓	
	七百五拾噸以上千噸迄	金貳百圓	
	千噸以上	金貳百貳拾五圓	
東京灣ヨリ神戸或ハ大坂ヲ經テ下ノ關或ハ長崎迄又下ノ關或ハ長崎ヨリ神戸或ハ大坂ヲ經テ東京灣迄	三百噸以下三百噸迄	金百四拾圓	一航海ニ付
	三百噸以上五百五拾噸迄	金百七拾五圓	
	五百五拾噸以上七百五拾噸迄	金貳百拾圓	
	七百五拾噸以上千噸迄	金貳百三拾五圓	
	千噸以上	金貳百六拾圓	

發地	着地	汽船水先料	摘註
東京灣ヨリ	兵庫神戸或ハ大坂迄	金六圓	水脚一「フート」ニ付
兵庫神戸或ハ大坂ヨリ	東京灣迄	金六圓	右同斷ニ付
東京灣ヨリ	直航長崎港迄	金九圓	右同斷ニ付

長崎港ヨリ	直航東京灣迄	金九圓	右同斷ニ付
東京灣ヨリ	神戸或ハ兵庫ヲ經テ長崎港迄	金拾貳圓	右同斷ニ付
長崎港ヨリ	神戸或ハ兵庫ヲ經テ東京灣迄	金拾貳圓	右同斷ニ付
兵庫神戸或ハ大坂ヨリ	下ノ關海峽ノ外部或ハ長崎港迄	金六圓	右同斷ニ付
下ノ關海峽ノ外部或ハ長崎港ヨリ	兵庫神戸或ハ大坂迄	金六圓	右同斷ニ付

第一 此表中水脚ト稱スルモノハ本船ノ最モ深キ水脚ヲ云フ

第二 水先人ノ嚮導ニ因リ繫泊スル船舶ハ汽船帆船ニ係ラス三百噸以下ハ拾圓三百噸以上ハ水脚一「フート」ニ付壹圓ノ割ヲ以テ碇泊案內料ヲ拂ハシム

第三 此表中ニ定メタル沿海水先料ハ水先人ノ歸鄉旅費ヲ包含スルモノトス

第四 此表中ニ記載セサル沿海水先料ハ船長ト水先人ノ示談ヲ以テ取極ムヘシ

○水先船旗章 明治十年一月二十九日 海軍省甲第一號

官許水先船旗章ノ儀自今左之雛形之通相定候條此旨布達候事

府 縣

十四年第七十五號布告ヲ以テ九年第八十二號ノ布告改定

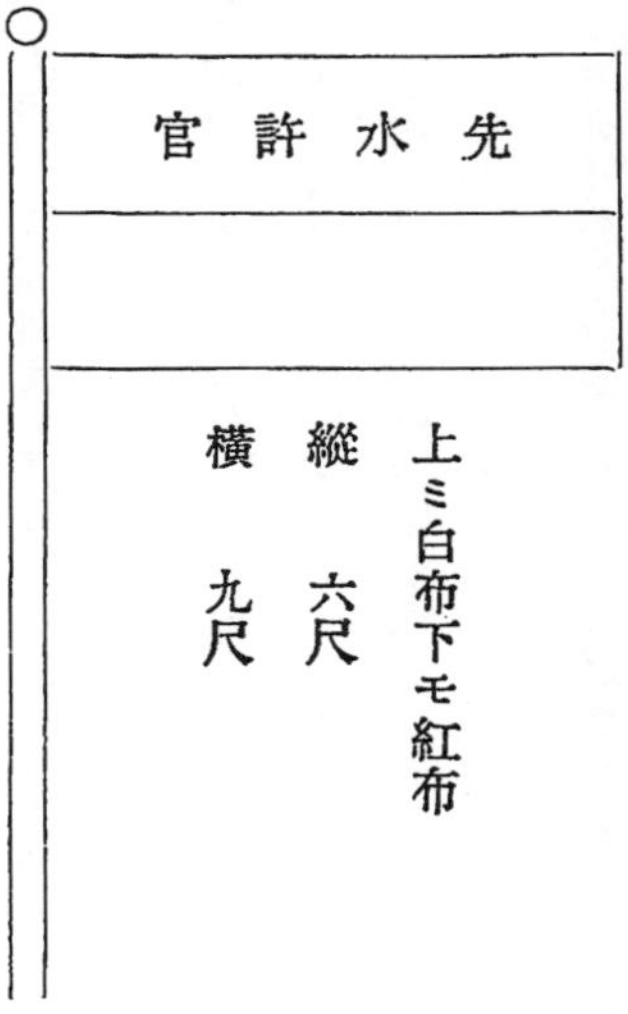

上ミ白布下モ紅布
縦　六尺
横　九尺

○海軍非職准士官以上其本分ノ職業ヲ以テ人民所有ノ西洋形船舶ヘ乗組ノ件　明治十三年六月五日第二十八號布告

海軍非職准士官以上其本分ノ職業ヲ以テ官廳又ハ人民ノ依賴ニ應シ西洋形船舶ノ乗組員トナル者ハ明治九年第八十二號布告ノ限リニアラス此旨布告候事

○西洋形船々長運轉手機關手免狀規則　明治十四年十二月二十八日第七十五號布告

沿革略記　明治九年六月第八十二號布告ヲ以テ西洋形船々長運轉手機關手試驗規則ヲ制定ス○十四年十二月第七十五號ヲ以テ九年八十二號布告以降ノ改正增補ニ係ル布告ヲ總シ更ニ西洋形船々長運轉手機關手免狀規則ヲ制定ス是レ現行法ナリ

西洋形船々長運轉手機關手免狀規則別冊ノ通改定來十五年一月一日ヨリ施行シ九年六月第八十二號同年六月第九十四號同年十二月第百五十三號同年十二月第百五十七號十三年十二月第五十八號十四年二月第十三號同年三月第十八號布告ハ同日ヨリ都テ之ヲ廢止ス

（別　冊）

十九年勅令第二號ニ依リ船舶事務遞信省ニ屬ス以下倣之

西洋形船々長運轉手機關手免狀規則

此規則ハ海軍諸艦ニ關セサルモノトス

此規則中內國航船ト稱スルハ支那朝鮮ノ間ニ於ケル鴨綠江ヨリ露領黑龍江ニ至ルノ沿岸及薩哦噠諸港ニ航スルモノモ亦包含ス

第一條　船長、運轉手、機關手ノ職ヲ執ルモノハ此規則ニ遵ヒ其職ニ應スル等級ノ免狀ヲ農、商、務、卿ヨリ受ケ之ヲ所持スヘシ

第二條　免狀ハ甲乙及ヒ小形船機關手ノ三種トナシ又甲乙ノ兩種トモ船長、一等運轉手、二等運轉手、一等機關手、二等機關手ノ五ニ分チ各試驗規程ニ從ヒ及第セシ者ニ授與スヘシ

第三條　試驗ノ規程ハ第一號布達ニ據ルヘシ

第四條　高等ノ免狀ハ下等ノ免狀ニ代用スルヲ得下等ノ免狀ハ高等ノ免狀ニ代用スルヲ得ス

甲種船長ノ免狀ハ乙種船長ノ免狀ニ對シ高等ノ効力ヲ有シ運轉手、機關手ノ免狀ニ於ケルモ亦同シ

乙種二等運轉手ノ免狀ハ從前ノ小形船々長ノ免狀ニ對シ高等ノ効力ヲ有シ乙種二等機關手免狀ノ小形船機關手免狀ニ於ケルモ亦同シ

第五條　從前授與シタル本免狀ハ甲種免狀ト同一ノ効力ヲ有シ又假免狀ハ當分ノ內乙種免狀ニ代用スルヲ得

從前授與シタル小形船々長ノ免狀ハ其効力ヲ存シ又從前ノ小形船機關手ノ免狀ハ當分ノ

内本則ノ小形船機關手免狀ニ代用スルヲ得

第六條　免狀ノ書換又ハ再授ヲ請フトキハ手數料金壹圓ヲ納ムヘシ但シ再授ヲ請フ者ハ二名以上ノ證人ヲ要ス

第七條　免狀ハ其筋吏員ノ差圖ニ應シ何時タリトモ其檢査ヲ受クヘシ

第八條　甲種免狀試驗課程ニ合格スト認メタル外國政府ノ本免狀ヲ所持セル船長、運轉手、機關手ハ更ニ試驗ヲ要セス原免狀同等ノ免狀ヲ授與スヘシ

第九　左ノ三項ニ記載スル各船ハ其所用ノ區別及ヒ登簿噸數公稱馬力ノ限度ニ從ヒ應等若クハ高等ノ免狀ヲ受有スル職員ヲ乘組マシムヘシ

第一項

三百噸未滿	外國航船	甲種免狀船長	一名以上
		同一等運轉手	同
三百噸以上	同	甲種免狀船長	同
		同一等運轉手	同
		同二等運轉手	同
一百馬力未滿	同	同一等機關手	同
一百馬力以上	同	同一等機關手	同
		同二等機關手	同

第二項

一百噸以上 三百噸未滿	内國航船	乙種免狀船長 同一等運轉手	同 同
三百噸以上 五百噸未滿	同	同　船長 同一等運轉手 同二等運轉手	同 同 同
五百噸以上	同	甲種免狀船長 同一等運轉手 同二等運轉手	同 同 同
二十馬力以上 五十馬力未滿	同	乙種免狀二等機關手	同
五十馬力以上 一百馬力未滿	同	同　一等機關手 若クハ甲種免狀二等機關手	同
一百馬力以上	同	甲種一等機關手 同二等機關手	同 同

第三項

二十噸（汽船ハ十噸）以上 一百噸未滿	同	乙種免狀二等運轉手 若クハ從前ノ小形船々長	同
二拾馬力未滿	同	小形船機關手	同
二拾馬力未滿	港内若クハ湖川用	同	同

但二十馬力以上ノモノハ第二項ニ遵ヒ機關手ヲ乘組マシムヘシ

前記各項ニ從ヒ應等若クハ高等ノ免狀ヲ受有セス或ハ禁止、停止ニ係リ受有シ能ハスシテ其職ヲ執リ出航スル者及ヒ之ヲシテ其職ヲ執ラシメ又ハ其職員ヲ減シテ出航セシムル者ハ各貳圓以上二百五拾圓以下ノ罰金ヲ科スヘシ

第十條　農商務卿ハ船長、運轉手、機關手ノ技術劣等ニシテ其職ヲ執ルニ不適當ナリト考察スルトキ又ハ左ニ掲クル事項ニ於テハ其筋吏員ヲシテ之ヲ審問セシメ其免狀ノ使用ヲ停止シ或ハ禁止スルコトアルヘシ

第一　亂酔、粗暴其他ノ不品行若クハ指揮ニ悖戾シ又ハ職務ニ怠ル者

第二　失錯又ハ不當ノ所爲ニ由テ船ヲ失ヒ或ハ棄テ或ハ之ニ大損害ヲ生シ又ハ人命ヲ害ヒ或ハ大傷痍ヲ被ラシメシ者

第三　輕罪以上ノ刑ニ處セラレタル者

第十一條　前條審問中撿察官又ハ被害者ヨリ裁判所ニ出訴スルトキハ農商務卿其審問ヲ中止シ裁判確定ヲ竢テ之ヲ處分スヘシ

第十二條　免狀ノ使用ヲ停止シ或ハ禁止スルトキハ農商務卿其免狀ヲ取揚クヘシ若シ之ヲ拒ムモノハ貳圓以上二百五拾圓以下ノ罰金ヲ科スヘシ

但第九條末項ノ罪ト俱ニ發スルトキハ罰金ヲ並ヒ科スヘシ

第十三條　免狀使用ノ停止或ハ禁止ノ處分ニ服セサルモノハ其筋ヘ上訴スルコトヲ得ヘシ

第十四條　免狀ノ使用ヲ禁止シタル者ト雖トモ一ケ年ノ後ニ至リ農商務卿ノ考察ヲ以テ更

ニ相當ノ免狀ヲ授與スルコトアルヘシ

○西洋形船々長運轉手機關手試驗規程 二十六年八月八日 遞信省令第十五號

沿革 明治十四年十二月廿八日第一號布達ヲ以西洋形船々長運轉手機關手試驗規程ヲ定メ同二十六年八月遞信省令第十五號ヲ以テ該規程改正

西洋形船船長運轉手機關手試驗規程

第一條　西洋形船船長運轉手機關手ノ免狀ヲ受有セントスル者ハ此規程ニ據リ試驗ヲ受クヘシ

第二條　試驗ハ船舶司撿所ニ於テ執行ス其定日ハ隨時之ヲ告示ス

試驗定日外ニ於テ臨時試驗ヲ願フトキハ船舶司撿所ノ都合ヲ以テ之ヲ許可スルコトアルヘシ

第三條　受驗人ハ試驗定日ヨリ三日前迄ニ其履歷及品行ニ關スル證明書ヲ添ヘ試驗願書ヲ船舶司撿所長ヘ差出スヘシ但願書用紙ハ船舶司撿所ニ於テ附與ス

第四條　受驗人ハ其族籍氏名生年月及犯罪ノ有無ニ關シ本籍所管市區町村長ノ證明書ヲ試驗願書ト共ニ差出スヘシ

受驗人外國人ナルトキハ本國領事ヨリ前項ノ證明書ヲ得テ之ヲ差出スヘシ

但受驗人既ニ海技免狀ヲ受有シタルモノハ本條ノ限リニアラス

第五條　左ニ記載スル者ハ受驗ヲ許サス

一　公權ヲ剝奪セラレタル者

二　公權停止中ノ者

三　破產若クハ家資分産ノ宣告ヲ受ケ復權セサル者又ハ身代限ノ處分ヲ受ケ債務ノ辨償ヲ終ヘサル者

四　瘋癲白痴身体不具若クハ品行不良ニシテ本分ノ職ヲ執ルニ不適當ト認ムル者

五　海技免狀ヲ受有シ其免狀ノ使用ヲ禁止セラレタル者又ハ免狀ノ使用ヲ停止セラレ滿期ニ至ラサル者

第六條　甲種免狀ヲ受有スヘキ受驗人ハ左ノ各欵ニ記載スル履歴ヲ有スル者ニ限ル

二等運轉手

二等運轉手ノ受驗人ハ年齢二十年以上ニシテ少クモ四箇年間登簿噸數一百以上ノ西洋形航洋船ニ在リ其内少クモ一箇年間ハ横帆裝置ノ帆船運航ニ從事セシ者又ハ試驗官吏ノ允當ト認ムル學校ニ在テ航海運用學卒業ノ上少クモ三箇年間登簿噸數一百以上ノ西洋形航洋船ニ在リ其内少クモ一箇年間ハ横帆裝置ノ帆船運航ニ從事セシ者

一等運轉手

一等運轉手ノ受驗人ハ年齢二十一年以上ニシテ甲種二等運轉手ノ免狀ヲ受有シ少クモ一箇年間登簿噸數一百以上ノ航洋船ニ在テ二等運轉手ノ職ヲ執リシ者

船長

船長ノ受驗人ハ年齢二十三年以上ニシテ甲種一等運轉手若クハ乙種船長ノ免狀ヲ受有シ少クモ一箇年間登簿噸數二百以上ノ航洋船ニ在テ各其免狀相當ノ職ヲ執リシ者

二等機關手

二等機關手ノ受驗人ハ年齡二十一年以上ニシテ少クモ四個年間公稱馬力五十以上ノ航洋汽船ニ乘組ミ機關運轉ニ從事セシ者又ハ試驗官吏ノ允當ト認ムル學校或ハ機關製造所ニ在テ少クモ二個年間汽機汽罐ノ製造或ハ修繕ニ從事シ尙ホ少クモ二個年間公稱馬力五十以上ノ航洋汽船ニ乘組ミ機關運轉ニ從事セシ者

一等機關手

一等機關手ノ受驗人ハ年齡二十三年以上ニシテ甲種二等機關手ノ免狀ヲ受有シ少クモ一個年間公稱馬力一百以上ノ航洋汽船ニ乘組ミ二等機關手ノ職ヲ執リシ者又ハ甲種二等機關手若クハ乙種一等機關手ノ免狀ヲ受有シ少クモ一箇年間公稱馬力五十以上ノ航洋汽船ニ在テ機關長ノ職ヲ執リシ者

第七條　乙種免狀ヲ受有スヘキ受驗人ハ左ノ各欵ニ記載スル履歷ヲ證明スル者ニ限ル

二等運轉手

二等運轉手ノ受驗人ハ年齡二十一年以上ニシテ少クモ五箇年間西洋形航洋船ニ乘組ミ其運航ニ從事シタル者

一等運轉手

一等運轉手ノ受驗人ハ年齡二十三年以上ニシテ少クモ五箇年間登簿噸數一百以上ノ西洋形航洋船ニ在リ其運航ニ從事セシ者又ハ乙種二等運轉手ノ免狀ヲ有シ少クモ二箇年間登簿噸數一百以上ノ航洋船ニ乘組ミ二等運轉手ノ職ヲ執リ若クハ一百未滿ノ航洋船ニ乘組ミ少クモ二箇年間船長ノ職ヲ執リシ者

船長

船長ノ受驗人ハ年齡二十五年以上ニシテ乙種一等運轉手ノ免狀ヲ有シ少クモ二箇年間登簿噸數一百以上ノ航洋船ニ在テ一等運轉手ノ職ヲ執リシ者又ハ水先人免狀ヲ有シ三箇年以上其營業ヲ爲シタル者

二等機關手

二等機關手ノ受驗人ハ年齡二十二年以上ニシテ少クモ五箇年間公稱馬力二十以上ノ航洋汽船ニ乘組ミ機關運轉ニ從事セシ者又ハ試驗官吏ノ允當ト認ムル機關製造所ニ在テ少クモ二箇年間汽機汽鑵ノ製造或ハ修繕ニ從事シ尙ホ少クモ三箇年間公稱馬力二十以上ノ航洋汽船ニ乘組ミ機關運轉ニ從事セシ者

一等機關手

一等機關手ノ受驗人ハ年齡二十五年以上ニシテ乙種二等機關手ノ免狀ヲ有シ公稱馬力二十以上ノ航洋汽船ニ乘組ミ少クモ二箇年間機關長ノ職ヲ執リシ者

第八條　小形船機關手ノ免狀ヲ受有スヘキ受驗人ハ左ニ記載スル履歷ヲ有スルモノニ限ル

小形船機關手

小形船機關手ノ受驗人ハ年齡二十一年以上ニシテ少クモ三箇年間汽船ニ乘組ミ機關運轉ニ從事セシモノ

第九條　甲種二等運轉手ノ免狀ヲ有シ登簿噸數五百以上ノ航洋船ニ乘組ミ三等運轉手ノ名義ヲ以テ其職ヲ執リタル者又ハ甲種二等機關手ノ免狀ヲ有シ公稱馬力一百以上ノ航洋汽船ニ乘組ミ三等機關手ノ名義ヲ以テ其職ヲ執リタル者ハ其在職日數ノ半數ヲ以テ各免狀

相當ノ職ヲ執リタル履歷ト見做スコトヲ得ヘシ

第十條　左ニ揭クル履歷ハ此規程ニ定ムル履歷トシテ採用セス

一　湖川其他平水ノ海上ヲ限リ航通シタル船舶ノ乘組履歷但小形船機關手受驗人ノ履歷トシテハ此限リニアラス

二　繫留船乘組履歷

三　船舶ノ積量、馬力其他在船年月等不分明ナル履歷

四　船舶ニ乘組ミ又ハ製造所ニ在ルモ其職務運轉手機關手ノ技術ニ關セサル履歷

五　年齡滿十五年以前ニ係ル履歷

六　明治十二年八月以前ニ係ル履歷

第十一條　受驗人ノ履歷ハ左ニ記載スル書類ヲ以テ證明スルヲ要ス

一　船舶乘組履歷ハ領事浦役人又ハ該當官吏、公吏ニ於テ公認シタル證明書

二　海軍艦船其他官廳所屬船乘組履歷ハ其官廳若クハ艦船ノ辭令書若クハ證明書

三　學校又ハ製造所ニ在リシ履歷ハ其校所授與ノ卒業證書若クハ證明書

四　海技免狀ヲ受有シタルモノハ其免狀

第十二條　試驗ハ體格、筆記、口述ノ三ニ分チ順次之ヲ執行ス

第十三條　受驗人ハ其試驗ノ種類ニ從ヒ左記ノ試驗手數料ヲ納ムヘシ

但臨時試驗ノ手數料ハ定期試驗手數料ノ二倍トス

一體格試驗　　五拾錢

二筆記及口述試驗

甲種船長	七圓
甲種一等運轉手	五圓
甲種二等運轉手	三圓
甲種一等機關手	七圓
甲種二等機關手	五圓
乙種船長	五圓
乙種一等運轉手	三圓
乙種二等運轉手	二圓
乙種一等機關手	五圓
乙種二等機關手	三圓
小形船機關手	二圓

第十四條　既納ノ試驗手數料ハ事故ノ如何ヲ問ハス之ヲ還付セス

第十五條　體格試驗ニ不合格ナル者ハ筆記及口述ノ試驗ヲ受クルヲ得ス筆記試驗ニ落第シタルモノハ口述ノ試驗ヲ受クルヲ得ス

筆記及口述試驗ノ科目ハ別記ニ據ル

第十六條　筆記試驗ニ於テ答ヲ爲スノ時限ハ試驗官吏之ヲ定ム其時限迄ニ答ヲ了ラサル者ハ落第者トス

第十七條　受驗人疾病其他ノ事故ニ因リ試驗半途ニシテ試驗場ヲ退去シ又ハ試驗當日ニ至

リ出場セサルトキハ其試驗落第者ト見做スヘシ

第十八條　受驗人試驗場ニ於テ他ノ受驗人ノ文按ヲ竊取シ或ハ助力ヲ爲シ又ハ之ヲ受ケ其他不都合ノ所爲アリタルトキハ直ニ退場ヲ命シ試驗落第者ト見做スヘシ

第十九條　受驗人試驗問題ノ意義或ハ算式ヲ解シ得サルトキ又ハ正當ノ應答ヲ爲シ得サルトキハ落第者トス

第二十條　受驗人體格試驗ニ不合格ナルトキハ其落第ノ日ヨリ三箇月以上ヲ經ルニアラサレハ再ヒ試驗ヲ受クルヲ許サス

第二十一條　受驗人筆記試驗ニ於テ落第スルコト三箇月以內ニ於テ二回ニ及フトキハ其最後落第ノ日ヨリ三箇月以上ヲ經ルニアラサレハ更ニ同種免狀ノ試驗ヲ受ルヲ許サス

第二十二條　受驗人口述ノ試驗ニ於テ落第スルコト二回ニ及フトキハ其最後落第ノ日ヨリ六箇月以上ヲ經過シ其內少クモ三箇月間ハ實地運航ニ從事セシ證明アルニアラサレハ更ニ同種免狀ノ試驗ヲ受ルヲ許サス

第二十三條　左ニ記載スル場合ニ於テモ第廿一條及第二十二條ニ規定シタル期間ヲ經過スルニアラサレハ更ニ試驗ヲ受クルヲ許サス

一乙種船長ノ受驗人ニシテ筆記ノ試驗ニ落第スルコト三箇月以內ニ於テ二回ニ及ヒタル者甲種一等運轉手ノ試驗ヲ受ケントスルトキ

二甲種一等運轉手ノ受驗人ニシテ口述ノ試驗ニ落第スルコト二回ニ及ヒタル者乙種船長ノ試驗ヲ受ケントスルトキ

三乙種運轉手又ハ機關手ノ受驗人ニシテ筆記ノ試驗ニ落第スルコト三箇月以內ニ於テ二

回ニ及ヒタル者甲種二等運轉手又ハ甲種二等機關手ノ試驗ヲ受ケントスルトキ

四乙種二等運轉手ノ受驗人ニシテ筆記ノ試驗ニ落第スルコト三箇月以內ニ於テ二回或ハ口述ノ試驗ニ落第スルコト二回ニ及ヒタル者又ハ小形船機關手ノ受驗人ニシテ口述試驗ニ落第スルコト二回ニ及ヒタル者乙種一等運轉手又ハ乙種二等機關手ノ試驗ヲ受ケントスルトキ

第二十四條　受驗人試驗ニ及第シタルトキハ試驗官吏ヨリ直ニ及第證書ヲ本人ニ附與シ其旨遞信大臣ヘ報告スヘシ

官立商船學校全科卒業生ニシテ本規程ニ定ムル受驗資格ヲ具ヘ第三條及第四條ニ揭クル證明書ヲ差出ス者ハ試驗ヲ須ヒス其履歷相當ノ及第證書ヲ付與スヘシ

第二十五條　受驗人試驗及第後ニ於テ其履歷ニ詐僞錯誤アリテ受驗ノ資格ナキコト又ハ試驗ニ不正ノ手段ヲ用ヒタルコトヲ發見スルトキハ其試驗ヲ無效ト爲ヘシ

（別記）

試驗科目

甲種

二等運轉手

筆記

一航海運用ニ關スル用語ノ解明

二航海日誌ノ記載

三分數及比例算法

四　航海日誌ノ算法
五　緯線航行算法
六　「マーケートル」法又ハ中分緯度法ニ據リ經緯度若クハ針路航程ヲ知ル算法
七　太陽子午線高度ニ據リ緯度ヲ知ル算法
八　太陽出沒方位ニ據リ羅針ノ違差ヲ知ル算法
九　潮時ノ算法
十　時辰儀及太陽高度ニ據リ經度ヲ知ル算法
十一　海圖ノ應用

口述

一　船具ノ取附及取脱
二　桅檣並ニ帆架ノ揚降
三　帆ノ取扱
四　船舶常時運轉ノ方法
五　測程具及測深具ノ解明並ニ用法
六　貨物積載法
七　海上衝突豫防法
八　萬國信號法
九　前數項ノ外本分ノ職務ニ關シ試驗官吏ニ於テ必要ト認ムル事項

一等運轉手

二等運轉手ノ試驗科目ヲ合セ

筆記

一　太陽方位角ニ據リ羅針ノ遠差ヲ知ル算法
二　子午線ニ近キ太陽高度ニ據リ緯度ヲ知ル算法
三　「サムナー」法ニ據リ船舶所在ノ位置太陽ノ方法及方位角ヲ知ル算法

口述

一　六分儀ノ矯正及用法
二　下檣建設其他圓材ノ取扱
三　錨、錨鎖等ノ取扱及碇泊ノ方法
四　船舶荒天運用ノ方法
五　船舶ノ事變ニ臨ミ之ニ應スルノ處置
六　汽船ノ暗車作用及運轉ノ方法
七　日本沿岸水路ノ標識及地勢
八　前數項ノ外本分ノ職務ニ關シ試驗官吏ニ於テ必要ト認ムル事項

船長　二等運轉手及一等運轉手ノ試驗科目ヲ合セ

筆記

一　星象高度ニ據リ緯度ヲ知ル算法
二　太陰子午線高度ニ據リ緯度ヲ知ル算法

三　經度及太陽高度ニ據リ時辰儀ノ違差ヲ知ル算法
四　羅針自差ノ算法
五　「ナピール」自差表調成及用法

口述

一　羅針違差ノ解明及測定方法
二　原基羅針据付及矯正ノ方法
三　船難ニ際シ人命及船舶ヲ救護スル方法
四　颶風ノ解明及避難法
五　船舶及船長海員ニ關スル法規ノ要領
六　前數項ノ外本分ノ職務ニ關シ試驗官吏ニ於テ必要ト認ムル事項

二等機關手

筆記

一　機關室日誌ノ記載
二　分數、比例及面体求積ノ算法
三　安全瓣、炭費、馬力、支柱、延引力、重量、諸喞筒等ニ關スル算法

口述

一　汽機、汽鑵檢査ノ方法
二　汽機、汽鑵各部ノ效用及用法

三　汽機、汽鑵組成ノ理解及之ニ屬スル諸器ノ用法
四　各種ノ汽機、汽鑵搆造ノ解明
五　公稱馬力、實馬力及各種推進器ノ解明
六　汽鑵内腐蝕、銹蝕ノ原因及其豫防ノ方法
七　車軸、螺旋軸、滑瓣ノ裝置及其位置ノ改正
八　汽機、汽鑵ニ生シタル損所ヲ修繕スルノ方法
九　運轉中汽機、汽鑵ニ不慮ノ危害ヲ生シタルトキノ處置
十　前數項ノ外本分ノ職務ニ關シ試驗官吏ニ於テ必要ト認ムル事項

一等機關手

二等機關手ノ試驗科目ヲ合セ

筆記

一　開平法應用算法
二　螺旋螺互、觸火面、滑瓣、汽鑵强弱、膨脹力、速力、發條「インヂケートル」、ダイヤグラム」等ニ關スル算法
三　汽機、汽鑵局部ノ製圖

口述

一　延引力、壓搾力、旋捻力ノ解明
二　汽機、汽鑵材料ノ解明

三 熱及膨脹力ノ解明
四 諸滑瓣ノ解明
五 「インヂケートル」ノ用法及同「ダイヤグラム」ノ解明
六 汽機、汽罐要部ノ割合
七 前數項ノ外本分ノ職務ニ關シ試驗官吏ニ於テ必要ト認ムル事項

乙種

二等運轉手

筆記

一 航海日誌ノ記載
二 加減乘除應用算法
三 海圖ノ應用

口述

一 桅檣竝ニ帆架ノ揚降
二 帆ノ取扱
三 船舶常時運轉ノ方法
四 測程具及測深具ノ解明竝ニ用法
五 海上衝突豫防法
六 萬國電信法

七　前數項ノ外本分ノ職務ニ關シ試驗官吏ニ於テ必要ト認ムル事項

一等運轉手

二等運轉手ノ試驗科目ヲ合セ

筆記

一　航海日誌ノ算法

二　太陽出沒ノ方位ニ據リ羅針ノ違差ヲ知ル算法

三　太陽子午線高度ニ據リ緯度ヲ知ル算法

四　潮時ノ算法

口述

一　錨、錨鎖等ノ取扱及碇泊ノ方法

二　船舶荒天運用ノ方法

三　船舶ノ事變ニ臨ミ之ニ應スルノ處置

四　貨物積載法

五　汽船暗車ノ作用

六　日本沿岸水路ノ標識及地勢

七　前數項ノ外本分ノ職務ニ關シ試驗官吏ニ於テ必要ト認ムル事項

船長

二等運轉手一等運轉手ノ試驗科目ヲ合セ

筆記

一　太陽方位角ニ機リ羅針ノ違差ヲ知ル算法

二　「サムナー」法ニ據リ船舶所在ノ位置ヲ知ル算法

三　羅針自差ノ算法

四　「ナピール」自差表調成及用法

口述

一　六分儀ノ矯正及用法

二　羅針違差ノ解明及測定方法

三　原基羅針据付ノ方法

四　汽船運轉ノ方法

五　船難ニ際シ人命及船舶ヲ救護スル方法

六　颶風ノ解明及避難法

七　船舶及船長海員ニ關スル法規ノ要領

八　前數項ノ外本分ノ職務ニ關シ試驗官吏ニ於テ必要ト認ムル事項

二等機關手

筆記

一　機關室日誌ノ記載

二　分數算法

三　機關室消耗品ニ關スル算法

口述

一　汽機汽鑵檢査ノ方法

二　汽機汽鑵各部ノ效用及用法

三　汽機汽鑵組成ノ理解及之ニ屬スル諸器ノ用法

四　汽機汽鑵ニ生シタル損所ヲ修繕スルノ方法

五　運轉中汽機汽鑵ニ不慮ノ危害ヲ生シタルトキノ處置

六　前數項ノ外本分ノ職務ニ關シ試驗官吏ニ於テ必要ト認ムル事項

一等機關手

二等機關手ノ試驗科目ヲ合セ

筆記

一　馬力、安全瓣、汽鑵强弱等ニ關スル算法

口述

一　公稱馬力、實馬力、及各種推進器ノ解明

二　車軸、螺旋軸、滑瓣ノ裝置及其位置ノ改正

三　「インヂケートル」ノ用法及同「ダイヤグラム」ノ解明

四　前數項ノ外本分ノ職務ニ關シ試驗官吏ニ於テ必要ト認ムル事項

小形船機關手

口述

一　汽機汽鑵ノ檢査及運轉ノ方法
二　運轉中汽機汽鑵ノ取扱
三　汽機汽鑵各部ノ用法
四　汽機汽鑵ニ屬スル諸器ノ用法
四　汽機汽鑵ノ損所ヲ修繕スルノ方法
六　運轉中汽機汽鑵ニ不慮ノ危害ヲ生シタルトキノ處置
七　前數項ノ外本分ノ職務ニ關シ試驗官吏ニ於テ必要ト認ムル事項

○西洋形船々長運轉手機關手試驗定日ノ件　明治二十六年八月二十八日遞信省告示第二百十四號

來ル十月一日以後東京大坂長崎函館各船舶司撿所ニ於テ執行スル西洋形船々長運轉手機關手試驗定日ハ毎月第一水曜日トス
但外國人ニ係ル試驗ハ東京船舶司撿所ニ限リ之ヲ執行ス

○海技免狀取扱規則　明治二十六年九月八日遞信省令第十六號

第一條　本則ニ於テ海技免狀ト稱スルハ西洋形船々長、運轉手機關手免狀規則ニ據リ授與スル所ノ免狀ヲ謂フ
第二條　成規ノ試驗ヲ受ケ船長運轉手又ハ機關手タルノ及第證書ヲ得タル者海技免狀ヲ受有セントスルトキハ其願書ニ試驗及第證書ノ謄本ヲ添ヘ試驗ヲ受ケタル船舶司檢所ヲ經由シテ遞信省ニ差出スベシ

西洋形船船長運轉手機關手免狀規則第八條ニ依リ外國政府ノ海技免狀ヲ受有スル者ニシテ帝國政府ノ海技免狀ヲ受有セントスル者ハ其願書ニ其免狀ノ謄本及履歷證明書並ニ本邦人ニ在テハ所管市町村長外國人ニ在テハ本國領事ノ身分證明書ヲ添ヘ最寄船舶司檢所ヲ經由シテ遞信省ニ差出スヘシ

第三條　前條ノ出願者アリタルトキハ遞信省ニ於テ海員名簿ニ登錄シタル後第一號第二號第三號若クハ第四號書式ノ海技免狀ヲ調製シ本人又ハ其代理人ニ交付ス

第四條　第二條第一項ニ據リ海技免狀ノ下附ヲ出願スル者至急航海ヲ要シ其下附ヲ待ツノ暇ナキトキハ及第證書ノ日附ヨリ起算シ三箇月以內該證書ヲ以テ海技免狀ニ代用スルコトヲ得

第五條　下等ノ海技免狀ヲ受有スル者高等ノ海技免狀ヲ受有スルトキハ直ニ下等ノ海技免狀ヲ遞信省ニ返納スヘシ

第六條　海技免狀ヲ亡失若クハ毀損シタルトキ又ハ氏名其他免狀面記載事項ニ變更ヲ生シタルトキハ三十日以內ニ其事由ヲ具シ氏名ヲ變更シタル塲合ニ於テハ所管市町村長ノ證明ヲ受ケ免狀ノ書替若クハ再授ヲ遞信省ニ願出ツヘシ

第七條　第二條及第六條ニ依リ海技免狀ノ下附、書替若クハ再授ヲ願出ツル者ハ手數料トシテ金壹圓ヲ納ムヘシ

第八條　海技免狀ヲ受有スル者族籍ヲ變更シタルトキハ所管市町村長ノ證明ヲ受ケ三十日內ニ遞信省ニ屆出ツヘシ

第九條　海技免狀ヲ受有スル者廢業若クハ死亡シタルトキハ其事由ヲ具シ本人又ハ遺族者ヨリ三十日以內ニ該免狀ヲ遞信省ニ返納スヘシ

第十條　第五條第六條第八條第九條ニ違背シタル者ハ二圓以上二十圓以下ノ罰金ニ處ス

附則

第十一條　本則施行以前ニ於テ廢業若クハ死亡シ又ハ族籍氏名ヲ變更シタル者アルトキハ本則施行ノ日ヨリ三十日以內ニ第六條第八條又ハ第九條ニ定ムル手續ヲ履行スヘシ

第一號書式（竪九寸横一尺二寸）裏面英譯ヲ附ス

花紋

割印

菊章

第　號　海技免狀

廳府縣華士族平民

氏　名

生年月日

右者成規ノ試驗ニ及第シ日本船舶ニ於テ甲種何々ノ職務ヲ執ルニ適當ナリト認ムルヲ以テ明治十四年十二月第七十五號布告西洋形船々長運轉手機關手免狀規則第二條ニ據リ此ノ免狀ヲ授與ス

明治　年　月　日

遞信大臣　氏　名　印

第二號書式（竪九寸横一尺二寸）裏面英譯ヲ附ス

割印　花紋　菊章

第　號

海技免狀

廳府縣華士族平民

氏　名

生年月日

右者何國（假令ハ英佛獨米等）政府ノ何々海技免狀ヲ受有シ日本船舶ニ於テ甲種何々ノ職務ヲ執ルニ適當ナリト認ムルヲ以テ明治十四年十二月第七十五號布告西洋形船々長運轉手機關手免狀規則第八條ニ據リ此免狀ヲ授與ス

明治　年　月　日

遞信大臣　氏　名　印

第三號書式（竪九寸 横一尺二寸）

割印

桐章

花紋

第　號

海技免狀

廳府縣華士族平民

氏　名

生年月日

右者成規ノ試驗ニ及第シ日本船舶ニ於テ乙種何々ノ職務ヲ執ルニ適當ナリト認ムルヲ以テ明治十四年十二月第七十五號布告西洋形船々長運轉手機關手免狀規則第二條ニ據リ此ノ免狀ヲ授與ス

明治　年　月　日

遞信大臣　氏　名　印

第四號書式（竪九寸 横一尺二寸）

花紋

割印

桐章

第　號

海技免狀

廳府縣華士族平民

氏　名

生年月日

右者成規ノ試驗ニ及第シ日本船舶ニ於テ小形船機關手ノ職務ヲ執ルニ適當ナリト認ムルヲ以テ明治十四年十二月第七十五號布告西洋形船々長運轉手機關手免狀規則第二條ニ據リ此ノ免狀ヲ授與ス

明治　年　月　日

遞信大臣　氏　名　印

十八年十二月第七十號ニ依リ管船ノ事務ハ遞信省管理ニ屬ス

○海員技術免狀ヲ受有スル者輕罪以上ノ刑ニ處セラレタルトキ刑名竝宣告ノ月日ヲ其都度農商務省ヘ通牒スヘキノ件 明治十六年七月五日 司法省丁第二十一號達

大審院
裁判所

明治十四年十二月第七十五號公布西洋形船々長運轉手機關手免狀規則ニ據リ免狀ヲ有スル者罪ヲ犯シ輕罪以上ノ刑ニ處シタル節ハ刑名幷ニ宣告ノ月日ヲ詳記シ其都度直ニ農商務省ヘ通牒スヘシ此旨相達候事

○登記印紙ヲ以テ手數料ヲ納ムルノ件 明治二十四年十二月十六日 勅令第二百四十五號

朕登記印紙ヲ以テ手數料ヲ納ムルノ件ヲ裁可シ茲ニ之ヲ公布セシム

政府ニ納ムヘキ手數料ハ其金額ニ相當スル登記印紙ヲ以テ納メシムルコトヲ得但其種目ハ主務大臣之ヲ定ム

本令ハ明治二十五年四月一日ヨリ施行ス

○登記印紙ヲ以テ手數料ヲ納ムルトキ其貼用方法ヲ定ム 明治二十五年三月十八日 遞信省令第五號

明治二十四年十二月勅令第二百四十五號ニ依リ登記印紙ヲ以テ手數料ヲ納ムル片ハ其金額ニ相當スル印紙ヲ願書其他ノ書類ニ貼用シ署名ノ下ニ押捺スル印ヲ以テ書面ト印紙ノ彩紋トニ掛ケ消印スヘシ

○登記印紙ヲ以テ納ムヘキ手數料ノ種目ヲ定ム 明治二十六年十一月十日 遞信省令第廿一號

沿革 明治二十五年三月十八日遞信省令第六號ヲ以手數料ノ種目ヲ定ム同二十六年十一月十日遞信省令第廿一號ヲ以改正二十八年四月廿七日遞信省第五號ヲ以第五項追加

明治二十五年三月遞信省令第六號登記印紙ヲ以テ納ムヘキ手數料種目左ノ通改定ス

一海員試驗手數料
一海技免狀手數料
一水先免狀手數料
一船舶檢査證書手數料（別種旅客室檢査證書ヲモ包含ス）
一船燈信號器及救命具製造人及同上外國製品販賣人ノ免許手數料並免許證書書替手數料十二（八年四月廿七日遞信省令第五號ヲ以本項追加）

○官私雇外國人諸港上陸心得（明治八年十月三十一日外務大少丞ヨリ内務大少丞ヘノ通知）

院省使府縣及華士族平民等西洋形持船航海運轉ノ爲メ外國人雇入乘組中要用有之節於諸港上陸免狀今般別紙ノ通改正致候ニ付爲御心得差進申候尤別段各府縣ヘ御布達ニハ不及候此段申入候也

明治八年十月卅一日　　外務大少丞

内務大少丞　御中

官私雇外國人諸港上陸心得

何院省使府縣仕

何國人

何　誰

右ハ何院省使府縣持船何號ヘ（船長或ハ器械師）トシテ何年何月ヨリ何年何月マテ雇入同船ヘ乘組航海中其船ノ都合ニ依リ港灣ヘ碇泊ノ間本人要用ノ義有之節ニ限リ何レノ港ニテモ上陸不苦事

明治何年何月何日

外務省印

官仕私雇外國人諸港上陸心得

一官船又ハ人民所持船ニ雇ハレ乘組外國人貿易ノ爲開カサル諸港ニ寄船中上陸スル時ハ總テ其地方ノ規則ニ遵依スヘシ

一本文要用トハ其本人航海中病氣養生ノ爲或ハ其船ノ諸器械修覆ヲ爲スカ或ハ海岸ノ淺深測量ヲ船主ヨリ命セラレタル等ノ時ヲ云フナリ右事故ニ付キ上陸スル節ハ其港人家ニ宿泊スルモ妨ケナシ

一逗留中此免狀ヲ以テ其港ヨリ五里以外ノ內地ヘ入ルヲ許サス

一上陸中其港ノ戶長等ヨリ問合アル節ハ必ス此免狀ヲ示スヘシ如何ナル事故ヲ以テ辭柄トナストモ之ヲ示サヽル外國人ハ差押ヘ船中ヘ送リ返サルヘシ

一此免狀ヲ以テ上陸スル外國人ト雖モ各地方ニテ日本人民ト賣買取引及ヒ諸約定ヲ爲スヲ許サス

一此免狀ハ其船乘組日本船長ニテ預リ置キ要用有之節其外國人ニ附與シ之ヲ携帶セシムヘシ右要用ノ事故終ラハ再ヒ船長ノ方ヘ預リ置クヘシ

一此免狀外國人滿期放免或ハ事故アリテ中途廢止ノ節ハ雇入免狀ト共ニ早速返納スヘシ

一遊獵ノ免許鑑札ヲ所持スル外國人ト雖モ諸港ニ於テハ發砲遊獵スルヲ許サス

計八款

第二章　海員雇入雇止

廿一年法律第一號參看

十一年第十七號布告ニ依リ區務所及區長戸長書記用掛改置十三年三月大政官指令ヲ以テ區戸長ノ外適任ノ者ニ命スルヲ得セシム

十三年第十號布告ヲ以テ商船ノ文字ヲ削リ西洋形船ト改ム以下倣之

十四年第四十三號布告ヲ以テ內務省ヲ農商務省ト改ム十九年勅令第二號ニ依リ海員事務遞

○浦役人事務定限條欵 明治九年十二月廿一日第百十七號達

開拓使及ヒ沿海府縣

從來浦役人ノ名稱有之候得共其事務ノ定限モ無之ニ付自今左ノ條欵ニ從ヒ浦役場ヲ設置シ浦役人ヲ命スヘシ此旨相達候事

第一條 浦役場ハ沿海大市及ヒ商船輻湊ノ地ニ於テハ便宜ノ場所ヲ撰テ之ヲ設置スヘシ

第二條 浦役場ハ當分ノ中區務所等ヲ以テ代用シ浦役人ハ區長若クハ戸長ニ兼勤申付書記用掛等ヲ以テ輔助セシムヘシ

第三條 浦役人ハ其地繫泊船ニ關スル庶務 警察事務稅關事務其他主管アル事務ヲ除キ 及ヒ難破船取扱難破浦證文付與等ノヿヲ掌ラシムヘシ

第四條 浦役場設置ノ地名ハ明治十年三月三十一日限リ內務省ニ報告シ以後每年十二月中ニ其廢置變換等ヲ同省ヘ報告スヘシ

○西洋形商船海員雇入雇止規則 明治十二年二月十九日第九號布告

西洋形商船海員雇入雇止規則別冊ノ通相定來ル八月十六日ヨリ施行候條此旨布告候事

西洋形商船海員雇入雇止規則

第一條 西洋形商船（蒸汽船ハ拾噸以上風帆船ハ貳拾噸以上）ニ於テ海員ヲ雇入又ハ雇止ヲ爲ス𪜈ハ總テ此規則ノ條欵ニ準據スヘシ

第二第 雇入ノ時ハ其地ニ於ケル浦役場ニ於テ內務省ヨリ發スル海員雇入證書用紙ヲ以テ其定約書ヲ作リ雇者被雇者記名調印ノ上浦役人ノ公認ヲ受クヘシ

信省ニ屬ス以下倣之

但定約書ハ正副二通ニ作リ其本書ハ本船ニ保チ置キ副書ハ浦役場ニ留メ置クヘシ

第三條　內海回漕船ニ於テハ雇入期限ヲ六ケ月以內ト定ム然レ𪜈外國航船ニ於テハ六ケ月以外ヲ約スルヲ得ヘシ

第四條　雇止ノ時雇者ハ其地ニ於ケル浦役場ニ於テ內務省ヨリ發スル海員雇止證書用紙ヲ以テ雇止證書ヲ作リ記名調印ノ上浦役人ノ公認ヲ受ケ之ヲ其被雇者ニ付與スヘシ

雇入又ハ雇止ノトキハ技術免狀ヲ所持スル者ハ浦役人ノ檢査ニ供シ且其檢査證書ヲ申請クヘシ（十六年十二月第四十五號布告ヲ以本項以下二項ヲ追加ス）

雇入又ハ雇止ノ公認ヲ受クルトキハ手數料トシテ被雇者給金一ケ月分ノ百分一ニ當ル金額ヲ雇者被雇者ヨリ各々其半額ツヽ浦役場ニ納ムヘシ

雇入約定書及雇止證書ヲ亡失毀損シ其寫ヲ請フ者ハ二名以上ノ保證人ト連署シテ當初公認ヲ受ケタル浦役場ニ申出ツヘシ浦役人ハ簿冊ニヨリ之ヲ製シ認印ヲ捺シテ交付スヘシ

第五條　雇止ハ雇入地ニ限リ行フヘシ故ニ雇入地外ニ於テ滿期ニ至ルモ雇入地ニ歸着スル迄ハ雇入期限內ト見做スヿヲ得ヘシ

但雇者被雇者双方ノ協意ヲ以テスルモノハ本條ノ限リニアラス

第六條　左ノ場合ニ於テハ雇入地外ト雇入期限內トニ拘ラス雇者ヨリ雇止ヲ爲スヲ得ヘシ

一疾病又ハ體質瘻弱ノ故ヲ以テ本務ヲ執行シ能ハサル者

一本船難破其他ノ災危ニ罹リ進航シ能ハサル時

但以上二項ノ場合ニ於テハ雇者ノ費用ヲ以テ雇入地ヘ歸還セシムヘシ

一第十條ニ掲クル違約一ヶ月內三回以上ニ至ル者
一第十一條ヲ犯ス者
第七條　又左ノ場合ニ於テハ雇入地外ト雇入期限內トニ拘ラス被雇者ヨリ其定約ヲ解クヲ得ヘシ
一苛虐ノ取扱ヲ受ケシ時
一飮食物又ハ給金ノ全額或ハ幾分ヲ給與セラレサル時
但右ノ場合ニ於テハ雇入地ヘ歸着ノ旅費ヲ請求スルヲ得ヘシ
第八條　外國ニ於テ雇入若クハ雇止ヲ爲ス片ハ其國駐留ノ我國領事館ニ於テ內務省ヨリ發スル用紙ヲ以テ定約書若クハ雇止證書ヲ作リ記名調印ノ上領事ノ公認ヲ受クヘシ
但定約書ハ正副二通ニ作リ其本書ハ本船ニ保チ置キ副書ハ領事舘ニ止メ置クヘシ
第九條　新タニ海員トナル者及ヒ此規則施行以前雇止メトナリシ者ヲ除クノ外被雇者ハ必ス最後ノ雇止證書ヲ所持スヘシ又雇者ハ最後ノ雇止證書ヲ所持セサル者ヲ雇入ス可ラス
第十條　船長ノ指圖ニ背ク者許可ヲ得スシテ上陸シ又ハ許可ノ時限ヲ過キテ歸船スル者（第十一條ノ脱船者ニアラス）本務ヲ怠ル者喧嘩口論ヲナス者酩酊スル者私ニ銃器刀槍或ハ酒類ヲ船中ニ貯フ者ハ毎回其給金三日分ヨリ多カラサル額ヲ違約金トシテ雇主之レヲ收メ且其銃器刀槍或ハ酒類ヲ取上ルヲ得ヘシ
第十一條　船中ニ於テ徒黨ヲ謀ル者船長ヲ刧ス者脱船スル者（雇入期限內ニ逃亡スル者ヲ云フ）ハ其事情ニ因リ百日以內ノ懲役ニ處ス若シ船体船具ヲ毀傷シ又ハ載貨ヲ私用スル

刑法及十四年十二月第七十二號布告參看

二十二年六月勅令第八十三號二十二年一月勅令第百十五號參看

者ハ其實價ヲ償ハシムルノ外本條ニ依テ其罪ヲ科スヘシ
第十二條　海員ヲ虐使シ飲食物或ハ給金ノ全額又ハ幾分ヲ給與セサル者ハ其事情ニ因リ百圓以內ノ罰金ヲ科シ其給與セサル金額ハ年六分ノ利子ヲ加ヘ償還セシムヘシ
第十三條　此規則中第十條第十一條第十二條ヲ除キ其他ノ諸條欵ヲ犯ス者ハ其事情ニ因リ五拾圓以內ノ罰金ヲ科スヘシ

○海員雇入雇止手數料ノ件　明治十六年十二月二十一日第六十三號

滋賀及沿海府縣

今般第四十五號布告候ニ付テハ雇入雇止手數料ハ大藏省ヘ納付可致尤右事務取扱ニ係ル費用ハ同省ヨリ別途交付候條明細仕譯書ヲ以テ同省ヘ受取方可申出此旨相達候事
但本文收支金額ノ義ハ明細仕譯書ヲ以テ每三ケ月分取纏メ翌月十日其地差立農商務省ヘ屆出可シ

○西洋形船海員雇入雇止手數料ノ件　明治二十二年六月十二日勅令第八十三號

沿革略記　明治十六年十二月第六十三號達ニ依リ西洋形船海員雇入雇止手數料ハ國庫ニ納付シ右事務取扱ニ係ル費用ハ更ニ國庫ヨリ受取ルヘキ成規ナリシカ二十二年六月勅令第八十三號ニ依リ市町村制ヲ施行セル地方ニ在テハ其市町村ノ收入トシ○二十二年十一月勅令第百十五號ニ依リ市町村制ヲ施行セサル或ル島嶼ニ在テモ亦其町村ノ收入トセリ

朕西洋形船海員雇入雇止手數料ノ件ヲ裁可シ茲ニ之ヲ公布セシム
西洋形船海員雇入雇止規則ニ依リ雇者被雇者ヨリ徵收スル手數料ハ明治二十二年四月以降市町村ノ收入トス但未タ市町村制ヲ施行セサル地方ニ於テハ其實施ノ期ヨリ本令ニ依ルヘシ

二十二年一月勅令第一號ハ市町村制ヲ施行セサル島嶼ヲ指定セルモノナリ

○西洋形船海員雇入雇止手數料ノ件 明治二十二年十一月一日勅令第百十五號

朕西洋形船海員雇入雇止手數料ニ關スル件ヲ裁可シ茲ニ之ヲ公布セシム

西洋形船海員雇入雇止規則ニ依リ雇者被雇者ヨリ徴收スル手數料ハ明治二十二年一月勅令第一號ヲ以テ指定シタル島嶼ニ在テハ東京府管轄小笠原島伊豆七島ヲ除クノ外其町村ノ收入トス

○西洋形商船海員雇入雇止證書用紙ノ件 明治十二年六月廿四日內務省丙第三十四號達

沿海府縣

本年第九號ヲ以テ西洋形商船海員雇入雇止規則公布相成候就テハ本則ニ依リ當省ヨリ發行スル雇入雇止證書用紙ハ各浦役場ニ於テ左ノ定價ヲ以テ拂下可申依テ爲心得別紙雛形相附シ此旨相達候事

十七年農商務省第三十三號達ヲ以テ證書用紙改正

但書（十九年六月二日遞信省令第十四號ニ依リ自ラ消滅）

海員雇入證書用紙　定價　金四錢

同　雇止證書用紙　同　金貳錢

（別紙雛形）（十七年十一月十五日農商務省第三十三號達ヲ以改正）

○西洋形商船海員雇入證書小形用紙ノ件 明治十二年十一月二十一日內務省丙第五十四號達

沿海府縣

本年六月當省丙第三十四號ヲ以テ西洋形商船海員雇入雇止證書用紙發行之儀相達候處尙少數之人員雇入便宜ノ爲メ更ニ別紙雛形之通雇入證書發行候條右用紙ハ各浦役場ニ於テ左ノ

定價ヲ以テ拂下ケ可申此旨相達候事

海員雇入證書用紙　　定價　金貳錢

（別紙雛形）（十七年十一月十五日農商務省第三十三號達ヲ以改正）

○米國及日耳曼國領事ト海員取扱ニ係ル訂約ニ付三菱幷ニ三井物産會社ヘ諭達（明治十四年三月十五日驛遞總官達）

其社船舶海外ニ於テ海員雇入雇止ヲナス片ハ明治十二年第九號公布西洋形船海員雇入雇止規則第八條ニ依リ其國駐留我領事ノ公認ヲ受ヘキハ勿論ニ有之候得共往々心得違ノ向モ有之候ニ付曾テ在上海總領事ニ於テ英國領事ト訂約ノ上我國人ノ彼國各船ヨリ雇止ラレ候時ハ必ス雇止證書及ヒ給料等ヲ彼國領事館ヨリ我國領事館ヘ回送相成同館ニ於テ本人ヘ相渡候事ニ取扱又彼國人民ノ我各船ヨリ雇止セラルヽ片モ同樣ノ取扱ニ相成居候處尚又今般日耳曼幷米國ノ兩領事ヘモ訂約ノ上別紙條目之通彼我領事館ニ於テ取扱相成候趣其筋ヨリ通達相成候間其社各船ニ於テモ海員雇入雇止之際右訂約ノ趣厚ク注意可致旨各船長以下ヘ懇篤示達可致別紙相付シ此旨及諭達候也

（別　紙）

在上海合衆國總領事ト我領事ト海員取扱ニ係ル彼我訂約ノ條欵

第一條　合衆國船ヨリ雇止セシ日本國海員ハ必ス雇止證書ヲ附與スヘキ事

第二條　當館或ハ他港ノ領事舘ヨリ附與シタル最後ノ雇止證書ヘ拙者加印セシモノヲ所持スル日本海員而已ヲ雇入スヘキ事

十八年十二月第七十號達ニ依リ管船ノ事務ハ遞信省ノ管理ニ屬ス

同日耳曼領事ト同斷

第一條　我國人ヲ日耳曼國船ヨリ雇止セシ時ハ其者ノ雇止證書及ヒ給料殘額ヲ當館ヘ宛回送シ從是モ同樣取扱フヘシ

第二條　當縮或ハ他港ノ領事ヨリ附與シタル最後ノ雇止證書ハ拙者加印セシモノヲ所持セサレハ日本國海員ヲ日耳曼國船ヘ雇入セサルヿ從是モ右同樣取扱フヘシ

○海員雇入雇止事務取扱手續　明治十七年三月三十一日農商務省第九號達

滋賀幷沿海府縣

客歲十二月第四十五號布告ヲ以明治十二年第九號布告西洋形船海員雇入雇止規則第四條ヘ三項追加相成候ニ付テハ右事務取扱手續左ノ通相定候條此旨相達候事

海員雇入雇止事務取扱手續

第一條　雇入ノ公認ヲ與フルニ際シ浦役人ハ左項ニ注意スヘシ

第一　船長、運轉手、機關手、技術免狀ノ有無ヲ撿問スルコト

第二　被雇者ニ於テ最後ノ雇止證書ヲ所持スルヤ否ヲ推問スルコト

第三　被雇者ヲシテ雇入定約ノ旨趣ヲ了解シタルヤ否ヲ推問スルコト

第二條　浦役人ハ船長、運轉手、機關手、技術免狀ヲ檢査シ眞正ノモノト認ムルトキハ農商務省ヨリ發行シタル技術免狀檢査證書ニ該免狀ノ種類及船名、定繫港名等ヲ記シ之ヲ交付スヘシ

第三條　浦役人ハ被雇者ヨリ最後雇止證書ヲ出サシメ其證書裏面ヘ何年何月日何港ニ於テ

十七年七月第二十五號達ヲ以テ第五條ヲ追加シ舊第五條以下順次繰下ケシモノナリ

更ニ何船ヘ雇入トナリタル旨ヲ記入シ且之レニ認印スヘシ但新ニ海員トナリ最後雇止證書所持セサルモノハ此限ニアラス

第四條　被雇者中定約ノ旨趣ヲ了解セサルモノアレハ浦役人ニ於テ或ハ之ヲ讀聞カセ或ハ解釋シテ充分了解セシムヘシ

第五條　新タニ海員トナル者ニ雇入ノ公認ヲ與ヘタルトキハ其族籍氏名年齢ヲ本籍ノ戸長ニ照會シ從前海軍兵役ノ有無ヲ取調ヘ雇入證書ノ寫若クハ海員名簿ニ記入スヘシ

第六條　雇入ノトキハ勿論雇止ノトキト雖トモ其證書ノ寫ヲ浦役場ニ保存スヘシ且雇入雇止事務繁劇ノ場所ニ於テハ更ニ海員名簿ヲ備置雇者被雇者ノ住所氏名乘組船名等ヲ記入シ他日ノ參照ニ供スヘシ

第七條　雇止ノ公認ヲ爲ストキハ前定約面ト相違ノ有無ヲ取糺シ若シ當初雇入ノ定約面ト相違ノ廉有之トキハ船內日記簿其他ノ書類ニ據リ雇者ヨリ其事實ヲ證明セシメ海員名簿ニ其旨ヲ記入シ而シテ之ヲ公認ヲ與フヘシ

第八條　甲地浦役場ニ於テ雇入ノ公認ヲナシタルモノヲ乙地浦役場ニ於テ雇止ノ公認ヲナシタルトキハ郵便其他便宜ノ方法ヲ以テ甲地浦役場ヘ遲クモ一ケ月以內ニ之ヲ通報スヘシ此場合ニ於テハ甲乙兩浦役場ニ於テハ其雇入證書ノ寫若クハ海員名簿ニ其事由ヲ記入スヘシ

第九條　雇入雇止證書中被雇者年齢ハ必ス生年月日ヲ記入セシムヘシ

第十條　雇入雇止證書中書損アルトキハ必ス正誤セシメ浦役人之ニ認印スヘシ若シ書損甚

シク字句不分明ナルトキハ更ニ新調セシムヘシ

第十一條　雇入期限中脱船又ハ死者アリシ事ヲ屆出タルトキハ雇入證書中事故摘要ノ部ヘ其事故ヲ記載シ尙ホ其證書ノ寫若クハ海員名簿ニ之ヲ記入スヘシ

第十二條　雇入證書ハ假令ヒ餘白アリト雖トモ再度之ヲ使用スルヲ許サス故ニ其餘白ハ總テ斜線ヲ書スヘシ

第十三條　雇入期限内雇者被雇者ヨリ雇止ノ公認ヲ請フモノアルトキハ規則ニ照シテ其事由ヲ査明シ之カ公認ヲ與フヘシ但シ正副雇入證書及ヒ海員名簿ニ其事由ヲ記入スヘシ

第十四條　雇入期限内ニ雇者變更スト雖トモ更ニ雇入定約ヲ爲サシムルニ及ハス然レトモ此場合ニ於テハ滿期雇止ノトキ雇者變更ノ事由ヲ正副雇入證書若クハ海員名簿ニ記入スヘシ

第十五條　海技免狀ヲ受有スル者ハ海員雇入雇止證書職務欄内ニ免狀ノ種類及現ニ服務ノ職名ヲ記シテ公認ヲ與フヘシ　十八年三月二十一日農商務省第七號達ヲ以テ本條追加

○海員雇入雇止證書及技術免狀檢査證書用紙ノ件　明治十七年十一月十五日農商務省第三十三號達

滋賀岐阜及沿海府縣

明治十二年内務省丙第三拾四號幷丙第五拾四號達海員雇入雇止證書及技術免狀檢査證書用紙別紙樣式ノ通改正候條此旨相達候事

但證書用紙ハ當分新舊交用スルコトヲ得

〇西洋形船海員雇入雇止證書用紙代金ノ件 明治廿一年一月十九日遞信省訓令第一號

北海道廳 府縣

西洋形商船海員雇入雇止證書用紙拂下代金ハ來明治廿一年度ヨリ各廳ノ歳入トシテ整理スヘシ

但一周歳受拂高ハ別表書式ニ倣ヒ調製シ翌年度四月末日迄ニ當省ヘ報告スヘシ 廿四年六月二十三日遞信省訓令第五號ヲ以テ但書改正

別表書式

明治何年度中西洋形船海員雇入雇止證書用紙受拂明細表 廳名

種別	越高	受取高	小計	拂下高	拂下代金	浦役場印紙代支拂高	殘高
大形雇入證書用紙							
小形雇入證書用紙							
雇止證書用紙							
總計							

十八年六月第十一號布達但書中二十五年トアルヲ二十五年十一月遞信省令第十六號ヲ以二十八年ト改正ス

第三篇　航路標識

○私設燈標禁止ノ件　明治十八年六月五日第十一號布達

明治五年十月第三百拾貳號布達ヲ廢止シ自今燈標私設ヲ禁止ス

但既設燈標ニシテ從前船舶ヨリ其費用ヲ徵セサルモノハ來ル明治二十五年ヲ限リ廢止シ其費用徵收願濟年限ナキモノハ此際相當ノ期限ヲ定メ更ニ工部省ヘ願出ヘシ

○私築燈標ハ海軍艦船及燈臺船ヨリ燈費ヲ取立ツルヲ得サルノ件　明治十九年六月廿九日遞信省令第十八號

私築燈標ノ燈費ハ海軍艦船及燈臺視察船ヨリ取立ルヲ得ス

○郵便電信事業及燈標設置ニ關スル人民金錢物品ノ獻納ハ特ニ之ヲ許可ス　明治二十年二月十九日遞信省告示第十七號

郵便電信事業及燈標設置ニ關スル人民金錢物品ノ献納ハ特ニ之ヲ許可スヘシ

○航路標識條例　明治二十一年十月十日勅令第六十七號

朕航路標識條例ヲ裁可シ茲ニ之ヲ公布セシム

航路標識條例

第一條　航路標識ハ航路ノ安寧ヲ保護スル爲メ政府ニ於テ之ヲ設置スルモノトス

第二條　土地ノ形狀又ハ情況ニ由リテハ地方稅又ハ區町村費ヲ以テ航路標識ヲ設置スルコトヲ得此場合ニ於テハ地方長官ニ於テ遞信大臣ノ許可ヲ受クヘシ

從來私設ノ航路標識ハ免許年限間之ヲ繼續スルコトヲ得

遞信大臣ニ於テ前二項ノ航路標識不完全ニシテ危害アリト認メタルトキハ之ヲ變更又ハ

撤去セシムルコトヲ得
政府ニ於テ直接管理ヲ必要トスルトキハ相當ノ價格ヲ以テ第一項第二項ノ航路標識ヲ買上ルコトヲ得
第三條　航路標識ヲ損壞シ又ハ移轉シ又ハ其性質ヲ變更シ又ハ之ヲ蔽遮スヘキ所爲ヲナシ又ハ遞信大臣ノ指定シタル區域内ニ於テ航路標識ノ燈光若クハ警號ト誤認シ易キ所爲ヲナシタル者ハ十一日以上三年以下ノ重禁錮ニ處シ又ハ二圓以上二百圓以下ノ罰金ニ處ス
第四條　航路標識ニ船筏其他ノ物ヲ繫キ又ハ衝突セシメ又ハ攀躋シ又ハ之ヲ汚穢シタル者ハ五錢以上一圓九十五錢以下ノ科料ニ處ス

○地方税又ハ區町村費ヲ以テ航路標識ヲ設置スルトキ請願手續明治二十一年十月三十一日遞信省訓令第十號

北海道廳　府縣

第一條　航路標識條例第二條第一項ニ依リ地方税又ハ區町村費ヲ以テ航路標識ヲ設置セントシ地方長官ニ於テ遞信大臣ノ許可ヲ請フトキハ左ノ書類ヲ具スヘシ
一　航路標識設置位置及其近傍實測地圖
二　航路標識圖面及其構造方法竝費用調書
三　一個年間入港スヘキ日本形船西洋形船員數及其石數噸數竝其最大舶船石數又ハ噸數概算調書
其位置ヲ變更セントスルトキハ第一項ノ書類又其性質ヲ變更セントスルトキハ第二項ノ書類ヲ具シ遞信大臣ニ經伺ノ上之ヲ變更スヘシ

第二條　前條航路標識ヲ設置シ若クハ其位置又ハ性質ヲ變更シ或ハ之ヲ停止若クハ廢止スルトキハ當省ヨリ告示スヘキヲ以テ地方長官ハ豫メ其實施期限ヲ遞信大臣ニ報告スヘシ

第三條　船舶繫留等ノ爲メ棧橋又ハ埠頭ニ設置スル標識ハ航路標識ト誤認シ易キ虞アルヲ以テ其設置變更等ハ都テ地方長官ニ於テ遞信大臣ニ經伺ノ上若シ航路ニ障碍アリト認ムルトキハ變更又ハ撤去ヲ命スヘキ旨趣ヲ以テ之ヲ許可スヘシ

○私設航路標識取締條規　明治二十二年三月十四日　遞信省令第二號

從來ノ航路標識取締ニ關シ左ノ條規ヲ定ム

私設航路標識取締條規

第一條　私設航路標識建設人ニ於テ標識ノ位置又ハ性質ヲ變更セント欲スルトキハ其事由ヲ具シ管轄廳ヲ經由シテ遞信大臣ニ願出ツヘシ

第二條　前條航路標識ノ位置又ハ性質ヲ變更シ或ハ之ヲ停止若クハ廢止セントスルトキハ其實施期限ヲ定メ二箇月以前管轄廳ヲ經由シテ遞信大臣ニ屆出ツヘシ

第三條　私設航路標識建設人ハ標識看守上ニ付遞信省燈臺局又ハ同局派遣ノ視察官吏ヨリ敎示スルコトアルトキハ之ヲ遵守スヘシ

第四條　私設航路標識ニシテ燈費ヲ徵收スルモノハ建設人ニ於テ帳簿ヲ備ヘ其徵收額及維持費支出額ヲ記載シ置キ遞信省燈臺局派遣視察官吏ノ檢閱ヲ受クヘシ

○北海道廳及府縣及區町村立航路標識看守條規　明治二十二年三月十四日　遞信省令第三號

北海道廳及府縣區町村立航路標識看守條規左ノ通之ヲ定ム

北海道廳府縣及區町村立航路標識看守條規

第一條　地方稅又ハ區町村費ヲ以テ航路標識ヲ建設シタルトキハ看守員ヲ定メ其標識ニ關スル諸般ノ業務ヲ掌理セシムヘシ

但燈標ニハ二名以上ノ看守員ヲ置キ内一名ヲ看守長ト爲スヘシ

第二條　看守長ハ遞信省燈臺局又ハ其燈臺ニ於テ看守ノ業務ヲ習熟シタルモノニ限ル

第三條　航路標識看守上遞信省燈臺局定ムル所ノ看守教則及同局又ハ同局派遣ノ視察官吏ヨリ教示スル所ノ事項ハ之ヲ遵守スヘシ

第四條　燈油其他點燈用ノ諸物品ハ遞信省燈臺局ノ認可ヲ經タルモノニ非サレハ使用スルヲ得ス

北海道廳沿海府縣

○公私立航路標識統計様式　明治二十年十月十五日 遞信省訓令第六號

北海道廳府縣立市町村立竝ニ私設航路標識統計様式本年ヨリ左ノ雛形ニ倣ヒ調製シ翌年二月十五日迄ニ當省燈臺局ヘ差出スヘシ　明治二十三年一月遞信省訓令第一號ヲ以テ私設ノ上ニ「北海道廳府縣立市町村立竝」ノ十二字ヲ加フ及私設ノ下海路ヲ航路ニ改メ様式雛形ヲ更正ス

但明治十六年八月元工部省第二號達ハ廢止ス

第一北海道廳何府縣立(北海道何府縣何市町村立)(私設)燈標統計表　明治何年分

燈標通號	維持費					入港船舶				看守人員
	給料	燈油代	修繕費	雜費	計	日本形		西洋形		
						船數	石數	船數	噸數	

何處燈臺										
何處燈竿										
合計										

備考　從前願濟ニテ燈費ヲ徴收スルモノハ「燈費收入高」ノ一項ヲ設ケ記載スヘシ

第二　北海道廳何府縣立（北海道何府縣何市町村立）（私設）晝標統計表　明治何年分

晝標通號	維持費 給料	維持費 修繕費	維持費 雜費	維持費 計	入港船舶 日本形 船數	入港船舶 日本形 石數	入港船舶 西洋形 船數	入港船舶 西洋形 噸數	看守人員
何處浮標									
何處立標									
何處陸標									
何處澪標									

合計

備考　従前願濟ニテ標費ヲ收入スルモノハ標費收入高ノ一項ヲ設ケ記載スヘシ

第四篇　航漕

第一章　開港出入

○海關輸出入荷物取扱條例　明治六年六月十四日第二百十號布告

内國人民一般幷御雇外國人ニ至ル迄海關輸出入荷物取扱條例別冊ノ通被定候條此旨相達候事

（別冊）

海關輸出入荷物取扱條例

第一　官省使寮司及府縣官員幷留學生徒ニ至ル迄政府ノ命ヲ奉シ海外ニ航旅スル者公用ノ荷物幷本人相當ノ旅具ヲ除クノ外輸出入共商品同樣一般收税スヘシ

第二　前欵ニ掲クル官員幷ニ留學生徒發着ノ前後輸出入又ハ他邦滯留中送致セル貨物等無税通關スヘキ旨大藏省ノ證書無之分ハ商品同樣一切收税スヘシ

第三　華士族ヨリ平民ニ至ル迄商業或ハ留學遊歷等ノ爲メ自費ヲ以テ海外ヘ渡航スル者荷物輸出入ノ際本人相當ノ旅具ヲ除クノ外一切收税スヘシ

但相當旅具免税ノ荷物ヲ定ムルハ税關官吏ノ意見ニシテ本人之ヲ取捨增減スルコトヲ得ヘカラス

第四　官省使寮司及府縣ニ於テ雇役ノ外國人自用品其自國又ハ他國ヨリ取寄或ハ御國產ヲ其本國ヘ差送ル分トモ自今約定書中自用品無税通關可指許旨ノ明文無之分ハ輸出入トモ商品同樣收税スヘシ

但向後外國人雇入ノ節有税ノ自用品ハ輸出入トモ免税致スヘキ旨條約面ニ記載スヘカ

ラス

第五　前條ニ揭クル外國人來着又ハ滿期歸國ノ節輸出入ノ荷物本人相當ノ旅具ヲ除クノ外商品同樣收稅スヘシ

○雇入外國船取扱方ノ件　明治九年二月十二日 太政官番外無號

大藏省

雇入外國船取扱方之儀從前各港稅關ニ於テ區々相成居候趣相聞候條以來ハ通常外國船同樣可心得此旨相達候事

但特別官許ヲ受不開港場ヘ回漕之節ハ密賣等無之樣夫々取締可致事

○朝鮮國トノ貿易ハ總テ他ノ外國貿易ノ手續ニ依ルヘキ事　明治十六年十二月七日 第四十號布告

明治十七年二月一日ヨリ明治九年十月第百二十九號布告ヲ廢止候條朝鮮國トノ貿易ハ總テ他ノ外國貿易ノ手續ニ依ルヘシ

但當分ノ內各開港場ノ外長崎縣下對馬國嚴原山口縣下長門國下ノ關福岡縣下筑前國博多ノ三港ニ限リ朝鮮國貿易ニ關スル日本人所有之船舶ノ出入及貨物ノ積卸ヲ許シ日本形船舶ニ限リ出港手數料トシテ正金壹圓入港手數料トシテ正金貳圓ヲ徵收ス

二十年法律第二十號參看

二十三年勅令第五十四號參看

○不開港場ヘ廻船ノ節ニ限リ其雇入タル官廳ヨリ稅關ヘ通知ト同時ニ其管轄廳ヘモ通知ノ件　明治十八年十一月二日 第六十號達

官省院廳府縣

外國船ヲ雇入レ開港場及不開港場ヘ廻船ノ儀ニ付明治七年七月第九十五號ヲ以テ相達候處自

今不開港場ヘ廻船ノ節ニ限リ其雇入タル官廳ヨリ税關ヘ通知スルト同時ニ其管轄廳ヘモ通知スヘシ此旨相達候事

○税關法　明治廿三年九月六日法律第八十號

沿革畧記　明治三年正月廿七日商船規則ヲ定メ免許ナク外國ヘ通船スルヲ禁ス○六年一月第八號布告ヲ以テ港内取締規則ヲ制定ス○七年十一月第百二十三號布告ヲ以テ前令ヲ廢シ更ニ國内回漕規則ヲ制定ス○八年二月第二十號布告ヲ以テ外國形日本船輸出入税未納内外貨物回漕規則ヲ定ム○同年十一月第百六十三號布告ヲ以テ七年第百二十三號布告國内回漕規則ヲ停止シ西洋形日本船各開港場出入規則ヲ定ム○九年十二月露領樺太島貿易當分船舶出入港手數科及輸出入物品税ヲ免除ス○二十三年九月法律第八十號ヲ以テ總テ前令ヲ廢シ税關法ヲ定ム是レ現行法ナリ

朕税關法ヲ裁可シ玆ニ之ヲ公布セシム此法律ハ明治二十三年十一月一日ヨリ施行スヘキコトヲ命ス

税關法

第一條　各開港ニ於テ西洋形船舶外國通航ノ日本形船舶ノ出入及貨物ノ輸出入ニ關スル事項ハ總テ税關ノ所管トス

第二條　各開港外ニ於ケル外國貿易取締ニ關スル事項ハ其所管ノ税關ニ於テ之ヲ處理ス

第三條　船舶ハ法律命令ニ特例ヲ掲ケタル場合ヲ除ク外不開港ヨリ外國ニ向テ出港シ若ハ外國ヨリ不開港ニ入港スルコトヲ得ス犯ス者ハ船長ヲ千圓ノ罰金ニ處ス

外國通航船ハ法律命令ニ特例ヲ掲ケタル場合ノ外開港ヲ經テ不開港ニ入港スルコトヲ得ス犯ス者ハ罰前項ニ同シ

第四條　外國ニ通航セントスル船舶ハ豫メ税關長ノ認許ヲ受クヘシ其認許ヲ受ケスシテ外國ニ向テ出港シタル者ハ船主ヲ千圓ノ罰金ニ處ス其積載シタル貨物ハ之ヲ沒收ス

第五條　納税ヲ逋脱若ハ減少セン力為メ詐僞ノ文書ヲ税關ニ差出シタル者ハ百二十五圓ノ罰金ニ處ス

第六條　輸入手數未濟ノ貨物ヲ積載シタル沿海通航船ヨリ税關規則ニ依リ仕向港税關ニ差出シタル積荷目錄仕出港税關ニ差出シタル積荷目錄ニ對シ貨物不足アリテ其所為不正ニ出タルトキハ船長ヲ千圓ノ罰金ニ處ス

第七條　税關規則ニ依リ輸出禁制品ヲ開港間ニ回漕スル者ハ同規則ニ定ムル期限内ニ仕向港税關ノ陸揚證書ヲ仕出港税關ニ差出スヘシ違フ者ハ原價同額ノ罰金又ハ科料ニ處ス

第八條　税關規則ニ依リ貨物ヲ開港間ニ回漕シ其回漕免狀ヲ紛失若ハ遺忘シタル者同規則ニ定ムル期限内ニ其手續ヲ為サヽルトキハ其回漕シタル貨物原價百分ノ五ニ相當スル罰金又ハ科料ニ處ス

第九條　積荷目錄ニ記載セサル輸入貨物ヲ陸揚シタル者ハ其貨物輸入税ノ外同額ノ罰金又ハ科料ニ處ス

第十條　輸出禁制品ヲ輸出シタル者又ハ法律命令ニ背キ不開港ニ於テ輸出入貨物ノ積卸ヲ為シタル者ハ其貨物ヲ沒收ス

税關規則ニ依リ陸揚免狀ヲ受ケスシテ貨物ヲ船卸シ船積免狀若ハ回漕免狀ヲ受ケスシテ船積シ又ハ輸入免狀ヲ受ケスシテ輸入シタル者ハ其貨物ヲ沒收ス

第十一條　輸出入包貨內ニ禁制品ヲ藏匿シ又ハ輸出入申告書若ハ仕入書ニ記載セサル有稅品ヲ藏匿シタルトキハ其包貨ヲ併セテ之ヲ沒收ス

旅具中ニ有稅品ヲ藏匿シタルトキハ其物品ヲ沒收ス

本條ヲ以テ刑法ノ適用ヲ妨クルコトナシ

第十二條　沒收スヘキ貨物ニシテ既ニ之ヲ賣却シ又ハ消費シタルトキハ其代金ヲ追徵ス

第十三條　稅關長ハ本法及稅關規則執行上必要ト認ルトキハ船舶ノ出港ヲ止メ又ハ稅關監吏ニ令狀ヲ發シ輸出入貨物及運送ノ用ニ供スル物件ヲ差押ヘシムルヿヲ得

第十四條　稅關監吏ハ入港ノ船舶ニ乘込ミ要件ヲ尋問シ船內ヲ檢査シ又ハ其船舶ニ臨監スルコトヲ得船長ハ臨監ノ監吏ニ船室ヲ與ヘ相當ノ取扱ヲ爲スヘシ

第十五條　稅關監吏ハ密輸入品アルヲ知リ若ハ密輸入品アリト思料スルトキハ家屋及其他ノ場所ニ立入リ犯則ノ證憑搜査ノ處分ヲ爲スコトヲ得

前條及本條ノ場合ニ於テ稅關監吏ハ主任タルノ證票ヲ携帶スヘシ

第十六條　稅關長ハ本法及稅關規則ヲ犯シタル者ニ對シ其罰金若ハ科料ニ相當スル金額又ハ沒收スヘキ貨物及犯則取調ニ要シタル費用ヲ稅關ニ納ムヘキ旨ヲ申渡スコトヲ得

第十七條　前條ノ申渡ヲ受ケタル者ハ稅關休日ヲ除キ二日內ニ其申渡ニ服從スルヤ否ノ届書ヲ差出スヘシ

申渡ニ服從スル旨ヲ届出タルトキハ貨物ハ卽日金額ハ十日以內ニ納ムヘシ

申渡ニ服從セサル旨ヲ届出若ハ第一項ノ期限內ニ届出ヲ爲サス又ハ金額貨物ヲ納メサル

トキハ税關長ハ其犯則事件ヲ告發スヘシ

第十八條　税關長犯則事件ノ取調ヲ爲ストキハ犯則人及證人關係人ヲ召喚スルコトヲ得

税關長ハ犯則人及證人關係人召喚ニ應セス又ハ證人タルコトヲ拒ミ又ハ事實ノ申告ヲ爲サヽルニ因リ第十六條ノ申渡ヲ爲シ難キトキハ其犯則事件ヲ告發スヘシ

第十九條　税關長ノ處分スル犯則事件取調ノ費用ハ刑事裁判ノ例ニ依テ之ヲ算定ス

第二十條　本法及税關規則ヲ犯シタル者ニハ刑法ノ減輕再犯加重數罪俱發ノ例ヲ用ヒス

第二十一條　本法ニ規定スル所ノ外外國通航船沿海通航船及輸出入貨物並ニ減税免税假納税ニ關スル事項ハ税關規則ヲ以テ之ヲ規定ス税關規則ニハ百圓以下ノ罰金又ハ科料ノ罰則ヲ設クルコトヲ得

第二十二條　税關規則ハ勅令ヲ以テ之ヲ定ム

附　則

明治三年正月二十七日布告商船規則中免許ナク外國ヘ通船ノ儀不相成云々ノ一項及同七年第百二十三號同八年第二十號同年第百六十三號同九年第百四十九號布告ハ本法施行ノ日ヨリ廢止ス

參看

七年第百二十三號ハ國內廻漕規則八年第二十號ハ外國形日本船輸出入税未納內外貨物廻漕規則仝年第百六十三號ハ西洋形日本船各開港場出入規則九年第百四十九號ハ樺太島貿易ノ件

○税關規則　明治廿三年九月六日　勅令第二百三號

朕税關規則ヲ裁可シ茲ニ之ヲ公布セシム本規則ハ明治二十三年十一月一日ヨリ施行スヘキ

コトヲ命ス

税關規則

第一章 外國通航船及輸出入貨物

第一條 外國通航船入港シタルトキハ其船長ハ入港ノ時ヨリ四十八時内ニ入港屆書及積荷目錄ヲ税關ニ差出ト同時ニ船籍證書船舶登記證書船鑑札及仕出港ノ出港免狀若ハ之ニ代ルヘキ證憑書類ヲ税關ニ預ケ入港手數料十五圓ヲ納ムヘシ但貨物ヲ積卸セスシテ入港ノ時ヨリ四十八時内ニ出港スル者ハ此手數ヲ爲スニ及ハス

第二條 積荷目錄ニ遺漏若ハ相違ノ事項アルトキハ入港手數ヲ了リタル時ヨリ二十四時内ハ税關ノ認許ヲ得之ヲ訂正スルコトヲ得

前項ノ時限ヲ經過シタル後荷積目錄ヲ訂正セントスルトキハ手數料十五圓ヲ納ムヘシ

第三條 外國通航船出港セントスルトキハ其船長ハ出港ノ時ヨリ二十四時前ニ出港屆書ヲ税關ニ差出シ出港手數料七圓ヲ納メ第一條ニ依リ税關ニ預ケタル船籍證書船舶登記證書船鑑札及證憑書類ヲ受戻シ出港免狀ヲ受クヘシ

第四條 外國通航船出港手數ヲ了リタル後尙ホ貨物ヲ船積シ若ハ陸揚セントスルトキハ更ニ第一條ノ手數ヲ爲シ其手數料ヲ納メ其出港ノ時モ亦第三條ノ手數ヲ爲シ其手數料ヲ納ムヘシ但税關手數既濟ノ貨物ヲ船積シ若ハ陸揚スル者ハ此限ニアラス

第五條 郵船ハ同時ニ入港及出港ノ手數ヲ爲スコトヲ得

第六條 郵船ハ其港ニ陸揚スル貨物ノ外ハ積荷目錄ニ記載スルコトヲ要セス

第七條　郵船ハ出港手數ヲ了リタル後ト雖第四條ノ手數ヲ爲サスシテ貨物ヲ船積シ若ハ陸揚スルコトヲ得

第八條　外國通航船航海中避難ノ爲メ已ムヲ得スシテ入港シタルトキハ入港ノ時ヨリ四十八時内ニ其事由ヲ稅關ニ申出認許ヲ受クヘシ

前項ノ船舶修繕其他已ムヲ得サル事故ニ由リ假リニ其積荷ヲ陸揚シ又ハ損傷ノ貨物ヲ賣拂ヒ若ハ船中必需ノ物品ヲ積入ル塲合ニ於テハ入出港手數ヲ爲スヲ要セス其他ノ貨物ヲ陸揚シ船積シ船移シ若ハ假ニ陸揚シタル貨物ヲ賣拂ハントスルトキハ第一條ノ手數ヲ爲シ其手數料ヲ納メ其出港ノ時モ亦第三條ノ手數ヲ爲シ其手數料ヲ納ムヘシ

第九條　外國通航船ハ日沒ヨリ日出マテノ間及稅關ノ休日ニハ稅關長ノ特許ヲ受クルニ非サレハ貨物ヲ陸揚シ若ハ船積シ若クハ船移スルコトヲ得ス

前項日時間ハ艙其口他貨物ヲ納ルヘキ塲所ハ稅關官吏之ヲ封鎖スヘシ

第十條　外國通航船避難ノ爲メ已ムヲ得スシテ不開港ニ入港シタルトキハ船長ハ其事由ヲ記シタル書面ヲ其地ノ町村役塲若ハ浦役塲ニ差出スヘシ若シ船中需用品ヲ積入ルヽトキハ別ニ其目錄ヲ差出シ各其證明ヲ受ケ他日開港ニ入港シタルトキ之ヲ稅關ニ差出スヘシ

第十一條　船舶ヲ外國通航船ト爲シ及外國通航船ヲ沿海通航船ト爲サントスルトキハ船主ヨリ稅關ニ申出船中ノ檢査ヲ經免狀ヲ受クヘシ

第十二條　輸出貨物ヲ船積セントスル者ハ其申告書ヲ稅關ニ差出シ現品ノ檢査ヲ經輸出稅目ニ從ヒ納稅シ船積免狀ヲ受クヘシ

第十三條　輸入手數既濟ノ外國產貨物ヲ外國ニ積戾サントスル者ハ輸出稅ヲ納ムルニ及ハス但書面ヲ以テ其旨ヲ稅關ニ申出檢查ヲ經船積免狀ヲ受クヘシ

第十四條　船中ノ需用品ニ付テハ輸出稅ヲ納ムルニ及ハス但船長ハ前條ノ手數ヲ爲スヘシ

第十五條　輸入貨物ヲ陸揚セントスル者ハ其申告書ニ仕入書ヲ添ヘ之ヲ稅關ニ差出シ陸揚免狀ヲ受ケ其貨物ヲ陸揚シ現品ノ檢查ヲ經輸入稅目ニ從ヒ納稅シ輸入免狀ヲ受ケテ之ヲ引取ヘシ前項ノ仕入書ハ貨物ノ輸入手數濟ノ上其貨主ニ返付スヘシ

第十六條　內國產ノ貨物ヲ外國ヨリ積戾リ左ノ事項ヲ具備スルトキハ輸入稅ヲ納ムルニ及ハス但前條ノ手數ヲ爲スヘシ

一　輸出ノ時ノ性質若ハ形狀ヲ變セサルコト

二　輸出ノ日ヨリ滿五箇年ヲ過經セサルコト

三　輸出免狀ヲ付スルコト

第十七條　無稅品ヲ除クノ外仕入書ヲ付セサル貨物ハ輸入ヲ許サス但稅關長其仕入書ヲ差出シ能ハザル理由アリト認メ該貨主稅關官吏ノ查定セル數量尺度若クハ價額ニ從ヒ納稅スル者ハ此限ニアラス

第十八條　價ニ從ヒ徵稅スヘキ貨物ニシテ其原價ヲ稅關ニ於テ不相當ト認ムルトキハ稅關鑑定官吏ヲシテ其價ヲ查定セシメ其查定額ニ從ヒ納稅セシムヘシ

若シ貨主前項ノ查定額ニ從ヒ納稅スルコトヲ欲セサルトキハ該查定額ヲ以テ稅關ニ其貨物ノ買上ヲ請フコトヲ得但第十七條ノ場合ニ於テハ此限ニアラス

第十九條　外國通航船貨物ヲ他ノ船舶ニ若クハ他ノ船舶ヨリ積移サントスルトキハ書面ヲ以テ其旨ヲ稅關ニ申出船移免狀ヲ受クヘシ但郵船ニ積載シタル貨物ヲ其會社所屬ノ庫船若クハ浮舟ニ積移スニハ免狀ヲ受クルニ及ハス

第二十條　有稅ノ貨物損傷シタルカ爲メニ減稅ヲ請ハントスル者ハ現品ノ檢查ヲ受クル前其旨ヲ稅關長ニ申出ヘシ稅關長ハ稅關鑑定官吏ヲシテ現品損傷ノ程度ヲ查定セシメ相當ノ減稅ヲ爲スヘシ

第二十一條　外國軍艦ノ備用品ヲ買受クルトキハ賣主ノ證明書ヲ受ケ書面ヲ以テ其旨ヲ稅關ニ申出相當ノ輸入稅ヲ納ムヘシ

第二十二條　內國產金銀地金ハ政府ニ於テ購賣シタル者ヲ除クノ外ハ輸出スルコトヲ得ス

第二十三條　船客ノ旅具ハ陸揚船積共書面ヲ以テ其旨ヲ申出ルニ及ハス但通關前ニ稅關監吏ノ檢查ヲ受クヘシ

稅關ニ於テ旅具ト認メサルモノハ相當ノ稅金ヲ納メシムヘシ

第二十四條　第八條ノ船舶修繕其他己ムヲ得サル事故ニ由リ一時貨物ヲ陸揚スルトキハ之ヲ稅關ニ預スヘシ

前項ノ貨物ヲ陸揚シ及之ヲ本船ニ積戾スニハ輸入出ノ手數ヲ爲スニ及ハス但其貨物ノ保管ニ要スル諸費ハ船長ヨリ之ヲ稅關ニ納ムヘシ

第一項ノ貨物ヲ賣拂ハントスルトキハ第十五條ノ手數ヲ爲シ其稅金ヲ納ムヘシ

第二十五條　外國通航船若ハ外國船ヲ以テ貨物ヲ開港間ニ回漕セントスル者ハ書面ヲ以テ

其旨ヲ稅關ニ申出現品ノ檢査ヲ經回漕免狀ヲ受ケテ之ヲ船積スヘシ

第二十六條　前條ノ貨物若シ有稅內國產ナルトキハ相當ノ稅金ヲ假納スルカ若ハ稅關長ノ滿足スヘキ證書ヲ差入レ置キ回漕免狀付與ノ日ヨリ滿六ケ月以內ニ仕向港稅關ノ陸揚證書ヲ差出シ其假納稅金若ハ前ニ差入置キタル證書ヲ受戾スヘシ

前項ノ期限內ニ仕向港稅關ノ陸揚證書ヲ差出サヽルニ於テハ輸出シタルモノト看做シ其稅金ヲ納メシムヘシ

第二十七條　第二十五條ノ貨物若シ輸出禁制品ナルトキハ回漕免狀付與ノ日ヨリ滿六ケ月以內ニ仕向港稅關ノ陸揚證書ヲ差出スヘシ

第二十八條　第二十六條及第二十七條ノ貨物ヲ積載シタル船舶航海中破船其他ノ事故ニ由リ貨物ヲ仕向港ニ回漕シ能ハサルトキハ其事由ヲ仕出港稅關ニ屆出該船出港ノ日ヨリ滿一箇年以內ニ其證據ヲ擧示シ假納稅若クハ前ニ差入置キタル證書ヲ受戾スコトヲ得

第二十九條　第二十五條ノ回漕貨物ヲ仕向港ニ於テ陸揚セントスル者ハ書面ヲ以テ其仕向港稅關ニ申出仕出港稅關ヨリ受ケタル回漕免狀ニ陸揚ノ證明ヲ受ケ現品ノ檢査ヲ經テ之ヲ引取ヘシ

前項回漕免狀ノ紛失若ハ遺忘ニ因リ之ヲ仕向港稅關ニ差出シ難キトキハ稅關長ノ滿足スヘキ證書ヲ差入レ置キ其證書ノ日付ヨリ滿四ケ月以內ニ回漕免狀若ハ之ニ代ルヘキ仕出港稅關ノ證明書ヲ差出シ前ニ差入レ置キタル證書ヲ受戾スヘシ

第三十條　外國通航船修繕ノ爲メ開港ヨリ不開港ニ回船セントスルトキ又ハ重量ノ貨物ニ

シテ開港ニ於テ積卸ヲ為シ難ク不開港ニ回船セントスルトキハ書面ヲ以テ其旨ヲ申出税關長ノ特許ヲ受クヘシ

第二章　沿海通航船及輸入手數未濟貨物回漕

第三十一條　沿海通航船入港シタルトキハ船長ハ入港ノ時ヨリ二十四時内ニ出港屆書ヲ税關ニ差出シ同時ニ船籍證書、船舶登記證書及船鑑札ヲ預クヘシ

第三十二條　沿海通航船出港セントスルトキハ其船長ハ出港ノ時ヨリ四時前ニ出港屆書ヲ税關ニ差出シ船籍證書、船舶登記證書及船鑑札ヲ受戻スヘシ

第三十三條　船籍證書、船舶登記證書ノ受有ヲ要セサル諸船及一定ノ港津間ニ往復スル積量百噸以下ノ西洋形船舶ハ船主ヨリ豫テ税關ニ屆出認許ヲ受クルニ於テハ第三十一條及第三十二條ノ手數ヲ為スニ及ハス

第三十四條　沿海通航船輸入手數未濟ノ貨物ヲ積載シテ出港セントスルトキハ其船長ハ第三十二條ノ手數ヲ為スト同時ニ出港積荷目錄二通ヲ税關ニ差出スヘシ

第三十五條　前條ノ船舶仕向港ニ入港シタルトキハ其船長ハ第三十一條ノ手數ヲ為スト同時ニ入港積荷目錄ヲ税關ニ差出スヘシ

第三十六條　沿海通航船ヲ以テ輸入手數未濟ノ貨物ヲ開港間ニ回漕セントスル者ハ書面ヲ以テ其旨ヲ税關ニ申出船積免狀ヲ受クヘシ

前項ノ貨物ヲ陸揚セントスル者ハ第十五條ニ又船移セントスル者ハ第十九條ニ據ルヘシ

第三章　罰則

第三十七條　外國通航船第一條ノ時限內ニ入港手數ヲ爲サヽルトキハ船長ヲ六十圓ノ罰金ニ處シ尙ホ其手數ヲ爲サヽルニ於テハ初犯ノ時ヨリ二十四時ヲ過ル每ニ更ニ同額ノ罰金ニ處ス

第三十八條第九條第二項ニ揭クル稅關監吏ノ爲シタル封鎖ヲ破却シ若ハ之ヲ取除キタルトキハ船長ヲ六十圓ノ罰金ニ處ス

第三十九條　第十九條及第三十六條第二項ノ船移免狀ヲ受ケスシテ船移シタル者ハ前條同額ノ罰金ニ處ス

第四十條　外國通航船第八條第一項ノ塲合ニ於テ規定ノ時限內ニ入港ノ事由ヲ申出サルトキハ船長ヲ十五圓ノ罰金ニ處ス

第四十一條　外國通航船第十條ノ塲合ニ於テ町村役塲若ハ浦役塲ノ證明ヲ受ケス又ハ證明ヲ受クルト雖之ヲ稅關ニ差出サヽルトキハ船長ヲ十五圓ノ罰金ニ處ス

第四十二條　沿海通航船第三十一條ノ時限內ニ入港ノ手數ヲ爲サス又ハ第三十二條ノ時限前ニ出港ノ手數ヲ爲サヽルトキハ船長ヲ五圓ノ罰金ニ處ス

第四章　雜則

第四十三條　輸出入貨物ノ類別ニ就キ稅關鑑定官吏ノ査定ニ不服アル者ハ其査定ノ日ヨリ十日以內ニ稅關長ニ申告シ判定ヲ請フコトヲ得

稅關長ノ判定ニ不服アル者ハ判定ノ日ヨリ三十日以內ニ判定書ヲ添ヘ大藏大臣ニ裁定ヲ請フコトヲ得

第四十四條　税關官吏ハ必要ノ場合ニハ輸出入貨物ノ小部分ヲ見本トシテ税關ニ留置クコトヲ得

第四十五條　此規則ニ依リ税關ニ差出スヘキ書面ハ總テ税關一定ノ書式ヲ用ヒ船主、船長若クハ貨主之ニ署名捺印スヘシ

第四十六條　税關ヨリ交付スル諸免狀ノ謄本其他別段ノ證書ヲ請フ者ハ一通每ニ一圓五十錢ノ手數料ヲ納ムヘシ

第四十七條　此ノ規則ニ於テ日時ヲ以テ期限ヲ設ケタル者ハ其期限中ニ税關ノ休日ヲ算入セス又年月ヲ以テ期限ヲ設ケタルモノハ休日ヲ算入ス

第四十八條　税關ノ執務時間ハ休日ヲ除キ午前十時ヨリ午後四時マテトス但臨時開廳ヲ請フ者ハ税關長ノ特許ヲ受クヘシ

第四十九條　第九條第一項及第四十八條但書ノ塲合ニ於テ特許ヲ請フ者ハ定規ノ手數料ヲ納ムヘシ但其手數料ハ大藏大臣之ヲ定ム

第五十條　此ノ規則ニ於テ船主ト稱スルハ其船ノ所有主若ハ現ニ其船ノ使用權ヲ有スル者ヲ云ヒ船長ト稱スルハ現ニ其船ヲ管理シ若ハ指揮スル者ヲ云ヒ貨主ト稱スルハ貨物ノ所有主若ハ其受托人ヲ云フ

第五十一條　此ノ規則ニ於テ輸出ト稱スルハ貨物ヲ外國ヘ輸出スルヲ云ヒ輸入ト稱スルハ貨物ヲ外國ヨリ輸入スルヲ云ヒ貨物ト稱スルハ旅具及船用品ヲ除クノ外一切ノ物件ヲ云フ

第五十二條　此規則ニ於テ入港ノ時ト稱スルハ船舶ノ投錨若ハ繫留セシトキヲ云ヒ出航ノ時ト稱スルハ拔錨若ハ解纜ノトキヲ云フ

第五十三條　密輸出入ヲ稅關ニ申告スル者ニハ其沒收セシ貨物代價ノ半額ヲ給ス

附　則

第五十四條　露西亞國樺太島貿易ニ從事スル船舶ニ限リ當分ノ內出入港手數料及該港ニ搭載スル貨物ノ輸出入稅ヲ免除ス但船舶ノ出入港手數ニ限リ第三十一條第三十二條ヲ適用ス

○稅關規則第九條及第四十八條ノ特許手數料　二十三年九月十二日大藏省令第廿二號

本年九月勅令第二百三號稅關規則第九條及第四十八條ノ特許手數料左ノ通之ヲ定ム

稅關平日貨物積卸特許手數料

一　日沒ヨリ日出マテ　每一時間　壹圓五拾錢

稅關休日貨物積卸特許手數料

一　日出ヨリ日沒マテ　每一時間　壹圓

一　日沒ヨリ日出マテ　每一時間　壹圓五拾錢

稅關平日臨時開廳特許手數料

一　午後四時ヨリ同六時マテ　拾五圓

一　午後四時ヨリ同十二時マテ　四拾五圓

一　午後四時ヨリ同十二時ヲ過ルトキ　九拾五圓

一　午前六時ヨリ同十時マテ　貳拾圓

但前日ヨリ引續キ開廳ノ場合ハ此限ニアラス

稅關休日臨時開廳特許手數料

一　午前十時ヨリ午後四時マテ　貳拾五圓

一　午前十時ヨリ午後六時マテ　四拾圓

一　午前十時ヨリ午後十二時マテ　七拾圓
一　午前十時ヨリ午後十二時ヲ過ルトキ　百貳拾圓
一　午前六時ヨリ同十時マテ
但前日ヨリ引續キ開廳ノ場合ハ此限ニアラス　貳拾圓（二十三年大藏省令第四十號ヲ以テ本項但書トモ追加）

税關出張所平日貨物積卸特許手數料

一　日沒ヨリ日出マテ　毎一時間　七拾五錢

税關出張所休日貨物積卸特許手數料

一　日出ヨリ日沒マテ　毎一時間　五拾錢
日沒ヨリ日出マテ　同　七拾五錢

税關出張所平日及休日臨時開廳特許手數料

一　日出ヨリ日沒マテ　毎一時間　壹圓
日沒ヨリ日出マテ　同　壹圓五拾錢

○税關管轄區域（明治二十三年九月六日勅令第二百四號）

朕税關管轄區域ノ件ヲ裁可シ玆ニ之ヲ公布セシム本令ハ明治二十三年十一月一日ヨリ施行スヘキコトヲ命ス

税關管轄區域左ノ通之ヲ定ム

横濱税關管轄區域

陸前　磐城　常陸　下總　上總　安房　武藏　相摸　伊豆　駿河
遠江

十一箇國及小笠原島ノ沿岸

大坂税關管轄區域

參河　尾張　伊勢　志摩　紀伊　和泉　攝津（西成郡以東）

七箇國ノ沿岸
神戸稅關管轄區域
攝津 川邊郡以西 播磨 備前 備中 備後 安藝 周防 長門 石見
出雲 伯耆 因幡 但馬 丹後 隱岐 伊豫 土佐 阿波 讃岐
淡路
二十箇國ノ沿岸
長崎稅關管轄區域
肥前 肥後 筑前 筑後 豐前 豐後 日向 大隅 薩摩 壹岐
對島 琉球
二十箇國ノ沿岸
新潟稅關管轄區域
若狹 越前 加賀 能登 越中 越後 羽前 羽後 佐渡
九箇國ノ沿岸
函舘稅關管轄區域
陸奥 陸中 渡島 後志 石狩 天鹽 北見 根室 千島 釧路
十勝 日高 膽振
十三箇國ノ沿岸
○沿海開港外町村及浦役場ヨリ所管稅關ニ通報スヘキ場合 二十三年九月十二日大藏省訓令第百二十八號

北海道廳沿海府縣

今般勅令第二百四號ヲ以テ税關管轄區域制定相成候ニ付テハ右勅令施行ノ日ヨリ沿海開港外ニ於テ左ノ場合アルトキハ速カニ其地ノ町村役塲若クハ浦役塲ヨリ所管税關ニ通報セシムヘシ

一　税關法第三條ノ違犯者アリタルトキ

一　法律命令ニ背キ輸出入貨物ノ積卸ヲ爲ス者アリタルトキ

一　外國通航船避難ノ爲メ入港シタルトキ

一　外國船入港シタルトキ但特ニ免許ヲ受ケタルモノハ此限ニアラス

一　外國通航船又ハ外國船難破シタルトキ

○大藏省ヨリ税關ヘノ達　二十三年九月十二日

税關規則第三十一條及第三十二條ノ入出港屆書式幷同規則第三十四條及第三十五條ノ入出港積荷目錄ノ書式ハ別紙ノ通タルヘシ

税關規則第三十四條ニ據リ差出シタル出港積荷目錄二通ハ其一通ハ仕出港税關ニ留置シ他ノ一通ハ仕向港税關ニ送付スヘキモノトス税關規則第一條ニ依リ船長ヨリ差出スヘキ積荷目錄ノ書式ハ當分一定ノ書式ヲ要セス

税關規則第十一條ニ據リ外國通航船若クハ沿海通航船ノ免狀ヲ付與シタル船舶更ニ其資格ノ變更ヲ申出沿海通航船若クハ外國通航船ノ免狀ヲ付與スルトキハ前ニ付與シタル免狀ハ返納セシムヘシ

朝鮮貿易ノ爲メ船舶ノ出入貨物ノ積卸ヲ許サレタル諸港及特別輸出港ニ於テ稅關法及稅關規則ノ違反アリタルトキハ稅關出張所長ヲシテ其船舶ノ出港ヲ止メ又ハ其貨物ヲ差押ヘ稅關長ニ具狀シテ其指揮ヲ受ケシムベシ

稅關法第十三條ノ令狀及第十五條第二項ノ證票ハ豫テ稅關出張所長ニ交付シ置クベシ

稅關規則中第三十條及第四十三條ヲ除クノ外稅關長ノ職權ハ稅關出張所ヲシテ執行セシムベシ

特別輸出港ニ於テ特別輸出港規則第四條ノ違反者アリタルトキハ治罪法第九十六條ニ據リ告發セシムベシ

稅關出張所在勤官吏ハ成規ニ照依シ其事務ヲ執行シ疑義ニ涉ル事項ハ總テ稅關長ニ具狀シテ其指揮ヲ受シムベシ

朝鮮貿易取締所在勤官吏事務章程及特別輸出港在勤稅關官吏事務章程ハ稅關法及稅關規則施行ノ日ヨリ廢止ス

（別紙）

入港屆

一　船名
一　船種
一　仕出港
一　登簿噸數

一船長姓名
一乘組人員
一著港日時
一雜事
右之通相違無之候此段此屆申上候也
年月日
船長
氏　　名印
某港稅關長氏名殿

出港屆

一船名
一船種
一仕向港
一登簿噸數
一船長姓名
一乘組人員
一出港日時
一雜事
右之通相違無之此段御屆申上候也

年月日

船長　氏　名　印

某港稅關長氏名殿

輸入手數未濟貨物出港積荷目錄

品名	記號番號	箇數	斤量	貨主氏名

右ハ當某船ヲ以テ本港ヨリ某港ヘ廻漕スベキ輸入手數未濟ノ貨物書面ノ通相違無之且此貨物ハ一箇タリトモ途中ニ於テ船卸仕間敷候也

年月日

船長　氏　名　印

某港稅關長氏名殿

輸入手數未濟貨物入港積荷目錄

品名	記號番號	箇數	斤量	貨主氏名

右ハ當某船ヲ以テ某港ヨリ本港ヘ廻漕仕候輸入手數未濟ノ貨物書面ノ通相違無之候也

船長　　氏　　名　印

年月日

某港稅關長氏名殿

○特別輸出港規則 明治廿二年七月三十日法律第二十號

朕特別輸出規則ヲ裁可シ玆ニ之ヲ公布セシム

特別輸出港規則

第一條　帝國臣民米、麥、麥粉、石炭、硫黃ノ五品ヲ海外ニ輸出スル爲メ左ノ諸港ヲ特別輸出港トス

一伊勢國四日市　　一長門國下ノ關
一筑前國博多　　一豐前國門司
一肥前國口ノ津　　一肥前國唐津
一肥後國三角　　一越中國伏木
一後志國小樽　　一釧路國釧路（二十三年十二月十六日法律第百七號ヲ以テ釧路ノ項ヲ加フ）
一膽振國室蘭（二十七年五月廿一日法律第一號ヲ以テ本項追加）

第二條　前條輸出事業ニ使用スル爲メ外國船ヲ雇入レントスルトキハ大藏大臣ヘ出願シ外國船雇入免狀ヲ受クヘシ

第三條　特別輸出港ニ於テ船舶ノ出入及輸出品ノ船積ニ關スル事項ハ總テ外國貿易ノ手續

ニ依ルヘシ

第四條　第一條ノ輸出事業ニ使用スル船舶ハ其使用中沿海貿易ヲ爲スコトヲ得ス犯ス者ハ五百圓以上千圓以下ノ罰金ニ處シ雇入外國船ニ在ツテハ尙ホ第二條ノ免狀ヲ取上クヘシ

第五條　本規則ヲ廢止シ又ハ改正スルトキハ六箇月前ニ公布スヘシ

第六條　本規則施行ニ關スル細則ハ大藏大臣之ヲ定ム

第七條　特別輸出諸港ニ於テ本規則施行ノ期日ハ勅令ヲ以テ之ヲ定ム

○特別輸出港規則施行期日　明治二十二年八月八日勅令第百四號

朕特別輸出港規則施行ノ件ヲ裁可シ玆ニ之ヲ公布セシム

本年七月法律第二十號特別輸出港規則第七條ニ據リ左ノ諸港ニ於テハ本年八月十五日ヨリ該規則ヲ施行ス

一長門國下ノ關　　一筑前國博多

一肥前國口ノ津　　一後志國小樽

○伊勢國四日市外四ケ所ニ於テ特別輸出港規則施行ノ件　明治二十二年十月三十日勅令第百十四號

朕特別輸出港規則施行ノ件ヲ裁可シ玆ニ之ヲ公布セシム

本年七月法律第二十號特別輸出港規則第七條ニ據リ左ノ諸港ニ於テハ本年十一月十五日ヨリ該規則ヲ施行ス

一伊勢國四日市

一豐前國門司

一肥前國唐津
一肥後國三角
一越中國伏木

○釧路國釧路特別輸出港規則施行ノ件 明治廿四年一月廿三日勅令第四號

朕釧路國釧路特別輸出港規則施行ノ件ヲ裁可シ茲ニ之ヲ公布セシム

明治廿三年十二月法律第百七號ヲ以テ特別輸出港ニ加ヘタル釧路國釧路ニ於テハ本年七月一日ヨリ特別輸出港規則ヲ施行ス

○特別輸出港規則施行細則 明治二十二年八月一日大藏省令第十號

本年七月法律第二十號特別輸出港規則施行細則左ノ通相定ム

特別輸出港規則施行細則

第一條 特別輸出港規則第二條ノ外國船雇入願書ニハ左ノ事項ヲ詳記スヘシ

一國名　一船形　一船名
一噸數　一輸出品名　一輸出地名
一仕向先外國地名　一船長ノ姓名　一雇入期限

第二條 外國船雇入免狀ノ期限ハ六ケ月以内トス

第三條 外國船雇入免狀ノ期限經過シタル後之ヲ繼續セント欲スル者ハ特別輸出港規則第二條ニ據リ更ニ免狀ヲ受クヘシ

第四條 船舶ノ出入及輸出品ノ船積ニ關スル事項ハ總テ特別輸出港所在ノ稅關出張所ニ於

テ之ヲ管理ス

○外國通航ノ郵船下ノ關福江兩港ニ回船ノ特許 明治二十三年十月廿二日勅令第二百六十二號

朕外國通航ノ郵船ヲ下ノ關福江兩港ニ回船スルノ件ヲ裁可シ茲ニ之ヲ公布セシム

大藏大臣ハ郵便物內地回漕品及旅客運送ノ爲メ外國通行ノ郵船ヲ長門國下ノ關肥前國福江ノ兩港ニ回船スルノ特許ヲ與フルコトヲ得

○長崎縣下對島國佐須奈、鹿見ノ二港ニ於テ朝鮮國貿易ニ關スル件 明治二十三年三月廿七日勅令第五十四號

朕朝鮮國貿易ニ關スル船舶出入及貨物積卸ノ件ヲ裁可シ茲ニ之ヲ公布セシム

明治二十三年四月一日ヨリ長崎縣下對島國佐須奈、鹿見ノ二港ニ於テ朝鮮國貿易ニ關スル帝國臣民所有ノ船舶ノ出入及貨物ノ積卸ヲ許ス

但該貿易ニ關スル手續ハ明治十六年十二月第四十號布告ニ依ルヘシ

○越中國伏木後志國小樽兩港ニ於テ露領沿海州、薩哈嗹島及朝鮮國貿易ニ關スル船舶出入及貨物積卸許可ノ件 明治二十七年五月二十一日法律第二號

明治二十七年八月一日ヨリ越中國伏木港及後志國小樽港ニ於テ露領沿海州、薩哈嗹島及朝鮮國貿易ニ關スル帝國臣民所有ノ船舶ノ出入及貨物ノ積卸ヲ許ス

但船舶ノ出入及貨物ノ積卸ニ關シテハ稅關法及稅關規則ヲ適用ス

○琉球國那覇港ニ於テ淸國貿易ニ關スル帝國臣民所有ノ船舶ノ出入及貨物積卸ヲ許スノ件 明治二十七年五月二十一日法律第三號

二十八年五月二十八日大藏省告示第三十三號ヲ以第二條第三條中改正削除セラレタルニ由リ修正ス

明治二十七年十月一日ヨリ琉球國那覇港ニ於テ淸國貿易ニ關スル帝國臣民所有ノ船舶ノ出入及貨物ノ積卸ヲ許ス

但船舶ノ出入及貨物ノ積卸ニ關シテハ稅關法及稅關規則ヲ適用ス

○京都府丹後國宮津港ニ於テ露領浦鹽斯德港及朝鮮貿易ニ關スル船舶ノ出入及貨物ノ積卸ヲ許スノ件 明治二十六年三月十四日法律第十三號

明治二十六年四月一日ヨリ京都府丹後國宮津港ニ於テ露領浦鹽斯德港及朝鮮貿易ニ關スル帝國臣民所有ノ船舶ノ出入及貨物ノ積卸ヲ許ス

但該貿易ニ關スル手續ハ明治十六年十二月布告第四十號ニ依ルベシ

○橫濱稅關棧橋使用規則 明治二十八年三月十一日大藏省告示第十號

第一條 橫濱稅關棧橋ヲ使用セントスルモノハ第一號書式ノ願書ヲ稅關ニ差出シ繫船免狀ヲ受クベシ

第二條 繫船免狀ヲ受ントスル船舶ハ登簿噸數壹噸ニ付金二錢ノ割合ヲ以テ繫船料ヲ納ムベシ但壹噸未滿ノ端數ハ之ヲ除棄ス

第三條 船舶繫留ノ時ヨリ起算シ二十四時ヲ過キ尙ホ繫留セントスルトキハ第二號書式ノ願書ニ繫船免狀ヲ添ヘ稅關ニ差出シ更ニ免許ヲ受クベシ

前項ノ免許ヲ受ケントスル者ハ其超過時間二十四時每ニ第二條ノ繫船料半額ヲ納ムベシ

但二十四時未滿ノ端數ハ二十四時トシテ計算ス

第四條 繫船免狀ヲ受ケタル船舶ハ稅關長指定ノ場所ニ繫留スベシ

税關長ハ必要ニ由リ繫留ノ塲所ヲ變更シ若クハ一時棧橋ヲ離レシムルコトアルヘシ
第五條　繫船免狀ノ時限ヲ經過シタルトキハ直ニ棧橋ヲ離ルヘシ
第六條　税關長ハ必要ニ由リ既ニ交付シタル繫船免狀ヲ取消スコトアルヘシ
此ノ塲合ニ於テ繫船免許ノ時限ニ滿タサルトキハ既納ノ繫船料ヲ還付スヘシ
第七縣　既納ノ繫船料ハ前條ノ塲合ヲ除クノ外事故ノ如何ヲ問ハス之ヲ還付セス
第八條　棧橋ヨリ陸揚シ若クハ船積スル貨物ハ税關所屬ノ貨車ヲ以テ運搬スヘシ
運搬ノ爲メ使用スル人夫ハ税關ノ認可ヲ受ケタル者ニ限ルベシ
第九條　前條ノ貨車ヲ使用スル者ハ左ノ使用料ヲ納ムヘシ
貨車一輛十二時間ニ付　金二十錢
但十二時未滿ノ端數ハ十二時トシテ計算ス
第十條　爆發質若クハ高度燃燒物ノ物品並ニ石炭荷足其他々物ヲ汚染スベキ貨物ハ棧橋ヨリ陸揚シ若クハ船積スルコトヲ得ス
第十一條　棧橋繫留中ノ船舶若クハ棧橋ニ於テ瀝靑、爹兒其他燃燒質ノ物品ヲ煖ムルコトヲ得ス
第十二條　繫船免狀ヲ受ケタル船舶此規則ニ違ヒ若クハ税關長ノ命令ニ違背スルトキハ税關長ハ棧橋ヨリ退去セシムルコトアルベシ
第十三條　此規則第三條ノ時限ニハ第四條第二項ニ依リ棧橋ヲ離レタル時間及税關ノ休日ヲ算入セス

税關ノ休日ト雖モ税關規則ニ依リ貨物積卸ノ特許ヲ得タル場合ハ之ヲ算入ス

第十四條　税關長ハ大藏大臣ノ認可ヲ得テ定期航海船ニ對シ或ル期間ヲ定メ繫船料ノ減額ヲ爲シ繫留ヲ許スノ特約ヲ爲スコトヲ得　二十八年五月廿八日大藏省告示第三十三號ヲ以テ本條追加

（第一號書式）

繫船願

一船種　　蒸汽（又ハ帆走）
一船名　　何々
一長サ　　何尺
一吃水　　何尺
一積量　　登簿噸數何噸
一繫船料　　金若干

右横濱税關棧橋使用規則ニ依リ當棧橋ニ繫留致度候ニ付免狀御交附相成度此度相願候也

年　月　日　　何々船長（又ハ船主）
氏　名　印

横濱税關長氏名殿

（第二號書式）

繫船繼續願

一船種　蒸汽（又ハ帆走）
一船名　何々
一積量　登簿噸數何噸
一繫船免狀交付日時　何日何時
一繫船料　金若干（繼續ヲ要スル時間ニ相當スル金額ヲ記スヘシ）

右横濱税關棧橋使用規則第三條ニ依リ尙ホ何時間繫留御免許相成度繫船免狀相添ヘ此段相願候也

何々船長（又ハ船主）

年月日　　氏名印

横濱税關長氏名殿

第二章　貨物搭載

○危害物品船積規則（明治六年八月九日第二百九十二號布告）

危害ヲ生スヘキ物品ヲ謾リニ船積致シ候テハ他ノ物品ヲ傷害シ甚タシキハ全船ヲ失ヒ人命ヲ損シ不容易儀ニ付左之條件ノ法則ヲ定メ當明治六年十月一日ヨリ令施行候條此旨布告候事

十四年第七十二號布告參看

一火藥、硝石、硫黃之類及ヒ發火シ易キ製藥品其他油脂、醬液並腐敗シ易キ性質ニシテ他物ヲ損害スヘキ物品船積致シ候時ハ其品名ヲ表包之外部ニ書キ記シ或ハ其送狀ニ記載致シ船主船長又ハ運漕會社危險請負會社等之承諾ヲ得テ後差出スヘシ若シ其手數無之尋常之

荷物ト伴リ之ヲ船積致シ或ハ船積セント謀ル者ハ金五百圓以内ノ罰金ニ處スヘキ事

一尋常之品物トシテ差出シタル荷物之内ニ前條ノ如キ危害品可有之ト見受候時ハ船主船長運漕會社危險請合會社ハ何時ヲ限ラス何地ヲ論セス直ニ發包シテ之ヲ視査スルノ權利可有之事

但爲視査發包シタル荷物中ニ危害品無之トキハ船主會社等之入費ヲ以テ故之如ク荷造可致然レトモ其荷物中ニ危害品有之トキハ是等之入費都テ荷主ヨリ可拂事

一此危害品ヲ船積セサル以前運漕會社又ハ危險請合會社之倉庫等ニ於テ見出ストキハ之ヲ安全之場所ニ移シ置キ直ニ其管轄廳或ハ裁判所ヘ可屆出事

但安全之場所ニ之ヲ移ス之費用ハ荷主ヨリ辨償可致事

一此危害品ヲ既ニ船積シタル後ニ見出シ之ヲ安全之場所ニ保チ難キ時ハ船中ニ於テ三人以上ノ保證人ヲ立テ之ヲ海中ニ投棄シ着港之上直ニ其次第書及ヒ荷主之姓名ヲ其地之管轄廳或ハ裁判所ヘ可屆出事

但投棄シタル荷物及ヒ是ヨリ生スル荷主之損失ヲ辨償スルニ不及事

一船長及ヒ運漕會社等荷主ト申合此危害品ヲ尋常之荷物トシテ船積シ或ハ船積セント謀ル者ハ金五百圓以内又之ヲ見出スト雖モ官ニ訴ヘ出サル時ハ二百圓以內之罰金ニ處スヘキ事

〇回漕貨物取扱條例 明治八年十二月四日第百八十四號布告

十四年第七十二號布告參看

今般回漕貨物取扱條例左ノ通相定候條此旨布告候事

回漕貨物取扱條例

第一條　回漕貨物ノ荷造リハ濡沾減損或ハ漏脱等ノ難ヲ防クヘキ様務メテ堅固ニシ其品柄又ハ荷造リノ摸様ニヨリテハ錠鎖或ハ封印スヘシ

第二條　穀物鹽類等ノ俵物酒醬流液ノ樽物等總テ減損漏脱シ易キモノハ積入ノ時必ス船主貨主ノ間ニ特殊ノ約定ヲナスヘシ

第三條　船主ハ荷造リノ粗糙ナルカ錠鎖或ハ封印ナキヲ以テ第一條ノ難ヲ防キ難シト思惟スルトキハ貨主ヘ其趣ヲ通知シテ之ヲ堅固ナラシメ或ハ錠鎖印封セシメ又ハ第二條ノ物品ヲ托セラルヽトキハ特殊ノ約定ヲナスヘキヤ否ヤヲ訊問スヘシ

第四條　貨主ハ第三條ノ通知或ハ訊問ヲ得ルモ之ヲ堅固ナラシメス或ハ錠鎖封印セス又其約定ヲ爲サヽルトキハ濡沾減損或ハ漏脱等ノ難ヲ運漕中ニ生スルモ船主ニ對シ其辨償ヲ要スル權利ナカルヘシ

第五條　回漕運賃ハ發船ノ甲地ニ於テ波戸場或ハ船主ノ倉庫等船主ノ其貨物ヲ受取ルヘキ適當ノ地ト定メタル場所ヨリ着船ノ乙地ニ於テハ波戸場或ハ其船主ノ倉庫等ノ其貨物ヲ引渡スヘキ適當ノ地ト定メタル場所迄ノ運漕費ヲ稱スルモノニシテ甲乙地ニ於テ其定メタル場所ノ外之ヲ取集及ヒ配達スルノ費用ヲモ合スルモノニアラス故ニ其取集及ヒ配達ヲモ船主ニ托スルトキハ貨主ハ回漕本賃ノ外ニ相當ノ取集及ヒ配達賃ヲ拂ハサル可ラス

第六條　前條乙地ニ着船スルトキハ船主ヨリ貨主ニ其貨物ヲ渡スヘキ適當ト定メタル場所ニ於テ何日何時ヲ限リ其貨物ヲ渡スヘキ旨ヲ報告スヘシ若シ貨主ノ都合ニ依リ其時日ヲ

過キテ之ヲ受取ラサルトキハ其後ニ至リ危險損害ヲ生スルトモ船主ハ其責ニ任セサルヘシ

但其報告スヘキ日時ハ必ス貨主ノ受取得ヘキ適宜ノ時間ヲ以テスヘシ若シ不適宜ノ時間ヲ以テスルトキハ之ヲ報告セサルト同般ト見做スヘシ然ルトキハ之ニ生スル危險損失ハ船主ノ責ヲ免ルヘカラス

第七條　前條ノ如ク其報告時限ヲ過ルトキハ船主ハ之ニ生スル危險損失ハ其責ニ任セスト雖トモ必ス危險損失ヲ生セサル樣之ヲ倉庫ニ納メ或ハ番人ヲ附ケ或ハ雨覆等ノ備ヲナシ勉メテ保護ノ手立ヲ成スヘシ然ルトキハ相當ノ倉敷料番人賃其他之ニ屬スル費用ヲ貨主ヨリ拂ハシムヘシ

第八條　回漕運賃ハ第五條ニ記載セル甲乙約定地ノ全運航賃ナルニ因リ其全運航ヲ畢ヘサル間ハ貨主ハ之ヲ拂フコトヲ拒ムノ理アリ又幾百石何千斤ニ付此運賃若干ト約定セシニ其全量中幾分ノ不足ヲ生スルトキハ貨主ハ其全運賃ヲ拂フコトヲ拒ミ得ヘシ然レトモ其全量幾百俵何千個ヲ運送セシムルモ其一俵一個ニ付運賃幾許ト約定セルトキハ其全量ノ如何ヲ問ハス之ヲ受取タル俵數個數ニ就テ約定運賃ヲ拂ハサルヘカラス又封印ヲ檢シ外包ノ異狀ナキヲ以テ之ヲ受取後其包中ノ物品ニ不足或ハ損傷アルトモ其辨償ヲ船主ニ責ムルヲ得ヘカラス

第九條　船主ハ其約定ヲ履テ安全ニ其貨物ヲ運送スルヲ本分ノ義務トス故ニ第一條及ヒ第二條ニ遵ヒタル貨物或ハ正ニ請取シ旨ヲ證シタル貨物ノ全數中ニ損害不足ヲ生スル等ノ

事アルトキハ其貨物ノ原價ニ從テ之ヲ辨償スヘシ

但海上難船ノ災阨ニ罹ルモノハ危險受負法或ハ海上平均法ノ別種ニ屬シテ此限ニアラス

第十條　運賃ハ船主貨主ノ協議ニ依リテ甲地又ハ乙地ニ依テ受拂フヘシ然レトモ之ヲ乙地ニ於テ受拂フトキハ其貨物ト引換ヲ以テスヘシ若シ貨物ヲ受取リタル後其拂方ヲ怠ルトキハ船主ハ其受取ルヘキ賃額ヘ對シ相當ノ利息ヲ課シテ要請スルヲ得ヘシ

○英國政府ニ於テ千八百七十八年制定ノ商船條例中甲板上貨物ノ搭載ニ關スル條欵ハ外國船ニモ之ヲ適用スルノ件　明治廿年三月廿五日外務省告示第二號

英國政府ニ於テ一千八百七十八年制定シタル商船條例中甲板上貨物ノ搭載ニ關スル條欵ハ是マテ外國船舶ニハ適施セサリシカ向後外國船ニモ同樣之ヲ適施スルコトト定メラレタル旨英國外務大臣ノ訓令ヲ以テ同全權公使ゼー、オノラブル、サル、フランセス、プランケット閣下ヨリ通知アリタリ

（參照）　甲板船貨

第二十三條　千八百五十四年制定商船條例ニ於テ內國航船ト稱スルモノヲ除クノ外木材食料其他ノ貨物ヲ甲板船貨即チ甲板上蔽圍ナキ場合若クハ登簿噸數ヲ組成スル立方容積中ニ算入セサル蔽圍アル場所ニ搭載スル船舶ハ英國船外國船ノ差別ナク納稅ノトキニ於テ其貨物搭載ノ場所ノ噸數ヲ該船ノ登簿噸數ニ算入シタルモノト看做シ各種ノ噸數稅ヲ拂フ可シ貨物ノ搭載ニ充テタル面積ト貨物ヲ藏置スルニ足ル可キ正角ノ場所ヲ包圍スル直

線内ニ在ル場所ヲ以テ右貨物搭載ノ場所ト看做スヘシ
右場所ノ噸數ハ千八百五十四年制定商船條例第二十一條第四項ニ定メタル方法ニ循據シ商務局若クハ税關官吏ニ於テ之ヲ檢定スヘシ而シテ撿定濟ノ上右官吏之ヲ該船ノ航海日記簿ヘ登錄シ又覺書ニ記入シテ之ヲ船長ニ渡スベシ船長ハ右噸數税ヲ要求スルニ當テ登簿證書或ハ外國船ノ場合ニ於テハ登簿證書ニ等シキ書類ト同樣此覺書ヲ差出スヘシ違フトキハ右登簿證書若クハ登簿證書ニ等シキ書類ヲ差出スコヲ誤リタルト同罰ニ處スヘシ

第二十四條　千八百七十六年十一月一日以後甲板船貨即チ甲板上蔽圍ナキ場所若クハ該船ノ登簿噸數ヲ組成スル立方容積中ニ算入セサル蔽圍アル場所ニ於テ左ニ揭クル種類ノ木材即チ

(甲)角材、圓材、尖形材若クハ其他ノ木材或ハ「ピッチ、パイン」「マホガニー」樫「チーク」及ヒ其他各種重量ノ木材

(乙)粗製シ製精シ又ハ結局使用ニ供スル爲メ調製シタルト否トニ拘ハラス總テ五本以上ノ餘分ノ長材

(丙)板、小割板若クハ其他甲板ヨリ三英尺以上ノ高サニ達スル輕キ木材ヲ搭載シテ毎年十月三十一日ヨリ四月十六日マテノ間ニ外國港ヨリ聯合王國ノ或ル港ニ入港スル船舶アルトキハ內國船外國船ノ差別ナク其船長及ヒ情ヲ知ルノ貨主ヲ本條ニ背キ運送シタル木材ノ百立方英尺毎ニ五磅ニ超過セサル罰金ニ處スヘシ此罰金ハ民事ノ訴訟若クハ公訴ニ依テ徵收シ又ハ其罰金ノ最多額如何ニ拘ハラス百磅マテハ略式裁判ニ依リ之ヲ

徵收スルコトヲ得但シ左ノ項目ニ該當スルトキハ船長或ハ貨主ハ罰金ノ處分ヲ受ケス

(一)船内ニ漏口或ハ其他損所ヲ生シ若クハ將ニ生セントスルノ虞アルカ爲メ船長ニ於テ航海中甲板上ニ木材ヲ貯藏スルコトヲ必要ト思料シタルトキ

(二)船長ハ該船通常ノ航海日數ニ據レハ十月三十一日前ニ聯合王國ノ海港ニ到着スルニ充分ノ日限アルトキニ或ル港ニ於テ甲板船貨トシテ木材ヲ積載シタリト雖トモ暴風雨或ハ船長ノ力ニ及ヒ難キ事情アリテ遲着シタルコトヲ證明スルトキ

(三)船長ハ該船通常ノ航海日數ニヨレハ四月十六日後ニ聯合王國ノ海港ニ到着スヘキ時日ニ或ル港ニ於テ甲板船貨トシテ木材ヲ積載シタリト雖トモ異常ナル好都合ノ爲メ其前ニ到着シタルコトヲ證明スルトキ

又元來聯合王國ノ海港ニ到着スヘキ筈ニ非サリシモ暴風雨或ハ修復ノ爲メ或ハ其他貨物船卸外ノ目的ヲ以テ聯合王國ノ海港ニ入港シタル船舶ニハ本條ヲ適用ス可ラス

第三章　乘船旅行

○外國船乘組心得　明治五年四月廿三日　外務省第一號

各開港場縣廳へ

外國船乘組心得出版イタシ候間御廻申候三部宛御留置早々御順達可有之候也

外國船乘組心得

一　外國郵船等ヘ乘組候者共ハ諸外國人ニ相交リ候儀ニ付萬一不作法等有之候テハ自ラ輕侮ヲ受候様成行然ル時ハ獨其身耻辱ノミナラス自然御國辱ノ一端トモ可相成ニ付能々着

意イタシ左件々屹度相守可申事

一 裸体素足等ハ勿論衣服ノ裾ヲ引揚兩脚ヲ現シ候樣ノ儀ハ鄙陋ノ惡習ニテ外國人モ深是ヲ蔑視イタシ候間右樣ノ儀ハ決テ致ス間敷且下駄駒下駄ノ類ハ船中可憚モノニ付革沓又草履ノ類相用可申事

一 會食所等都テ乘組ノ者一同集會イタシ候場所ヘ出候時ハ可成衣服等モ清潔ニ更メ候樣心得附決テ粗暴ノ所業アルヘカラス且談話ニ高聲ヲ發シ候ハ他人ノ怪ミヲ招キ且失禮ニ相當リ候間注意可致事

一 食事ノ節羹殺茶菓子等夫々順叙有之候事故猥ニ攫食候樣ノ事無之樣可心附候事

一 船中又ハ室内ヘ持參ノ荷物ハ隨分取纒置紛亂無之樣可致事

一 右之外船中掲示スル規則ハ左ニ記セル譯文ノ通ニ有之候間右趣意ハ堅ク相守可申事 但譯文略之

○外國船乘込規則 明治九年三月十八日第三十號布告

外國船ニ乘込旅行セントスル者取締ノ爲メ左ノ通規則相定候條此旨布告候事

外國船乘込規則

第一條 外國船ニ乘込旅行セントスル者ハ出船當日或ハ一日前其屬籍住所姓名及ヒ何國人所持船何號ニ乘込何港迄赴ク旨ヲ具シタル屆書ヲ其出船スル地ノ廳ニ差出シ乘船證書ヲ受クヘシ

第二條 乘船證書ハ一人一枚タルヘシ

九年四月廿九日第六十一號布告ヲ以テ手數料金二十五錢ヲ十錢ニ改ム

第三條 乘船證書ヲ受取ルニハ一枚ニ付手數料トシテ金拾錢ヲ納ムヘシ
第四條 乘船證書ハ毎人親ラ出廳シテ受取ルヘシ代人ヲ以テスルヲ許サス
第五條 乘船證書ハ着港上陸ノ上其地警察官吏ニ返付スヘシ其途中一時上陸（例ヘハ横濱港ヨリ長崎港ニ到ル者其船舶神戸ニ卸碇シタル時用便ノタメ暫時上陸スルノ類）スル者ハ其地臨檢警察官吏ニ其證書ノ檢閲ヲ受クヘシ
第六條 乘船證書ハ一度ノ出船ニ用フルモノトス故ニ途中ヨリ上陸スル歟又ハ事故アリテ乘込ヲ止メ更ニ他ノ船ニ乘込歟又ハ同船タリトモ他日航海ノ便ニ乘込ムトキハ最初受取タル證書ハ其出船スル地ノ廳ニ納メテ更ニ證書ヲ受取ルヘシ

十四年第七十二號布告參看

第七條 乘船證書ヲ所持セスシテ乘船シタル者ハ上陸ノ節違式ニ照シテ處分スヘシ
第八條 開港場アル地方廳ニ於テ外國船ニ乘込ントスルノ届書ヲ差出ス者アル時ハ第一條第四條ノ手續ニ相違ナキヤヲ檢閲シ別紙雛形ノ證書ヲ直ニ本人ニ相渡シ手數料ヲ領收スヘシ

十四年第七十二號布告參看

第九條 右地方廳ハ兼テ船場ノ要處ニ於テ警察官吏ノ出張所ヲ設ケ置キ外國船出入港毎ニ若干員ヲ臨檢セシメ内國人ノ乘船又ハ上陸スル者ノ證書ヲ一々檢閲シ若シ證書所持セサル歟又ハ其證書最前ノ出船ニ受取リタルヲ其儘再用シタル歟ヲ視認タル時ハ詳ニ其所由ヲ取糺シ證書所持セサル者ハ乘船證書ヲ受取ル手續ヲナサシメ或ハ其乘込ムヲ止ム證書ヲ再用スル者ハ違式ニ照シテ處分スヘシ
第十條 警察官吏乘船證書ヲ臨檢シ着港上陸者ノ分ハ之ヲ領收シ一時途中上陸者ノ分ハ之

ヲ本人ニ還付スヘシ

（別紙）

證書雛形 料紙西ノ内紙八ツ切

表面

割印
何府（縣）何大小區何町（邨）住（寄留） 何府（縣）華（士）族（平民） 姓名 年齢
右何國何號船ニ乘組何港ニ到ルヲ認了ス
年月日 廳名印

裏面

一此證書ヲ授與スルカタメ規則ノ通手數料ヲ領收セリ
一此證書ハ何港到着ノ節其地臨檢警察官吏ヘ送付スヘシ

○外國船乘込規則公布ニ付大坂府外四縣ヘ達 明治九年三月三十一日内務省丙第十四號達

大坂府 神奈川縣 兵庫縣 長崎縣 新潟縣

外國船乘込規則本年第三十號ヲ以テ御布告相成候ニ付テハ各廳ニ於テ可相渡乘船證書ノ儀休日又ハ退廳後タリトモ乘込ニ差支無之樣無遲滯渡方可取計且乘船場ニ於テ警察出張所取

十四年四月第二十六號達ニ依リ農商務省ノ管理ニ屬ス

設方吏員配置候方法等當省ヘ可屆出此旨相達事

○内國郵船乘組法 明治九年三月十八日第三十一號布告

内國郵船ニ乘組旅行致シ候者ハ其船長又ハ其所持主ニ於テ航海ノ度毎ニ各人ノ姓名住所幷何地迄赴ク旨ヲ詳細ニ登記シ置キ何時ニテモ其筋ヨリ取調候節差支無之樣可致此旨布告候事

○英佛郵船ヘ減價乘込手續 明治十二年四月七日大藏省乙第二十二號達

府 縣

英佛郵船ヘ減價乘込方ノ儀本年乙第二號ヲ以テ相達置候所今般右乘込手續書更ニ別冊ノ通相定候條此旨相達候事

（別冊）

英佛郵船ヘ減價乘込手續

第一條 佛郵船會社ノ名ハ「メッサゼリー、マルチーム」ト云ヒ英郵船會社ノ名ハ「ペニンシュラァ、エンド、チリェンタル、スチーム子ビゲーション、コンパニー」ト云フ

第二條 佛郵船會社ト減價乘込ヲ約定セシ地方ハ左ノ如シ

横濱	香港（ホンコン）	バタビヤ	柴棍（サイゴン）	新嘉坡（シンガポール）
カルカッタ	マドラス	セーロン	ポンジセリー	アデン
スエズ	イスマリヤ	ポールトサイド	子ープルス	マルセール

其他

右地方ノ所在ハ附錄略圖ニ就テ參照スヘシ

第三條　英郵船會社ト減價乘込ヲ約定セシ地方ハ左ノ如シ

横濱	セーロン	メルボルン	シドニー	ブリンデシ
ブヘニス	ソウサンプトン			

右同上

第四條　英郵船ニシテ第三條約定外ノ寄泊スヘキ地方ハ左ノ如シ

香港	新嘉坡	ヘナン	カルカッタ	マドラス
ボンベイ	スエズ	アレキサンドリヤ	マルタ	ジブラルタ
アンコナ	其他			

右同上

第五條　減價ニテ乘込ムヘキ者ハ博覧會ノ公用ニ關スル者及ヒ一般ノ公用ニ屬スル者ニシテ即チ我政府ノ官員、政府所雇ノ内外國人及ヒ官費留學生ニ限ルヘシ

但官費、留學生ハ一般ノ公用ニ準スルモノトス

第六條　減價ニテ乘込ムヘキ者アラハ本人ノ長官ヨリ左ノ三項ヲ明記シテ大藏省ニ照會スヘシ

十四年第二十六號達ヲ以テ事務ヲ農商務省ニ屬ス以下傚之

第一　公用ノ大旨
第二　本人ノ姓名役名
但姓名ハ讀違ヒ書違ヒノ恐レアルニ因リ本邦人名ハ假名外國人名ハ原字ヲ附スヘシ
第三　何地迄往返又ハ何地迄往ノ片道又ハ何地ヨリ返ノ片道
第七條　大藏省ハ右ノ照會ニ依リ其往返ノ者ニハ一名ニ付切手二葉ヲ交附シ片道ノ者ニハ一葉ヲ交附スヘシ
第八條　往返トモ乘込ムヘキ本人ハ横濱ニ在ル（英佛）郵船會社ニテ乘船手形買取ノ節豫テ大藏省ヨリ受取タル切手二葉ヲ同會社ニ差出スヘシ同會社ニ於テハ右二葉ノ內一葉ヲ留置キ一葉ニ加筆檢印シテ返付スヘキニ就キ本人ハ此切手ヲ所持シテ其郵船ニ乘込ミ歸朝ノ期ニ至ラハ之ヲ其乘込ムヘキ地方ニ在ル同會社ノ本店又ハ支店ニ差出スヘシ
但代人ヲシテ乘船手形ヲ買取及ヒ切手ヲ差出サシムルハ固ヨリ妨ケナシトス以下第九條第十條モ此例ニ同シ
第九條　往ノ片道ノミ乘込ムヘキ本人ハ横濱ニ在ル郵船會社ニテ乘船手形買取ノ節往ノ片道ナル旨ヲ述ヘ切手ヲ差出ス可シ
第十條　返ノ片道ノミ乘込ムヘキ本人ハ出立ノ前横濱ニ在ル郵船會社ニ赴キ返ノ片道ナル旨ヲ述ヘ切手ヲ差出スヘシ同會社ニ於テハ之ニ加筆檢印シテ返付スヘキニ付本人ハ此切手ヲ所持シテ他船ニ乘込ミ歸朝ノ期ニ至ラハ之レヲ其乘込ムヘキ地方ニ在ル同會社ノ本店又ハ支店ニ差出スヘシ

第十一條　切手ハ其表ニ記載シタル個條ノ外都テ流用スヘカラサルモノトス
第十二條　公用ノ都合（假設ハ歸路馬耳塞ヨリ乘込ノ切手ヲ所持セシニ變シテ「カルカッタ」ヨリ乘込ミ或ハ全ク切手ヲ有セスシテ乘込ム等）ニヨリテハ第二條又ハ第三條中ノ甲地ヨリ乙地ヘ臨時ニ乘込ムコトヲ得ヘシ
第十三條　第十二條ノ塲合ニ於テ英郵船ハ第三條ニ掲ケタル地方ヨリ第四條ニ掲ケタル地方ニ乘込ムヿヲ得ヘシ但シ第三條第四條ニ掲ケタル地方ヨリ他ニ乘込ムヿヲ得ヘカラス
第十四條　第十二條ノ塲合ニ於テ乘込ムニハ其乘込ヘキ地方ニアル本店又ハ支店ニ赴キ我政府ノ公用ナル旨ヲ述ベ通常ノ船賃ヲ拂ヒ第十五條ニ掲ケタル受取書ヲ請ヒ受ク可シ或ハ所持シタル切手ヲ紛失セシ時モ亦此例ニ傚フヘシ
第十五條　船賃受取書ニハ必ス左ノ四項ノ明記アランヲ要ス此四項ノ内一項ヲ缺クモ受取書ノ効ナキモノトス
第一　乘込人ノ姓名
第二　拂ヒタル船賃ノ額及等級
第三　船賃受取人ノ姓名
第四　年月日
第十六條　船賃受取書ハ本人歸朝ノ上其長官ニ差出スヘシ而シテ長官ハ此受取書ニ左ノ三項ヲ證明シタル書面ヲ添ヘ大藏省ニ照會スヘシ
第一　公用ノ大旨

第二 本人ノ姓名役名
第三 何用ニテ何地ヨリ何地迄乘込ミシ旨
第十七條 大藏省ハ右ノ受取書等ニ據リ横濱ニ在ル郵船會社ニ照會シ其減スヘキ金額ヲ取戻シ之ヲ本人ノ長官ニ返附スヘシ
附錄畧圖ハ畧ス

○海外旅券規則 明治十一年二月廿日 外務省第一號布達

從來當省ヨリ發行候海外行免狀之儀海外旅券ト改稱別紙規則相定候條此旨布達候事

（別紙）

海外旅券規則

旅券ハ日本國民タルヲ證明スルノ具ニシテ海外各國ニアリテ要用少ナカラサルヲ以テ外務省ヨリ之ヲ發行ス規則左ノ如シ

第一條 旅券ヲ請フ者ハ別紙雛形ノ書面ヲ以テ外務省又ハ開港場管廳ヘ願出之ヲ受取ヘシ右郵便ヲ以テスルモ苦シカラス旅券ヲ受取ラハ直ニ其示シアル所ヘ當人姓名自記スヘシ

第二條 旅券ヲ受クル者ハ手數料トシテ金五十錢ヲ納ムヘシ但旅券ハ一人一枚ニ限ルヘシ若シ五歲以下ノ小兒其父母同道ナルトキハ父母ノ旅券ニ附記スルヲ以テ足レリトス

第三條 內地ニ於テ右旅券受取ル間合之ナキカ又ハ海外ニ於テ遺失シタルカノトキハ其國在留ノ日本公使館又ハ領事館ヘ其趣ヲ記載セル書面ヲ出シ自身出頭シテ願受クヘシ但其手數料トシテ金二圓ヲ納ムヘシ

第四條　公用ヲ以テ旅行シ官費ヲ以テ留學スル者ハ內地ニアリテハ其管廳ヨリ直ニ外務省ニ掛合海外ニアリテハ前條ノ趣ニ從ヒ旅劵ヲ受取ルヘシ但手數料ハ納ムルニ及ハス

第五條　旅劵ハ其赴クヘキ國ノ公使又ハ領事ノ證明ヲ得ル儀其國ニヨリ要用少ナカラス其節ハ其館ニ就テ直ニ之ヲ請フヘシ但其定規ニ從ヒ手數料ヲ拂フヘキモノトス

第六條　海外ニアリテ所持ノ旅劵我領事館ノ證明ヲ要用トスルコトアリ其節ハ之ヲ請ヒ得ヘシ但領事館ナキ地ニ於テハ公使館ニ至リテ之ヲ請フヘシ

第七條　旅劵ハ歸朝ノ後三十日以內ニ其最初受取リタル官廳ヘ之ヲ返納スヘシ郵船等ノ海員常ニ旅劵ヲ要スル者ハ此限ニアラス但シ海外ニアリテ我公使又ハ領事館ヨリ受取リタル者ハ外務省ニ返納スルヲ以テ足レリトス

（別紙雛形）

旅劵願書式

私儀何々ノ爲某國ヘ罷越或ハ往來致度ニツキ旅劵御渡方奉願候也

明治　年　月　日

何府縣下

第何大區何小區

何國何郡何村町何番地又ハ寄留

士族屬籍業

何　姓　名　印

年何年何ヶ月

外務省又ハ何府縣御中

戸長姓　名　印

右ノ通相違無之候也

府知事縣令姓　名　印

前書之通證明候也

上封

旅券願

何府縣下
何國何郡何驛村
何町

外務省或ハ某府縣

何　誰

御　中

旅券文言

官　印

右

ニ趣クニ付通路故障ナク旅行セシメ且必要ノ保護扶助ヲ與ヘラレンヿヲ其筋ノ

諸官ニ希望ス

年　月　日

日本皇帝陛下官位姓名自記

右ハ官員及官費留學生ニ與フル式タリ

所持人姓名自記

當人姓　名

齡

籍

右ノ者故障ナク通行セシメ且必要ノ保護扶助ヲ與ヘラレン事ヲ其筋ノ諸官ニ希望ス

年　月　日

日本帝國官位姓名自記

所持人　手記

右ハ華士族平民ニ與フル者ナリ共ニ英佛獨魯淸文ヲ譯付ス

○海外ヘ旅行スル者ハ自今外務省布達海外旅券規則ニ照準スヘキ事　明治十一年五月四日第九號布告

明治二年四月同三年正月布告海外行印鑑免狀渡方ノ儀及ヒ同九年十月第百二十八號布告中海外航免狀ノ廉ハ廢止候條自今外務省本年一月第一號布達海外旅券規則ニ照準スヘシ此旨布告候事

○朝鮮國ヘ旅行スル者海外旅券受取方　明治十一年三月六日外務省第二號布達

本年二月廿日第一號達海外旅券規則第一條外務省又ハ開港場管廳ト掲載有之候處朝鮮國ヘ旅行候者ニ限リ左ノ縣廳ヘ願出旅券受取候テ不苦候條此旨布達候事

十九年勅令第五十四號ヲ以テ長崎縣ニ島司ヲ置ク

廣島　山口　島根　福岡　鹿兒島　長崎縣嚴原支廳

○京都府丹後國宮津港ヨリ露領浦潮斯徳及朝鮮國ヘ渡航スル者海外旅劵受有ノ件

二十六年九月二十六日
外務省令第二號

京都府丹後國宮津港ヨリ露領浦潮斯徳及朝鮮國ヘ渡航スル者ニ限リ京都府廳願出海外旅劵ヲ受クルコトヲ得

○海里ヲ定ム　明治五年四月二十四日第百三十號布告

今般海軍省ニ於テ別紙ノ通相定候條其旨可相心得尤海里ハ普通陸里ト不混樣可致事

別　紙

一海里ハ一度六十分一ヲ以テ一里ト定ム即チ陸里十六町九分七厘五毛ナリ

一尋ハ曲尺六尺ヲ以テ一尋ト定ム

但測量圖海底ノ深淺ハ干潮ノ時間尋數ヲ以テ定ムルモノトス

一經度ハ英國「グレンーチ」ヲ以テ暫ク初度トス

但我國ニ在テハ東京海軍省標竿ヲ以テ東經一百三十九度四十五分二十五秒零五ト定ム

十九年勅令第五十一號參看

○諸船碇泊ノ節禮式ハ御國軍艦ノ指揮ヲ受クヘキ事　明治六年十一月八日第三百七十一號布告

諸省使府縣ノ附屬船及ヒ商船共西洋形ノモノハ諸港碇泊ノ節内外普通ノ禮ヲ表セン爲メ旗章ヲ揭飾シ或ハ日ノ長短ニ依リ御國旗ヲ上下スル等區々相成候テハ不体裁ニ付自今我軍艦碇泊ノ港ニ於テハ一切軍艦ノ指圖ヲ受ケ可執行此旨布告候事

○外國航日本形船ヘ國旗ヲ揭揚ス　明治十年七月九日第五十二號布告

自今外國ヘ渡航ノ日本形商船ハ大小ノ別ナク國旗ヲ揭揚可致此旨布告候事

但國旗ノ寸法ハ明治三年正月布告商船規則中三種ノ内小形ノ分ヲ可用事

六年十二月第四百十六號布告參看

○海軍旗章條例　明治二十二年十月七日勅令第百十一號

朕海軍旗章條例ヲ裁可シ茲ニ之ヲ公布セシム

海軍旗章條例

第一條　海軍旗章ノ名稱ハ左ノ如シ

第一　天皇旗
第二　皇后旗
第三　皇太子旗
第四　親王旗
第五　海軍大臣旗
第六　將旗
第七　代將旒
第八　先任旒
第九　軍艦旗
第十　艦首旗
第十一　長旒
第十二　當直旗
第十三　運送船旗
第十四　要招水先旗
第十五　海軍病院旗

海軍旗章ノ制式ハ別圖ノ如シ

第二條　天皇旗ハ
天皇乘御ノ艦船ニ於テ大檣頂ニ揭ク
天皇旗ヲ揭ケタル艦船ニ於テハ區別旗旒（海軍大臣旗將旗代將旗先任旗ヲ云フ以下同シ）及長旒ハ總テ降下ス可シ
天皇乘御ノ端舟ニ於テハ天皇旗ヲ舟首ノ旗竿ニ揭ク
第三條　皇后旗ハ
皇后乘御ノ艦船ニ於テ大檣頂ニ揭ク
皇后旗ヲ揭ケタル艦船ニ於テハ區別旗旒及長旒ハ總テ降下ス可シ
皇后乘御ノ端舟ニ於テハ皇后旗ヲ舟首ノ旗竿ニ揭ク
太皇太后皇太后艦船又ハ端舟ニ乘御ノトキハ前諸項ニ同シ
第四條　皇太子旗ハ
皇太子乘御ノ艦船ニ於テ大檣頂ニ揭ク
皇太子旗ヲ揭ケタル艦船ニ於テハ區別旗旒及長旒ハ總テ降下ス可シ
皇太子乘御ノ端舟ニ於テハ皇太子旗ヲ舟首ノ旗竿ニ揭ク
皇太子妃艦船又ハ端舟ニ乘御ノトキハ前諸項ニ同シ
第五條　親王旗ハ親王乘御ノ艦船ニ於テ大檣頂ニ揭ク又端舟ニ乘御ノトキハ舟首ノ旗竿ニ之ヲ揭ク但親王武官ノ資格ヲ以テ乘艦若クハ乘舟ノトキハ之ヲ揭ケス
內親王及親王妃艦船若クハ端舟ニ乘御ノトキハ前諸項ニ同シ
第六條　海軍大臣旗ハ海軍大臣公務ヲ帶ヒ乘艦シタルトキ大檣頂ニ揭ク又公務ヲ帶ヒ端舟

ニ乘ルトキハ之ヲ舟首ノ旗竿ニ揭ク

第七條　將旗ハ司令長官司令官タル將官指揮權ヲ帶ヒ乘艦シタルトキ大將ニ在テハ大檣頂ニ之ヲ揭ケ中將ニ在テハ前檣頂ニ之ヲ揭ク少將ニ在テハ後檣頂ニ之ヲ揭ク

少將二檣艦ニ乘艦シタルトキハ將旗ヲ前檣頂ニ揭ク

中將二檣以下ノ艦ニ乘艦シタルトキハ將旗凧上ノ上隅ニ紅球一箇ヲ附シ少將二檣以下ノ艦ニ乘艦シタルトキハ將旗凧上ノ上下隅ニ紅球各一箇ヲ附ス將旗ヲ陸上ノ旗竿ニ揭クルトキモ亦同シ司令長官司令官タル將官公務ヲ帶ヒ端舟ニ乘ルトキハ將旗ヲ舟首ノ旗竿ニ揭ク但中將及少將ニ在テハ紅球ヲ附スルコト前項ニ同シ

第八條　代將旒ハ司令官タル大佐指揮權ヲ帶ヒ乘艦シタルトキ大檣頂ニ揭ク

司令官タル大佐公務ヲ帶ヒ端舟ニ乘ルトキハ代將旒ヲ舟首ノ竿旗ニ揭ク

第九條　先任旒ハ同港內ニ二艘以上ノ軍艦碇泊シ司令長官司令官不在ノトキ先任艦長之ヲ後檣頂ニ揭ク但二檣艦ニ於テハ前檣頂ニ之ヲ揭ク

第十條　軍艦旗ハ在役艦ニ於テ後檣縱帆架若クハ艦尾ノ旗竿ニ揭ク

第十一條　艦首旗ハ在役艦碇泊中艦首ノ斜檣若クハ艦首ニ揭ク但風雨又ハ操練等ノ節ハ時宜ニ依リ之ヲ揭ケサルコトヲ得

第十二條　長旒ハ在役艦ノ大檣頂ニ揭ク但二檣艦船ニ於テハ後檣頂ニ之ヲ揭ク

長旒ハ海軍所屬運送船ニ於テ船長海軍將校ナルトキモ亦前項ニ依リ之ヲ揭ク

先任旒ヲ除キ他ノ區別旗旒ヲ揭クルトキハ長旒ヲ揭ケサルモノトス

長旒ハ艦船長公務ヲ帶ヒ端舟ニ乘ルトキ又ハ訪問使他ノ艦船ヲ訪問スルトキ舟首ノ旗竿ニ揭ク

第十三條　豫備艦非役艦軍港外ニ在ルトキハ第十條第十一條第十二條ニ依リ軍艦旗艦首旗長旒ヲ揭クルモノトス但軍港內ニ在ルトキト雖トモ時宜ニ依リ之ヲ揭クルコトヲ得

第十四條　當直旗ハ當直艦ニ於テ後檣頂ニ揭ク

第十五條　運送船旗ハ海軍所屬運送船又ハ運送ノ用ニ供スル爲メ傭役スル船舶ノ大檣頂ニ揭ク但海軍所屬運送船ニ於テ船長海軍將校ナルトキハ之ヲ揭ケス

第十六條　要招水先旗ハ海軍艦船ニ於テ水路嚮導者ヲ要招スルトキハ前檣頂若クハ他ノ見エ易キ所ニ揭クルモノトス但普通信號ヲ以テ水路嚮導者ヲ要招スルトキハ之ヲ揭ケサルモ妨ナシ

第十七條　海軍病院旗ハ戰時若クハ事變ノ際海軍病院若クハ病院船ニ之ヲ揭ク又病院附屬ノ物品ヲ運送スル舟車等ニ之ヲ用ユルコトヲ得

附　則

第十八條　軍艦旗ハ明治二十二年十一月三日ヨリ用フ

天皇旗

地色 紅 菊章 金

横 縱ノ一ト二分一 菊心 旗面ノ中心

菊心徑 縱ノ十九分一

菊全徑 縱ノ三分二

雨風ノ際用フルモノニハ黄旗布ヲ以テ菊章ヲ作ル

皇后皇太子旗親王旗ニ在テモ亦同シ

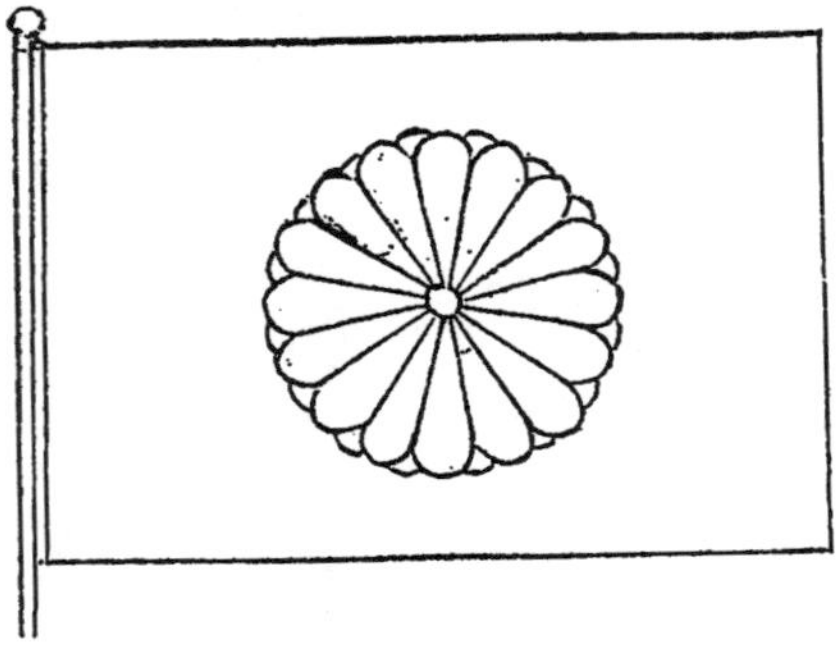

皇后旗 太皇太后旗皇太后旗亦同シ

地色 紅

菊章 金

横 縱ノ一ト四分三

燕尾開裂 横ノ三分一 上下等分

菊心 燕尾ヲ除キタル旗面ノ中心

菊心徑 縱ノ十九分一

菊全徑 縱ノ三分二

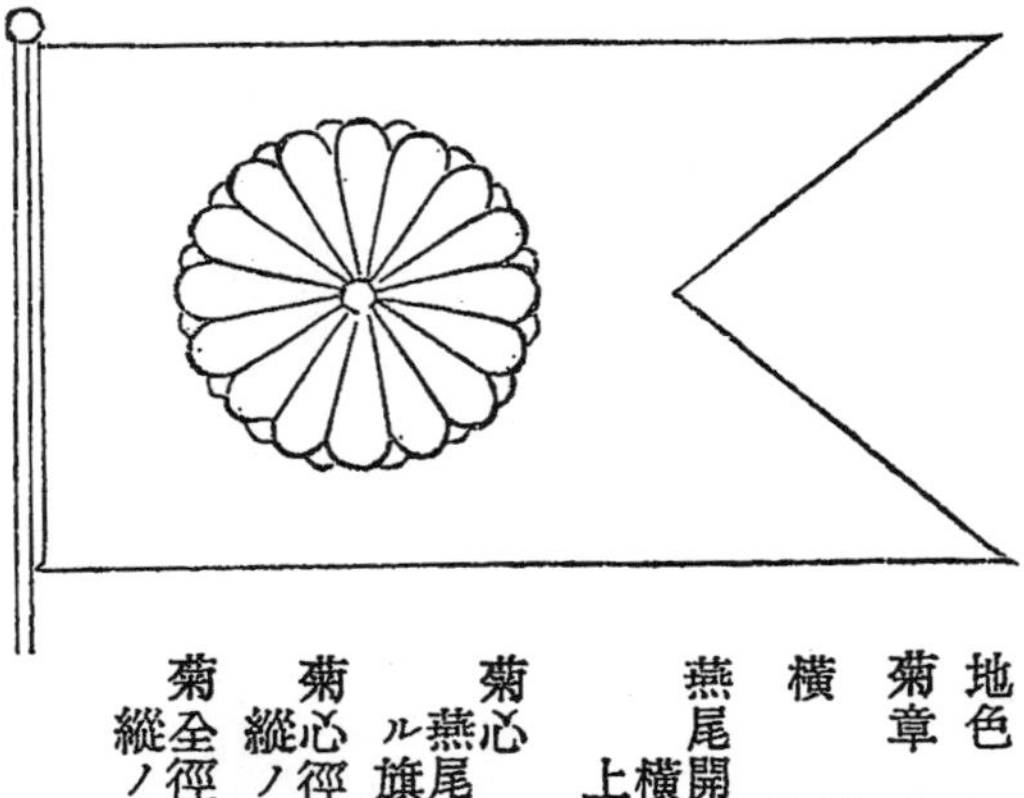

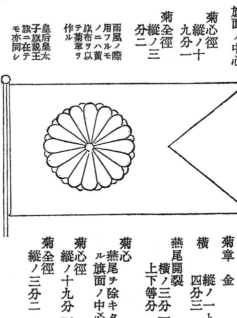

皇太子旗　皇太子妃旗亦同シ

地色　紅　菊章　金　輪廓　白

縁　紅　横　縦ノ一ト二分一

菊心　旗面ノ中心　菊心徑　縦ノ二十六分一

菊全徑　縦ノ二分一　白輪廓　縦ノ十五分一

紅縁幅　縦ノ十五分二

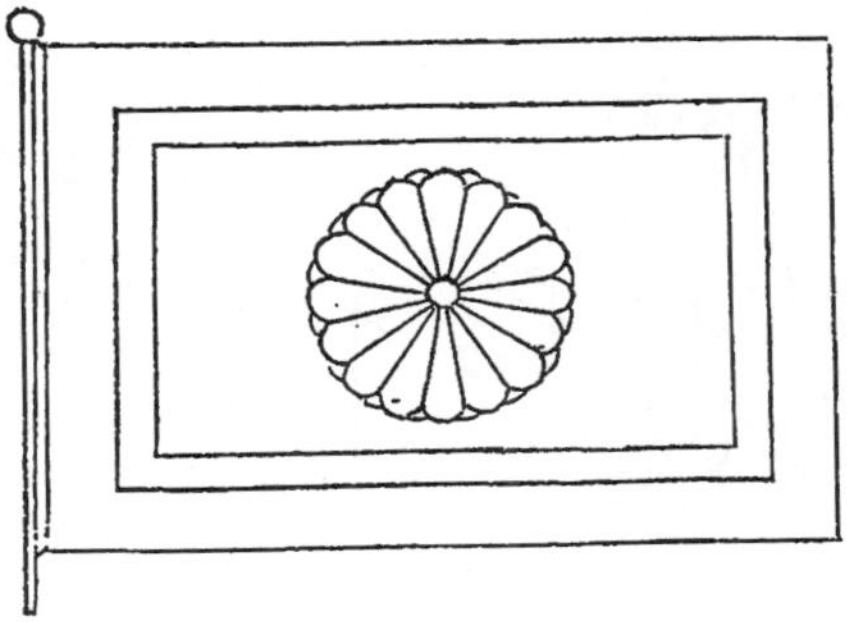

親王旗　内親王親王妃旗亦同シ

地色　白　菊章　金　縁　紅

横　縦ノ一ト二分一

菊心　旗面ノ中心

菊心徑　縦ノ二十六分一

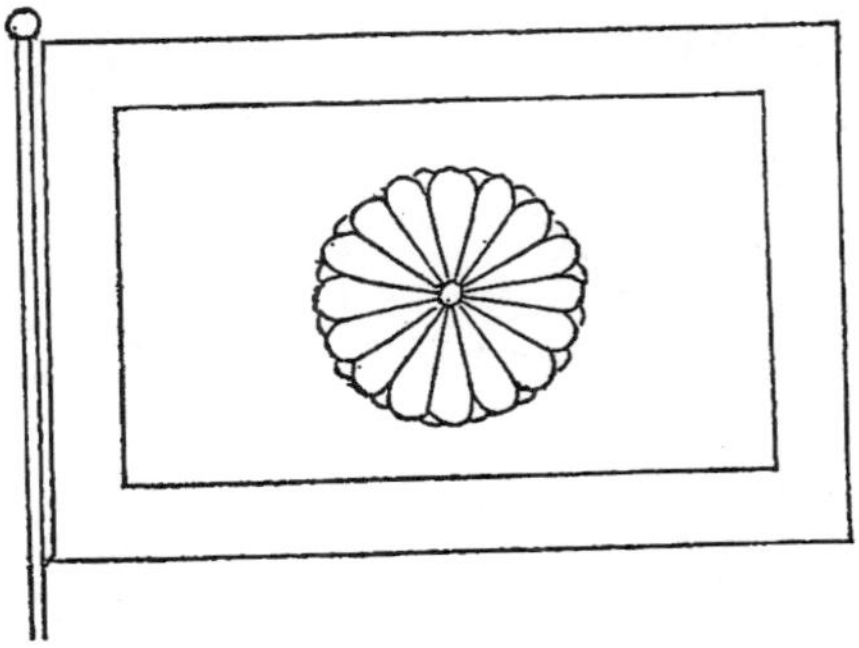

菊全徑　縦ノ二分一

紅縁幅　縦ノ十五分二

海軍大臣旗

地色 白　櫻錨 紅　錨索 黃　山形 紅

横 縱ノ一ト二分一　櫻錨ノ中心直線 縱ノ二分一線ニ一致ス　櫻ノ全徑 縱ノ六分一

錨幹長 縱ノ三十分ノ二十三

櫻ノ上端ヨリ錨ノ下端ニ至ル通シテ三十分ノ二十八

櫻ノ上錨ノ下ヨリ旗面ノ端ニ至ル各縱ノ三十分一

錨幹徑 縱ノ十七分一乃至十分一

横杆長 横ノ四分一

横杆徑 縱ノ十五分一

錨腕 横ノ四分一

錨爪ノ尖點ヨリ錨幹中心線ニ至ル直端

錨索 縱ノ二十分ノ一

山形紅線 縱ノ二十分一

山形位置形狀 項點ノ高縱ノ六分一上ノ山形ハ縱ノ二分ノ一ヨリ起リ下山形ハ縱ノ三分一ヨリ三箇ノ山形ヲ連接ス

將旗

地色 白　日章光線 紅　横 縱ノ一ト二分一

日章中心 旗面ノ中心　日章徑 縱ノ二分一

光線幅 十一度四分一　光線間隔 三十三度四分三

光線數 八線

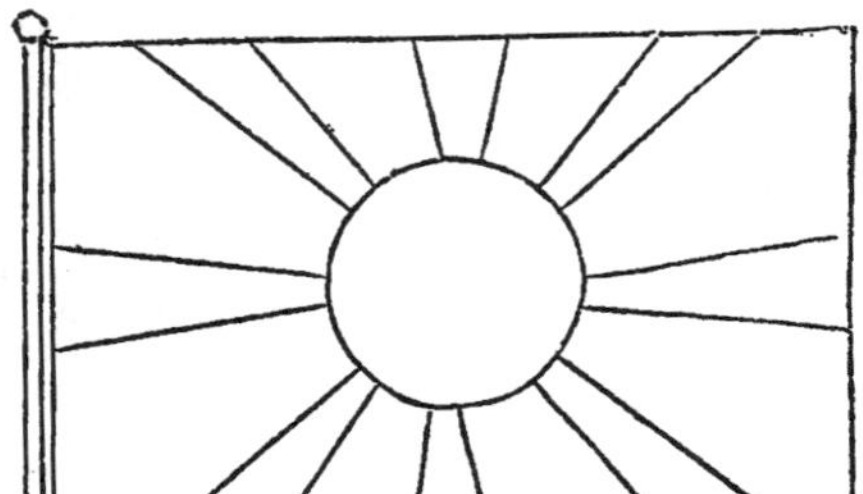

二檣以下ノ艦及端舟又ハ陸上ニ揭揚スル時區別ノ爲メ附スル紅球ノ徑ハ縱ノ十分一、球心、隅ノ兩邊ヲ距ルヿ各縱ノ十五分二

代將旗

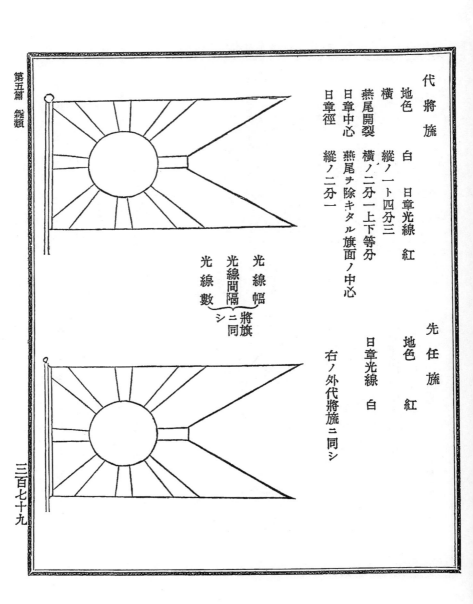

地色　白　日章光線　紅
横　縱ノ一ト四分三
燕尾開裂　横ノ二分一上下等分
日章中心　燕尾ヲ除キタル旗面ノ中心
日章徑　縱ノ二分一

光線幅
光線間隔
光線數
將旗ニ同シ

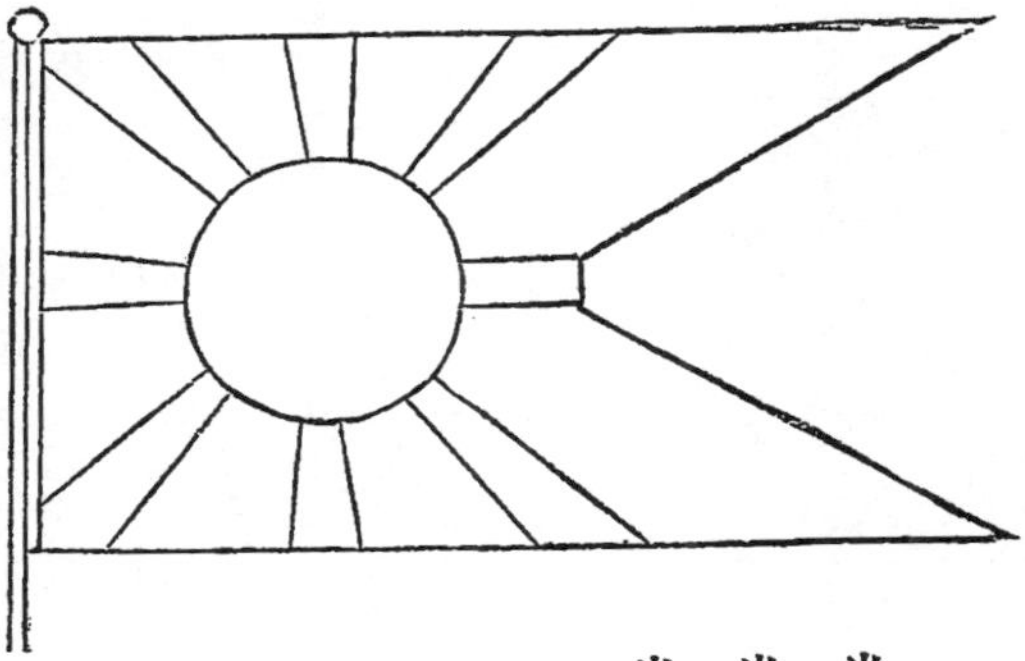

先任旗

地色　紅
日章光線　白
右ノ外代將旗ニ同シ

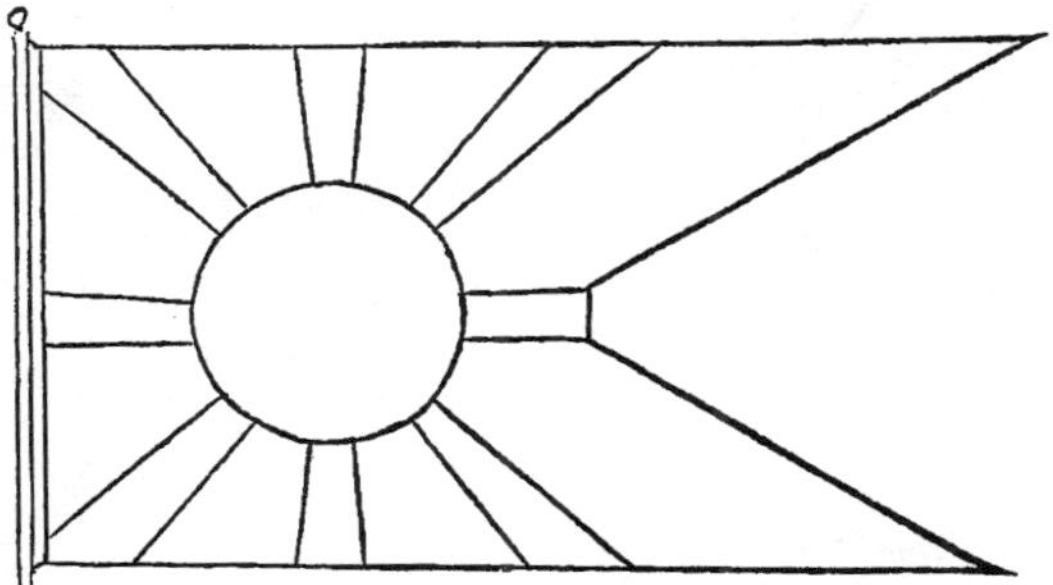

軍艦旗

地色 白 日章光線 紅

横 縦ノ一ト二分一

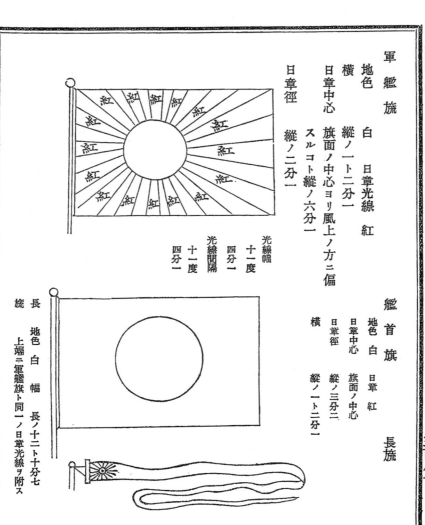

日章中心 旗面ノ中心ヨリ風上ノ方ニ偏スルコト縦ノ六分一

日章徑 縦ノ二分一

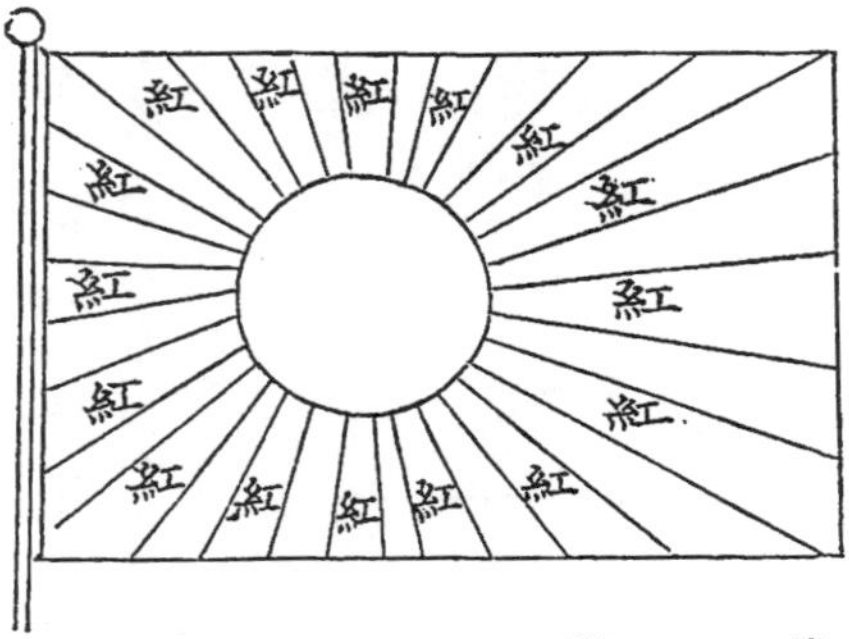

光線幅 十一度四分一

光線間隔 十一度四分一

艦首旗

地色 白 日章 紅

日章中心 旗面ノ中心

日章徑 縦ノ三分二

横 縦ノ一ト二分一

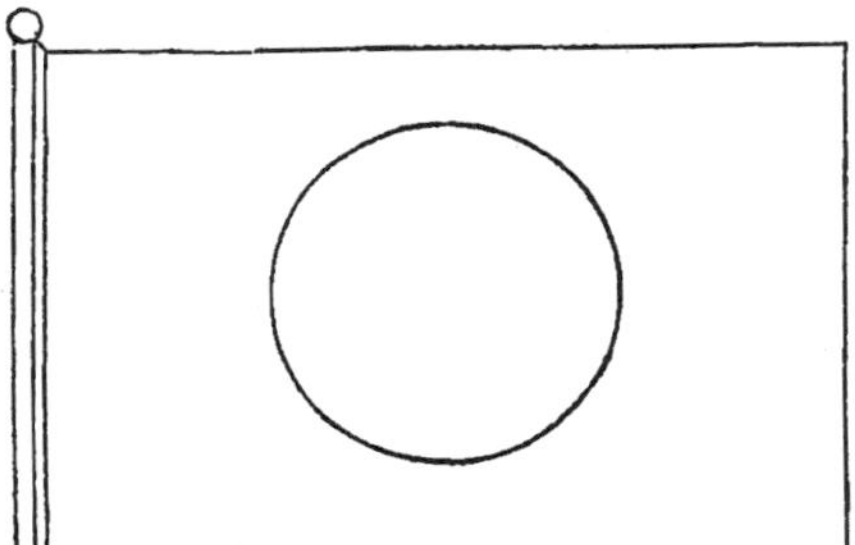

長旒

長旒 地色 白 幅 長ノ十二ト十分七

上端ニ軍艦旗ト同一ノ日章光線ヲ附ス

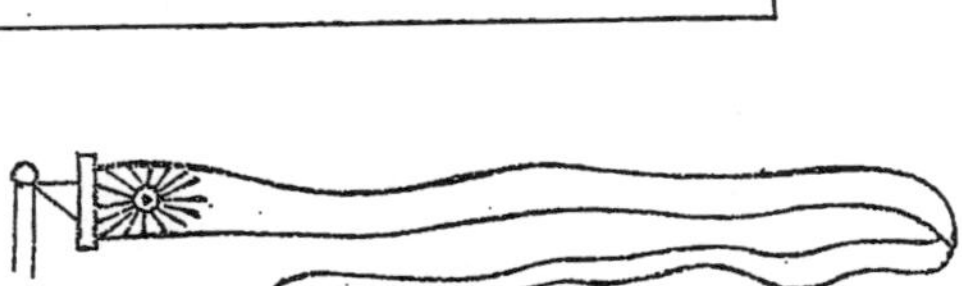

當直旗

地色　紅　山形　白

横　縱ノ一ト二分一

山形ノ幅及位置ハ海軍大臣旗ニ同シ

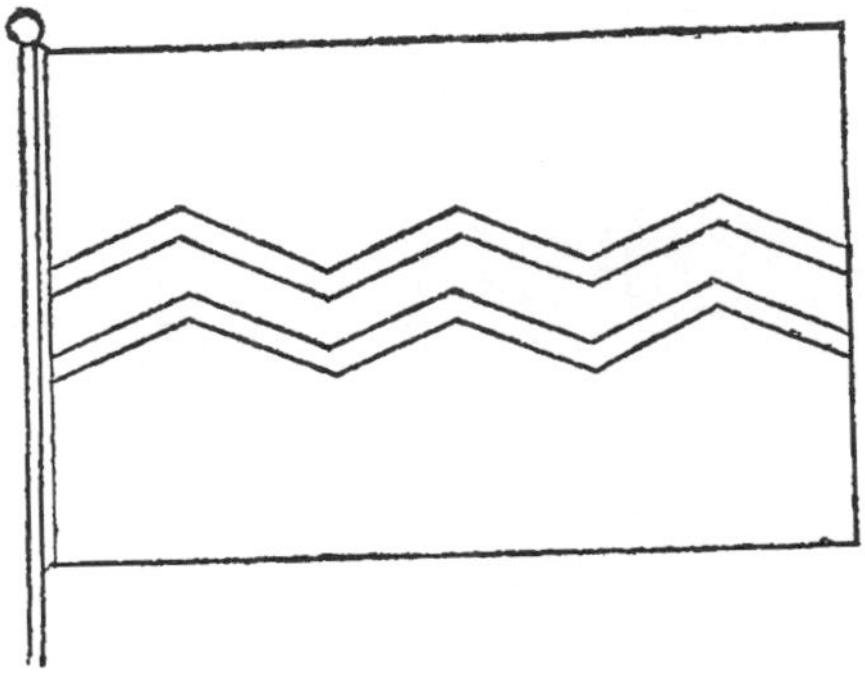

運送船旗

地色　白　山形　紺

横　縱ノ一ト二分一

山形ノ幅及位置ハ海軍大臣旗ニ同シ

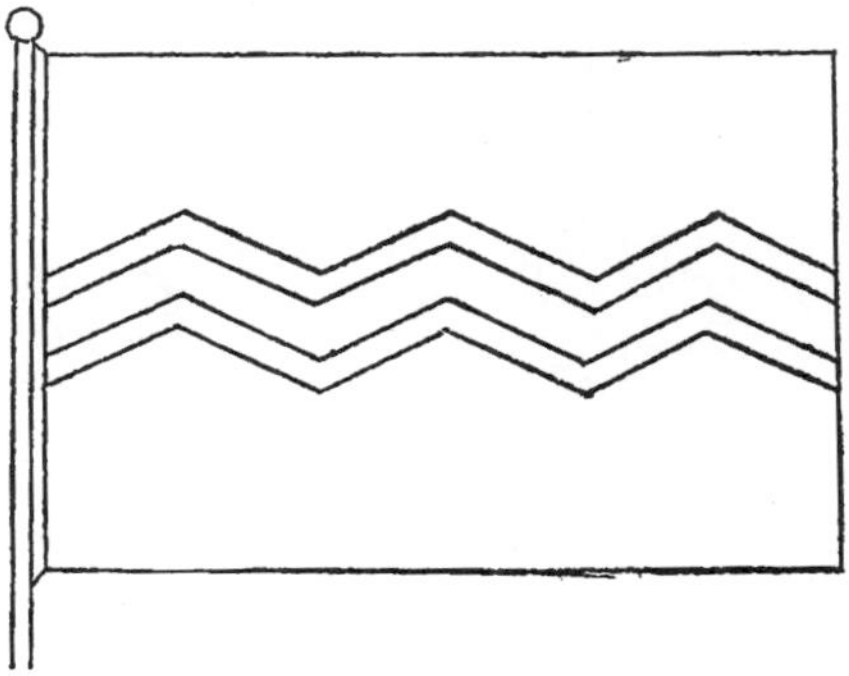

要招水先旗

地色　白　日章　紅

緣　紺　横　縱ノ一ト二分一

日章中心　旗面ノ中心

日章全徑　縱ノ二分一

紺緣幅　縱ノ十五分二

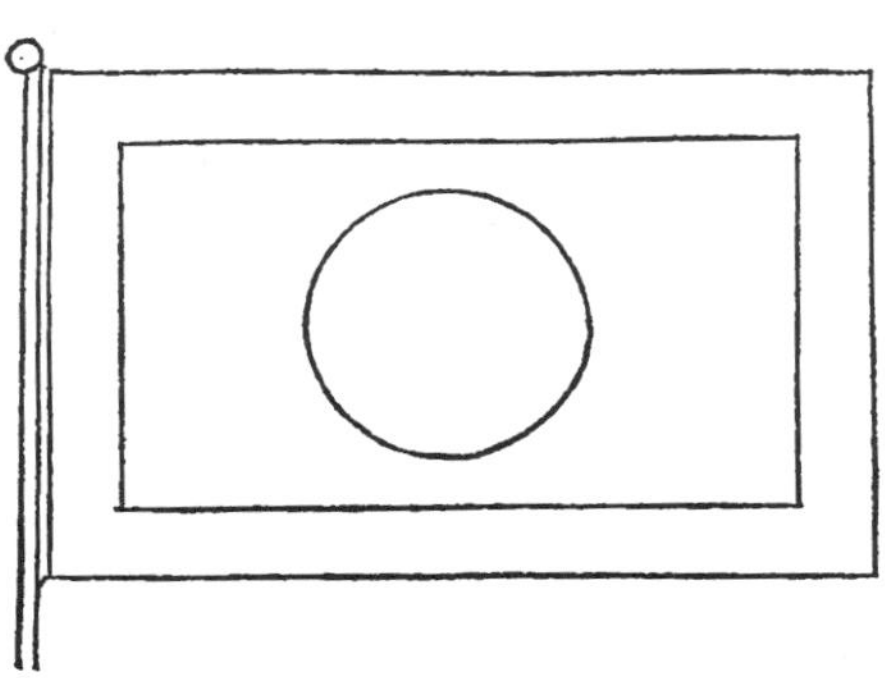

海軍病院旗

地色　白　四隅　紅

横　縱ノ一ト二分一

紅隅ノ長　縱ノ四分一

紅隅ノ幅　横ノ四分一

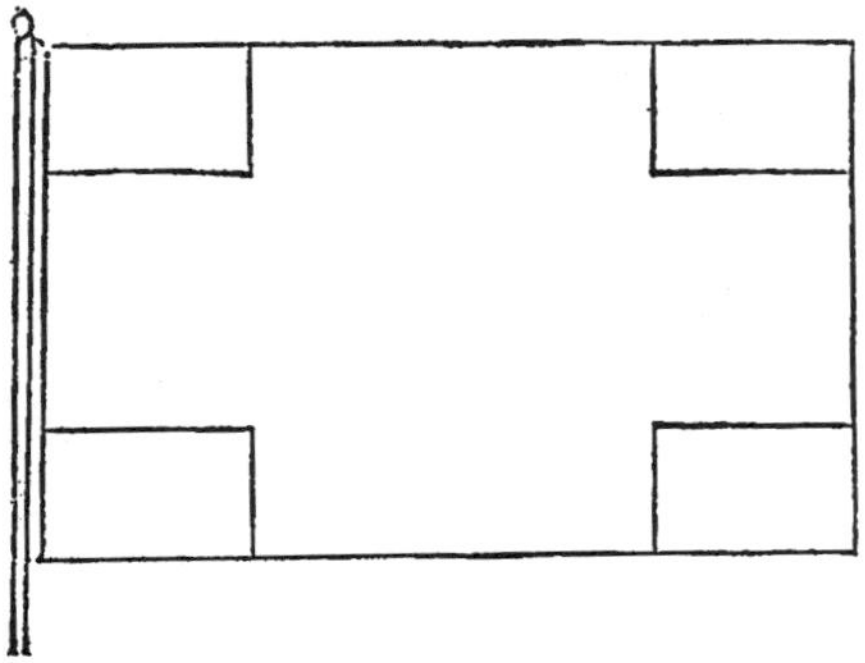

十九年勅令第二號ニ依リ水路局消滅同勅令第二十六號參看

○人民新ニ礁洲ヲ發見シ港灣ヲ測度セル者屆出方 明治七年十月十九日第百十號布告

中外諸海圖ハ海軍省水路寮ニテ實測ノ上刊行候條御國人民新ニ礁洲ヲ發見シ港灣ヲ測量候者有之候ハヽ圖面相添ヘ速ニ同寮ヘ可屆出此旨布告候事

但シ礁洲ヲ發見シ港灣ヲ測量候者屆出候節ハ同寮ニ於テ取調確實ナレハ其姓名ヲ海圖ニ記シ刊行候事

○沿海々底ニ沈沒セル船舶ハ水路局ヘ通知スヘキヿ 明治十三年二月廿七日海軍省乙第四號達

沿海府縣

海底ニ沈沒セシ船舶ハ海底ノ淺深ト船体ノ大小トニ由リ航海上暗礁ニ等シキ妨害有之ニ付志路誌記載ノ都合有之候條右沿海ニ沈沒船有之節ハ其地位及ヒ狀況詳細取調速ニ地方廳ヨリ當省水路局ヘ可及通知此旨相達候事

○七年第百十號布告ニ係ル件 明治十四年五月十三日海軍卿照會

御國人民新タニ礁洲ヲ發見シ港灣ヲ測度候者屆出方明治七年第百十號公布ノ次第モ有之右礁洲ノ如キハ速カニ航海者ニ報告セサレハ航路ノ障碍ヲナシ船艦ノ危險一時沈沒船ノ比ニアラス實ニ海圖測畵上不可欠要點ニ付各御廳御所轄官有船舶ト雖モ總テ右公布ニ照準速ニ海軍水路局ヘ御報告可有之此段及御照會候也

○海軍官船ヲ除ノ外西洋形船ヘ銃砲設備 明治八年五月三十一日第九十八號布告

海軍官船ヲ除ノ外西洋形船ヘ賊難防禦ノ爲大小砲設備ノ儀差許候條左ノ通リ可相心得此旨布告候事

十年第十號達ヲ以テ正院ノ稱廢止

十七年十二月第三十一號布告ニ依リ彈藥ノ廉消滅

第一條　海軍官船ヲ除ノ外諸省使府縣所轄ノ西洋形官船幷ニ人民所持ノ西洋形商船ヘ大砲口徑四寸以內二門小銃三十挺設備スル事苦シカラス

但船ノ噸數ニ因リ本文ニ掲クル銃砲ノ數ヲ減スルカ又ハ銃砲ノ種類ヲ取捨スルハ其便宜ニ任スト雖モ若シ增置セントスル時ハ更ニ願出許可ヲ受クヘシ

第二條　大砲一門ニ彈藥五十發小銃一挺ニ同百發ヲ超ユヘカラス

第三條　船內ヘ銃砲ヲ設備スル時省使ハ正院ヘ上奏シ府縣ハ內務省ヘ申出許可ヲ受クヘシ

但人民所持船ノ分ハ其管轄廳ヘ願出許可ヲ受クヘシ而シテ該廳ニ於テハ免許狀ヲ與ヘ其旨內務省ヘ屆出ヘシ

第四條　銃砲ノ設備ヲ許可セシ時ハ其旨海軍省ヘ通知スルヿトス尤モ省使ノ分ハ正院ヨリシ府縣幷ニ人民ノ分ハ外國ヨリ通知スヘシ

第五條　諸省使府縣幷ニ人民ニ於テ外國ヨリ買入レノ船內ニ付屬セシ分モ前條ノ手續ニヨルヘシ

但銃砲彈藥等買入ルヽ節ハ明治五年正月第二十八號布告銃砲取締規則ニ從フヘシ

○從前諸布告中商船ノ文字ヲ删リ西洋形ト改正　明治十三年三月三十一日第十號布告

明治九年六月第八十二號第九十四號同年十二月第百五十三號明治十年八月第五十五號明治十二年二月第九號同年五月第十九號布告中商船ノ文字ヲ删リ西洋形船ト改正候條此旨布告候事

○外國人傭入心得　明治十年三月六日第二十七號布告

外國人傭入候節ハ左ノ通可相心得此旨布告候事

管船ノ事務ハ十八年十二月第七十號達ニ依リ遞信省ノ管理ニ屬ス

一各官廳ニ於テ外國人傭入候節ハ其國所姓名業務給料住所期限及繼傭解傭共其時々外務省ヘ通知スヘシ

一人民ニ於テ外國人ヲ傭入レント欲スル者ハ其管轄廳ヲ經由シテ前項ノ件々外務省ニ屆出ツヘシ

一私傭外國人ヲ其業務等ノ都合ニヨリ居留地外ヘ居住爲致度者ハ地方官添書ヲ以テ外務省ヘ伺出其許可ヲ受クヘシ

○或ル布告中内務大藏ト有ヲ農商務省又卿名モ同斷改正ノ件 明治十四年九月十三日第四十三號布告

明治九年六月第八十二號同十年一月第十一號同年二月第二十四號同十一年五月第八號同年十二月第三十七號同十二年二月第九號同年五月第十九號布告中内務省又ハ大藏省トアルハ農商務省ト改正內務卿又ハ大藏卿トアルハ農商務卿ト改正候條此旨布告候事

○商船內犯罪取扱規則 明治十四年十二月十五日第六十五號布告

商船內犯罪取扱規則別冊ノ通制定ス

商船內犯罪取扱規則

第一條　何人タリトモ商船內ニ於テ重罪輕罪アルコトヲ認知シ又ハ重罪輕罪ニ因リ損害ヲ受ケタル者ハ船長ニ告訴告發ヲ爲スコトヲ得

第二條　船長告訴告發ヲ受ケタル時又ハ重罪輕罪ノ現行犯アルコトヲ知リタル時ハ其事件ニ付キ假ニ訊問檢證ノ處分ヲ爲シ且ツ證憑及ヒ事實參考トナルヘキ事物ヲ集取シ調書ヲ作ルヘシ但シ調書ヲ作ルコト能ハサルトキハ第三條ニ記載シタル官吏ニ其申立ヲナスヘ

シ

前項ノ場合ニ於テハ立會人二名以上アルヲ要ス

第三條　船長ハ證憑及ヒ事實參考トナルヘキ事物ヲ取纏メ被告人ト共ニ該船碇泊又ハ着港ノ地ノ檢事又ハ司法警察官ニ引渡スヘシ若シ外國ノ港埠ニ着シタルトキハ其地駐箚ノ領事ニ之ヲ引渡スヘシ

○外國人ノ遵奉スヘキ行政規則ヲ設立スルトキハ外務省ト協議施行スヘキコト　明治十四年十二月十五日第百五號達

官省院使廳

外國人ノ遵奉スヘキ行政規則設立候節ハ自今外務省ト協議ノ上施行可致此旨相達候事

○日本形五百石以上ノ船舶製造禁止ノ件　明治十八年七月八日第十六號布告

日本形五百石以上ノ船舶ハ明治二十年一月一日ヨリ其製造ヲ禁止ス

○捕船廢止其他戰時ニ於テ遵守スヘキ三ケノ要件　明治二十年三月二十四日勅令無號

朕西暦千八百五十六年四月十六日巴里公會ニ於テ澳地利、佛蘭西、大不列顛、普魯西、露西亞サルヂニア及土耳古ノ間ニ締結セル海上法要義ニ關スル宣言ニ加盟シ茲ニ之レヲ公布セシム

宣言

海上法ノ要義ヲ確定スル爲メ西暦千八百五十六年四月十六日巴里公會ニ於テ決定セシ

千八百五十六年三月三十日ノ巴里條約ニ署名セル各全權委員ハ茲ニ會議ヲ開キ戰時海上法

ノ古來久シク痛嘆スヘキ紛議ノ原因ト爲リ且本件ニ關スル法律及ヒ義務ノ明確ナラサルハ局外中立國ト交戰國トノ間意見ノ相合ハサルノ基ニシテ隨テ容易ナラサル困難或ハ葛藤ヲ惹起スルノ恐レアルコトヲ悟リ此緊要ナル事項ニ關シ一定ノ主義ヲ設クルノ利益アル事並ニ巴里公會ニ參集セル各全權委員ニ於テ本件ニ關スル列國交際上一定ノ原則ヲ議定スルハ最モ能ク各自政府ノ希圖ニ應スルモノナル事ヲ認メリ

因テ右全權委員ハ各其政府ヨリ妥當ノ委任ヲ受ケ此目的ヲ達スルノ方法ヲ協議センコトニ決シ評議ノ上左ノ宣言ヲ採用セリ

第一　私船ヲ拿捕ノ用ニ供スルハ自今之ヲ廢止スル事

第二　局外中立國ノ旗章ヲ揭クル船舶ニ搭載セル敵國ノ貨物ハ戰時禁制品ヲ除クノ外之ヲ拿獲スルヘカラサル事

第三　敵國ノ旗章ヲ揭クル船舶ニ搭載セル局外中立國ノ貨物ハ戰時禁制品ヲ除クノ外之ヲ拿獲スヘカラサル事

第四　港口ノ封鎖ヲ有効ナラシムルニハ實力ヲ用ヰサルヘカラス即チ敵國ノ海岸ニ接到スルヲ實際防止スルニ足ルヘキ充分ノ兵備ヲ要スル事

○捕船廢止其他戰時ニ於テ遵守スヘキ三ケノ要件ニ加盟セシ國名　明治二十年三月廿五日外務省告示第一號

本年三月十九日勅令ヲ以テ公布相成タル西曆千八百五十六年巴里公會ニ於テ締結シタル海上法要義ニ關スル宣言ニ加盟ノ國々ハ左ノ如シ

海上法ノ要義ヲ確定スル爲メ千八百五十六年四月十六日巴里公會ニ於テ決定ノ宣言ニ加盟

セル諸國ノ名簿

第一該宣言ニ署名セシ國

佛蘭西
澳地利
大不列顛
普魯士
露西亞
サルヂニヤ
土耳古

第二該宣言署名後ニ加盟セシ國

バード	千八百五十六年七月三十日
バブヰエール	千八百五十六年七月四日
白耳義	千八百五十六年六月六日
ブレーム	千八百五十六年六月十一日
ブラジル	千八百五十八年三月十八日
ブルンスウヰツク	千八百五十七年十二月七日
智利	千八百五十六年八月十三日
アルゼンチーヌ共和國	千八百五十六年十月一日

獨逸聯邦	千八百五十六年七月十日
瑞西聯邦	千八百五十六年七月十六日
丁抹	千八百五十六年六月廿五日
兩シヽール	千八百五十六年五月卅一日
エクアトル	千八百五十六年十二月六日
羅馬諸州	千八百五十六年六月二日
フランクフォルト	千八百五十六年六月十七日
希臘	千八百五十六年六月二十日
グアトマラ	千八百五十六年八月三十日
ハンブール	千八百五十六年六月二十七日
ハノーヴル	千八百五十六年九月三十一日
ハイチ	千八百五十六年九月十七日
ヘッス、カッセル	千八百五十六年六月四日
ヘッス、ダルムスタット	千八百五十六年六月十五日
リュベック	千八百五十六年六月二十日
メクレンブール、シュリエリン	千八百五十六年七月廿二日
メクレンブール、ストレリッツク	千八百五十六年八月廿五日
ナソー	千八百五十六年十八日

オルテンブール	千八百五十六年六月九日
バ　ル　ム	千八百五十六年八月二十日
和　蘭	千八百五十六年六月七日
秘　露	千八百五十六年十一月廿三日
葡　萄　牙	千八百五十六年七月廿八日
サルヴアドル	千八百五十八年一月二日
サツクス、アルテンブール	千八百五十六年六月九日
サツクス、コブールゴタ	千八百五十六年六月二十二日
サツクス王國	千八百五十六年六月十六日
サツクス、ウアイマール	千八百五十六年六月二十二日
瑞典及諸威	千八百五十六年六月十三日
トスカーヌ	千八百五十六年六月五日
ウルテンブール	千八百五十六年六月廿五日
日　本	千八百八十六年十月三十日

○日本帝國領事規則　明治廿三年五月十九日勅令第八十號

朕日本帝國領事規則ヲ裁可シ茲ニ之ヲ公布セシム此規則ハ明治二十三年七月一日ヨリ施行スヘキコトヲ命ス

日本帝國領事規則

第一條　領事ハ日本帝國ノ利益殊ニ貿易交通及航海ノ利益ヲ保護奬勵シ日本ト駐在國トノ間ニ締結セル條約ノ施行ヲ視察シ日本臣民並ニ日本ト好友アル外國ノ臣民ヨリ倚賴アルトキハ之ニ相當ノ勸告若クハ保護ヲ與フヘシ

領事ハ諸般ノ事務ヲ執行スルニ當テハ日本ノ法律及命令ニ準據スヘシ但特別ノ條約又ハ慣例アル國ニ駐在スル者ノ外駐在國ノ法律及慣例ニ違フコトヲ得ス

第二條　領事ハ駐在國ニ於テ日本臣民ノ爲メ名簿ヲ備置キ日本臣民ヨリ居住、婚姻、出生、死亡ノ屆出ヲ受ケタルトキハ之ヲ其名簿ニ登錄スヘシ其請求アルトキハ右事項ニ關シ證明書ヲ付與スヘシ

第三條　領事ハ駐在國ニ於テ日本臣民死亡ノ際其遺留財産ヲ相續スヘキ者不在ナルカ又ハ其他事故アリテ遺留財産ニ危險アルトキハ之ヲ保護スルノ手續ヲナスヘシ

第四條　領事ハ駐在國ニ於テ救助ヲ要スル日本臣民アルトキハ之ニ一時ノ救助ヲナシ若クハ之ヲ本邦ニ送還スヘシ

第五條　領事ハ必要アルトキハ日本ノ海軍艦船及其乘組員ヲ幇助スヘシ

第六條　領事ハ駐在國ニ於テ日本海軍艦船乘組員脱走シタルトキハ艦船長ノ要求ニ依リ其逮捕ヲ駐在國ノ官廳ニ照會スヘシ

第七條　領事ハ災厄ニ遭遇スル日本船舶ニ對シ必要ノ救助ヲ爲シ及駐在國ヨリ與フル救助ヲ監視スヘシ

領事ハ船難報告及船難證書ヲ證明スヘシ

第八條　領事ハ日本船舶ノ國旗ヲ監視スヘシ
領事ハ國旗掲揚ノ認可書ヲ付與スヘシ
第九條　領事ハ駐在國ニ於テ日本船舶ノ海員雇入雇止定約ヲ公認スヘシ
第十條　領事ハ日本船舶ノ賣却及抵當ヲ公認スヘシ
第十一條　領事ハ駐在國ニ以テ日本船舶ノ船長ヲシテ出入港屆出ヲ爲サシムルコトヲ得
入港地ニ於テ船舶諸證書ヲ領事ノ保管ニ付スヘキ成規又ハ慣例アル時ハ領事之ヲ保管ス
ヘシ
第十二條　領事ハ日本臣民ニ旅券ヲ付與シ及其旅券ヲ査證スルコトヲ得
領事ハ日本ヘ旅行セントスル外國人ノ倚賴ニ依リ其旅券ノ査證ヲ爲スコトヲ得
第十三條　領事ハ日本船舶及日本ニ航行スル外國船舶ニ對シ其船長ノ倚賴ニ依リ船舶健康
證書ヲ付與スルコトヲ得
第十四候　領事ハ駐在國ノ官廳ヨリ發セル證書ノ署名捺印ヲ證明スルコトヲ得
第十五條　領事ハ駐在國ニ於テ日本船舶ノ海員脱走シタルトキハ船長ノ申出ニ依リ其復役
ヲ强制スル爲メ駐在國ノ官廳ニ照會スルコトヲ得
第十六條　日本船舶ノ船長疾病、死亡其他ノ事故ニ由リ船舶ノ指揮運轉ニ指支ヲ生シタル
トキハ領事ハ其船舶關係人ノ申出ニ依リ假ニ船長ヲ選定スルコトヲ得
第十七條　條約若クハ慣例ニ從ヒ領事裁判權ヲ行フヘキ國ニ駐在スル領事ハ裁判權ヲ行フ
ヘシ

第十八條　領事ハ日本臣民相互ノ間若クハ日本臣民ト外國人トノ間ニ生シタル民事上ノ爭論ニ關シ勸解ノ倚賴ヲ受ケタルトキハ之ヲ勸解スルコトヲ得

第十九條　領事ハ駐在國ノ法律規則及慣例ニ矛盾セサル限リハ日本臣民及日本船舶ニ對シ取締ヲ爲スコトヲ得

第二十條　領事ハ職務上必要アルトキハ日本軍艦ニ封助ヲ要求スルコトヲ得

第二十一條　領事ハ此規則ニ揭クル領事手數料及出張入費表目ニ據リ手數料及出張入費ヲ徵收スヘシ但別ニ法律規則ノ明文アル事項ニ付テハ其規定ニ從フヘシ

第二十二條　表目第一第二ノ手數料ハ其關係者無資力ナル場合ニ於テハ之ヲ免除スルコトヲ得第三ノ手數料ハ遺留財産ノ額五拾圓未滿ナルトキハ之ヲ免除ス

第二十三條　二十六年三月十六日勅令第九號ヲ以本條刪除

第二十四條　外國語ヲ以テ證明書ヲ付與シタルトキハ規定ノ手數料ニ十分ノ五ヲ增課スヘシ

飜譯ヲ要スルモノアルトキハ更ニ其實費ヲ拂ハシムヘシ

第二十五條　各地ノ法律規則又ハ慣例ニ依リ領事ノ證明又ハ取扱ヲ要スヘキ事項ニシテ表目中明文ナキモノニ付テハ其地ノ慣例ニ從ヒ五圓以內ノ手數料ヲ徵收スヘシ

第二十六條　日本臣民ノ願出ニ依リ領事館所在地外ニ出張シテ事務ノ取扱ヲ要スルトキハ規定ノ手數料ノ外其出張入費ヲ願出人ヨリ拂ハシムヘシ

第二十七條　領事ノ裁判權執行ニ付テハ民事訴訟用印紙規則ヲ適用スヘシ

第二十八條　領事ハ其職務上ノ事項ニ付外務大臣ニ報告スヘシ

第二十九條　領事ハ豫シメ外務大臣ノ承諾ヲ得タル場合ノ外本邦他官廳ト直接通信スルコトヲ得ス

外務大臣ノ承諾ヲ得直接通信ヲ爲シタルトキハ次便ヲ以テ其寫書ヲ外務大臣ニ送達スヘシ（二十五年五月二十六日勅令第四十五號以テ本條改正）

第三十條　此規則ニ於テ領事ト稱スルハ總領事領事又ハ其代理及ヒ委任狀ヲ有スル副領事又ハ其代理ヲ云フ

領事手數料及出張入費表目

一	居住、婚姻、出生、死亡ノ屆出登錄	貳拾錢
二	同上證明書	五拾錢
三	遺留財產取調書及封緘、保管、公賣	
	價額五百圓以下	百分一
	但最小額貳圓	
	價額五百圓以上	貳百分一
	但最多額貳拾圓	
四	旅券	貳圓
五	同上ノ查證	壹圓
六	船難報告	壹圓

七	船難證書	五圓
八	同上謄寫	壹圓
九	船舶出入港屆出及船舶諸證書保管	
	登簿噸數十五噸以上五十噸以下（百五十石以上五百石以下）	三拾錢
	仝　五十噸以上百噸以下（五百石以上千石以下）	五拾錢
	仝　百噸以上二百噸以下（千石以上）	壹圓
	仝　二百噸以上五百噸以下	參圓
	仝　五百噸以上	五圓
	但漁船ハ手數料ヲ徵收セス	
十	船舶賣却及抵當ノ公認	四圓
十一	國旗揭揚ノ認可書	四圓
十二	脫走船員復役取扱	貳圓
十三	海員雇入雇止公認	被雇者給金一月分ノ百分一
十四	船舶健康證書	貳圓
十五	出張入費	
	最初一時間	壹圓
	之ニ次ク每一時間及一時間未滿	五拾錢
	六時間以上ハ一日ト見做シ每一日	五圓

○清國及朝鮮國駐在日本帝國領事徵收ノ手數料登記印紙ヲ以テ納付スヘキ種目（明治二十六年三月十八日外務省令第一號）

清國及朝鮮國駐在日本帝國領事ニ於テ徵收スル左ノ種目ノ手數料ハ登記印紙ヲ以納付スヘシ

旅券并査證手數料　船難報告及證書并謄寫手數料
清國及朝鮮國內地旅行免狀手數料　居住婚姻出生死亡證明書手數料
船舶ノ國旗掲揚認可書手數料　船舶出入港手數料
船舶健康證書手數料　船舶賣却及抵當公認手數料
海員雇入雇止證書公認手數料
錄事手數料（居住婚姻出生死亡ノ屆出登錄手數料遺留財產取調書及封緘保管公費手數料脫走船員復役取扱手數料其他日本帝國領事規則第二十五條ニ係ル手數料）

右實施ノ場所及期日ハ其時々告示スヘシ

○朝鮮國元山ニ於テ明治二十六年外務省令第一號實施ノ件（明治二十七年七月二日外務省告示第四號）

本年七月十五日ヨリ朝鮮國元山ニ於テ明治二十六年當省令第一號ヲ實施ス

○西洋形船舶航海及碇泊記事ノ差出方廢止ノ件（明治二十一年六月十六日海軍省訓令第三十四號）

北海道廳　府縣

明治十九年一月乙第一號達西洋形船舶航海及碇泊記事差出方ノ件ヲ廢ス

○海上氣象表報告ノ件（明治二十一年十二月二十七日內務省令第十一號）

明治十九年遞信省令第四號第六條ニ掲クル內國航船外國航船ニ限リ來明治二十二年一月一日ヨリ左ノ雛形ニ據リ毎月海上氣象表ヲ製シ中央氣象臺ニ報告ス可シ

海上氣象報告雛形

象報告　船名　丸　船長　自　至

寒暖計		雲			天氣	波濤		海水		潮流		雜記
乾球	濕球	方向 上層	方向 下層	量		方向	高サ	溫度	重量	方向	速度	

一尺二寸五分

明治　年　月　海上氣

日時		本船所在		風		晴雨計	
日次	時刻	經度	緯度	方向	力	示度	固着寒暖計

八寸四分五厘

○西洋形船々長運轉手機關手水火夫等現員調ノ件　明治二十二年五月十八日 遞信省訓令第一號

北海道廳府　縣

毎年十二月三十一日ニ於ケル西洋形船々長運轉手機關手水火夫等ノ現員ハ明治二十二年以降左ノ報告書式ニ依リ調査シ翌年二月末日迄ニ當省ニ差出スヘシ

但明治十八年三月第八號海軍農商務兩卿連署達ハ自今廢止ス

報告書々式

明治　年十二月三十一日調

船名	船主族籍氏名	免状種類番號	船長以下職務	族籍氏名	一ケ月給料	雇入年月日	水夫以下職名	人員
何丸	何府縣華士族平民何誰若クハ會社名	甲乙種船長若クハ小形船々長免状第　號	船長	何府縣士族平民何誰	何圓	年月日	水夫長	何人
		甲乙種一等運轉手免状第　號	運轉手	同　同	同	同	舵夫	同
		甲乙種二等運轉手免状第　號	同	同　同	同	同	水夫	同
		甲乙種一等機關手免状第　號	機關手	同　同	同	同	油差	同
		甲乙種二等機關手若クハ小形船機關手免状第　號	同	同　同	同	同	火夫	同

以下右ノ振合ニ倣ヒ各船毎乘組人員ヲ列記シ且外國人ハ氏名欄內ニ其國名ヲ記入スヘシ

○西洋形造船所及造船表報告ノ件

明治二十五年十一月廿九日
遞信省訓令第二號

北海道廳　府縣

明治十六年十一月第十六號農商務省達ハ廢止シ私立西洋形造船所及造船表ハ自今左ノ式ニ倣ヒ毎一ケ年分取纒メ翌年二月限リ當省ヘ報告スヘシ

私立西洋形造船所及造船表

明治何年分（翌年二月送付）

造船所名	造船所位置	造船工長族籍氏名	造船所持主族籍氏名	設立廢止年月日	船名	船ノ種類	船質及綱具裝置	總噸數	登簿噸數	公稱馬力	實馬力	製造代價	竣工月日
何々	、、	、、	、、	、、、、	何々　何々　何々								

何名
ヽヽ
ヽヽ
ヽヽ
ヽヽ
ヽヽ
何々 何々 何々

備考

一造船所ハ其年中ニ造船セルト否トニ拘ハラス新設及廢止ニ係ルモノヲ除クノ外ハ總テ十二月三十一日現在ノモノヲ掲クヘシ但シ「造船所ノ位置」以下「廢止月日」迄ノ五欄ハ新設及廢止ノモノニ限リテ之ヲ記載スルコトヲ要ス

一一時造船ノ爲メ設立セル假小屋ノ類モ本表中ニ記載シ符印ヲ以テ其假設ナルコトヲ區別スヘシ

一重要ノ修繕改造等ノ工事ヲ爲シタル塲合ニ於テモ本表各欄ノ通取調製造代價ノ欄內ニ其代價ヲ記入スヘシ但シ其修繕改造ナルコトハ亦符印ヲ以テ之ヲ區別スルコトヲ要ス

○登簿船免狀ヲ要セサル船舶及日本形船舶取調樣式及報告ノ件 明治廿五年十二月廿四日 遞信省訓令第三號

北海道廳 府縣

登簿船免狀ヲ要セサル西洋形船舶及日本形船舶（五拾石未滿ハ除ク）ハ左ノ樣式ニ倣ヒ每年

二月十五日八月十五日限リ毎半年分取纏メ當省ヘ報告スヘシ

但明治十五年六月農商務省第十一號達同十六年十月同省第十三號達同十九年四月遞信省令第七號同廿三年十一月遞信省訓令第六號ハ廢止ス

壹號様式

登簿船免狀ヲ要セサル西洋形船舶調　　毎年六月、十二月末現數

船名	何々丸				
定繫場	何國何郡何市何町村又ハ何港				
船質	鐵又ハ木				
檣數	何本				
索具ノ裝置	ブリツク、スクーチル、カツター、スルーフ等				
尺度　長	曲尺何尺何寸				
尺度　幅	同				
尺度　深	同				
製造地名	何國何郡何市何町村又ハ何造船所				
製造年月	何年何月				
總噸數	何噸、、、				
登簿噸數	何噸、、、				

公稱馬力	何馬力
船主氏名	何ノ誰又ハ何會社若クハ管理人ノ氏名
船主族籍地名	何國何郡何市何町村何番地

（備考）官廳所屬船モ本調ニ組入ルヘシ
風帆船ハ馬力ノ項ニ斜線ヲ施スヘシ

貳號様式

日本形船舶表　　每年六月、十二月末現數

種	別	船數	石數
五拾石以上百石未滿	五ヽヽ拾ヽヽ石ヽヽ	何ヽヽ艘ヽヽ 計	何ヽヽ石ヽヽ 計
百石以上百五拾石未滿	百ヽヽ石ヽヽ	何ヽヽ艘ヽヽ 計	何ヽヽ石ヽヽ 計
百五拾石以上二百石未滿	百五拾ヽヽ石ヽヽ	何ヽヽ艘ヽヽ 計	何ヽヽ石ヽヽ 計
二百石以上五百石未滿	二百ヽヽ石ヽヽ	何ヽヽ艘ヽヽ 計	何ヽヽ石ヽヽ 計

五百石以上千石未満	、、五百石	、、何艘 計	、、何石 計
千石以上	、、千石	、、何艘 計	、、何石 計
合計		何艘	何石

（備考）石數種別ノ欄ヘハ石數ヲ異ニスル毎ニ一々區別記載スヘシ

三號樣式

登簿船免狀ヲ要セサル西洋形船解撤幷ニ外國人ニ係ル賣買讓與員數表　每年（一月ヨリ六月末ニ至ル／七月ヨリ十二月末ニ至ル）

解撤之部

船名	總噸數	登簿噸數	公稱馬力	解撤年月	住所	船主氏名
何々丸	何噸	何噸	何馬力	何年何月	何國何郡何市何町村何番地	何ノ誰又ハ何會社若クハ管理人氏名

賣買之部

船名	總噸數	登簿噸數	公稱馬力	賣買讓與年月	賣主讓主氏名	買受讓受主氏名

何々丸	何噸	何噸	何馬力	何年何月	何ノ誰又ハ何會社若クハ管理人氏名	何ノ誰又ハ何會社若クハ管理人氏名

（備考）
官廳所屬船モ本表ニ組入ルヘシ
風帆船ハ馬力ノ項ニ斜線ヲ施スヘシ

四號用式

日本形船（五十石未滿ヲ除ク）新造解撤員數表　毎年 一月ヨリ六月末ニ至ル 七月ヨリ十二月末ニ至ル

新造之部

種別		船數
五十石以上百石未滿	五丶丶十丶丶石丶丶	何丶丶艘 計
百石以上百五十石未滿	石丶丶石丶丶	何丶丶艘 計
百五十石以上二百石未滿	百丶丶五丶丶十丶丶石丶丶	何丶丶艘 計

二百石以上五百石未滿	丶丶二百石	丶丶何計	丶丶艘
合計		何	艘

解撤之部

種別		船數	
五十石以上百石未滿	丶丶五十石	丶丶何計	丶丶艘
百石以上百五十石未滿	丶丶百石	丶丶何計	丶丶艘
百五十石以上二百石未滿	丶丶百五十石	丶丶何計	丶丶艘
二百石以上五百石未滿	丶丶二百石	丶丶何計	丶丶艘
五百石以上千石未滿	丶丶五百石	丶丶何計	丶丶艘

千石未滿	千、、　石、、	何、、、、艘　計
合　計		何　艘

（備考）

石數種別ノ欄ヘハ石數ヲ異ニスル每ニ一々區別記載スヘシ

○遞信省官制　明治廿六年十月三十日勅令第百四十九號

第一條　遞信大臣ハ鐵道、郵便、電信、船舶、海員、航路、航路標識、郵便爲替及郵便貯金ニ關スル事務ヲ管理シ水陸運輸及電氣事業ヲ監督ス

第二條　遞信省專任參事官ハ三人專任書記官ハ五人ヲ以テ定員トス

第三條　遞信省ニ左ノ三局ヲ置ク

鐵道局

通信局

管船局

第四條　鐵道局長通信局長及管船局長ハ勅任トス

鐵道局長ハ鐵道技監ヲシテ之ヲ兼シム

第五條　鐵道局ニ於テハ左ノ事務ヲ掌ル

一　官設鐵道ノ敷設保存及監督ニ關スル事項

二　私設鐵道ノ許否及監督ニ關スル事項
三　官設鐵道ノ歳入、歳出、豫算、決算、出納並需用物品購買、保管及出納ニ關スル事項
第六條　通信局ニ於テハ左ノ事務ヲ掌ル
一　郵便、小包郵便、郵便爲替及郵便貯金ニ關スル事項
二　電信、電話及其建設保存ニ關スル事項
三　陸運及電氣事業ノ監督ニ關スル事項
第七條　管船局ニ於テハ左ノ事務ヲ掌ル
一　船舶、海員航路、標識及內外航路ニ關スル事項
二　水運及保護海事會社ノ監督ニ關スル事項
第八條　遞信省ニ鐵道技監二人ヲ置ク鐵道局ニ屬シ鐵道技術官ヲ指揮監督シ鐵道事業ヲ掌理ス
第九條　遞信省ニ鐵道事務官九人ヲ置ク奏任トス鐵道局ニ屬シ其事務ヲ分掌ス
第十條　遞信省ニ專任技師九人專任鐵道技師二十八人ヲ置ク
第十一條　遞信省屬ハ二百七十六人ヲ以テ定員トス
第十二條　遞信省ニ鐵道書記五百二十四人ヲ置ク判任トス鐵道局ニ屬シ上官ノ指揮ヲ受ケ其事務ニ從事ス
第十三條　遞信省技手ハ四十一人鐵道技手ハ百三十九人ヲ以テ定員トス
第十四條　遞信省ニ鐵道書記補三百六十三人ヲ置ク判任トス鐵道局ニ屬シ上官ノ指揮ヲ受

ケ鐵道書記ノ事務ヲ助ク

第十五條　遞信大臣ハ必要ナリト認ムル地ニ鐵道事務取扱ノ部所ヲ置キ鐵道局員ヲ分派スルコトヲ得

附則

第十六條　本令ハ明治二十六年十一月一日ヨリ施行ス

○航路標識管理所官制　明治二十六年十月三十日勅令第百五十四號

第一條　航路標識管理所ハ遞信大臣ノ管理ニ屬シ航路標識ノ工事及其保守ニ關スル事務ヲ掌ル

第二條　航路標識管理所ニ左ノ職員ヲ置ク

所長

技師

書記

技手

看守

第三條　所長ハ一人奏任トス遞信省高等官ヲシテ之ヲ兼ネシム遞信大臣ノ命ヲ受ケ所中一切ノ事務ヲ掌理ス

第四條　技師ハ四人ヲ以テ定員トス所長ノ指揮ヲ受ケ所中ノ事務ヲ分掌ス

第五條　書記ハ判任トシ十八人ヲ以テ定員トス所長ノ指拜ヲ受ケ庶務ニ從事ス

第六條　技手ハ二十八人ヲ以テ定員トス所長ノ指揮ヲ受ケ航路標識ノ工事ニ從事ス

第七條　看守ハ判任トス上官ノ指揮ヲ受ケ航路標識ノ看守ニ從事ス其定員ハ左ノ如シ

一等燈臺 二等燈臺	各三人
三等燈臺 四等燈臺 五等燈臺 六等燈臺 等外燈臺	各二人
燈船	二人
霧警號	二人

遞信大臣ニ於テ必要ナリト認ムルトキハ前項定員ノ外航路標識看守豫備員十五人以內ヲ置クコトヲ得

第八條　本令ハ明治二十六年十一月一日ヨリ施行ス

○船舶司檢所官制　明治二十四年七月二十七日勅令第百五十號

第一條　船舶司檢所ハ遞信大臣ノ管轄ニ屬シ海員水先人ノ試驗、審問、船舶ノ檢査、測度、新造船ノ工事監督ヲ掌ル所トス

第二條　船舶司檢所ハ東京大阪長崎函館其他遞信大臣必要ト認ムル地ニ之ヲ置ク

二十六年十月勅令第百五十五號ヲ以第五條中十人ノ上ニ專任ノ二字ヲ加ヘ第六條中「十二人」ヲ「專任十五人」ニ改メ第七條中「十二人」ヲ「專任八人」ニ改ム

第三條　船舶司檢所ニ左ノ職員ヲ置ク

所長

司檢官

司檢官補

書記

第四條　所長ハ司檢官ヲ之ニ充ツ遞信大臣ノ命ヲ受ケ所中全部ノ事務ヲ掌理ス

第五條　司檢官ハ奏任トシ專任十人ヲ以テ定員トス各船舶司檢所ニ分屬シ所長ノ指揮ヲ受ケ所務ヲ分掌シ若クハ管船局ノ課長ヲ兼ネ課務ヲ掌理ス

第六條　司檢官補ハ判任トシ專任十五人ヲ以テ定員トス上官ノ命ヲ受ケ事務ニ從事ス

第七條　書記ハ判任トシ專任八人ヲ以テ定員トス上官ノ命ヲ受ケ庶務會計ニ從事ス

第八條　本令ハ明治二十四年八月十六日ヨリ施行ス

○東京商船學校官制

明治二十四年九月五日勅令第四十五號

第一條　商船學校ハ東京ニ置キ遞信大臣ノ管理ニ屬シ航海、運用、機關ノ學術及技藝ヲ敎授スル所トス

第二條　大阪函館ニ商船學校分校ヲ置キ簡易ノ學術及技藝ヲ敎授ス

第三條　商船學校ニ左ノ職員ヲ置ク

校長

幹事

教授
分校長
助教
書記

第四條　校長ハ一人遞信省高等官之ヲ兼任ス遞信大臣ノ指揮監督ヲ受ケ校務ヲ掌理ス
第五條　幹事ハ一人教授之ヲ兼任ス校長ノ指揮ヲ受ケ庶務會計ヲ掌理シ校長事故アルトキハ其事務ヲ代理ス
第六條　教授ハ五人奏任現任校長ノ次等以下トス校長ノ監督ヲ受ケ生徒ノ教授ヲ掌ル
第七條　分校長ハ各一人ノ助教之ヲ兼任ス校長ノ指揮ヲ受ケ分校ノ事務ヲ掌理ス
第八條　助教ハ十八人判任トス校長又ハ分校長ノ監督ヲ受ケ教授ノ職掌ヲ佐ク
第九條　書記ハ四人判任トス上官ノ命ヲ受ケ庶務會計ニ從事ス

二十六年十月勅令第百五十七號ヲ以第六條中教授ノ上ニ專任ノ二字ヲ加ヘ第八條中十四人ヲ十三人ニ改ム

東京商船學校規則

第一章　總則

第一條　東京商船學校ハ遞信省ノ所管ニシテ航海科及機關科ノ生徒ヲ教育スル所ナリ
第二條　本校生徒トナルヘキ者ハ海軍豫備員志願ノ者ニ限ル
第三條　生徒卒業ノ後ハ航海科ニ在テハ商船ノ船長運轉手機關科ニ在テハ機關手ノ業務ニ從事スヘキモノトス
第四條　本校生徒ハ海軍士官ノ豫備員トシテ海軍兵籍ニ編入シ海軍一定ノ規則ニ依リ服役

セシムルモノトス

第二章　教科

第五條　航海科ニ在テハ航海術運用術砲術機關科ニ在テハ機關學製圖ヲ本科トシ其他ノ科程ヲ豫科トス

第六條　航海科生徒ノ學フヘキ課程ヲ分テ五級トナス其第五級ヨリ第二級ニ至ル迄ハ本校ニ在テ毎級六ケ月以内ニ左ニ掲クル學科ヲ學ハシム

但砲術ノ一科ハ別ニ海軍砲術練習艦ニ於テ五ケ月以内ニ之ヲ學ハシム

第五級

第四級

和漢學　英學　數學　運用術　砲術

第三級

第二級

英學　機關學大意　航海術　運用術　砲術

其第一級ハ航海船ニ乘組ミ滿三ケ年間航海ノ實科ヲ修業セシム

第七條　機關科生徒ノ學フヘキ課程ヲ分テ四級トナス

其第四級ヨリ第三級ニ至ル迄ハ本校ニ在テ毎級六ケ月以内ニ左ニ掲クル學科ヲ學ハシム

第四級

第三級

和漢學　英學　數學　機關學　製圖
其第二級ハ機關塲ニ在テ滿三ケ年間機械製作ノ實科ヲ修業セシム
其第一級ハ航海船ニ乘組ミ滿一ケ年間機關運轉ノ業ヲ修メシム

第三章　學年休業

第八條　學年ハ九月一日ニ始マリ翌年七月二十日ニ終ル
第九條　學年ヲ分テ二學期トス第一學期ハ九月一日ヨリ二月二十日ニ至リ第二學期ハ二月二十一日ヨリ七月二十日ニ至ル
第十條　冬期休業ハ十二月二十五日ヨリ一月十日迄トシ夏期休業ハ七月二十一日ヨリ八月三十一日迄トス
第十一條　日曜日並左ニ掲クル祭日祝日ハ休業トス
秋季皇靈祭　神嘗祭　天長節　新嘗祭　孝明天皇祭　紀元節　春季皇靈祭
神武天皇祭

第四章　試驗

第十二條　試驗ハ小試驗中試驗大試驗ノ三種トス
第十三條　小試驗ハ現修ノ學科ニ就キ敎官ノ見込ヲ以テ隨時之レヲ施行シ其得點ノ多寡ニ應シ中試驗ノ得點ヘ增減ヲ與フルモノトス但シ砲術ハ一敎科ノ終リニ於テ試驗スルモノトス
第十四條　中試驗ハ毎學期ノ終リニ於テ之レヲ施行シ其合格者ニハ及第證書ヲ授與スルモ

ノトス

第十五條　大試驗ハ全修了ノ後チ本科ニ就キ之レヲ施行シ其合格者ニハ卒業證書ヲ授與スルモノトス

第十六條　大試驗及中試驗ハ其得點ノ數本科ニ於テ全點ノ五分三豫科ニ於テ三分一以上ヲ得而シテ其得點ヲ合算シ（懲戒ニヨリ罰點ヲ附科シタルトキハ合算點ヨリ罰點ヲ減却ス）全點ノ五分三以上ニ至ルヲ及第トス

第十七條　大試驗ニ落第セシ者ハ若干月復習ヲ命シ再試驗ヲ施行ス

第十八條　中試驗ニ落第セシ者ハ原級ニ止メテ復習セシム

但シ貸費生落第スルヿ二回ニ及フトキハ及第スル迄經費金ハ自辨セシム

第十九條　中試驗又ハ大試驗ノ得點數最モ多ク且ツ平素格別ニ品行端正ノ者ニハ褒賞ヲ附與ス

第五章　入學

第二十條　入學ノ期ハ毎年七月ト定メ

第二十一條　入學ヲ許スヘキ者ハ左ノ三項ニ適合シ且體格檢査及學科試驗ニ合格セル者ニ限ル

第一　年齡ハ十五年以上二十一年以下トス

第二　品行端正且貳人以上ノ保證人アル者

第三　在學中家事ニ係累ナキ者

第二十二條　學科試驗ノ科目ハ左ノ如シ

第一 英學 會話 書取 和英復文 歷史及物理講義

第二 數學 算數學 代數學 幾何學

第三 和漢學 史類及文集類講義

第四 作文 記事及尺牘

第二十三條 體格檢査ハ海軍尉官及本校幹事臨席シ海軍醫官之レヲ行フ而シテ合格ノ者ニアラサレハ學科試驗ヲ行フコトナシ

第二十四條 學科試驗ハ校長及海軍尉官臨席シ本校敎官之レヲ行フ

第二十五條 入學志願者ハ甲號書式ノ入學願書及乙號書式ノ學業履歷書ヲ出スヘシ

第二十六條 入學ノ許可ヲ得タル者ハ丙號書式ノ誓書ヲ出シ又自費生ハ丁號書式貸費生ハ戊號書式ノ證書ヲ出スヘシ

第二十七條 保證人ハ丁年以上ニシテ東京府下ニ居住シ且其府下ニ於テ地所若クハ家屋ヲ所有スル者ニ限ル

第二十八條 保證人府外ヘ轉住シ又ハ地所家屋ノ所有權ヲ失シ或ハ死亡スルトキハ保證人ヲ更定スヘシ

第二十九條 保證人旅行等ヲ爲ストキハ代理者ヲ立ツヘシ

第六章 退校

第三十條 生徒ハ自費貸費ヲ問ハス中途退校ヲ出願スルヲ許サス

但シ一家ノ安危ニ係ル事故アルモノハ願書ニ其事由ヲ詳記シ親族保證人連署ノ上在籍

戸長ノ奥書證印ヲ受ケ出願スルコヲ得

第三十一條　生徒ニシテ左項ノ一ニ該ル者ハ直チニ退校ヲ命ス

第一　禁錮以上ノ刑ニ處セラレタル者

第二　品行不良或ハ怠惰ニシテ屢校則ヲ犯ス者

第三　小試驗ノ成績屢不良ニシテ卒業ノ目途ナキ者

第四　中試驗又ハ大試驗ニ於テ落第三回ニ及フ者

第五　傷痍疾病ニ罹リ前途ノ目的ナキ者

第三十二條　貸費生徒ニシテ第三十條第三十一條ニ據リ退校スル者ハ其貸費金ハ本人若クハ保證人ヨリ本校指定ノ期限內ニ還納スヘシ

第七章　自費貸費

第三十三條　自費生ハ在學中ノ經費中ノ經費都テ之レヲ自辨シ貸費生ハ之レヲ本校ヨリ貸與スルモノトス

第三十四條　生徒ノ經費ハ自費貸費ヲ問ハス一ケ月凡金八圓ト定ム

但シ實地派遣中食費或ハ報酬金ヲ其船舶若クハ機關場等ヨリ支給セシムヘキ定約ヲナシタル生徒ハ本條經費金ノ內若干ヲ減縮スルコアルヘシ

第三十五條　貸費生修業中又ハ卒業ノ後死亡シ或ハ業務上ノ爲メ癈疾不具トナル者ハ僉議ノ上貸與金取立テサルコトアルヘシ

第三十六條　貸費生卒業ノ後貸與金ノ還納ヲ了ル迄本校ノ指命ニ遵ヒ船舶ニ乘組ミ若クハ

之レニ關スル業務ニ毎月俸給高五分一以上ノ金額ヲ以テ本人若クハ保證人ヨリ其貸與金ヲ還納スヘシ

但シ事故アリテ船舶ニ關セサル業務ニ從事スルトキハ其貸與金ハ本人若クハ保證人ヨリ本校指定ノ期限內ニ還納スヘシ

甲號入學願書式　用紙美濃紙竪四ツ切

入學願

私儀（自費/貸費）ヲ以テ（航海/機關）學科修業志願ニ付御試驗ノ上入學御許可被成下度學業履歷書相添此段奉願候也

某（府/縣）（華/士）族平民

某國某（區/郡）某（町/村）何番地住某子弟或ハ附籍

東京府下某（區/郡）某（町/村）何番地寄留或ハ某同居

何　某　印
何年何月生

年　月　日

東京商船學校長某殿

乙號學業履歷書式　用紙美濃紙二ツ折

學業履歷書

某（府/縣）（華/士）族平民某子弟或ハ附籍

何　某
何年何月生

一實地（航海/機關）ノ業ニ從事ノ有無

一諸學校免狀所有ノ有無

一和漢學　何年何月ヨリ何年何月迄幾年間　官公立私何學校ニ於テ某ニ就テ何々ヲ學フ

一數學　何年何月ヨリ何年何月迄幾年間　官公立私何學校ニ於テ某ニ就テ何々ヲ學フ

一英學　正則何年何月ヨリ何年何月迄幾年間　變則同　官公立私何學校ニ於テ某ニ就テ何々ヲ學フ

右之通相違無之候也

年　月　日　　右　何　某　印

東京商船學校長某殿

丙號誓書式　用紙美濃紙二ツ折

印紙帖用

今般私儀志願之通入學御許可相成候ニ就テハ御規則嚴重ニ相守受業勉勵可致ハ勿論卒業ニ至ルマテ決シテ退校等仕間敷且誓テ海軍豫備員ニ服役可仕候依テ誓約如此候也

某（府縣）（華士）族平民

某國某（區郡）某（町村）何番地住某子弟或ハ附籍

年　月　日　　何　某　印　何年何月生

東京商船學校長某殿

前書何某今般入學御許可相成候ニ就テハ御規則嚴重ニ爲相守且本人ニ關スル一切ノ事

件ハ私共引受可申仍テ保證仕候也

年　月　日

某(府/縣)(華/士)族平民
東京府下某(區/郡)某(町/村)何番地
保證人　何　　某　印

同
同
同　　何　　某　印

前書保證人何某者丁年以上ニシテ當(區/郡)內ニ住シ且(地所/家屋)ヲ有スル者ニ相違無之候也

何(區/郡)　役　　所　印

前書保證人何某者丁年以上ニシテ當(區/郡)內ニ住シ且(地所/家屋)ヲ有スル者ニ相違無之候也

何(區/郡)　役　　所　印

丁號自費生證書式　用紙美濃紙二ツ折

印紙貼用

私儀自費ヲ以テ入學御許可相成候ニ就テハ諸經費金ノ儀ハ卒業迄御規定ニ從ヒ支辨可仕候依テ證書如此候也

某(府/縣)(華/士)族平民
某國某(區/郡)某(町/村)何番地住某子弟或ハ附籍

年　月　日

本　人　何　　某　印
何年何月生

某(府縣)(華士)族平民
東京府下某(區郡)某(町村)何番地
保證人　何　某　印
同
同
同　何　某　印

東京商船學校長某殿

本人並保證人共向後換籍轉宿又ハ改印候節ハ速ニ御届可仕候也

區郡役所ノ奥書前ニ同シ

戊號貸費生證書式　用紙美濃紙二ツ折

印紙貼用

私儀貸費ヲ以テ入學許可相成候ニ就テハ借用經費金ノ儀ハ都テ御規則ニ遵ヒ還納可仕萬一本人還納シ能ハサルトキハ保證人ヨリ屹度辨納可仕候依テ證書如此候也

某(府縣)(華士)族平民
某國某(區郡)某(町村)何番地住某子弟或ハ附籍

年　月　日

本人　何　某　印
何年何月生

某(府縣)(華士)族平民
東京府下某(區郡)某(町村)何番地

保證人　何　某　印

同

同

同　何　某　印

東京商船學校長某殿

本人並保證人共向後換籍轉宿又ハ改印候節ハ速ニ御屆可仕候也

郡區所ノ奥書前ニ同シ

大日本海上法規終

明治廿八年九月卅日印刷
明治廿八年十月五日發行

定價壹圓貳拾錢

東京市芝區西久保城山町七番地
廣島縣士族
著作者　遠藤可一

東京市芝區南佐久間町二丁目十七番地
發行兼印刷者　久米川治三郎

東京市京橋區宗十郎町十五番地
印刷所　國文社

大賣捌

東京市芝區柴井町十六番地　松井忠兵衛

大阪市東區備後町二丁目百廿一番地　梅原忠藏

同市同區同町四丁目三十七番地　梅原龜七

神戸市西出町　西田彌兵衛

同市川崎町　鎌田商店

長崎市引出町　鶴野麟太郎

函館區末廣町　魁文舍

大日本海上法規　　**日本立法資料全集　別巻　1195**

平成30年 6 月20日　　復刻版第 1 刷発行

編纂者　遠　藤　可　一

発行者　今　井　　　貴
　　　　渡　辺　左　近

発行所　信　山　社　出　版

〒113-0033　東京都文京区本郷 6 - 2 - 9 -102
モンテベルデ第 2 東大正門前
電　話　03（3818）1019
F A X　03（3818）0344
郵便振替　00140-2-367777（信山社販売）

Printed in Japan.

制作／(株)信山社，印刷・製本／松澤印刷・日進堂

ISBN 978-4-7972-7310-6 C3332

別巻　巻数順一覧【950 ～ 981 巻】

巻数	書　名	編・著者	ISBN	本体価格
950	実地応用町村制質疑録	野田藤吉郎、國吉拓郎	ISBN978-4-7972-6656-6	22,000 円
951	市町村議員必携	川瀬周次、田中迪三	ISBN978-4-7972-6657-3	40,000 円
952	増補 町村制執務備考 全	増澤鐵、飯島篤雄	ISBN978-4-7972-6658-0	46,000 円
953	郡区町村編制法 府県会規則 地方税規則 三法綱論	小笠原美治	ISBN978-4-7972-6659-7	28,000 円
954	郡区町村編制 府県会規則 地方税規則 新法例纂 追加地方諸要則	柳澤武運三	ISBN978-4-7972-6660-3	21,000 円
955	地方革新講話	西内天行	ISBN978-4-7972-6921-5	40,000 円
956	市町村名辞典	杉野耕三郎	ISBN978-4-7972-6922-2	38,000 円
957	市町村吏員提要〔第三版〕	田邊好一	ISBN978-4-7972-6923-9	60,000 円
958	帝国市町村便覧	大西林五郎	ISBN978-4-7972-6924-6	57,000 円
959	最近検定 市町村名鑑 附 官国幣社 及 諸学校所在地一覧	藤澤衛彦、伊東順彦、増田穆、関惣右衛門	ISBN978-4-7972-6925-3	64,000 円
960	鼇頭対照 市町村制解釈 附 理由書 及 参考諸布達	伊藤寿	ISBN978-4-7972-6926-0	40,000 円
961	市町村制釈義 完　附 市町村制理由	水越成章	ISBN978-4-7972-6927-7	36,000 円
962	府県郡市町村 模範治績　附 耕地整理法 産業組合法 附属法令	荻野千之助	ISBN978-4-7972-6928-4	74,000 円
963	市町村大字読方名彙〔大正十四年度版〕	小川琢治	ISBN978-4-7972-6929-1	60,000 円
964	町村会議員選挙要覧	津田東璋	ISBN978-4-7972-6930-7	34,000 円
965	市制町村制 及 府県制　附 普通選挙法	法律研究会	ISBN978-4-7972-6931-4	30,000 円
966	市制町村制註釈 完　附 市制町村制理由〔明治21年初版〕	角田真平、山田正賢	ISBN978-4-7972-6932-1	46,000 円
967	市町村制詳解 全　附 市町村制理由	元田肇、加藤政之助、日鼻豊作	ISBN978-4-7972-6933-8	47,000 円
968	区町村会議要覧 全	阪田辨之助	ISBN978-4-7972-6934-5	28,000 円
969	実用 町村制市制事務提要	河邨貞山、島村文耕	ISBN978-4-7972-6935-2	46,000 円
970	新旧対照 市制町村制正文〔第三版〕	自治館編輯局	ISBN978-4-7972-6936-9	28,000 円
971	細密調査 市町村便覧(三府 四十三県 北海道 樺太 台湾 朝鮮 関東州)　附 分類官公衙公私学校銀行所在地一覧表	白山榮一郎、森田公美	ISBN978-4-7972-6937-6	88,000 円
972	正文 市制町村制 並 附属法規	法曹閣	ISBN978-4-7972-6938-3	21,000 円
973	台湾朝鮮関東州 全国市町村便覧 各学校所在地〔第一分冊〕	長谷川好太郎	ISBN978-4-7972-6939-0	58,000 円
974	台湾朝鮮関東州 全国市町村便覧 各学校所在地〔第二分冊〕	長谷川好太郎	ISBN978-4-7972-6940-6	58,000 円
975	合巻 佛蘭西邑法・和蘭邑法・皇国郡区町村編成法	箕作麟祥、大井憲太郎、神田孝平	ISBN978-4-7972-6941-3	28,000 円
976	自治之模範	江木翼	ISBN978-4-7972-6942-0	60,000 円
977	地方制度実例総覧〔明治36年初版〕	金田謙	ISBN978-4-7972-6943-7	48,000 円
978	市町村民 自治読本	武藤榮治郎	ISBN978-4-7972-6944-4	22,000 円
979	町村制詳解　附 市制及町村制理由	相澤富蔵	ISBN978-4-7972-6945-1	28,000 円
980	改正 市町村制 並 附属法規	楠綾雄	ISBN978-4-7972-6946-8	28,000 円
981	改正 市制 及 町村制〔訂正10版〕	山野金蔵	ISBN978-4-7972-6947-5	28,000 円

巻数	書　名	編・著者	ISBN	本体価格
915	改正 新旧対照市町村一覧	鍾美堂	ISBN978-4-7972-6621-4	78,000 円
916	東京市会先例彙輯	後藤新平、桐島像一、八田五三	ISBN978-4-7972-6622-1	65,000 円
917	改正 地方制度解説〔第六版〕	狭間茂	ISBN978-4-7972-6623-8	67,000 円
918	改正 地方制度通義	荒川五郎	ISBN978-4-7972-6624-5	75,000 円
919	町村制市制全書 完	中嶋廣蔵	ISBN978-4-7972-6625-2	80,000 円
920	自治新制 市町村会法要談 全	田中重策	ISBN978-4-7972-6626-9	22,000 円
921	郡市町村吏員 収税実務要書	荻野千之助	ISBN978-4-7972-6627-6	21,000 円
922	町村至宝	桂虎次郎	ISBN978-4-7972-6628-3	36,000 円
923	地方制度通 全	上山満之進	ISBN978-4-7972-6629-0	60,000 円
924	帝国議会府県会郡会市町村会議員必携 附関係法規 第1分冊	太田峯三郎、林田亀太郎、小原新三	ISBN978-4-7972-6630-6	46,000 円
925	帝国議会府県会郡会市町村会議員必携 附関係法規 第2分冊	太田峯三郎、林田亀太郎、小原新三	ISBN978-4-7972-6631-3	62,000 円
926	市町村是	野田千太郎	ISBN978-4-7972-6632-0	21,000 円
927	市町村執務要覧 全 第1分冊	大成館編輯局	ISBN978-4-7972-6633-7	60,000 円
928	市町村執務要覧 全 第2分冊	大成館編輯局	ISBN978-4-7972-6634-4	58,000 円
929	府県会規則大全　附 裁定録	朝倉達三、若林友之	ISBN978-4-7972-6635-1	28,000 円
930	地方自治の手引	前田宇治郎	ISBN978-4-7972-6636-8	28,000 円
931	改正 市制町村制と衆議院議員選挙法	服部喜太郎	ISBN978-4-7972-6637-5	28,000 円
932	市町村国税事務取扱手続	広島財務研究会	ISBN978-4-7972-6638-2	34,000 円
933	地方自治制要義 全	末松偕一郎	ISBN978-4-7972-6639-9	57,000 円
934	市町村特別税之栞	三邊長治、水谷平吉	ISBN978-4-7972-6640-5	24,000 円
935	英国地方制度 及 税法	良保両氏、水野遵	ISBN978-4-7972-6641-2	34,000 円
936	英国地方制度 及 税法	髙橋達	ISBN978-4-7972-6642-9	20,000 円
937	日本法典全書 第一編 府県制郡制註釈	上條慎蔵、坪谷善四郎	ISBN978-4-7972-6643-6	58,000 円
938	判例挿入 自治法規全集 全	池田繁太郎	ISBN978-4-7972-6644-3	82,000 円
939	比較研究 自治之精髄	水野錬太郎	ISBN978-4-7972-6645-0	22,000 円
940	傍訓註釈 市制町村制 並ニ 理由書〔第三版〕	筒井時治	ISBN978-4-7972-6646-7	46,000 円
941	以呂波引町村便覧	田山宗堯	ISBN978-4-7972-6647-4	37,000 円
942	町村制執務要録 全	鷹巣清二郎	ISBN978-4-7972-6648-1	46,000 円
943	地方自治 及 振興策	床次竹二郎	ISBN978-4-7972-6649-8	30,000 円
944	地方自治講話	田中四郎左衛門	ISBN978-4-7972-6650-4	36,000 円
945	地方施設改良 訓諭演説集〔第六版〕	鹽川玉江	ISBN978-4-7972-6651-1	40,000 円
946	帝国地方自治団体発達史〔第三版〕	佐藤亀齢	ISBN978-4-7972-6652-8	48,000 円
947	農村自治	小橋一太	ISBN978-4-7972-6653-5	34,000 円
948	国税 地方税 市町村税 滞納処分法問答	竹尾高堅	ISBN978-4-7972-6654-2	28,000 円
949	市町村役場実用 完	福井淳	ISBN978-4-7972-6655-9	40,000 円

別巻　巻数順一覧【878 ～ 914 巻】

巻数	書　名	編・著者	ISBN	本体価格
878	明治史第六編 政黨史	博文館編輯局	ISBN978-4-7972-7180-5	42,000 円
879	日本政黨發達史 全〔第一分冊〕	上野熊藏	ISBN978-4-7972-7181-2	50,000 円
880	日本政黨發達史 全〔第二分冊〕	上野熊藏	ISBN978-4-7972-7182-9	50,000 円
881	政党論	梶原保人	ISBN978-4-7972-7184-3	30,000 円
882	獨逸新民法商法正文	古川五郎、山口弘一	ISBN978-4-7972-7185-0	90,000 円
883	日本民法鼇頭對比獨逸民法	荒波正隆	ISBN978-4-7972-7186-7	40,000 円
884	泰西立憲國政治攬要	荒井泰治	ISBN978-4-7972-7187-4	30,000 円
885	改正衆議院議員選擧法釋義 全	福岡伯、横田左仲	ISBN978-4-7972-7188-1	42,000 円
886	改正衆議院議員選擧法釋義 附 改正貴族院令,治安維持法	犀川長作、犀川久平	ISBN978-4-7972-7189-8	33,000 円
887	公民必携 選擧法規ト判決例	大浦兼武、平沼騏一郎、木下友三郎、清水澄、三浦數平	ISBN978-4-7972-7190-4	96,000 円
888	衆議院議員選擧法輯覽	司法省刑事局	ISBN978-4-7972-7191-1	53,000 円
889	行政司法選擧判例總覽―行政救濟と其手續―	澤田竹治郎・川崎秀男	ISBN978-4-7972-7192-8	72,000 円
890	日本親族相續法義解 全	髙橋捨六・堀田馬三	ISBN978-4-7972-7193-5	45,000 円
891	普通選擧文書集成	山中秀男・岩本溫良	ISBN978-4-7972-7194-2	85,000 円
892	普選の勝者 代議士月旦	大石末吉	ISBN978-4-7972-7195-9	60,000 円
893	刑法註釋 巻一～巻四(上巻)	村田保	ISBN978-4-7972-7196-6	58,000 円
894	刑法註釋 巻五～巻八(下巻)	村田保	ISBN978-4-7972-7197-3	50,000 円
895	治罪法註釋 巻一～巻四(上巻)	村田保	ISBN978-4-7972-7198-0	50,000 円
896	治罪法註釋 巻五～巻八(下巻)	村田保	ISBN978-4-7972-7198-0	50,000 円
897	議會選擧法	カール・ブラウニアス、國政研究科會	ISBN978-4-7972-7201-7	42,000 円
901	鼇頭註釈 町村制　附 理由 全	八乙女盛次、片野続	ISBN978-4-7972-6607-8	28,000 円
902	改正 市制町村制　附 改正要義	田山宗堯	ISBN978-4-7972-6608-5	28,000 円
903	増補訂正 町村制詳解〔第十五版〕	長峰安三郎、三浦通太、野田千太郎	ISBN978-4-7972-6609-2	52,000 円
904	市制町村制 並 理由書　附 直接間接税類別及実施手続	高崎修助	ISBN978-4-7972-6610-8	20,000 円
905	町村制要義	河野正義	ISBN978-4-7972-6611-5	28,000 円
906	改正 市制町村制義解〔帝國地方行政学会〕	川村芳次	ISBN978-4-7972-6612-2	60,000 円
907	市制町村制 及 関係法令〔第三版〕	野田千太郎	ISBN978-4-7972-6613-9	35,000 円
908	市町村新旧対照一覧	中村芳松	ISBN978-4-7972-6614-6	38,000 円
909	改正 府県郡制問答講義	木内英雄	ISBN978-4-7972-6615-3	28,000 円
910	地方自治提要 全　附 諸届願書式 日用規則抄録	木村時義、吉武則久	ISBN978-4-7972-6616-0	56,000 円
911	訂正増補 市町村制問答詳解　附 理由及追輯	福井淳	ISBN978-4-7972-6617-7	70,000 円
912	改正 府県制郡制註釈〔第三版〕	福井淳	ISBN978-4-7972-6618-4	34,000 円
913	地方制度実例総覧〔第七版〕	自治館編輯局	ISBN978-4-7972-6619-1	78,000 円
914	英国地方政治論	ジョージ・チャールズ・ブロドリック、久米金彌	ISBN978-4-7972-6620-7	30,000 円